BATTERY WAR

지은이 **강희종**

고려대학교 신문방송학과를 졸업하고 1999년부터 기자 생활을 시작했다. 닷컴, 통신, 뉴미디어, 반도체, 디스플레이 등 주로 전자·IT 분야에서 잔뼈가 굵었다. 《아이뉴스24》《디지털타임스》를 거쳐 2015년 《아시아경제》로 옮겼다. 《아시아경제》에서 산업부 기자 생활 이후 경제부장, 국제부장을 지내며 세상을 보는 눈을 넓혔다. 현재 《아시아경제》 산업IT부 부장으로 재직 중이다. 2023년부터 에너지 분야 스페셜리스트로 활동하며 배터리, 재생에너지, 수소, 원전 등에 관한 기사를 쓰고 있다. 배터리 기업 현장 방문, 각종 전시회·콘퍼런스·세미나 취재, 전문가 인터뷰를 통해 얻은 인사이트로 〈배터리 완전정복〉을 연재해 호평을 받았다.

배터리 워

초판 1쇄 발행 2025년 11월 17일

지은이 강희종
발행인 박윤우
편집 김유진 박영서 박혜민 백은영 성한경 유소영 장미숙
마케팅 박서연 정미진 정시원 조아현 함석영
디자인 박아형 이세연
경영지원 이지영 주진호
발행처 부키(주)
출판신고 2012년 9월 27일
주소 서울시 마포구 양화로 125 경남관광빌딩 7층
전화 02-325-0846 | 팩스 02-325-0841
이메일 webmaster@bookie.co.kr
ISBN 979-11-93528-96-9 03320

※ 잘못된 책은 구입하신 서점에서 바꿔드립니다.

만든 사람들 편집 성한경 | 디자인 이세연

BATTERY WAR

누가 배터리 전쟁의
최후 승자가 될 것인가

배터리 워

강희종 지음

부·키

추천의 말

송호준
에코프로 대표이사

배터리 산업의 주도권을 잡기 위해 세계 각국이 총성 없는 전쟁을 벌이고 있다. 내연기관차에서 전기차로의 패러다임 전환, 신재생에너지 시대의 도래와 함께 에너지를 담는 그릇인 배터리의 중요성이 더욱 부각되고 있다.

배터리는 단순한 부품 산업을 넘어 미래 모빌리티와 에너지 전환, 나아가 국가 경쟁력을 좌우하는 핵심 분야로 자리 잡았다. 실제 산업 현장에서 느끼는 변화의 속도는 상상을 뛰어넘고 있으며, 각국의 정책 규제들이 더욱 강화되면서 시장 구도가 매우 복잡하게 전개되고 있다.

특히 중국은 내수에서 쌓은 경험을 바탕으로 글로벌 무대로 나오고 있으며, 미국과 유럽은 중국을 견제하기 위한 다양한 정책들을 펼치고 있다. 광물, 배터리 소재, 배터리 셀, 전기차로 이어지는 가치사슬(밸류체인)을 촘촘히 구축한 중국에 맞서 한국의 배터리 기업들은 고군분투하고 있다.

이러한 격변의 시기에 경제 신문에서 20여 년간 산업 현장을 취재해 온 저자가 《배터리 워》라는 통찰력 있는 책을 출간한 것은 매우 뜻깊은 일이다. 이 책의 제목처럼 '배터리 전쟁'이라는 표현이 과장이 아닐 정도로 치열한 경쟁이 펼쳐지고 있다.

배터리 산업은 휴대용 전자 기기의 전원 공급원에서 시작해 이제는 전기자동차EV와 ESS(에너지 저장 장치)의 핵심 기술로 발돋움했다. 그 여정에서 다양한 배터리 기술이 개발되었으며, 그중 NCM(니켈·코발트·망간) 양극재를 기반으로 한 삼원계 배터리는 높은 에너지 밀도와 성능으로 주목받고 있다. 특히 전기자동차의 주행 거리와 성능 향상에 삼원계 배터리가 핵심적인 역할을 함으로써 그 중요성이 더욱 부각되고 있다. 우리나라 기업들은 일찍이 삼원계 배터리의 가능성에 주목해 과감한 투자와 연구개발을 지속함으로써 이 분야에서 세계적으로 선두 지위를 구축해왔다.

이 책이 향후 배터리 산업 발전의 밑거름이 되어 대한민국이 배터리 강국으로서의 위상을 더욱 높이는 데 기여하기를 기대한다.

박태성
한국배터리산업협회 상근부회장

배터리는 이제 전기차와 IT(정보기술) 기기의 부품을 넘어 기후변화 대응과 경제 안보를 좌우하는 전략 자산이 되었다. 그러나 산업의 중요성에도 불구하고 배터리는 여전히 기술적으로 어렵고 멀게만 느껴진다. 이 책은 오랜 시간 산업 현장을 발로 뛰며 취재한 기자가 배터리의 복잡한 세계를 누구나 이해할 수 있도록 풀어낸 보기 드문 역작이다.

특히 수많은 인터뷰와 현장 기록을 통해 얻은 생생한 이야기를 바탕으로 배터리 산업의 역사와 시장, 기술과 미래를 균형 있게 조망한 점이 돋보인다. 지난 30여 년간 뚝심으로 K-배터리의 성장을 일구어낸 기업인들과 종사자들의 노력에 대한 따뜻한 헌사와 함께, 오늘날 우리가 마주한 전기차 보급의 난관과 중국 기업과의 치열한 경쟁, 이른바 '글로벌 배터리 전쟁'의 현주소를 현실감 있게 짚어낸 점은 독자에게 깊은 울림을 준다.

배터리 산업의 최전선을 알고 싶은 업계 종사자와 투자자는 물론, 산업 정책에 관심 있는 독자들에게 이 책은 탁월한 길잡이가 될 것이다. 기자 특유의 현장 감각 덕분에 기술서가 지니기 쉬운 난해함을 벗어나 전문성과 대중성을 동시에 갖춘 저술이라는 점에서 큰 의미가 있다. 이 책이 K-배터리의 기백과 도전 정신을 다시 일깨우는 계기가 되기를 기대한다.

김광주
SNE리서치 대표

K-배터리 산업은 반도체, 디스플레이 산업에 이어 우리나라의 차세대 성장 동력으로 각광받는 산업이다. 기존의 화석연료를 동력으로 사용해온 자동차의 엔진 대신 배터리 팩으로 대전환하는 어마어마한 일이 눈앞에서 벌어지고 있다.

저자는 2002년경 내가 삼성SDI를 퇴직하고 디스플레이 산업의 리서치 사업을 할 때 처음 만나서 좋은 인연을 맺어오고 있는 몇 안 되는 기자 인맥이다. 저자는 이 책을 통해 이차전지의 태동과 역사, 한중일의 배터리 3파전을 인물과 데이터, 예리한 통찰력으로 아주 흥미진진하고 재미있게 풀어나간다. 마치 소설 배터리 삼국지를 보는 듯 술술 읽히는 유려한 스토리텔링과, 읽고 난 뒤 이야기의 맥락과 중요한 팩트들이 자연스럽게 남는 내용 전달력이 뛰어나다.

내가 몸담고 있는 SNE리서치는 글로벌 배터리와 전기차 시장에 대한 다양한 시장 조사와 컨설팅을 해오고 있는 17년 업력의 회사이다. 2025년 현재 글로벌 배터리 산업에서 중국은 가격 경쟁력을 앞세운 LFP(리튬인산철) 배터리, 중국 정부의 어마어마한 지원 정책과 보조금으로 시장의 절반 이상을 석권하고 있다. 디스플레이 산업과 마찬가지로 LG에너지솔루션,

삼성SDI, SK온 등 한국 배터리 기업들은 중국과 사활을 건 힘겨운 싸움을 벌이고 있다.

　배터리와 전기차는 산업의 특성상 다양하고 많은 공급 사슬을 가지고 있고, 많은 연관 산업이 존재한다. 배터리와 전기차와 관련된 모든 이들이 이 책을 숙독해보기를 권한다. 각 산업 분야의 SCM(공급망 관리)에서 무엇을 고민하고 어떤 방향으로 나아가야 하는지 도움이 되는 포인트들을 어렵지 않게 찾아낼 수 있다고 확신한다.

김제영
LG에너지솔루션 CTO(최고기술책임자, 전무)

한국 배터리 산업은 스마트폰의 등장과 전기차의 대중화 등 주요 변곡점마다 미래를 내다보는 선배 경영진들의 과감한 투자와 선제적인 기술 개발로 세계 시장을 선도해왔다. 지금 우리는 또 한 번의 변곡점에 서 있다. 정부의 전폭적인 지원 아래 빠르게 성장한 중국이 우리를 바짝 추격하고 있으며, 미국과 유럽 등 주요 시장의 정책적 불확실성도 커지고 있다. 배터리 산업의 주도권을 둘러싼 경쟁은 현재진행형이다.

일시적인 어려움, 이른바 '캐즘'에 직면해 있지만 우리는 결코 배터리 산업을 포기할 수 없다. 배터리는 기후위기를 맞이한 인류에게 없어서는 안 될 핵심 기술이기 때문이다. 전기차와 ESS(에너지 저장 장치)의 확대를 위해서는 배터리가 필수 불가결하며, 배터리 기술 패권을 쥔 국가가 미래 에너지 산업을 주도하게 될 것이다.

이 책은 이차전지 산업이 어떻게 태동하고 발전했으며, 앞으로 어디로 나아갈지에 대한 깊은 통찰을 담고 있다. 특히 안보와 연계해 배터리 산업의 중요성을 강조한 점이 인상적이며, 기술 상용화 시점에서 특허와 지식재산권의 중요성을 날카롭게 짚어낸 부분도 주목할 만하다. 또한 최근 산업계에서 주목받고 있는 차세대 배터리 기술들을 일반 독자도 쉽게 이해할 수 있도록 설명한 점이 돋보인다.

저자는 방대한 자료 조사와 다양한 인터뷰, 현장 취재를 통해 이차전지 산업과 기술의 흐름을 정확히 짚어낸다. 배터리를 처음 접하는 독자나 배터리에 대해 막연하게만 알고 있던 독자라면 이 책을 통해 이차전지에 대한 이해를 한층 높일 수 있을 것이라 확신한다.

김윤창
삼성SDI 연구소장(부사장)

　흔히들 배터리 산업이 '제2의 반도체'가 될 것이라고 이야기한다. K-배터리가 글로벌 배터리 산업의 중심이 될 것이라는 희망과 기대가 있지만 대내외 불확실성과 경쟁 격화 등에 따른 경계와 걱정의 목소리도 있다.
　이 책에서 저자는 이런 배터리 산업 현장을 직접 뛰며 얻은 취재 결과를 이해하기 쉽게 담아냈다. 이 책은 급변하는 글로벌 시장에서 배터리 기술의 진화와 패권 경쟁의 흐름을 동시에 읽어내야 하는 지금 우리에게 좋은 지침서가 될 것이라고 생각한다.
　미래 에너지 전환의 중심축에 서 있는 배터리 산업의 뿌리부터 현재와 미래에 이르기까지 배터리에 대한 모든 것을 이해하고자 하는 이들에게 권한다. 그리고 삼성SDI를 비롯한 K-배터리 업계에 따뜻한 격려와 응원도 부탁드린다.

박기수
SK온 미래기술원장(부사장)

오늘날 배터리 산업은 기술 혁신, 글로벌 경쟁, 그리고 공급망 재편이라는 거대한 변혁의 한가운데 있다. 특히 전동화의 가속화 속에서 새로운 소재 개발, 제조 공정의 첨단화, 그리고 지속가능성 확보는 모든 배터리 기업의 핵심 과제가 되고 있다.

저자는 오랜 기간 배터리 업계를 취재하면서 〈배터리 완전정복〉 시리즈 연재 등을 통해 독자와 업계에 꾸준히 깊이 있는 정보를 전달해왔다. 그 경험과 분석을 바탕으로 배터리 산업의 핵심 이슈와 흐름을 한 권에 담아낸 결과물이 이 책《배터리 워》다.

이 책은 배터리 공급망, 소재와 기술 변화, 정책, 글로벌 시장의 동향과 기회를 폭넓게 다룬다. 무엇보다 글로벌 경쟁 속에서 한국 산업이 처한 위치와 강점, 한계, 앞으로 준비해야 할 과제를 지나친 낙관이나 비관 없이 담담하게 짚어낸다. 정부 관계자와 업계 종사자뿐 아니라 에너지·미래 기술에 관심 있는 사람들 모두에게 유용한 참고서가 될 것이다.

빠르게 변화하는 시장 환경에서 새로운 기회를 모색하고, 정확한 정보와 넓은 시야를 얻고자 하는 모든 이들에게 일독을 권한다.

이상영
연세대학교 화공생명공학과 교수

　한때 끝없이 성장할 것 같던 이차전지 산업이 최근 주춤하면서 기업들과 연구자들 모두 위기의식을 느끼고 있다. 하지만 바로 이런 시기일수록 연구 현장에서는 이차전지의 미래를 믿고 차세대 기술을 선점하기 위해 밤낮 없는 도전이 이어지고 있다.
　이차전지가 미래 사회를 견인할 핵심 기술임을 누구도 부인하지 못한다. 전기차로의 전환은 시간문제일 뿐 반드시 다가올 미래이다. 누가 더 빠르고 오래가며 안전한 이차전지를 먼저 만들어내느냐가 곧 세계 전기차 시장의 주도권을 결정할 것이다. 자율주행차, 로봇, 드론 등 미래 산업의 모든 무대에서도 이차전지는 빠지지 않는다.
　하지만 전 세계에서 이차전지를 제대로 대량 생산할 수 있는 나라는 많지 않다. 한국, 중국, 일본 정도인데, 그중에서도 한국과 중국은 세계 시장을 두고 치열하게 경쟁 중이다. 만약 중국이 이차전지 시장을 장악한다면 세계 산업과 안보에 큰 공백이 생길 수 있다. 지금 세계가 한국 이차전지의 전략적 중요성에 주목하는 이유이다.
　이 책은 역사적 변곡점에 서 있는 현재 이차전지 산업과 기술을 정확하게 분석한다. 저자는 이 책에서 이차전지 산업 현장을 취재하며 느낀 생생생한 이야기들을 담아낸다. 한국 이차전지 산업을 무조건 찬양하지 않고 글로벌 관점에서 객관적으로 바라본 점, 이차전지 패권 전쟁에서 승부를 가를 다양하고 중요한 기술들을 알기 쉽게 전달하려 한 점이 특히 돋보인다.

산업계와 학계를 두루 경험한 내게 이 책은 단순한 산업 분석을 넘어 한국과 세계가 마주한 전략적 과제를 차분히 드러내는 기록으로 다가온다. 연구실의 실험과 기업 현장의 치열함을 함께 겪어온 시선에서 볼 때 이 책은 배터리 산업의 오늘을 이해하고 내일을 준비하는 데 곁에 두고 참고할 만한 길잡이다. 전 세계 이차전지 시장의 흐름과 기술을 이해하고 싶은 일반 독자나 투자자, 학생이라면 이 책을 일독하기를 권한다.

장정훈
삼성증권 수석연구위원

애널리스트로서 증권 시장에서 산업과 기업을 분석한 지 어느덧 30년, 그중 18년 가까운 시간을 이차전지 산업과 함께해왔다. 짧지 않은 시간이지만 많은 투자자에게 이차전지는 여전히 '최근에 떠오른 신성장 산업'으로 기억되는 듯하다. 글로벌 전기차 시장의 폭발적 성장과 함께 한국 업체들의 대규모 수주 계약이 이어지며 이차전지 가치사슬(밸류체인) 전반의 주가를 유례없이 끌어올린 3년 전의 경험이 그러한 인식을 만든 것으로 보인다.

그러나 이후 글로벌 시장에서 전기차 보조금 축소에 따른 판매 성장세 둔화와 리튬 가격 급락이 맞물리며 관련 기업들의 실적이 악화되었고 주가는 2년에 걸쳐 조정을 경험했다. 그사이 중국은 저가 소재를 기반으로 한 가격 경쟁력을 무기로 빠르게 글로벌 시장 점유율을 높여갔고, 이견이 없을 것으로 보았던 전기차 및 친환경 정책도 주요 지역에서 제동이 걸리는 등 이차전지 산업은 격변의 소용돌이로 들어섰다.

저자는 이러한 정책 환경 변화와 경쟁 심화, 급격한 가격 변동 속에서 예측이 쉽지 않은 이차전지 산업의 현실과 미래를 저널리스트의 시각으로 흥미진진하게 정리해냈다. 이차전지의 기원과 개발 서사부터 전방의 전기차 시장, 후방의 원재료 공급망에 이르기까지 주요 이슈를 아우르며 글로벌 기업들의 경쟁 다이내믹스를 입체적으로 흥미진진하게 풀어내는 한편, 한국 업체가 풀어내야 할 숙제들 역시 가감 없이 보여준다. 아울러 어려운 전기화학 용어와 복잡한 제조 공정을 쉽고 재미나게 설명하고, 방대한 산업 데이터와 차트를 보여줌으로써 독자들이 선입견에 매몰되지 않고 정확한 이해를 할 수 있도록 돕는다.

이 책은 한국의 핵심 성장 산업인 이차전지에 관심 있는 모든 이들에게 항상 곁에 두고 참고할 수 있는 산업 백과이자 해설서가 될 것으로 확신한다. 현장에서 뛰는 업계 종사자들에게는 사업에 영향을 미치는 다양한 이슈와 경쟁 지형, 기술 방향을 정리해볼 수 있는 참고서가, 그리고 주식 시장의 투자자들에게는 현명한 판단을 가리는 여러 소음을 걸러내는 필터가 되어줄 것이라 기대한다.

한병화
유진투자증권 이사

《배터리 워》는 투자자들, 관련 기업 종사자들이 배터리 산업을 이해하는 데 큰 도움이 될 수 있는 역작이라고 판단된다. 국내외 배터리 산업의 현황과 기술의 흐름, 배터리 기업들의 역사까지 담겨 있다.

글로벌 배터리 산업은 인류가 기후위기를 탈출하고 AI 시대에 안착하게 하는 데 가장 중요한 역할을 담당할 것이다. 전기차, UAM(도심 항공 교통), ESS(에너지 저장 장치)부터 로봇까지 배터리가 없이는 모두 구현이 불가능하다. 다행히 K-배터리는 글로벌 시장에서 가장 높은 수준의 경쟁력을 보유하고 있다. 하지만 지난 4~5년간 중국 업체들의 집중적인 기술 투자와 중국 정부의 무제한적인 지원으로 이제 K-배터리는 엄혹한 시기에 진입해 있다.

글로벌 배터리 시장의 흐름을 면밀히 파악하고, K-배터리의 나아갈 길을 제시하고, 사회적 공감대를 형성하는 것은 대한민국의 미래 성장을 위해 중요한 일이다. 이 책이 이런 일에서 주요한 이정표가 되기를 기대한다.

차례

추천의 말
송호준(에코프로 대표이사) 4 | 박태성(한국배터리산업협회 상근부회장) 6 | 김광주(SNE리서치 대표) 7 | 김제영(LG에너지솔루션 CTO) 9 | 김윤창(삼성SDI 연구소장) 11 | 박기수(SK온 미래기술원장) 12 | 이상영(연세대학교 화공생명공학과 교수) 13 | 장정훈(삼성증권 수석연구위원) 15 | 한병화(유진투자증권 이사) 17

머리말 23

1부 ⚡ 전선 넓어지는 배터리 전쟁

1장 | 배터리는 안보다
중국 전기차의 홍수 33 | 기후 악당에서 친환경의 최대 수혜국으로 39 | 영토 넓어지는 배터리, 로봇부터 AI, 우주선까지 44

2장 | 겉으로는 "물가 잡자" 진짜 속내는 "중국 잡자"
어느 날 등장한 IRA 50 | 역사적인 법안 53 | "중국 기업은 해외우려기관" 58 | 핵심광물 중국 포위 작전 66

3장 | 배터리에 꼬리표까지 달겠다는 유럽
배터리에도 여권이 필요해 69 | 코로나19 팬데믹과 러시아–우크라이나전쟁이 남긴 교훈 75 | 신장위구르자치구와 태양광, 그리고 이차전지 77

4장 | 트럼프 리스크
거꾸로 가는 시계 81 | IRA 가고 OBBBA 왔다 84 | 에너지 차르가 된 화석연료의 오랜 친구 89 | "퍼스트 버디" 일론 머스크의 추락 93

5장 | 위기와 기회
탈중국 공급망의 핵심, K-배터리 99 | 다시 보는 유럽 103 | 배터리, 이제는 서비스다: BaaS에서 EaaS까지 106 | 친환경차? 이제는 자율주행차! 110

2부 ⚡ 미국과 일본 딛고 일어선 K-배터리

6장 | 리튬 이차전지의 시작

오일 쇼크의 나비 효과 119 | 포드, 거인에게 영감을 주다 124 | 마지막 퍼즐 맞춘 젊은 과학자 128

7장 | 일본 이차전지 흥망사

세상에 먼저 나온 리튬메탈 이차전지 133 | 세계 최초 상용화 소니, 노벨상은 못 탔다 136 | 대세로 자리 잡다 141 | 거함 산요전기의 몰락 143 | 땡큐! 테슬라, 기사회생한 파나소닉 146 | 소니와 에코프로의 인연 147 | 중국으로 넘어간 일본 배터리 기술 149

8장 | K-배터리의 태동

일본 제친 한국 기업 151 | 구본무 회장과 삼천교육대: LG화학 153 | 진공관에서 배터리까지, 변신의 귀재: 삼성SDI 158 | "나도 같이 달리겠습니다": SK 162 | K-배터리 성장의 비밀: 환율, 스마트폰, 전기차 167

9장 | "배터리 킹"이라 불리는 중국인들

중국 배터리 산업의 급부상 172 | 중국 "배터리 킹"의 등장: BYD 174 | 중국의 신에너지차 정책과 화이트리스트 177 | "닝더의 왕"으로 통하는 사나이: CATL 178 | 시진핑의 정치적 고향, 그리고 천인계획 180 | '갑툭튀' CALB 182

10장 | 배터리 삼국지

896 근무제와 100일 분투 185 | 세계로 뻗어간 K-배터리 188 | 1등, 그리고 역전 193 | 이제 성능은 기본, 가격부터 본다 199 | 일본의 반격, 과거 영광 재현할까 202

11장 | 쫓아오는 미국과 유럽

흔들리는 유럽의 희망 노스볼트 205 | 배터리 강국 꿈꾸는 독일과 프랑스 209 | 폴란드-헝가리는 한중 각축전 212 | 미국, A123시스템스의 추억 213 | 기가팩토리부터 스타플러스까지 216 | 중국 기업 고션은 어떻게 미국에 진출했나 220

3부 ⚡ 최대 위협 중국

12장 | 전 세계 핵심광물이 모이는 곳

중국 없이는 못 만든다 227 | "하얀 석유"라던 리튬에 무슨 일이 234 | 리튬 공급망 장악한 중국 239 | 니켈, 클래스가 다르다 242 | 인도네시아에 아른거리는 중

국 그림자 245 | "깨끗한 니켈"이냐 "더러운 니켈"이냐 248 | 니켈 광산에 투자하는 한국 기업들 249 | 리튬보다 2배 필요한 흑연 251 | 천연흑연 vs 인조흑연 차이는? 253 | 중국이 지배하는 흑연 산업 254 | 흑연 자립화의 조건들 256

13장 | 중국산 소재, 이제 못 쓴다?

양극재 앞에 전구체 있다 261 | 전구체, 어디서 만드나 264 | 소금과 물의 관계, 전해액 268 | 중국 전해액 따라잡을 수 있을까 271 | 배터리 안전 지킴이, 분리막 275 | 주목받는 분리막 기업들 278 | 전고체 시대, 분리막의 운명은? 280

14장 | 집전체의 세계

양극에는 알루미늄, 음극에는 구리 쓰는 이유 282 | 치열한 동박 한중전 286 | 담배 포장지의 대변신 289 | 알루미늄박은 과점 체제 293

15장 | 차세대 소재는 우리가 먼저

눈앞에 다가온 '5분 완충'의 꿈 296 | 실리콘 음극재 누가 앞서 있나 300 | 활물질 도우미, 도전재 302 | 탄소나노튜브, 두 겹보다 한 겹이 좋아 307 | 배터리에도 접착제가 필요해 309 | 건식 전극의 핵심 기술, 바인더 312 | 불소와 EU 환경 규제 313

16장 | 배터리, 재활용하면 되잖아!

재활용으로 탈중국 꿈꾸는 미국과 유럽 315 | 배터리를 재활용하는 3가지 방법 320 | 춘추전국시대 맞은 리사이클링 323 | 배터리 재활용의 도전 과제들 326

4부 ⚡ 불붙은 기술 패권 전쟁

17장 | 삼원계냐 LFP냐

뼈아픈 오판 333 | NCM의 뿌리 336 | 하이니켈 강자 한국 341 | LFP 배터리가 더 안전한 이유 343 | 중국은 어떻게 LFP 강국이 되었나 347 | 한계 극복한 LFP 349 | 한국의 LFP 추격전 351

18장 | 단결정 · 고전압 · 미드니켈, 구세주 되나

LFP에 대적할 3대 키워드 355 | 니켈을 줄여라 357 | 미드니켈, 퇴행 아닌 혁신 360 | 단결정이 중요한 이유 362 | 미드니켈, LFP에 맞설 수 있을까 364

19장 | 불 안 나는 전고체, 게임체인저 될까

꿈의 배터리 366 | 기술적 난제들 368 | 황화물계 vs 산화물계 371 | 상용화는 누가 먼저? 374

20장 | 바닷물로 배터리를 만든다고?

혹한에도 끄떡없는 나트륨이온 배터리 380 | 최대 약점은 무게 382 | 앞서는 중국, 뒤쫓는 서구 384 | 엇갈리는 전망 389

21장 | 배터리로 나는 비행기 나온다

음극재의 끝판왕, 리튬금속 392 | '높은 벽' 덴드라이트와 '브리지' 기술 394 | 반값 배터리, 리튬황 400 | 셔틀 효과가 뭐길래 404

22장 | 폼펙터 전쟁 끝나지 않았다

원통형 vs 각형 vs 파우치형 409 | 사라지는 칸막이 412 | 새로운 표준 46 시리즈의 등장 413 | 46 시리즈도 한중일 삼국지 417

23장 | 건식 전극으로 앞서라

자존심을 건 대결 420 | 팔방미인 기술 422 | 테슬라도 미완성 424 | 건식 전극, 어디가 가장 앞섰나 426

24장 | 충전 표준 테슬라가 통일하나

가장 큰 불만은 '충전' 430 | 전기차 충전소는 황금알을 낳는 거위? 433 | 차마다 나라마다 각기 다른 충전 규격 437 | "5분 충전에 300km 주행" 442

25장 | 전기차 성장 정체 ESS로 뚫는다

새로운 돌파구 ESS 444 | 덕 커브 해결사 447 | ESS 의무화하는 나라들 449 | K-배터리 새 먹거리 451

5부 ⚡ 터널의 끝이 보인다

26장 | 갑자기 찾아온 캐즘

전기차에 무슨 일이? 457 | K-배터리에 찾아온 고난 461 | 전기차 캐즘, 왜 나타났나 466 | 한국에서만 쓰는 말 470 | 엎친 데 덮쳤다 473

27장 | 그래도 봄은 온다

트럼프 관세 전쟁과 길어지는 바닥 479 | "small yard, high fence" 전략이 가져다준 기회 484 | 프라이스 패리티: 배터리 가격 100달러의 벽 488 | 더 이상 LFP 포비아는 없다 492

28장 | 배터리 기업 옥석 가리기

신기루만 띄운 기업들 499 | 파일럿, 샘플, 양산 이해하기 504 | 어느 전기차에 어떤 배터리가? 508 | K-배터리가 태어나는 곳: LG에너지솔루션, 삼성SDI, SK온 515 | 배터리 공급망 톺아보기: 에코프로, 포스코퓨처엠, 엘앤에프 527

부록1 배터리는 어떻게 만들어지나

1단계 | 전극 공정

국산화율 90% K-배터리 장비 537 | 빵에 딸기잼 바르듯: 믹싱과 코팅 541 | 굽고 누르고 자르고: 롤프레싱, 슬리팅, 노칭 543 | 국내외 전극 장비 기업들 546

2단계 | 조립 공정

돌돌 말아 캔 안에 쏙: 와인딩 방식 548 | 대세로 굳어진 Z폴딩/Z스태킹 공법 551 | 캔이냐 주머니냐 555

3단계 | 화성 공정

배터리도 숙성이 필요해 559 | 불량 배터리 어떻게 걸러내나 563 | 전고체 배터리, 공정도 다르다 563

4단계 | 팩 공정

배터리에 가치를 더하다 566 | 셀투팩을 넘어 셀투섀시까지 568

부록2 일차전지와 이차전지 이야기: 볼타 전지부터 에디슨 전지까지

셀과 배터리는 같은 말, 다른 말? 573 | 전자 이동과 전류는 왜 반대일까 576 | 전압은 어떻게 생길까 578 | '마른 전지'의 등장 581 | "힘세고 오래가는 건전지" 583 | 최초의 이차전지 584 | 이차전지, 에디슨도 만들었다 586

감사의 말 588

주 591

머리말

어릴 적 고향 마을에서는 비가 조금이라도 많이 오거나 바람이 세게 불면 정전이 되기 일쑤였다. 집에 손전등은 필수였다. 수명이 다 해 손전등에서 빼놓은 각종 배터리는 나에게 더없이 신기한 물건이었다. 어디서 전기가 나오는 걸까. 도무지 알 수 없었던 어린 나는 어느 날 배터리를 분해해보기로 마음먹었다. 집에 있던 연장으로 겨우겨우 열어본 배터리의 속은 실망스럽기 그지없었다. 단단한 금속 케이스 속에는 정체를 알 수 없는 검은 가루와 연필심을 닮은 두꺼운 막대뿐이었다. 이런 데서 전기가 나온 거라고? 그렇게 배터리는 나에게 풀리지 않는 수수께끼로 남아 있었다.

시간이 지나 기술이 발달하면서 다 쓴 배터리도 충전해 다시 쓸 수 있게 되었다. 노트북과 스마트폰에만 들어가던 배터리로 전기자동차를 굴리는 시대가 되었다. 어릴 적 마당에서 가지고 놀던 그 조그맣던 배터리는 이제 세상에 없어서는 안 될 물건으로 자리 잡았다. 배터리의 쓰임새는 전기차의 심장 역할에서 그치지 않았다. 대양광, 풍력 등 재생에너지의 변동성을 보완할 수 있는 배터리는 기후위기의 해결사로까지 떠올랐다. 배터리 관련 기업의 주가는 순식간에 날아올랐다. 투자자들 사이에 이차전지 광풍이 불었다.

나는 어릴 때부터 품고 있던 배터리에 대한 궁금증을 풀고 싶었다. 겨우 손전등 하나를 켤 수 있었던 배터리가 어떻게 해서 이렇게 세상을 바꿀 힘을 갖게 되었을까? 배터리는 어디까지 발전할 수 있을까? 투자자들은 한국 배터리 기업에 대해 정말 제대로 평가하고 있는 것일까? 《아시아경제》에 〈배터리 완전정복〉이라는 제목으로 내보낸 총 40회의 연재 기사는 이렇게 시작되었다. 다행히 나와 같은 궁금증을 갖고 있던 많은 독자가 호응해주었다. 거기에 힘을 얻어 책으로까지 나오게 되었다.

〈배터리 완전정복〉 연재를 시작한 2023년부터 이 책이 세상에 나온 2025년 말까지 많은 일들이 있었다. 끝없이 성장할 것만 같았던 이차전지 산업에 찬바람이 불기 시작했다. 한국 기업들의 주요 시장인 북미와 유럽에서 전기차 수요가 둔화했다. K-배터리 기업들의 실적은 미끄러졌고 주가도 내리막을 걸었다. 시장에서는 이를 깊은 협곡을 뜻하는 "캐즘chasm"이라고 불렀다. 이차전지 기업들에 대한 시중의 관심도 예전만큼 뜨겁지 않은 것이 사실이다.

그렇다고 우리가 배터리에 대한 관심을 접어야 할까? 나는 이럴 때일수록 국가적 관심을 기울이며 이차전지 산업을 육성해야 한다고 생각한다. 이차전지 산업을 공부하고 분석하면서 나는 더욱 확신을 갖게 되었다. 기후위기에 대응하기 위해 모든 에너지가 전기화되고 있는 시대에 배터리, 특히 이차전지의 역할은 더욱더 확대될 것이 틀림없다.

국제 무대에서 배터리 기술을 지닌 국가와 그렇지 못한 국가 간 위상은 천지 차이로 벌어질 것이다. 반도체 기술을 놓고 주요 국가들이 주도권 경쟁을 벌이듯 배터리 패권을 놓고도 전 세계는 전쟁을 벌이기 시작했다. 중국은 자국 배터리 산업에 수백조 원을 쏟아부으며 생태계를 독차지하려 하고 있다. 자유 진영 국가에서 중국에 맞설 수 있는 역량과 기술을 갖춘 나라는 한국과 일본뿐이다. 한국은 배터리 전쟁에서 승리함으로써 반도체에서 그랬듯 전 세계에 우리 스스로의 가치를 증명할 수 있을 것이다.

이 책의 도입부인 1부 '전선 넓어지는 배터리 전쟁'의 1장에서 '배터리는 안보다'라는 주제를 다룬 것도 이 때문이다. 세계 각국에서는 배터리가 전략적으로 중요한 산업이 되고 있다. 배터리는 전기차뿐 아니라 드론, 휴머노이드 로봇, AI(인공지능) 데이터센터, 우주선까지 사용 범위가 갈수록 확대되고 있다. 그런데 중국이 배터리 공급망까지 장악하자 각국은 뒤늦게 중국을 견제하기 위한 움직임을 본격화하고 있다.

미국은 2022년 조 바이든 행정부가 IRA(인플레이션감축법)를 시행하면서 전기차 등 친환경 산업에 대해 대대적인 보조금을 지급하기 시작했다. 이 법은 명목상 물가 안정이 목적이었지만 사실상 중국을 해외우려기관FEOC으로 지정하는 등 중국에 대한 견제를 노골화했다. 유럽도 배터리 여권, 탄소국경조정제도CBAM 등의 제도를 통해 중국에 대한 배터리 공급망 의존도를 낮추기 위해 노력하고 있다.

하지만 2024년 11월 치러진 미국 대선에서 기후변화를 부정하고 전기차 보조금에 반대하는 도널드 트럼프가 대통령으로 당선되면서 이차전지 시장에 큰 변화가 일고 있다. 1부에서는 트럼프 대통령 취임 이후 나타난 이차전지 시장의 정책적 변수들에 대해서도 다루었다. IRA에 따라 지급했던 전기차 구매 보조금(친환경차 세액공제)을 폐지하는 OBBBA(하나의 크고 아름다운 법)의 주요 내용과 그 영향을 살펴보았다. 또한 트럼프 리스크에도 불구하고 탈중국 공급망의 핵심 축으로서 한국 배터리의 의미, 앞으로 다가올 자율주행차 등 새로운 기회에 대해 다루었다.

2부 '미국과 일본 딛고 일어선 K-배터리'에서는 이차전지 산업의 과거와 현재 상황을 짚어보면서 한국이 어떻게 하면 주도권을 이어나갈 수 있는지 통찰을 얻고자 했다. 이차전지의 대명사인 리튬이온 배터리는 선구적 과학자들의 끊임없는 연구 결과임에는 틀림없다. 그럼에도 1970년대 전 세계를 강타했던 석유 파동이 없었더라면 역사 속에서 빛을 발하지 못했을 것이다. 리튬이온 배터리는 그 탄생부터가 에너지 위기와 깊은 연관이 있었다.

리튬이온 배터리를 처음으로 상용화한 곳은 일본의 소니였다. IT(정보기술) 산업이 발달하면서 리튬이온 배터리는 소형 디지털 기기에 널리 쓰이게 되었다. 소니에 이어 산요전기가 리튬이온 배터리 산업을 석권했으나 뒤따라 시장에 진출한 한국 기업들에 곧 왕좌 자리를 내주었다. 지금은 산요전기의 후신인 파나소닉이 거의 유일하게 일본 이차전지 산업을 이끌고 있다.

한국 기업들은 뒤늦게 리튬이온 전지 개발에 나섰으나 경영진들의 과감한 지원과 연구진들의 피땀 어린 노력으로 2000년대 이후 빠르게 일본을 추격해나갔다. LG화학(LG에너지솔루션), 삼성SDI, SK이노베이션(SK온) 배터리 3사는 국내 IT 산업과의 시너지 효과를 적극 활용하며 이차전지 시장에서 입지를 다져나갔다. 막 태동하기 시작한 전기차 시장에 선제적으로 진입한 것은 일본 기업을 따돌릴 수 있었던 신의 한 수였다.

한국에 이어 배터리 시장에 진출한 BYD(비야디), CATL(닝더스다이) 등 중국 기업들은 규모의 경제, 정부의 전폭적인 지원 등에 힘입어 빠르게 성장했다. 2010년을 전후해 한국 배터리 기업들은 전 세계 이차전지 시장을 석권했으나 점차 중국에 시장을 내주고 있다. 2부에서는 현재 한국, 중국, 일본이 펼치는 배터리 삼국지의 양상을 다양한 시각에서 바라볼 수 있을 것이다. 아시아 국가에 위협을 느낀 미국과 유럽 각국은 자국 내 배터리 기업을 키우기 위해 다각적인 노력을 기울이고 있으나 아직까지 가시적인 성과가 나타나지는 않고 있다.

3부 '최대 위협 중국'에서는 전 세계 배터리 생태계에서 중국이 어떤 역할을 하고 있는지, 한국에 어떻게 위협이 되고 있는지, 극복 방안은 무엇인지 살펴본다. 중국은 배터리 완제품뿐 아니라 리튬, 니켈, 코발트, 망간 등 리튬이온 전지를 구성하는 핵심광물의 공급망까지 장악하고 있다. 심지어 "중국이 없으면 배터리를 만들지 못한다"라는 말까지 나오고 있는 실정이다.

우리나라는 양극재의 원료 물질인 전구체 대부분을 중국에서 수입하고 있다. 음극재 원료인 흑연도 상당량을 중국에 의존하고 있다. 중국은 전해액, 분리막 등 주요 소재의 공급망도 장악하고 있다. 우리나라가 진정한 배터리 강국으로 자리매김하기 위해서는 주요 소재의 공급망을 재정비할 필요가 있다. 한국 기업들은 실리콘 음극재, 탄소나노튜브$_{CNT}$ 도전재 등 차세대 소재에서는 강점을 지니고 있다.

중국에 대한 핵심광물 의존도를 낮출 수 있는 방법으로 거론되는 것이 배터리 재활용이다. 배터리 재활용은 자원 고갈과 환경 파괴에 대한 우려도 줄일 수 있다. 이런 이유로 세계 각국이 배터리 재활용 규제를 강화하고 있다. 전기차 보급이 확대될수록 배터리 재활용 사업도 주목받을 것이다.

4부 '불붙은 기술 패권 전쟁'에서는 삼원계 배터리와 LFP(리튬인산철) 배터리의 주요 기술적 특징과 최근 주도권 다툼에 대해 다루었다. 리튬이온 배터리 시장은 기술 방식별로 우리나라가 주도하는 NCM(니켈·코발트·망간), NCA(니켈·코발트·알루미늄) 등 삼원계 배터리와 중국이 강점을 지닌 LFP 배터리가 경쟁을 벌이고 있다. 한때 우리나라에서는 에너지 밀도가 높아 주행 거리를 늘리는 데 유리한 삼원계 배터리가 시장을 주도할 것으로 여기고 LFP 배터리의 잠재력을 경시했다. 하지만 최근 중국이 화재 안정성과 저렴한 가격을 앞세운 LFP 배터리를 무기로 시장을 석권하고 있다. 이에 한국 배터리 기업들도 서둘러 LFP 배터리 개발에 나서고 있다.

이와 함께 한국 배터리 기업들은 LFP 배터리의 대항마로 고전압 단결정 미드니켈 배터리를 내세우고 있다. 차세대 배터리의 대표 주자인 전고체 배터리를 선점하기 위한 한국과 중국, 일본 간 기술 개발 경쟁이 치열하다. 나트륨이온 배터리, 리튬메탈 배터리, 리튬황 배터리 등 차세대 배터리 개발도 한창이다.

배터리 기업들은 고객사인 전기차 기업들의 요구에 맞추어 원통형, 각형, 파우치형 등 다양한 배터리 폼팩터(형태)를 개발하고 있다. 친환경 기술로 각광받는 건식 전극과 충전 기술 표준을 놓고도 각축전을 벌이고 있다. ESS(에너지 저장 장치)는 전기차 시장 정체를 뚫을 수 있는 새로운 시장으로 각광받고 있다.

5부 '터널의 끝이 보인다'에서는 전기차 수요 둔화의 원인을 분석하고, 왜 한국 배터리 기업들이 유독 타격이 컸는지를 분석한다. 한국 배터리 기업들은 2024년을 전후해 전 세계 전기차 시장 둔화의 충격을 한 몸에 받았다. 이른바 '캐즘'의 영향으로 국내 배터리 기업들의 실적은 고꾸라졌고 투자자들은 손실을 입어야 했다.

2025년 들어 유럽을 중심으로 전기차 수요가 회복되는 경향을 보이고 있으나 한국의 가장 큰 시장인 미국에서는 트럼프 대통령이 벌이는 관세 전쟁의 변수가 지속되고 있다. 이른바 트럼프 리스크가 계속되고 있지만 한국 기업들은 위기를 기회로 삼아 북미 시장을 적극 공략하고 있다. 이차전지 시장이 각종 외생 변수에 영향받지 않고 안정적으로 성장하기 위해서는 근본적으로 전기차의 가격이 내연기관차보다 저렴해져야 한다. 그러려면 배터리의 가격도 지금보다 더 싸져야 한다. 이 시기는 앞으로 1~2년 안에 도래할 것이다.

배터리 산업은 대규모 장치 산업이기 때문에 진입 장벽이 상당히 높다. 배터리는 다른 자동차 부품과 마찬가지로 안전을 최우선으로 하기에 기술 채택 속도가 매우 느리다. 이 사실을 유념하고 투자자들은 기업들의 발표 내용에 쉽게 현혹되거나 휘둘려서는 안 된다. 배터리 기업에 투자하기 위해서는 전기차와 배터리 기업 간의 관계에 대해서도 파악하고 있어야 한다. 배터리 3사와 각 주요 소재 기업 간의 얽히고설킨 복잡한 공급망에 대해서도 알아두면 좋다. 소재 기업들은 개발 단계부터 배터리 3사와 함께하기에 한번 맺은 관계는 쉽게 변하지 않는다. 그렇다고 그 관계가 영원한 것은 아니다.

부록에서는 전극 공정, 조립 공정, 화성 공정, 팩 공정 등 공정별로 어떤 과정을 거쳐 리튬이온 배터리를 생산하는지 살펴보았다. 또 리튬이온 배터리가 등장하기 전에 사용하던 망간 전지, 알칼리 전지,

납축전지, 니켈 전지 등 주요 일차전지와 이차전지 이야기도 덧붙였다. 이차전지와 리튬이온 배터리에 대한 이해도를 높이고자 한다면 부록부터 읽어보아도 좋을 듯하다.

    시중에 이미 배터리와 관련한 책들이 많이 나와 있다. 나 또한 읽으면서 많은 도움을 받았다. 그럼에도 또 책을 쓰기로 결심한 것은 대중적인 배터리 책이 부족하다는 생각 때문이었다. 책을 쓰면서 배터리를 처음 접하는 일반 독자부터 현재 산업계 종사자들과 투자자들까지 관심을 가질 만한 내용을 폭넓게 담고자 했다. 대중적이면서도 전문성을 놓치고 싶지 않았다. 그리고 글로벌 관점에서 최대한 객관적으로 우리 배터리 시장을 바라보고자 했다. 이 책을 접하는 분들에게 조금이나마 유익한 정보와 도움이 되기를 바란다.

2025년 9월

강희종

1부

전선 넓어지는 배터리 전쟁

1장

배터리는 안보다

중국 전기차의 홍수

"공정한 경쟁은 좋은 것입니다. 우리가 싫어하는 것은 중국이 막대한 보조금을 받은 전기차를 우리 시장에 홍수처럼 쏟아붓는 것입니다. 우리는 이것을 막아야 합니다. 우리의 산업을 보호해야 합니다."

EU(유럽연합) 집행위원장인 우르줄라 폰데어라이엔Ursula von der Leyen은 2024년 5월 시진핑习近平 중국 국가주석을 만난 직후 이렇게 말했다.[1] 그로부터 5개월 후 EU는 중국의 전기차에 대해 최대 45.3%의 관세 폭탄을 부과한다고 발표했다. 폰데어라이엔이 표현한 "중국 전기차의 홍수flood of chinese electric cars"는 유럽 각국이 현재 가장 우려하고 있는 사안 중 하나다. 유럽은 폭스바겐, 스텔란티스, 벤츠, BMW

등 전통적인 자동차 브랜드가 즐비하지만 전기차 시대로 접어들면서 시장을 중국의 저렴한 자동차들에 빼앗길 것을 두려워하고 있다.

EU 집행위원회European Commission의 조사에 따르면 2024년 기준 유럽 전기차 시장에서 상하이자동차Shanghai Automotive Industry Corporation Group, SAIC, 지리자동차Geely Automobile, BYD자동차BYD Auto(비야디자동차) 등 중국 차의 점유율은 8%까지 올랐다. 2025년에는 점유율이 15%까지 오를 수 있을 것으로 내다봤다.

2021년 노르웨이를 시작으로 유럽에 진출한 BYD자동차는 2023년 약 1만 6000대의 전기차를 판매해 유럽 전기차 시장 점유율 1.1%를 기록했다. 이 회사는 빠른 시일 안에 유럽 전기차 시장에서 점유율을 5%까지 끌어올리겠다는 목표를 밝혔다.[2] BYD가 헝가리에 짓고 있는 전기차와 배터리 공장이 완공되는 2026년 즈음에는 유럽 공략 속도가 더욱 빨라질 것으로 보인다

BYD는 2023년 4분기 52만 6409대의 전기차를 판매해 테슬라(48만 4507대)를 추월하며 세계 1위 전기차 기업에 올랐다. BYD와 테슬라의 격차는 점점 더 벌어지고 있다.

쏟아지는 중국 전기차는 비단 유럽의 이슈만은 아니다. BYD는 한국 승용차 시장 진출도 공식화한 상태다. 2025년부터 소형 SUV인 아토3ATTO 3, 중형 세단인 씰SEAL을 잇따라 출시했다. 이 회사는 이미 지게차·버스·트럭 등 상용차로 한국에 발을 들여놓은 상태다. 2024년 1분기 국내 신규 등록된 전기버스 중 43.2%는 BYD 등 중국산이 차지했다. 중국산 전기버스는 상대적으로 싼 배터리를 장착한 데 따른 가격 경쟁력을 앞세워 한국 시장을 잠식해가고 있다.[3]

중국은 리튬, 니켈, 코발트 등 핵심광물부터 양극재, 음극재 등

[1-1] 브랜드별 유럽 자동차 시장 점유율 변화

	2018년	2019년	2020년	2021년	2022년	2023년 1분기
중국계*	0.1%	0.1%	0.3%	0.8%	2.0%	2.5%
MG**	0.1%	0.1%	0.2%	0.5%	1.1%	1.5%
시트로엥	4.0%	4.2%	3.9%	4.0%	3.5%	3.3%
르노	7.2%	6.8%	7.0%	5.9%	5.3%	5.1%

출처: 슈미트오토모티브리서치Schmidt Automotive Research

* 폴스타 포함, 볼보 미포함.

** 모리스개러지Morris' Garage. 2007년 상하이자동차에 인수됨.

소재와 배터리 셀까지 전기차 공급망을 장악하고 있다. 중국 정부는 여기에 막대한 보조금을 지급하며 전기차와 배터리 산업을 키웠다. 유럽 각국은 가격 경쟁력을 갖춘 데다 핵심 공급망까지 장악한 중국차가 물밀듯이 밀려오고 있는 상황을 그냥 지켜보기만 할 수 없는 처지가 되었다.

시장 조사 업체 자토다이내믹스Jato Dynamics에 따르면 중국에서 판매되는 전기자동차 가격은 유럽에서 판매되는 전기자동차보다 약 40% 저렴하다. 미국 내 판매 전기자동차보다는 50% 싸다. 2022년 상반기 기준 중국 전기차 평균 가격은 3만 4096달러인 데 비해 유럽은 5만 9797달러, 미국은 6만 8429달러였다.[4]

EU 집행위원회는 중국 전기차에 대한 관세를 부과하기 전 2023년 10월부터 약 9개월간 중국의 보조금에 대해 조사를 벌였다. 그 결과 "중국 배터리 전기차의 가치사슬value chain이 불공정한 보조금으로부터 혜택을 받고 있으며, 이는 EU 전기차 생산 업체에 경제적 피해 위협이 되고 있다"라는 결론을 내렸다. EU는 회원국 투표를 거쳐 테슬라 17.8%, BYD 27.0%, 지리자동차 28.8%, 상하이자동차 45.3%의 관세를 최종 확정했다. 종전 10% 관세에서 대폭 상향된 것이다. 테슬라가 추가 관세 인상 대상에 포함된 것은 유럽에 수출하는 테슬라 전기차가 중국 공장에서 생산되기 때문이다. 유럽의 이 같은 조치에 중국은 강력히 반발하며 보복을 예고했다.

이 관세 인상 조치는 EU와 중국 당국 간 추가 협상을 통해 조정될 여지가 남아 있지만 EU가 얼마나 중국 전기차에 대해 위협을 느끼고 있는지 여실히 보여주었다. 진보적 정치 색채가 강한 정당이 다수당을 차지하고 있는 유럽의 여러 나라는 일찌감치 기후변화에 대응하기 위한 다양한 정책을 펼쳐왔다. 가장 대표적인 것이 전기차 도입이었다. 기존 내연기관차를 전기차로 전환해 온실가스 배출을 줄이기 위한 목적이었다.

유럽 각국은 막대한 보조금을 지급하며 전기차 구매를 장려했다. 그 결과 27개 EU 회원국에서 2023년에 새로 등록한 신차 가운데 22.7%를 전기차가 차지할 정도로 빠르게 증가했다. 대수로는 240만 대로 전년도 200만 대보다 40만 대가 증가했다.[5] 스웨덴, 핀란드, 덴마크 등 북유럽 국가들의 경우 신차 판매에서 전기차가 차지하는 비중은 40%에 육박할 정도였다.

이처럼 전기차 보급이 급격히 늘어나는 가운데 중국 전기차가 밀려들어오자 유럽 각국은 고민에 빠지지 않을 수 없었다. 친환경을 위해 보조금을 들여서 전기차를 보급했으나 정작 그 과실을 중국이 가져가게 생겼기 때문이다. 프랑스 등 유럽 국가들과 자동차 업계는 이에 대한 대책을 촉구하게 되었다.

폰데어라이엔 EU 집행위원장은 결단을 내릴 수밖에 없었다. 그는 2023년 9월 프랑스 스트라스부르에서 열린 유럽의회 연례 연설에서 중국 전기차의 보조금에 대해 즉각적인 조사에 들어간다고 발표했다. "중국 전기차의 홍수" 발언은 이때 처음 등장했다.

"전기자동차는 청정 경제를 위한 필수 산업이고 유럽 경제에 엄청난 잠재력을 지니고 있습니다. 하지만 글로벌 시장은 저렴한 중국 전기차로 넘쳐납니다flooded with cheaper Chinese electric cars. 그 가격은 막대한 국가 보조금에 의해 유지됩니다."[6]

폰데어라이엔의 발표는 유럽 각국의 지지를 받았다. 만프레트 베버Manfred Weber 유럽국민당European People's Party, EPP* 대표는 "우리는 중국 전기차가 우리 기후 정책의 혜택을 받기를 원하지 않는다"라며 "태양광과 같은 공격을 받지 않기 위해 무역 보호 수단을 강구해야 한다"라고 말했다.[7] 이대로 가다가는 태양광 산업처럼 전기차도 중국산에 잠식되는 사태가 현실화할 수 있다는 우려를 강조한 것이다.

그러나 모든 유럽 국가가 중국 전기차에 대한 추가 관세 부과를 적극 찬성한 것은 아니었다. 아이러니하게도 유럽 최대 자동차 강국인 독일은 끝까지 중국 전기차에 대한 추가 관세에 찬성표를 던지지 않았다. 독일과 중국 경제가 서로 밀착되어 있다는 점, 관세로 인해 중국이 보복할 경우 되레 피해를 입을 수 있다는 점이 이유였다.

---

* 중도 우파 성향의 범유럽 정당으로 유럽의회 내 다수당이다. 독일의 독일기독교민주연합CDU, 프랑스의 공화당RP, 이탈리아의 포르차이탈리아Forza Italia(전진이탈리아), 스페인의 국민당PP, 폴란드의 시민연단Platforma Obywatelska 같은 당을 포함한다.

독일 자동차 기업이 이미 중국 자본에 잠식당한 상태라는 것도 무시할 수 없는 배경 중 하나로 지목되었다. 베이징자동차BAIC는 메르세데스-벤츠의 지분 9.98%를 소유한 최대 주주다. 또 지리자동차의 리수푸李书福 회장은 투자 회사인 Tenaciou3 Prospect Investment Limited를 통해 메르세데스-벤츠의 지분 9.69%를 소유해 2대 주주에 올라 있다.[8] 최대 주주와 2대 주주가 모두 중국계인 셈이다. 지리자동차는 또한 2010년부터 스웨덴 볼보자동차의 최대 주주이기도 하다. 이후 지리자동차는 볼보와 합작해 전기차 브랜드인 폴스타Polestar를 탄생시켰다.

독일의 자동차 기업들은 세계 최대 자동차 시장으로 떠오른 중국에 진출하기 위해 중국에 잇따라 자동차 및 배터리 합작 공장을 짓기도 했다. BMW는 중국의 화천자동차华晨汽车集团, Brilliance Auto Group와 함께 화천BMW를 세웠다. 폭스바겐은 중국 배터리 기업 고션하이테크Gotion High-Tech(궈시안하이테크)의 지분 26.47%를 소유한 최대 주주다. 벤츠, BMW, 폭스바겐 등 유럽의 전기차 브랜드에 CATL宁德时代, Contemporary Amperex Technology(닝더스다이) 등 중국산 배터리를 많이 발견할 수 있는 이유다. 중국 자본과 밀월 관계를 유지하고 있는 독일 자동차 산업을 고려할 때 독일 정부는 중국의 눈치를 살피지 않을 수 없었을 것이다.

EU는 2024년 10월 9일 중국에 대한 추가 관세를 놓고 회원국의 의사를 묻는 최종 투표를 실시했다. 그 결과 프랑스, 이탈리아, 폴란드, 네덜란드 등 10개국이 찬성표를 던졌고 스페인, 스웨덴 등 12개국이 기권했으며 독일, 헝가리 등 5개국이 반대했다. 투표에 앞서 중국은 스페인산 돼지고기 수입을 줄이겠다고 위협하는 등 EU 회원국을 대상으로 압박했다. 헝가리의 빅토르 오르반Viktor Orbán 총리는 추가 관세가 "경제 냉전economic cold war"을 일으킬 것이라고 우려하기도 했다. 찬성표보다 기권이나 반대표가 많았음에도 폰데어라이엔은 중국에 대한 추가 관세 인상을 결정했다. 하지만 투표에서 나타난 분열이 보여주듯 중국에 대한 EU의 단일 대오가 언제까지 유지될 수 있을지 의문이 제기되고 있는 것도 사실이다.⁹

기후 악당에서 친환경의 최대 수혜국으로

흔히 중국을 "기후 악당"이라고 표현하곤 한다. 실제로 중국은 전 세계에서 가장 많은 온실가스를 배출한다. 국제 비영리 기후 단체인 클라이밋액션트래커Climate Action Tracker, CAT의 데이터에 따르면 2022년 기준 중국은 전 세계 온실가스 배출량의 30%를 차지했다.

하지만 역설적이게도 중국은 기후변화 대응의 최대 수혜국이기도 하다. 국제에너지기구IEA에 따르면 2028년까지 중국은 전 세계에서 생산하는 태양광 모듈의 85%를 차지할 전망이다. 또 세계풍력에너지협의회Global Wind Energy Council, GWEC에 따르면 세계 15대 풍력 터빈 회사 중 10개가 중국계다. 중국은 2022년 기준 전 세계 풍력 발전 설치 용량의 56%를 차지했다.¹⁰

태양광, 풍력에서 그랬듯 중국은 전기차와 배터리에서도 가격 경쟁력을 앞세워 전 세계 시장을 장악하려들고 있다. 중국산 제품의 저가 공세는 중국의 산업 정책에서 유래한다. 중국은 그동안 시장에 인위적으로 개입해 자국 생산량을 극대화하는 정책을 구사해왔다. 이는 필연적으로 과잉 생산과 저가 출혈 경쟁을 야기했다. 중국 기업들은 자국 시장의 재고를 해결하기 위해 해외로 밀어내기하고 있다. 이는 글로벌 시장에서 경쟁 기업을 퇴출시키고 결국 중국에 대한 의존도를 심화시키는 결과로 나타나고 있다.[11]

최근 전기차, 배터리 산업에서도 이와 비슷한 상황이 재연되고 있다. 중국은 신에너지 자동차* 강국으로 도약하기 위해 전체 신차 판매 중 신에너지차 비율을 2025년까지 25%(연간 약 700만 대)로 높인다는 목표를 제시했다. 중앙 정부와 지방 정부는 막대한 보조금을 지원하며 산업을 키웠다. 미국 전략국제문제연구소Center for Strategic and International Studies, CSIS의 스콧 케네디 연구원이 조사한 바에 따르면 2009년부터 2023년까지 중국 정부가 각종 보조금과 지원금 명목으로 전기차에 지원한 금액은 2309억 달러(약 321조 원)에 달했다.[12] 이에 필요 이상으로 많은 기업이 전기차와 배터리 시장에 뛰어들었고 이는 과잉 투자로 이어졌다. 자꾸만 재고가 쌓이자 중국 기업들은 해외로 눈을 돌렸다.

첫 번째 타깃이 된 곳이 유럽이다. 유럽은 세계에서 가장 먼저 그리고 가장 빨리 친환경 정책을 펼치고 있는 곳으로 전기차 보급이 빠르게 진행되고 있다. 2021년 EU는 2030년까지 온실가스 배출량을 1990년 대비 55% 줄이겠다는 '핏포55Fit for 55' 정책을 도입했다. 그 일환으로 EU는 2035년까지 휘발유, 경유 등 화석연료를 사용하는 신차 판매를 금지하는 데 합의했다. 2022년 러시아-우크라이나전쟁으로 러시아산 천연가스 공급이 제한되자 화석연료 비중을 줄이고 재생에너지를 확대하는 '리파워EURePowerEU' 정책도 도입했다.

---

* 친환경 자동차의 중국식 표현. 순수 전기자동차와 하이브리드자동차를 포함한다.

중국 전기차, 배터리 기업들은 재빨리 유럽 시장 공략에 나섰다. 가격 경쟁력을 앞세운 중국 전기차는 점차 시장 점유율을 확대하고 있다. BYD는 헝가리에 첫 번째 전기차 생산 공장을 짓고 있다. CATL도 2023년부터 독일에 배터리 공장을 가동하기 시작했으며, 약 10조 3000억 원을 투자해 헝가리에도 공장을 건설 중이다.

이 같은 중국의 공세에 유럽은 적지 않게 당혹스러워하고 있다. 유럽은 전통적인 자동차 강국으로 전기차로의 전환도 수월하게 진행될 것이라 예상했다. 하지만 유럽의 전기차 자급 정책은 뜻대로 되지 않았다. 가격과 품질을 만족시킬 수 있는 전기차 개발이 쉽지 않았기 때문이다. 우선 핵심 부품인 배터리의 생산부터가 차질을 빚고 있다.

영국의 스타트업인 브리티시볼트Britshvolt는 한때 영국 전기차 산업의 아이콘으로까지 여겨졌다. 하지만 결국 배터리를 상용화하지 못하고 2023년 1월 파산을 신청했다. 브리티시볼트에 배터리 소재와 장비를 공급하려 했던 우리나라 기업들도 함께 타격을 입어야 했다.

유럽 자동차 산업의 희망이라고 불렸던 유럽 최대 배터리 제조사인 노스볼트Northvolt도 전기차용 배터리를 제대로 양산하지 못했다. 이 회사는 폭스바겐, 골드만삭스, 지멘스, JP모건 등으로부터 150억 달러 이상의 투자를 유치했고 독일과 캐나다로부터 보조금도 받았다. 하지만 만족할 만한 생산 수율에 도달하지 못했다. 수율이 개선되지 않자 BMW는 노스볼트와의 20억 달러 규모 계약을 해지하기도 했다. 노스볼트는 영업 적자가 지속되자 구조조정까지 단행했으나 결국 2024년 11월 미국 법원에 파산을 신청했다.[13] 이 회사에 투자했던 기업들은 큰 손해를 보게 되었다.*

결국 유럽 자동차 제조사들은 한국과 중국 등 아시아 국가들에 배터리를 의지할 수밖에 없는 상황에 놓여 있다. 특히 중저가 전기차에는 중국산 LFP(리튬인산철) 배터리의 탑재가 늘고 있다. EU는 전기차와 배터리 공급망을 중국이 장악할 수 있다는 위기감이 팽배해 있다.

이런 가운데 EU는 2023년 8월부터 배터리규정Battery Regulation을 시행했다. 탄소발자국 기준 강화, 재활용 의무화, 배터리 여권 도입 등을 골자로 하는 이 규정은 사실상 배터리 공급망에서 중국의 침투를 막기 위한 조치로 해석되고 있다. 이 외에 핵심원자재법Critical Raw Materials Act, 공급망실사지침Directive on Corporate Sustainability Due Diligence, CSDDD, 강제노동금지규칙Forced Labour Regulation 등 중국을 견제하기 위한 보호무역 조치들이 잇따르고 있다.

그렇다고 유럽의 배터리 자급 노력이 완전히 멈춰 선 것은 아니다. 최근 유럽 내에서 배터리 생산 거점으로 새롭게 떠오르고 있는 곳은 프랑스다. 에마뉘엘 마크롱Emmanuel Macron 프랑스 대통령은 배터리를 신산업 정책의 핵심으로 보고 지원을 아끼지 않고 있다. 르노와 스텔란티스는 2030년까지 프랑스에서 200만 대의 전기차를 생산할 계획이다. 여기에 탑재할 막대한 양의 배터리가 필요하다. 이를 위해 프랑스는 북부 공업 지역을 배터리 생산 거점으로 지정해 배터리 기업들을 유치하고 있다.

이미 토탈에너지, 스텔란티스, 메르세데스-벤츠가 공동 투자한 ACCAutomotive Cells Co.를 비롯해 프랑스의 배터리 스타트업인 베르코어Verkor, 대만의 배터리 기업인 프롤로지움ProLogium, 중국계인 엔비전

---

* 미국의 배터리 스타트업인 라이텐Lyten은 2025년 8월 노스볼트의 유럽 내 자산을 인수한다고 발표했다.

AESC_{Envision AESC}가 이 지역에 배터리 공장을 짓겠다고 발표했다. 프랑스에서는 이곳을 "배터리 밸리"라고 부른다. 계획대로라면 2030년 프랑스는 4개의 기가팩토리_{Gigafactory}(초대형 생산 기지)를 보유하며 독일, 헝가리에 이어 유럽 내 주요 배터리 허브로 자리매김할 전망이다.[14]

프랑스는 전기차 시대에 주도권을 잃지 않기 위해서는 배터리 자립을 해야 한다는 인식을 강하게 갖고 있다. 이 같은 의지는 마크롱 프랑스 대통령의 발언에서도 확인할 수 있다. 그는 프롤로지움 공장이 들어설 됭케르크를 직접 방문해 "우리는 중국, 미국과 경쟁하기 위한 산업 정책을 만들고 있다"라며 "우리가 경쟁력을 갖추기 위해서는 좀 더 열심히 해야 한다"라고 강조했다.

반도체 등 첨단 산업에서 중국과 기술 패권 경쟁을 벌이고 있는 미국은 더 단호하게 중국에 대응하고 있다. 미국무역대표부_{USTR}는 2024년 9월 무역법 301조*에 따라 중국산 전기차에 대한 관세를 25%에서 100%로 인상한다고 밝혔다. 전기차용 배터리와 배터리 부품은 7.5%에서 25%로 상향되었다. 기존에 포함되지 않았던 핵심광물에 대해서도 25%의 관세가 부과되었다. 47대 대통령에 다시 당선된 도널드 트럼프_{Donald Trump}는 대선 캠페인 때부터 중국산 제품에 60%의 관세를 부과하겠다고 으름장을 놓았다.

이에 앞서 조 바이든_{Joe Biden} 행정부도 출범 초기부터 반도체, 이차전지** 등 첨단 산업에서 중국을 견제하기 위한 입법 작업에 돌입

---

* 무역법 301조는 교역 상대국의 불공정한 무역 행위로 미국의 무역에 제약이 생기는 경우 광범위한 영역에서 보복을 할 수 있도록 허용하고 있다.

했다. 2022년 8월부터 시행된 반도체과학법Chips and Science Act, CHIPS Act 과 IRAInflation Reduction Act(인플레이션감축법)가 대표적이다.

에너지 안보 및 기후변화, 의료보건 접근성 제고, 기업 과세 개편 등을 담고 있는 IRA는 이차전지 등 청정 에너지 공급망에서 중국을 배제하는 것을 노골화하고 있다. 실제로 IRA가 시행되면서 중국의 전기차 및 배터리 관련 기업들의 미국 진출 길이 막혀버렸으며 그 수혜는 한국 기업들에 돌아갔다. 중국 기업들이 유럽에 공을 들인 이유 중 하나는 IRA로 인해 미국 시장 진출이 쉽지 않았던 것도 있다.

영토 넓어지는 배터리, 로봇부터 AI, 우주선까지

2024년 10월 13일 미국 텍사스주 남부 보카치카 해변의 우주 발사 시설 스타베이스Starbase에서 일론 머스크Elon Musk가 설립한 항공우주 기업 스페이스XSpaceX의 스타십Starship이 발사되었다. 스타십은 스페이스X가 화성 탐사용으로 개발한 초대형 발사체로 이번이 5번째 시험 비행이었다. 발사 직후 2단 발사체의 아랫부분인 슈퍼헤비 로켓이 분리되어 지구로 다시 돌아와 발사대에 수직으로 착륙했다. 역추진 방식으로 속도를 줄인 슈퍼헤비는 발사탑에 설치된 젓가락 모양의 두 로봇팔 사이에 정확히 들어갔다. 이를 지켜본 세계인은 환호했

** 이차전지rechargeable battery, storage battery, secondary cell는 충전, 방전, 재충전을 반복할 수 있는 전기 배터리다. 예전 명칭은 축전지다. 초기 비용이 일회용 배터리인 일차전지primary battery, primary cell보다 높지만 여러 번 저렴하게 재충전할 수 있다. 따라서 교체 전까지 총 소유 비용과 환경 영향이 일차전지보다 훨씬 낮다. 오늘날 글로벌 배터리 전쟁에서 핵심 분야가 바로 이 이차전지다.

다. 스타십이 발사체 회수에 성공함으로써 화성 개척이 머지않았다는 전망이 나왔다.

그로부터 며칠 뒤 또 다른 소식이 들려왔다 이 스타십에 LG에너지솔루션의 원통형 리튬이온 배터리Lithium-ion battery, Li-ion battery가 탑재될 것이라는 내용이었다. LG에너지솔루션은 스페이스X로부터 우주선에 탑재할 전력 공급용 배터리의 납품을 의뢰받았다면서도 구체적인 계약 내용은 함구했다.

LG에너지솔루션이 기존 2170(지름 21mm, 높이 70mm) 원통형 배터리를 우주선에 맞게 개량해 스페이스X에 공급할 것으로 업계에서는 추정하고 있다. 이 계약이 의미를 갖는 것은 우주라는 매우 혹독한 환경에 필요한 배터리를 한국 기업이 수주했다는 점과 전기차 외에도 배터리 수요처가 매우 다양함을 확인할 수 있었다는 점이다. 우주선에 들어가는 배터리는 대단히 안전해야 하며 강한 진동과 극한 온도에서 정상적으로 작동해야 한다. 높은 신뢰도를 요구하는 이러한 배터리를 한국 기업이 공급한다는 점에서 의미가 큰 사건이다.

배터리가 첨단 에너지 산업으로 부상한 것은 전기차의 등장에 힘입었다. 탄소중립 시대로 진입하기 위해서는 수송 부문의 탈탄소화가 절대적으로 필요하다. 수송 부문은 2018년 기준 전 세계 온실가스 배출량의 17%, 이산화탄소 배출량의 25%를 차지했다. 승용차나 버스, 트럭 등 육상 운송 수단의 탈탄소화를 위해서는 전기차로 전환해야 한다. 전기차는 크게 연료전지fuel cell를 이용하는 방식과 배터리를 이용하는 방식이 있다. 대안으로 제시되고 있는 연료전지 자동차는 여전히 원료인 수소의 높은 가격으로 인해 보급이 더디다. 가장 현실적인 방안이 배터리를 이용하는 전기차다. 전 세계 각국이 탄소중립의 핵심 정책으로 배터리 전기자동차 확대를 추진하는 이유다.

또 탄소중립을 실현하기 위해서는 화석연료에 의존하던 전력을 태양광, 풍력 등 재생에너지로 전환해야 한다. 전 세계 태양광, 풍력 설비 설치는 엄청난 속도로 증가하고 있다. 2023년 글로벌 태양광 설치량은 중국과 미국의 설치량이 300GW(기가와트)를 돌파하면서 전년 대비 76% 증가한 440GW를 기록했다.[15] 세계풍력에너지협의회에 따르면 2023년 풍력 발전은 2022년 77.6GW 대비 약 50% 증가한 116.6GW를 기록했다. 태양광이나 풍력 등 재생에너지는 발전량이 일정하지 않기 때문에 생산량이 많을 때 저장하는 ESS$_{\text{energy storage system}}$(에너지 저장 장치)가 필수다. ESS에는 수많은 배터리가 들어간다.

어느 때부터인가 세계 각국은 배터리를 국가 안보와 직결해 인식하고 있다. 전기차든 ESS든 탄소중립을 실현하려면 반드시 배터리가 필요하고, 배터리를 안정적으로 공급하는 것이 급선무라는 사실을 깨달았기 때문이다.

미국은 조 바이든 행정부 출범 이후 전기차 보급에 속도를 냈지만 전기차를 만들 원료와 제조 능력이 없다는 사실을 인식하고 IRA를 제정했다. CNN은 2022년 2월 〈배터리 부족이 어떻게 미국의 국가 안보를 위협할 수 있는가〉라는 기사에서 미국이 얼마나 전기차 산업에서 취약한지, 중국이 얼마나 위협적인지를 경고했다. GM, CATL에서 배터리 개발을 책임졌던 밥 갈옌$_{\text{Bob Galyen}}$은 이 매체와의 인터뷰에서 "우리는 원자재도 없고 제조 능력도 없다"라며 "나쁜 나라가 전쟁을 일으키면 군대를 지원할 충분한 배터리를 갖고 있지 않다"라고 일갈했다. 여러 학자는 중국이 전기차에 필요한 배터리와 배터리 제조에 필요한 핵심광물을 무기화할 가능성을 제기했다.[16]

그로부터 3년이 지나가고 있는 시점이지만 이 같은 우려는 해소되지 않고 있다. 배터리 공급은 늘었지만 중국에 대한 의존은 여전하다. "솔직히 무역 장벽이 없다면 그들[중국 전기차 기업들]은 세계 다른 대부분의 경쟁자를 더 많이 무너뜨릴 것이라고 생각한다." 일론 머스크 테슬라 CEO(최고경영자)가 2024년 1월 실적 발표 콘퍼런스콜conference call에서 고백한 말이다.[17]

2024년 들어 전기차 성장세가 둔화하기 시작했다. 그렇다고 배터리의 중요성이 떨어지는 것은 아니다. 배터리는 더 광범위한 분야에서 활용되면서 오히려 그 역할이 확대되고 있다. 앞으로 배터리의 활용 범위는 전기차, ESS를 넘어 로봇, 항공, 군, 우주 분야까지 계속 확대될 것으로 보인다. AI를 훈련시키기 위한 데이터센터의 UPSuninterruptible power supply(무정전 전원 장치)용 배터리 수요도 빠르게 늘고 있다. AI 데이터센터는 일반 데이터센터보다 적게는 2~3배, 많게는 10배의 전력을 소모한다. 막대한 전력을 안정적이고 효율적으로 공급하기 위해 상당한 규모의 배터리 시스템을 설치해야 한다.

2024년 열린 상주 곶감 마라톤에서 카이스트KAIST 황보제민 교수팀이 개발한 4족 로봇 '라이보2'가 4시간 19분 52초 만에 풀코스를 달렸다. 로봇으로 마라톤 풀코스를 완주한 첫 번째 사례였다. 한 번 충전으로 40km 이상을 달리기 위해서는 성능이 우수하고 지속 시간이 긴 배터리가 필요하다. 미국과 중국은 차세대 로봇 시장을 선점하기 위해 기술 경쟁을 벌이고 있다. 테슬라는 휴머노이드 로봇인 '옵티머스Optimus'의 상용화를 준비하고 있다. 2024년 8월 중국 베이징에서 열린 로봇 전시회 WRC2024에서는 갤봇GALBOT, 유니트리UNITREE, 유비텍UBTECH, 애지봇AGIBOT 등 중국 기업들이 27종의 휴머노이드 로봇을 선보였다. 미국과 중국이 로봇 시장을 놓고 경쟁을 벌이고 있는 것은 자율주행 로봇, 휴머노이드 로봇 등 차세대 로봇이 상업용, 산업용뿐 아니라 군사용으로도 활용 가치가 높기 때문이다. 로봇용 배터리 시장은 이미 개화하기 시작했다. LG에너지솔루션은 미국 자율주행 로봇 기업인 베어로보틱스Bear Robotics에 원통형 배터리를 공급하기로 했다.

3년째 계속되고 있는 러시아-우크라이나전쟁에서 맹활약을 보이고 있는 것이 드론이다. 드론은 정찰용뿐 자폭용으로도 활용되면서 우크라이나의 전력에 크게 기여했다. 가격이 저렴하면서도 적진 깊숙이 침투할 수 있는 드론이 러시아-우크라이나전쟁을 계기로 군사 무기로 급부상했다. 드론이 무기로 사용될 가능성이 커지자 중국은 2023년 9월부터 고성능 드론에 대한 수출을 통제하기 시작했다. 이어 2024년 10월에는 미국 최대 드론 기업 스카이디오Skydio를 제재 대상에 포함시켰다. 스카이디오가 대만 소방청에 드론을 공급한다는 이유에서였다. 우크라이나군도 스카이디오의 드론을 사용했다.

스카이디오에 대한 제재 조치 중 가장 타격이 큰 것이 배터리 공급 제한이었다. 중국산 배터리를 사용하던 스카이디오는 갑작스러운 조치에 타격을 받아야 했고 급하게 대체 공급망을 찾아야 했다. 애덤 브라이Adam Bry 스카이디오 CEO는 홈페이지에 올린 글에서 "중국 정부가 자신들의 이익을 확대하기 위해 공급망을 무기로 사용하려는 것이 분명하다"라며 "전 세계에 중국에 대한 의존도를 심화시키려는 시도"라고 비난했다. 스카이디오의 경우는 중국이 배터리 공급망을 무기로 활용한 대표적인 사례라고 할 수 있다.

전기는 속성상 한 번 흐르면 그만이고 담아둘 수 없다. 이차전지가 대중화되기 전에는 전기를 저장해 사용한다는 개념이 부족했다. 하지만 고성능 이차전지가 개발되면서 이제는 에너지를 저장했다 필요할 때 사용할 수 있다는 인식이 자리 잡았다. 그만큼 배터리의 쓰임새도 넓어졌다. 배터리의 응용 분야가 많아질수록 공급망에 대한 우려 또한 점점 커지고 있다. 배터리가 곧 국가 안보와 직결되는 시대가 된 것이다.

2장

겉으론 "물가 잡자"
진짜 속내는 "중국 잡자"

어느 날 등장한 IRA

"전례 없는 역사적인 투자로 지구를 구한다는 우리의 도덕적 책임을 존중하는 민주당의 IRA에 미합중국 대통령이 서명했습니다."

낸시 펠로시Nancy Pelosi 미 하원의장이 2023년 8월 자신의 트위터(현재 X) 계정에 한 장의 사진을 올리며 쓴 글이다. 미 의회 관계자들에게 둘러싸인 채 펠로시 의장이 IRA(인플레이션감축법) 법안을 들고 환하게 웃고 있는 이 사진은 며칠 전 이 법안의 하원 통과를 기념해 찍은 것이었다. 그들의 표정 속에서 이 법안이 통과되기까지 얼마나 많은 진통을 겪었는지를 읽을 수 있다. 다소 복잡해 보이는 위 문장에서 핵심 문구는 "전례 없는 역사적 투자"와 "지구를 구한다는 도덕적 책임"이다. 친환경 산업에 전례가 없을 정도의 대규모 정부 예산을 투입한다는 IRA의 골자를 잘 표현했기 때문이다.

　IRA는 그해 8월 16일 조 바이든 대통령이 서명하면서 곧바로 시행에 들어갔다. 우여곡절 끝에 하원을 통과한 지 불과 나흘 만이었다. 말 그대로 '역사적인' 법안이 탄생한 순간이었다.

　바이든 대통령은 후보 시절부터 기후변화 대응을 시급한 현안으로 꼽았다. 당선하면 즉시 전임 도널드 트럼프 대통령이 탈퇴했던 파리협정에 복귀하겠다고 공언했다. 그리고 그 약속을 지켰다. 2021년 1월 20일 46대 대통령에 취임한 첫날 바이든은 15개의 행정명령에 서명했는데 그중 하나가 파리협정 재가입에 관한 것이었다.

　IRA는 당초 바이든 대통령이 대선 기간 내내 외쳤던 "더 나은 재건Build Back Better, BBB 계획"의 일환으로 추진되었다.

　트럼프 대통령의 트레이드 마크가 "미국을 다시 위대하게Make America Great Again, MAGA"*라면 바이든에게는 "더 나은 재건"이 있었다. 바이든 대통령은 취임 직후부터 "더 나온 재건 계획"을 추진할 수 있는 입법에 공을 들였다. 이 계획은 '미국구조계획American Rescue Plan' '미국일자리계획American Jobs Plan' '미국가족계획American Families Plan' 등 크게 3가지 법안으로 추진되었다.

　이 중 미국구조계획과 미국일자리계획이 먼저 상·하원을 통과

---

*　도널드 트럼프가 2016년과 2024년 대통령 선거 캠페인에서 미국 우선주의 철학을 홍보하며 널리 알린 정치 슬로건. 트럼프의 이데올로기, 정치 기반, 또는 그 기반 내 개인이나 그룹을 가리키는 데도 사용된다. 원래 로널드 레이건이 1980년 대통령 선거 캠페인 슬로건으로 채택한 "Let's Make America Great Again"에서 유래했다. 이 슬로건은 미국 예외주의나 오만을 상징하며, 특정 집단을 배제하는 이상화되거나 낭만화된 미국의 과거를 홍보하는 것으로 설명된다.

[2-1] 낸시 펠로시 미 하원의장이 2022년 8월 12일 하원을 통과한 IRA 법안을 펼쳐 보이며 기념사진을 찍고 있다.

하고 미국가족계획만 남겨둔 상태였다.

미국가족계획은 미국의 공교육 시스템 투자와 기후변화 대응 및 육아 보조금 확대 등 중산층을 재건하기 위해 1조 8500만 달러를 투자하겠다는 사회 복지 법안이었다. 하지만 민주당 내에서 "여당 속 야당"이라 불리던 조 맨친Joe Manchin 상원 의원이 계속 이 법안의 발목을 잡았다. 기후변화를 위한 지출이나 증세가 가뜩이나 심각한 인플레이션을 부추길 수 있다는 이유에서였다.

맨친 의원이 이 법안을 문제 삼은 것은 그의 정치적인 배경이 크게 작용했다. 그의 지역구인 웨스트버지니아주는 석탄 산업의 중심지로 기후변화 정책과는 상반된다. 맨친 의원은 정유 업계로부터 가장 많이 후원금을 받는 정치인 중 한 사람이기도 했다.

무산될 것만 같았던 이 법안은 미 상원의 척 슈머Chuck Schumer 민주당 원내대표가 맨친 의원과 막판에 합의를 이끌어내며 극적으로 살아났다. 법안의 이름은 미국가족계획에서 IRA로 바뀌었다. 전기차 등 친환경 자동차에 보조금을 지급해 고물가로 고통받는 중산층을 돕겠다는 취지였다.

하지만 합의 과정에서 예산이 상당 부분 축소되었다. 전기차 보조금 규정도 매우 까다롭게 조정되었다. 일부에서는 이 법안을 두고 "더 나은 재건 법안의 축소판"이라고 불렀다.[1] 슈머 원내대표와 맨친 의원이 내용을 발표하기 전까지 민주당 상원 의원들조차 법안의 상세한 내용은 잘 몰랐을 정도로 합의는 은밀하게 진행되었다.

역사적인 법안

우여곡절 끝에 통과한 IRA는 총지출 금액이 4370억 달러로 크게 축소되었지만 에너지 분야에서는 막대한 파급력을 지녔다. 전체 지출 중 에너지 안보 및 기후위기 분야가 3690억 달러로 84%를 차지했다. 규모가 줄었다고는 하나 미국 역사상 가장 큰 규모의 기후변화 예산으로 평가받았다. 이 밖에 건강보험개혁법 지원 연장(640억 달러) 및 서부 지역 가뭄 대응 역량 강화(40억 달러) 예산이 일부 편성되었다. 이름만 '인플레이션감축' 법안이지 사실상 '에너지 및 기후변화' 법안이라고 해도 무방하다. 미국 중심의 공급망 재편과 재생에너지 투자 확대를 위한 에너지 자립이 이 법안의 핵심이다.

특히 전기차 및 배터리와 관련된 조항이 상당 부분 포함되었다. 청정제조시설 세액공제, 첨단제조생산 세액공제Advanced Manufacturing Production Credit, AMPC, 친환경차 세액공제 등 전기차 및 배터리에 해당

[2-2] IRA 전기차와 배터리 주요 세액공제 내용

	적용 대상	내용
친환경차 세액공제 (Section 30D)	친환경차 (전기차 등)	• 비중: 배터리 핵심광물(50%) +배터리 부품(50%) • 조건: 북미에서 최종 조립
첨단제조생산 세액공제 (Section 45X)	배터리 부품, 태양광·풍력발전 부품, 핵심광물 등	• 시기: 2023~2032년까지 적용 • 조건: 미국 내 생산, 미국 내 판매하는 경우 세액공제 부여

하는 세액공제가 1028억 달러에 달한다.[2] 우리나라 전기차 및 배터리 산업과 밀접하게 연관되어 있는 조항은 보조금 수령 조건을 담은 친환경차 세액공제(Section 30D)와 첨단제조생산 세액공제(Section 45X)다.*

친환경차 세액공제(30D)는 ① 전기차가 북미에서 최종 조립되고 ② 전기차 배터리에 포함된 핵심광물이 미국 또는 미국의 FTA(자유무역협정) 체결국에서 일정 비율 이상 채굴 또는 가공되거나 북미에서 재활용되며 ③ 배터리 부품이 북미에서 일정 비율 이상 생산되고 ④ 해외우려기관Foreign Entity Of Concern, FEOC을 출처로 하는 핵심광물과 배터리 부품을 사용하지 않을 경우 총 7500달러 규모의 세액을 공제하는 내용을 담고 있다. 친환경차 보조금 지급에 이처럼 매우 복잡한 조

---

* 2025년 7월 미 의회를 통과한 OBBBA(하나의 크고 아름다운 법One Big Beautiful Bill Act)에 따라 2025년 9월 30일 이후 취득하는 차량부터는 친환경차 세액공제를 받을 수 없게 되었으며 첨단제조생산 세액공제의 수혜 자격도 제한되었다. 자세한 내용은 1부 4장 'IRA 가고 OBBBA 왔다' 절에서 후술한다.

건을 단 것은 결국 미국이나 동맹국 내에 배터리 공급망을 갖추기 위한 조치라는 것이 일반적인 해석이다.

친환경차 세액공제는 2022년 8월부터 바로 시행되었으며 배터리 핵심광물(50%, 3750달러) 조건과 배터리 부품(50%, 3750달러) 조건을 모두 충족해야 7500달러를 받을 수 있었다.

우선 배터리 핵심광물은 미국 또는 미국과 FTA를 체결한 국가에서 채굴 또는 가공되었거나 북미 지역에서 재활용된 비율이 일정 이상일 경우에만 최대 3750달러의 세액공제를 받을 수 있었다. 이 비율 역시 연도별로 확대된다. 2023년 40%에서 2024년 50%, 2025년 60%, 2026년 70%, 2027년 이후에는 80%로 점차 늘려야 했다.

배터리 부품은 일정 비율 이상이 북미에서 제조 또는 조립된 경우에 3750달러의 세액공제를 받을 수 있었다. 이 비율은 2023년 50%를 시작으로 2024년 60%, 2025년 60%, 2026년 70%, 2027년 80%, 2028년 90%, 2029년 100%로 계속 올라간다.

이와 별도로 IRA는 해외우려기관의 부품을 사용할 경우에는 2024년부터, 해외우려기관의 광물을 사용할 경우에는 2025년부터 보조금 지급 대상에서 제외했다. 해외우려기관을 어떻게 정의할 것인지에 대해서는 한참 논쟁 끝에 2023년 12월 최종 확정되었다.

배터리의 핵심광물, 부품 등 IRA에 등장하는 용어를 어떻게 정의할지도 초미의 관심사였다. 특정 소재를 '핵심광물'로 볼 것이냐 '배터리 부품'으로 볼 것이냐에 따라 보조금 지급 가능 여부가 갈렸기 때문이다. 이는 배터리 제조의 공급망 및 가치사슬을 어떻게 구성할지와도 직결되는 문제였다. IRA는 한국 배터리 기업들이 생산 시설을 어디에 둘지, 주요 소재나 광물을 어느 곳으로부터 조달할지를 결정

[2-3] IRA 배터리 핵심광물 및 부품 규정 지역 내 조달 비율

	2023년	2024년	2025년	2026년	2027년	2028년	2029년
핵심광물	40%	50%	60%	70%	80%	80%	80%
배터리 부품	50%	60%	60%	70%	80%	90%	100%

하는 핵심 변수로 작용했다.

　미국이 발표한 IRA 지침에 따르면 '배터리 부품'은 양극판, 음극판, 분리막, 전해액, 전고체 전극, 전고체 전해질, 배터리 셀, 배터리 모듈 등을 포함한다고 규정했다. 다만 '구성 재료'는 배터리 부품에 포함시키지 않았다.

　구성 재료에는 양극 활물질의 분말(양극재), 음극 활물질의 분말(음극재), 박(포일), 고체 전극을 위한 금속, 바인더, 전해질염, 첨가제로 정의했다. 이 구성 재료는 부품이 아닌 핵심광물의 가공 과정에 포함되어 미국과 FTA를 체결한 국가에서 가공해도 보조금을 지급받을 수 있게 되었다. 즉 한국에서 생산한 양극재, 음극재를 이용해 만든 배터리를 탑재한 전기차도 보조금을 받을 수 있다는 이야기였다.

　이로써 LG화학, 에코프로비엠, 엘앤에프, 포스코퓨처엠 등 국내 양극재, 음극재 생산 기업은 미국으로 공장을 옮기지 않아도 되어 한시름 놓게 되었다. 반면 LG에너지솔루션, 삼성SDI, SK온 등 배터리 셀 제조 기업이나 전해액, 분리막 기업들은 북미에 생산 시설을 확대할 필요성이 커졌다.

　핵심광물로는 리튬, 니켈, 코발트, 알루미늄, 흑연 등 50가지 광물이 지정되었다. 국내 양극재 및 음극재 기업들은 이 광물들을 대부분 중국에서 수입해서 썼다. 앞으로 중국 이외 지역으로 핵심광물 공급망을 다변화해야 하는 숙제를 안게 되었다.

IRA에 따라 첨단제조생산 세액공제AMPC가 미국 국세법에 신설되었다. 첨단제조생산 세액공제 규정도 한국 배터리 셀 기업들이 미국 투자를 결정하는 데 크게 기여했다. 이 규정에 따라 태양광과 풍력 에너지 관련 주요 첨단 부품, 인버터, 배터리 부품, 핵심광물 등을 미국에서 생산하면 세액공제를 받을 수 있게 되었기 때문이다.

첨단제조생산 세액공제는 현금 환급과 타 기업에 대한 양도, 첨단 부품의 생산 단계별 중복 신청이 가능하다. 전기차 보조금을 받기 위해 미국 내에 배터리 셀 공장을 지을 수밖에 없었던 국내 배터리 기업들은 첨단제조생산 세액공제에 따라 시설 투자금을 세액공제로 돌려받을 수 있게 되었다. 예를 들어 배터리 셀의 경우 kWh(킬로와트시)당 35달러, 배터리 모듈의 경우 kWh당 10달러의 세액을 공제받을 수 있다.

IRA 시행 이후 한국 배터리 기업들은 공격적으로 미국 시장을 공략했다. 이에 반해 중국 기업들의 미국 진출은 제약되었다. 중국 CATL과 미국 내 합작 공장을 건설하려던 포드의 계획이 미 정치권의 우려 속에 좌절된 것이 대표적인 사례다.

그 결과 미국 시장에서 한국의 점유율은 크게 올랐다. 산업연구원의 분석에 따르면 2022년 미국 시장에서 한국 기업의 점유율은 일본(48.0%)보다 크게 낮은 36.2%에 불과했다. 그러나 2023년에 한국은 전년 대비 6.2%p 오른 42.4%를 기록하며 일본(40.7%)을 제치고 미국 배터리 시장 점유율 1위에 올랐다.[3] 글로벌 컨설팅 업체 골드만삭스는 한국 기업의 미국 배터리 시장 점유율이 2025년에는 55%에

[2-4] IRA 첨단제조생산 세액공제 주요 조항

	주요 내용
배터리	셀 35달러/kWh, 모듈 10달러/kWh
태양광	모듈 7센트/W, 셀 4센트/W, 웨이퍼 12달러/㎡, 폴리실리콘 3달러/kg 등
풍력	블레이드 2센트/W, 나셀 5센트/W, 타워 3센트/W 등
핵심광물	생산 비용(인건비, 전기 요금, 저장 비용 등)의 10%

출처: 삼일PwC 경영연구원

이를 것으로 전망하기도 했다.

미국 내 투자를 크게 늘린 한국 배터리 3사는 첨단제조생산 세액공제에 따라 상당한 금액을 환급받았다. 전기차 시장 성장 정체로 실적이 둔화하고 있는 상황에서 국내 기업들은 첨단제조생산 세액공제 덕을 톡톡히 봤다. LG에너지솔루션은 2024년 3분기 7312억 원의 영업이익을 기록했는데 이 중 2155억 원이 첨단제조생산 세액공제를 반영한 금액이었다. 2025년에는 배터리 3사의 첨단제조생산 세액공제 금액이 5조 원을 넘을 것이라는 전망도 나왔다.[4]

"중국 기업은 해외우려기관"

미국 정부는 IRA 시행 후 법안 내의 모호한 조항에 대해서는 별도의 가이드라인을 제시해 구체화했다. 그중 가장 늦게 발표한 것이 해외우려기관FEOC 지침이었다.

친환경차 세액공제(30D) 조항에서는 전기차를 구매할 때 배터리 부품이나 핵심광물의 요건을 모두 충족하면 최대 7500달러의 세액공제(보조금)를 받을 수 있도록 했다. 다만 단서 조항으로 해외우려기관에서 추출·가공·재활용한 광물이나 제조·조립한 배터리 부품을 탑재한 전기차는 세액공제에서 제외한다고 규정했다. 앞의 배터리 부품이나 핵심광물의 조건을 모두 만족하더라도 해외우려기관에 해당하면 전기차 보조금을 받을 수 없다는 강력한 조항이었다. 핵심광물의 경우에는 2024년부터, 배터리 부품의 경우에는 2025년부터 각각 적용되었다.

미국에 전기차나 배터리를 공급하는 기업들은 미국 정부가 과연 해외우려기관을 어떻게 정의할지 몰라 불안감 속에서 발표를 기다려야 했다. 자칫 해외우려기관에 해당하는 기업으로부터 광물이나 부품을 공급받은 경우 협력 업체를 새로 구성해야 했기 때문이다.

이해관계가 얽혀 있는 기업이나 정부는 물밑 로비전도 펼쳤다. 미국 자동차 기업들의 이익 단체인 자동차혁신연맹Alliance for Automotive Innovation, 현대자동차·토요타 등이 속한 오토드라이브아메리카Autos Drive America는 열심히 미국 정부를 접촉했다. 한국 정부도 여러 차례 미국 정부 관계자와 만나 한국 정부의 입장을 전달했다.

해외우려기관에 대한 가이드라인을 계속 미루던 미국 정부는 2023년 12월에야 관련 내용을 공개했다. 미국이 발표한 가이드라인은 업계의 예상보다 규제 강도가 셌다. 미국은 해외우려기관 가이드라인을 통해 전기차 공급망에서 중국을 견제하겠다는 의도를 숨김없이 드러냈다.

우선 미국 정부는 외국 기업이 우려국countries of concern의 관할권에 설립되었거나 소재하거나 주요 사업장을 두고 있는 경우 해외우려기관으로 규정했다. 여기에서 우려국이란 중국, 러시아, 이란, 북한을 지칭한다. 전기차 배터리 공급망에서 러시아, 이란, 북한이 차지하는 비중이 거의 없는 만큼 사실상 우려국은 곧 중국을 가리키는 셈이었다.

가이드라인에서는 '우려국 정부'에 의해 '소유, 통제, 지시'를 받는 경우도 해외우려기관으로 간주했다. '소유, 통제, 지시'를 받는다는 것은 크게 ▲우려국 정부가 지분의 25% 이상을 소유하거나, ▲우려국 정부가 '유효한 통제권effective control'을 확보한 경우를 의미했다. '우려국 정부'는 중앙 정부, 지방 정부, 중앙·지방 정부의 기관 및 기구, 우려국의 집권·지배 정당과 전·현직 고위 정치인뿐 아니라 직계 가족까지 포함했다.

미국 정부는 이러한 우려국 정부가 이사회 의석수, 의결권, 지분의 25%를 보유하는 경우 이 기관을 '소유, 통제, 지시'하는 것으로 보고 이를 해외우려기관으로 간주했다. 모회사가 자회사를 통해 간접적으로 25% 이상의 지분을 보유해도 이에 해당할 수 있다.

또 우려국 정부가 지분을 갖고 있지 않더라도 라이선스 계약 또는 기타 계약을 통해 핵심광물, 배터리 부품 또는 소재의 생산 전반(채굴·가공·재활용·제조·조립)에 대해 '유효한 통제권'을 행사하는 경우에도 '소유, 통제 또는 지시'하는 것으로 간주했다. 직간접적 지분 제휴가 없더라도 영향력 행사 여부에 따라 해외우려기관에 해당할 수 있다는 이야기다.

해외우려기관 가이드라인에서는 어디까지를 중국 정부로 볼 것인가에 대해서도 구체적으로 명시했다. 전국인민정치협상회의 현직 위원, 정치국 상무위원회, 중앙정치국, 공산당 중앙위원회, 중국공산당 전국대표회의 전·현직 위원뿐 아니라 해당 고위 공직자의 직계 가족

[2-5] 해외우려기관 관련 주요 용어 정의

해외기관 Foreign Entity	• 외국 정부 • 미국 시민권, 영주권을 보유하지 않은 개인 • 외국법에 따라 조직된 파트너십, 협력, 기업, 조직 및 단체 • 미국법에 따라 조직되었더라도 외국 법인의 소유, 지배, 통제, 지시를 받는 경우
우려국 정부 Government of foreign country	• 우려국(중국, 러시아, 북한, 이란)의 중앙 및 지방 정부 • 우려국 중앙 정부 또는 지방 정부의 기관 및 기구 • 우려국 집권 정당 • 현재 또는 전직 고위 정치인(고위 공직자 및 직계 가족)
관할 범위 Subject to the jurisdiction	• 외국 법인이 우려국에 설립 또는 소재하거나 주요 사업장을 두고 있는 경우 • 배터리의 핵심광물, 구성 물질 또는 재료와 관련해 외국 법인이 우려국에서 '해당 핵심광물의 추출, 처리, 재활용' 또는 '해당 구성 물질의 제조, 조립' 또는 '해당 재료의 가공'에 관여하는 경우

소유, 통제 또는 지시
owned by,
controlled by,
or subject
to the direction
	• 이사회 의석, 의결권 또는 지분의 누적 25% 이상을 다른 법인이 직접 또는 중간 법인을 통해 간접 보유하고 있는 경우
	• 배터리 부품, 핵심광물, 배터리 구성 재료와 관련해 해당 법인이 다른 법인과 계약을 체결해 생산에 대한 실질적인 통제권을 행사할 수 있는 라이선스 계약 및 여타 계약을 체결하는 경우
	• 다음 사항을 비非해외우려기관에 부여하는 경우 예외
	  - 핵심광물, 부품, 재료의 수량 결정
	  - 생산 중단을 포함한 생산 시기 결정권
	  - 핵심광물, 부품, 재료의 자체 사용 및 판매 권한
	  - 전 단계 생산 사이트에 대한 접근 권한
	  - 핵심 장비를 독립적으로 운영, 유지, 관리 및 수리하고 생산에 필요한 지식재산권 및 데이터에 자유롭게 접근할 수 있는 권한

출처: 한국무역협회, 신영증권

까지 우려국 정부에 폭넓게 포함시켰다. 겉으로 민간 기업이라도 이들이 '소유, 통제, 지시'할 경우에는 해외우려기관에 해당하는 것이다.

즉 해외우려기관으로 간주되지 않기 위해서는 중국 이외 지역에서 생산하고, 중국 자본의 지분율이 25% 미만이어야 하고, 중국 정부가 실질적인 통제 권한이 없어야 했다. 해외우려기관 가이드라인이 발표되자 배터리 업계에서는 사실상 모든 중국 기업이 해외우려기관에 해당하는 것 아니냐는 이야기가 나왔다.

미국이 발표한 가이던스에서는 해외우려기관뿐 아니라 해외우려기관 이행 방식도 규정했다. 자동차 제조사는 핵심광물 추적을 위한 시스템을 2026년 말까지 구축해 '중국 광물이 없다'는 사실을 인증해야 했다. 미소광물(조달선 추적이 어렵고 부가가치가 적은 광물)에 대해서는 2026년까지 추적 인증을 제외했다.

해외우려기관 규정은 곧바로 전기차 및 배터리 시장에 영향을 미쳤다. 우선 미국에서 세액공제를 받을 수 있는 전기차의 범위가 크게 축소되었다. 중국에 본사를 둔 CATL은 바로 해외우려기관에 속하게 되었고, CATL의 배터리를 탑재하는 전기차는 미국에서 세액공제를 받을 수 없게 되었다. 해외우려기관 지침이 발표되자 테슬라는 홈페이지에 "특정 모델은 2024년부터 연방 정부의 세액공제가 줄어들 수 있으니 올해 말까지 차량을 인수하십시오"라는 안내 문구를 띄우기도 했다. 테슬라는 2023년 누적 기준 미국 판매 물량의 16%를 CATL로부터 공급받았다.[5]

그동안 중국산 광물이나 소재에 의존하던 국내 배터리 관련 기업들도 영향을 받았다. IRA 시행 이후 중국 기업들은 한국을 우회로로 삼기 위해 잇따라 한국 기업과 합작 공장 설립 계획을 발표했다.

하지만 미국이 엄격한 해외우려기관 기준을 제시함에 따라 국내 배터리 기업들은 중국 파트너사가 해외우려기관에 해당하는지에 대해 철저한 법률적 검토를 거쳐야 했다. 중국 파트너사가 해외우려기관에 해당할 경우에는 한국 기업이 추가로 지분을 확보해야 하는 부담도 발생했다.[6]

하지만 장기적으로는 해외우려기관 규정은 한국 기업들에 호재로 작용했다. 중국 기업의 미국 진출이 어려워짐에 따라 북미 시장에서 한국 기업의 배터리 점유율이 확대될 것으로 전망되었다. 해외우려기관을 제외하면 광물을 도입할 수 있는 국가는 캐나다, 칠레, 호주, 한국 등으로 매우 한정된다.[7]

전기차 배터리 공급망에서 중국을 배제하기 위해 꼼꼼하게 설계된 듯한 해외우려기관 지침도 면밀히 살펴보면 곳곳에 허점이 발견되었다. 해외우려기관으로 간주되는 '우려국 정부 지분 25% 이상' 조항이 대표적인 사례다. 중국 정부가 자회사를 통해 간접적으로 지배하는 경우 지분율이 50% 미만이면 비례의 법칙을 적용하기 때문에 얼마든지 해외우려기관에서 빠져나갈 수 있다는 해석이 나왔다.

예를 들어 A 기업이 B 기업의 지분 50%를 보유하고, B가 다시 C 기업의 지분 25%를 보유하는 경우 A가 '우려국 정부'라면 B, C 모두 해외우려기관에 해당한다. A와 B를 동일 기관으로 봤기 때문이다. '우려국 정부' A가 B의 지분 25%를 보유하고, B가 C의 지분 50%를 보유하는 경우에도 B와 C는 해외우려기관에 해당한다.

반면 '우려국 정부' A가 B의 지분 25%를 보유하고, B가 C의 지분 40%를 보유하는 경우 A와 B는 해외우려기관이지만 C는 해외우려기관에서 벗어나게 된다. B가 C의 지분을 50% 미만으로 보유

[2-6] 해외우려기관 간접 지배 판정

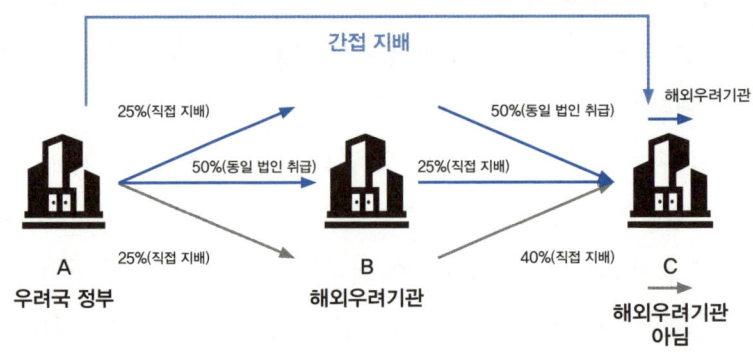

출처: 조성대, 고성은, 〈美 IRA '해외우려기관'(FEOC) 해석 지침(안) 내용과 시사점〉, 한국무역협회 통상이슈브리프

* A의 B에 대한 지분과 B의 C에 대한 지분 모두 50% 미만에 해당하면 A의 C에 대한 간접 지배율을 10%(=25%×40%)로 계산하여 해외우려기관 25% 이상 요건 미충족.

하고 있기 때문에 A의 C에 대한 간접 지배력은 비례의 법칙에 따라 10%(=25%×40%)만 보유하는 것으로 인정하기 때문이다. 이러한 빈틈을 이용해 중국 기업들이 미국 시장에 간접 진출할 수 있다.

또한 현실적으로 해외우려기관 규정을 준수하기 매우 어렵다는 지적도 잇따랐다. 중국이 배터리 공급망을 장악하고 있는 상황에서 곧바로 중국산을 배제하기 쉽지 않다는 것이다. 특히 문제가 되었던 대상이 흑연이었다.

흑연은 중국이 전 세계 채굴·제련 시장의 약 70%를 장악하고 있어 대체할 공급처를 찾기 어려운 상황이었다. 우리나라의 경우 90% 이상을 중국에서 수입해서 썼다. 리튬, 니켈 등 다른 핵심광물은 호주나 칠레, 인도네시아 등에서 대체할 수 있지만 흑연은 단기간에 대체 공급처를 발굴하기 어려웠다. 해외우려기관 규정대로라면 당장 2025년부터 중국 이외의 곳에서 흑연을 공급받아야 전기차 보조금을 받을 수 있는데 이는 불가능에 가까웠다.

이에 따라 해외우려기관 지침이 발표된 이후 한국 정부와 전기차 및 배터리 제조사들은 흑연에 대해서는 적용 시기를 유예해줄 것을 미국 정부에 지속적으로 요구했다. 현대자동차그룹도 미국 정부에 의견서를 냈다. 현대자동차는 2022년 중국이 구형(둥근 형태) 흑연의 100%, 합성 흑연의 69%를 생산·정제했다는 사실을 들며 "다른 국가들이 단기에 중국을 대체하지 못할 가능성이 크다"라고 우려했다. 이에 미국은 IRA 규정에서 흑연을 원산지 추적이 불가능한non-traceable 배터리 물질로 분류해 2026년까지는 해외우려기관에서 조달하더라도 보조금을 지급할 수 있도록 유예했다.

우리 기업들은 당장 한숨은 돌렸지만 문제를 완전히 해소한 것은 아니었다. 미국 정부는 2026년 말까지 전기차 및 배터리 기업에 해외우려기관 기준을 준수하기 위한 계획을 제출하도록 요구했다. 우리는 2년의 유예 기간 동안 탈중국을 해야 하는 숙제를 안게 되었다.

결과적으로 IRA와 그 세부 지침인 해외우려기관은 전기차 배터리의 가치사슬도 크게 변화시키는 계기가 되었다. IRA 시행 이후 배터리 셀 기업들은 북미 시장 진출을 위해 현지 생산 시설을 크게 확대했다. 핵심광물이나 소재의 공급망 탈중국화도 빠르게 진행되었다.

핵심광물 중국 포위 작전

"한국은 핵심광물의 공급망 이슈에서 엄청난 리더십을 보여주었습니다. 한국 정부와 민간 부문은 핵심광물과 배터리 공급망을 확대하고 다각화하는 노력을 주도하고 있습니다."

지난 2024년 6월 미 국무부는 한국이 1년간 핵심광물안보파트너십Minerals Security Partnership, MSP 의장국에 선출되었다고 발표하면서 이렇게 설명했다. 미국이 주도하고 있는 핵심광물안보파트너십에서 우리나라가 얼마나 중요한 위치를 차지하고 있는지 짐작하게 하는 말이다. 한국은 2024년 7월부터 1년간 핵심광물안보파트너십 의장국으로 활동했다.

핵심광물안보파트너십은 안정적인 글로벌 핵심광물 공급망 확보와 다변화를 위해 2022년 6월 출범했다. 핵심광물안보파트너십은 반도체, 배터리, 전기차 등 첨단 산업의 핵심이 되는 광물의 채굴이나 생산이 일부 지역이나 국가에 편중되어 있어 자칫 국가 안보에 치명타를 입힐 수 있다는 우려에서 비롯되었다.

핵심광물안보파트너십에는 우리나라를 비롯해 미국, 영국, 일본, 캐나다, 스웨덴, 프랑스, 호주, 핀란드, 독일, 노르웨이, 이탈리아, 인도, 에스토니아 등 14개국과 EU가 참여하고 있다. 면면을 보면 중국을 제외한 미국의 우방국들로 구성되었음을 알 수 있다. 회원국들의 GDP(국내총생산)는 전 세계 50%에 달할 정도로 글로벌 경제에서 차지하는 비중도 크다.

핵심광물안보파트너십은 바이든 행정부 때 만들어졌지만 출발은 중국과 무역 갈등이 본격화한 트럼프 행정부 1기였다. 트럼프 대통령이 2017년 행정명령을 통해 핵심광물 공급망 안정화 전략을 지시하면서 미국 내무부는 처음으로 '핵심광물 목록'을 발표하게 된다. 이때 35종으로 시작된 미국의 핵심광물은 2024년 현재 50종까지 늘었다. 트럼프 대통령은 2020년 중국에 대한 과도한 광물 의존도를 검토하고 미국 내 생산을 지원할 것을 명령했다. 이에 따라 미국 에너지부는 핵심광물에 대한 공급처 다각화, 대체 기술 개발, 재사용·재활용 강화 등의 전략 목표를 담은 보고서를 발표했다. 전문가들은 트럼프 행정부 2기 들어서도 핵심광물안보파트너십을 계속 유지할 가능성이 높다고 전망하고 있다.[8]

핵심광물안보파트너십에서는 핵심광물을 특정하지 않고 있다. 국가마다 처한 상황에 따라 핵심광물을 달리 지정하고 있기 때문이다. 예를 들어 우리나라는 33종을 핵심광물로 지정하고 있으며 유럽은 30종을 핵심원자재Critical Raw Material로, 일본은 34종을 희소금속으로 분류하고 있다. 한국과 미국, EU, 일본이 지정하고 있는 공통 광물은 리튬, 코발트, 망간, 흑연, 희토류, 백금족, 마그네슘, 바나듐, 텅스텐, 안티모니, 탄탈룸 등으로 파악된다. 상당수가 리튬이온 배터리나 전기차에 들어가는 것들이다. 핵심광물안보파트너십 홈페이지에서도 리튬, 코발트, 니켈, 망간, 흑연, 희토류, 구리를 대표적인 핵심광물로 예시하고 있다. 모두 리튬이온 배터리와 전기차 관련 광물이다. 희토류는 전기차 모터에 들어가는 영구자석에 쓰인다.

우리나라는 핵심광물안보파트너십 참여를 통해 리튬, 니켈, 코발트, 흑연 등 중국에 의존하고 있는 주요 배터리 소재의 공급망을 다변화할 수 있을 것으로 기대하고 있다. 미국 국무부에 따르면 핵심광물안보파트너십은 현재 아프리카, 아시아태평양, 유럽, 아메리카에서 광물 채굴, 추출, 가공, 재활용 및 회수 등의 분야에서 30개 이상의 프로젝트를 진행하고 있다. 호주 제련 기업 QPM(Queensland Pacific Metals)이 추진하는 TECH(Townsville Energy Chemical Hub) 사업도 그중 하나다. 이 사업은 호주 북부 퀸즐랜드에서 전기차용 니켈과 코발트를 생산하는 프로젝트로 LG에너지솔루션과 포스코, GM이 지분을 투자했다. 우리 기업들은 이 사업에 참여함으로써 니켈과 코발트를 안정적으로 조달할 수 있을 것으로 기대하고 있다.

3장

배터리에 꼬리표까지 달겠다는 유럽

배터리에도 여권이 필요해

　찬성 587명, 반대 9명, 기권 20명. 2023년 6월 14일 유럽의회에서 새로운 배터리규정Battery Regulation이 압도적인 찬성으로 통과했다. 2020년 EU(유럽연합) 집행위원회에서 12월 초안을 발의한 지 3년 만의 일이었다. 이 규정은 2023년 8월 17일 발효되었고 이듬해 2월 18일부터 시차를 두고 단계별 시행에 들어갔다.

　EU 배터리규정이 도입되면서 기존 2006년에 제정된 EU 배터리지침Battery Directive은 2025년 8월 18일부터 폐지되었다. EU 법체계에서 규정Regulation과 지침Directive은 다른 개념이다. 규정은 EU 내 최고 규범으로 법적 구속력이 있으며 모든 회원국에 즉시 적용된다. 각 회원국이 따로 국내법으로 전환하지 않아도 된다. 이에 비해 지침은 회원국에서 국내법으로 전환하는 절차를 거쳐 효력이 발생한다. 즉 배터리규정이 기존 배터리지침보다 훨씬 구속력 있는 규제라고 할 수 있다. 규정 위반 시 어떻게 처벌할지는 각 회원국이 따로 정한다.

EU 집행위원회는 이 규정의 목표를 크게 2가지로 설명하고 있다. 우선 "재료 조달부터 수거, 재활용 및 재사용에 이르기까지 전체 수명 주기 동안 배터리를 지속가능하게 만드는 것"이다. 배터리에 들어가는 원료를 재활용해 배터리를 친환경적으로 사용하도록 규제하겠다는 뜻이다. 실제로 배터리규정의 상당 부분이 재활용과 자원 순환에 관한 내용을 담고 있다.

두 번째 목표는 더 의미심장하다. "이 규정은 경쟁력 있는 지속가능한 배터리 산업의 발전을 증진하고 유럽의 청정에너지 전환과 연료 수입의 독립을 지원할 것이다." 유럽 배터리 산업을 보호하고 연료 수입 의존을 줄이겠다는 의지가 담겨 있다.

EU 집행위원회는 홈페이지에서 "배터리는 없어서는 안 될 에너지원으로 기후중립과 순환경제로의 전환을 위한 핵심 기술"이라며 왜 배터리규정이 중요한지 설명하고 있다. EU는 전 세계 배터리 수요는 2030년까지 14배 증가하고 이 중 EU가 17%를 차지할 것이라고 전망했다. 이처럼 큰 비중을 차지하는 배터리 산업을 지키기 위해서는 기존과 다른 새로운 법체계가 필요했고 이를 위해 태어난 것이 배터리규정이라고 할 수 있다.

EU는 유럽그린딜 European Green Deal, 순환경제실행계획 Circular Economy Action Plan 을 통해 배터리 산업 혁신을 추진해왔다. 하지만 기존 EU 배터리지침은 새로운 기술 개발, 시장 변화 및 사회적·환경적 영향을 제대로 반영하지 못했다는 지적이 있었다. 이에 따라 EU는 그린·

디지털 전환 정책과 부합하도록 배터리규정을 개정하고 EU 산업 경쟁력을 강화하고자 했다.[1]

유럽은 내연기관차의 강자지만 전기차로의 전환이 늦었다. 전기차에서 가장 중요한 부품인 배터리의 공급망을 갖추지 못했다. 특히 배터리의 원료가 되는 리튬, 니켈, 코발트, 흑연 등 핵심광물을 중국에 의존하고 있다. 이에 따라 배터리규정은 배터리 생산에 필요한 주요 광물을 안정적으로 수급하고 유럽 배터리 산업의 입지를 강화하기 위한 여러 조치를 포함했다. 이를 친환경적인 방식으로 달성하자는 것이 EU 배터리규정의 핵심 내용이다.

배터리규정은 크게 탄소발자국 신고 의무화, 폐배터리 수거 및 원자재 회수 목표 설정, 최소 재활용 원료 사용 비중 적용, 공급망 실사 의무화, 배터리 여권 도입 등을 규정하고 있다. 제도마다 적용 시기는 다르다. 배터리규정의 적용 대상은 휴대용 배터리, 용량 2kWh(킬로와트시) 이상 전기차 및 산업용 배터리, 경량운송용light means of transport, LMT 배터리, 시동·점화용starting-lighting-ignition, SLI 배터리 등 다양하다.

배터리규정의 적용을 받는 사업자economic operator는 일차적으로 EU에 있는 배터리 제조업체나 수입업자다. 하지만 수입업자들은 EU로 배터리를 수출하려는 기업에 필요한 정보를 요구할 것이기 때문에 EU에 배터리를 수출하려는 한국 기업들도 EU 배터리규정의 영향을 받을 수밖에 없다.

시기별로 적용되는 규정을 살펴보면 우선 2024년 8월 18일부터는 모든 배터리에 대해 CEConformité Européenne 마크* 부착이 의무화되었다. 2025년 이후에는 더 강력한 조치들이 시행되었다. 당장 2025

년 2월에는 전기차 배터리에 대한 탄소발자국 신고 의무가 시행되었다. 탄소발자국이란 어떤 제품이나 서비스의 원료 채취부터 생산, 운송 및 유통, 소비, 폐기까지 전 과정에 걸쳐 발생하는 온실가스 배출량을 나타낸 것이다. 일반적으로 온실가스를 이산화탄소 배출량으로 환산한 단위인 CO_2eq를 쓴다. 배터리의 경우에는 배터리가 제공하는 에너지 기준 배터리 예상 수명 동안 배출하는 온실가스 배출량인 $kgCO_2eq/kWh$로 나타낸다.

2025년 8월부터는 배터리 공급망 실사, 분리 수거 표시, 확대 생산자 책임Extended Producer Responsibility, EPR, 폐배터리 수거 의무 등이 동시에 시행되었다. 공급망 실사란 공급망 전반에 걸쳐 환경, 인권, 안전보건 같은 지속가능성 관련 리스크가 있는지를 조사하는 것을 말한다. 배터리규정은 또한 확대 생산자 책임 제도를 통해 생산자 또는 생산자가 임명한 생산자 책임 단체에서 폐배터리를 회수 및 수거하도록 의무화했다. 관할 당국, 유통업자, 최종 소비자, 처리 시설 사업자 등에게도 재활용 관련 의무를 부과했다.[2] EU가 배터리 재활용을 강조하는 것은 환경을 위한 목적도 있지만 재활용 원료를 사용하면 그만큼 중국 등 해외로부터 핵심광물의 수입을 줄일 수 있기 때문이다. 일석이조인 셈이다.

EU 배터리규정은 시기별로 배터리 재활용 목표 및 핵심광물의 재활용 사용 비율도 함께 제시하고 있다. 예를 들어 경량운송용 배터리의 경우 2028년에는 51%, 2031년에는 61%를 회수해야 한다. 또

---

* 제품이 안전, 건강, 환경, 소비자 보호 등에서 모든 EU 회원국의 기준을 충족시키는 경우 붙이는 인증 마크.

[3-1] 배터리 종류별 회수율 목표

	2023년	2027년	2028년	2030년	2031년
휴대용 배터리	45%	63%	–	73%	–
경량운송용 배터리	–	–	51%	–	61%

[3-2] 배터리 제조 시 재활용 원료 사용 최소 비율

	코발트	납	리튬	니켈
2031. 8. 18.~	16%	85%	6%	6%
2036. 8. 18.~	26%	85%	12%	15%

2kWh 이상의 산업용 배터리, 전기차 배터리, 시동·점화용 배터리의 경우 2031년 8월 18일부터는 코발트 16%, 납 85%, 리튬 6%, 니켈 6%까지 재활용 원료를 사용해야 한다. 또 배터리 폐기 시 2027년까지는 코발트, 구리, 납, 니켈의 경우 90%, 리튬의 경우 50%까지 추출해야 한다.

 EU 배터리규정은 또한 2026년 8월부터는 배터리에 대한 특정 정보(제조사, 제조 시설 위치, 제조 연월일, 무게, 용량, 화학적 성질, 적격 소화약제, 유해 물질 포함 여부)를 표시하는 라벨을 부착할 것을 의무화하고 있다. 배터리의 종류마다 라벨 내용 및 라벨링 의무화 내용은 조금씩 다르다. 특히 2027년 2월 18일부터는 EU에 출시되는 경량운송용 배터리, 2kWh 이상의 산업용 배터리, 전기차 배터리에는 디지털 배터리 여권Battery Passport 제도가 적용된다. 배터리 여권이란 개별 배터리의 성능 및 화학적 성질을 담은 전자적 기록으로 QR 코드 방식으로 제

공될 예정이다. 배터리의 구성, 부품 정보 및 공급처, 배터리 해체 정보, 사용 이력, 온도 등 배터리 작동 환경, 충전·방전 횟수 등이 담길 예정이다. 배터리의 생산과 사용 이력을 종합적으로 관리하겠다는 야심 찬 계획이다.

EU 배터리규정은 앞으로 EU뿐 아니라 전 세계로 확대될 것으로 보인다. EU 배터리규정과 별도로 전 세계 배터리 사업자 연합체인 국제배터리연맹Global Battery Alliance, GBA은 2030년 도입을 목표로 배터리 여권의 파일럿(시범) 사업을 진행하고 있다.

2019년 처음 배터리 여권 개념을 도입한 국제배터리연맹은 2023년 1월에 열린 세계경제포럼(다보스포럼)에서 파일럿 사업을 시작한다고 밝혔다. 첫 번째 파일럿은 아우디와 테슬라가 주도했으며 CATL, LG에너지솔루션, 삼성SDI 등이 참여했다.

2024년 6월부터는 11개의 컨소시엄이 참여한 가운데 두 번째 파일럿이 시작되었다. 두 번째 파일럿에는 CATL, LG에너지솔루션, 삼성SDI, 핀드림스배터리FinDreams Battery(BYD의 배터리 자회사), EVE에너지EVE Energy(이브에너지), 파라시스에너지, 선오다Sunwoda(선우다, 신왕다), CALB 등 전 세계 배터리 시장의 80%를 차지하는 기업들이 대거 참여하고 있다.

국제배터리연맹의 배터리 여권에는 온실가스에 대한 규정뿐 아니라 아동 노동, 인권, 생물 다양성 등 7가지 핵심 지표가 포함될 예정이다. 배터리 원료 중 코발트의 경우 채굴 과정에서 아동들이 동원된다는 비판을 받아왔다. 최근 배터리 기업들이 코발트 사용을 줄이려는 움직임을 보이고 있는데 이는 코발트 가격이 비싸기도 하거니와 아동 노동 문제와도 얽혀 있기 때문이다. 일부 광물의 경우에도 인권 침해 논란이 제기되고 있다. 미국과 유럽에서는 신장위구르자치구에서 강제 노동이 만연하다며 이곳에서 생산하는 제품의 수입을 금지하려는 움직임이 확대되고 있다.

배터리 여권 파일럿 사업에 참여하는 기업들을 보면 CATL, BYD, EVE에너지, 파라시스, 선오다, CALB 등 중국 기업 이름이 다수 눈에 띈다. 향후 배터리 여권 도입이 확대될 것에 대비하기 위한 차원으로 풀이된다.

코로나19 팬데믹과
러시아-우크라이나전쟁이 남긴 교훈

"이 법의 시행으로 EU는 역내 공급을 강화하고 단일 공급업자에 대한 의존을 줄일 수 있을 것이다."

2024년 5월 EU는 핵심원자재법Critical Raw Materials Act, CRMA의 발효를 알리는 보도 자료에서 이 법의 취지를 이렇게 설명했다.

핵심원자재법은 특정 국가부터의 원자재 의존도를 낮추기 위해 만든 법이다. 역내 채굴 역량은 10%, 가공·처리는 40%, 재활용은 15% 이상 늘리는 것을 목표로 제시했다. 궁극적으로는 EU의 특정 국가에 대한 의존도를 역내 소비량의 65% 아래로 낮출 계획이다. 여기에서 말하는 '특정 국가'는 누가 봐도 중국임을 눈치챌 수 있다. 이를 위해 핵심원자재법에는 제조 역량 강화, 공급선 다변화 등의 세부 조항을 담았다. 구체적으로 각종 원자재 프로젝트에 대한 허가 절차를 대폭 간소화했다. 채굴은 24개월, 가공 및 재활용은 12개월 내에 허가를 받을 수 있도록 했다.

EU는 34가지의 핵심원자재 중 특히 환경, 디지털 전환, 국방, 우주 산업 분야와 관련성이 높은 원자재를 '전략적 원자재Strategy Raw Materials'로 별도 분류했다. 전기차 배터리에 쓰이는 리튬, 코발트, 니켈, 흑연이 전략적 원자재에 포함되었다. 자동차. 전기모터, 히트펌프 등에 많이 쓰이는 영구자석도 전략적 원자재로 분류했다.

유럽 각국은 코로나19 팬데믹과 러시아-우크라이나전쟁을 거치며 원자재 공급망의 중요성을 절실히 깨달았다. 특히 2020년부터 전 세계적으로 확산한 코로나19의 영향이 컸다. 미국은 일찌감치 중국과 무역 전쟁을 겪으며 핵심광물을 국가 안보의 한 축으로 보고 공급망을 강화하는 조치를 취했다.

유럽은 미국보다 상대적으로 늦게 움직였다. 그러다 코로나19 팬데믹으로 전 세계의 교역이 얼어붙으며 원자재 확보에 비상이 걸리자 서둘러 대책을 마련하기 시작했다. EU 집행위원회는 '2020 EU 주요 원자재 목록'을 제시하고 주요 원자재의 안정적 수급을 위한 과제를 제시했다.[3] 이어 EU는 '핵심 원자재의 안정적 확보를 위한 실행 계획APSAC'을 발표하고 유럽원자재동맹ERMA을 출범시켰다.

2022년 발발한 러시아-우크라이나전쟁으로 러시아로부터의 천연가스 공급에 차질이 발생하자 핵심원자재에 대한 유럽의 위기감은 더욱 고조되었다. 여기에 전기차로의 전환을 맞아 핵심광물의 중국 의존도를 낮춰야 한다는 인식이 강해지면서 핵심원자재법 제정에 속도가 붙었다. 우르줄라 폰데어라이엔 EU 집행위원장이 2022년 9월 핵심원자재법 추진 계획을 발표하자 독일과 프랑스는 즉각 찬성 입장을 밝혔다. 핵심원자재법은 2023년 3월 초안이 발표된 후 1년 만에 유럽이사회에서 승인되었다.

핵심원자재법은 EU 이외 국가에서 생산한 제품에 대한 차별 조항이 없어 우리나라 기업에 직접 미치는 영향은 없을 것으로 보인다. 미국의 IRA에 비해서는 상대적으로 느슨하다. 하지만 핵심원자재법은 각 회원국이 발효일로부터 2년 이내에 원자재 재활용 관련 기술 진보, 핵심원자재의 재사용 장려 등을 위한 인센티브 프로그램을 시행하도록 규정하고 있어 향후 관련 정책을 예의 주시할 필요가 있다. 또한 EU 배터리규정 등 다른 법안과 연계해 핵심원자재법의 영향을 점검해야 할 것으로 보인다.[4]

핵심원자재법은 EU 내 원자재 공급망을 강화하기 위해 역내 채굴과 재활용을 강조하고 있다. 하지만 EU 내 광산 개발에는 적지 않은 시간이 소요된다. 주민 반발도 예상된다. 이에 따라 EU는 특정국에 대한 의존도를 낮추기 위해 주요국과의 양자 간, 다자간 파트너십이나 국제 협력을 강화할 가능성이 높아 보인다.[5] 이러한 점은 한국에 기회 요인이 될 수 있다.

신장위구르자치구와 태양광, 그리고 이차전지

2022년 8월 31일 UN은 신장 위구르족 인권 조사 보고서에서 "중국 정부의 대테러 작전과 '극단주의'에 대한 대응 과정에서 신장위구르자치구에 심각한 인권 침해가 자행되었다"라고 밝혔다. 열악한 환경에서 구금, 고문 및 학대가 이루어진 것으로 보이며 성폭력 사건이 있었다는 의혹도 제기했다. UN은 3년에 걸쳐 신장위구르자치구 지역의 인권 침해 실태를 조사했다. 하지만 중국의 압박으로 공개를 계속 미루어왔다. UN이 발표한 날은 조사를 책임진 미첼 바첼레

트Michelle Bachelet UN 인권최고대표가 임기를 마치는 날이었다.[6]

중국 정부는 무슬림이 대다수인 신장 주민들을 강제 수용소에 구금하고 있는 것으로 알려졌다. 인권 단체는 중국 북동부 신장 지역의 수용소에 100만 명 이상이 구금된 것으로 추정한다. 반면 중국 정부는 이를 서방의 조작이라고 주장하며 인정하지 않고 있다.

신장위구르자치구의 심각한 인권 침해 사태가 세상에 알려진 것은 2019년으로 올라간다. 당시 호주 ABC 방송은 중국 당국이 위구르 지역 무슬림을 불법 감금하고 방직 공장에서 강제 노역을 시킨 정황이 있다고 보도했다. 영국 공영 방송 BBC는 2021년 위구르족을 대상으로 한 '신장 재교육 수용소'에 수감되었다가 탈출한 여성들의 증언을 토대로 이곳에서 조직적인 강간과 고문이 자행되어왔다고 보도했다. UN 인권 보고서가 발표되기 전인 2022년 5월 BBC는 신장위구르자치구 수용소 상황이 담긴 '신장 공안 파일Xinjiang Police Files'을 입수해 공개하기도 했다. 당시 주영 중국 대사는 BBC에 출연해 "중국에 저런 강제 수용소는 없다"라고 부인했다.

신장위구르자치구에 대한 보도와 보고서는 전 세계를 큰 충격에 빠뜨렸다. 나이키, H&M 등 이곳에서 공장을 운영하는 기업들에 대한 불매 운동이 벌어지기도 했다. 하지만 여전히 이곳의 인권 침해가 심각하다는 것이 공통된 인식이다. UN 보고서 공개 후 2년이 지난 2024년 8월에도 UN은 "중국 신장 지역에는 많은 문제 있는 법과 정책이 여전히 존재하고 있다"라고 밝혔다.

신장위구르자치구 강제 노동은 통상 문제로까지 이어지고 있다. 이 지역은 대규모 면화 생산지로 유명하다. 한반도 넓이의 7배가 넘는 신장위구르자치구는 세계 면화 공급량의 5분의 1, 중국 자체 재고량의 90%를 각각 차지하는 면화 생산 중심지다.[7] 신장위구르자치구는 또한 태양광 패널의 핵심 소재인 폴리실리콘의 주요 생산지다. 전 세계 폴리실리콘 공급량의 40%를 차지할 정도다.

먼저 움직인 것은 미국이다. 미국은 2022년 6월 '위구르강제노동방지법Uyghur Forced Labor Prevention Act, UFLPA'을 만들었다. 신장위구르자치구에서 생산하는 제품이나 특정 단체의 제품을 미국으로 수입하는 것을 금지하는 내용이었다. 이곳에서 채굴, 생산, 제조된 상품은 일단 강제 노동 제품으로 추정되어 관세국경보호청Customs and Border Protection, CBP에 의해 통관이 정지된다. 해당 제품이 강제 노동과 관련되지 않았다는 것을 수입업자가 입증해야만 통관이 허용되는 강력한 법안이다. 이 법으로 가장 큰 타격을 받은 것이 중국산 태양광 패널이었다. 중국산 태양광 패널의 미국 수출 길이 막히자 한국 기업들이 반사 이익을 보기도 했다.

EU 집행위원회는 미국보다 늦은 2022년 9월 '강제노동제품판매금지규정Forced Labor Regulation' 입법안을 발표했다. 이 법은 여러 차례 수정을 거쳐 2024년 4월에야 EU 의회 본회의를 통과했다. EU의 강제노동제품판매금지규정은 모든 강제 노동을 폭넓게 규정하고 있지만 역시 주요 대상은 신장위구르자치구라고 볼 수 있다. 다만 EU의 규정은 미국처럼 강력하지는 않다. EU는 제보를 통해 역내로 들어오는 제품의 강제 노동 결부 가능성을 인지한 경우 조사를 실시하도록 했다. 심층 조사에서 강제 노동이 명백하게 입증되면 관할 당국이 해당 제품의 수입 및 역외 수출 금지 처분을 내리고 이미 유통 중인 제품은 회수 및 폐기 조치한다.

신장위구르자치구 지역 강제 노동에 대한 미국과 EU의 규제는 전기차와 리튬이온 배터리까지 이어질 전망이다. 신장위구르자치구는 중국의 주요 리튬 산지로 알려져 있다. 이미 미국은 위구르강제노동방지법 대상 품목을 면화, 태양광 패널에서 리튬이온 배터리, 타이어, 알루미늄, 강철을 포함한 자동차 부품으로 확대했다.[8] 영국의 셰필드할람대학교 강제노동연구소가 펴낸 보고서에 따르면 주요 자동차 제조사들은 신장위구르자치구의 강제 노동으로 만든 부품과 연관되어 있는 것으로 조사되었다.

4장

⚡

트럼프 리스크

거꾸로 가는 시계

2024년 11월 5일 치러진 미국 대통령 선거에서 도널드 트럼프 전 대통령이 47대 대통령에 당선되었다. 국내 전기차와 배터리 기업들은 정치적 신념이나 철학과는 무관하게 내심 트럼프의 경쟁자였던 카멀라 해리스Kamala Harris 부통령을 응원했을 것이다. 그러나 그들의 바람과 달리 트럼프의 당선이 확정되자 실망감을 감추지 못했다. 트럼프 대통령 당선이 확정되자 국내 이차전지 기업들의 주가는 며칠간 속절없이 주저앉았다.

트럼프 대통령은 선거 기간 내내 취임하자마자 파리협정에서 다시 탈퇴하겠다고 공언했다. 그리고 그의 말대로 취임일인 2025년 1월 20일 파리협정을 재탈퇴하는 행정명령에 서명했다. 2015년에 체결된 파리협정은 지구 온난화를 막기 위해 온실가스를 줄이자는 국제적 협약이다. 지구 평균 기온 상승을 산업화 이전 대비 섭씨 2도보다 낮은 수준으로 유지하고, 섭씨 1.5도로 제한하기 위해 노력한다는 목표를 담고 있다(이하 이 책에 나오는 모든 온도는 섭씨다). 이전에 체결되었던 교토의정서가 유명무실했던 것과 달리 파리협정은 여러 구속력 있는 조항을 담고 있다. 참여 국가들이 스스로 감축 목표를 제시하고 이를 달성하기 위한 기본 계획도 제출해야 한다.

파리협정은 지구 온난화를 막기 위한 최초의 전 지구적 합의다. 전 세계 거의 모든 국가가 이 협정에 가입해 있다. 참여하지 않은 국가는 이란, 튀르키예, 에리트레아, 이라크, 남수단, 리비아, 예멘 7개국뿐이었다. 여기에 세계 최강국 미국이 추가되었다.

각국은 파리협정을 근거로 온실가스 감축을 위한 다양한 정책들을 마련했다. 전기차 보급을 확대하기 위한 각국의 노력도 그 일환이다. 전기차의 핵심 부품인 배터리 산업은 이와 함께 급성장할 수 있었다. 파리협정을 다시 탈퇴함으로써 미국은 전기차 확대의 동력 하나를 잃게 되었다. 미국 전기차 시장의 성장 가능성을 믿고 투자했던 한국 배터리 기업들이 실망한 것은 당연했다.

석유와 천연가스 등 화석연료의 채굴 확대를 지지하는 트럼프 대통령은 선거 운동 내내 바이든 행정부의 친환경 정책에 반대 입장을 취했다. 트럼프가 당선되면 바이든 행정부 당시 도입했던 내연기관차에 대한 강력한 규제를 철폐하고 연비 규제를 폐지 또는 완화할 것이 분명해 보였다.

트럼프는 2024년 10월 미시간주에서 열린 집회에서 "내가 대통령이 되면 어떤 주도 가솔린 자동차나 트럭을 금지할 수 없을 것"이라고 밝혔다.[1] 트럼프 대통령이 겨냥한 곳은 미국 캘리포니아주였다. 2022년 캘리포니아주는 2035년까지 주 안에서 판매하는 모든 신차를 전기차 또는 하이브리드차로 의무화하는 법안을 통과시켰다.

전임 바이든 대통령은 2021년 행정명령으로 신차의 50%를 전기차로 전환하겠다는 목표를 제시했다. 법적 구속력이 없는 행정명령이었지만 대통령의 강력한 의지를 표명함으로써 일종의 가이드라인 역할을 했다. 미국환경보호청United States Environmental Protection Agency, EPA은 2024년 3월 자동차 배출 가스 허용량을 2032년까지 2026년 대비 49%로 줄이는 규정을 확정했다. 이 규정대로라면 2032년 전기차 판매 비중은 56%까지 늘어나게 될 터였다.

하지만 트럼프 대통령은 취임과 동시에 이러한 친환경 정책들을 무력화했다. 취임 날 트럼프 대통령은 전임 바이든 대통령이 내렸던 78개의 행정 조치를 철회하는 행정명령에 서명했다. 특히 트럼프 대통령이 첫날 서명한 '미국 에너지 해방Unleashing American Energy' 행정명령은 전기차, 이차전지를 비롯한 친환경 기술 관련 기업에 큰 영향을 미쳤다. 이 행정명령은 기존 환경 규제를 철폐하고 미국 내 석유와 가스 생산을 확대하겠다는 내용을 담았다. 또한 바이든 행정부에서 추진했던 친환경 정책인 그린뉴딜과 IRA(인플레이션감축법) 관련 정책을 대폭 철회하는 내용도 포함했다.

이 행정명령은 IRA 및 인프라투자일자리법Infrastructure Investment and Jobs Act, IIJA에 따라 배정된 자금의 집행을 즉각 중단하고, 관련 기관들은 90일 이내에 국가경제위원회National Economic Council 및 관리예산실Office of Management and Budget과 협의해 자금 집행 여부를 재검토하도록 했다.

또한 휘발유 차량 판매를 사실상 제한하는 기능을 해왔던 주써, state의 배출 허가 면제 제도를 적절하게 종료하고, 전기차 우대 조치를 통해 차량 구매자가 전기차를 구매하도록 유도하는 정책의 중단을 검토하도록 했다.

이 같은 일련의 조치로 미국의 전기차와 배터리 시장을 공략해 온 한국 기업들은 대응 전략을 수정할 수밖에 없는 상황에 놓였다.[2] 2023년 현재 국내 배터리 기업들이 미국에서 가동 중인 공장의 생산 능력 CAPA은 약 117GWh(기가와트시)로 추정된다. 지금까지 발표한 미국 투자 계획들이 성공적으로 완료되면 2027년에는 이보다 5배 늘어난 635GWh로 증가할 전망이다. 하지만 IRA 지원 규모 축소 등의 변화가 발생하면서 미국 내 대규모 투자 계획은 재조정이 불가피해졌다.[3]

IRA가고 OBBBA 왔다

미국에서 트럼프 2기 행정부가 출범하면서 우리나라 배터리 기업들의 가장 큰 관심사는 IRA의 운명이었다. 트럼프 대통령은 당선 전부터 전기차 구매 시 최대 7500달러를 지원하는 IRA를 폐지해야 한다는 입장을 유지했다. 트럼프는 IRA를 "사기con job"라고 칭하며 "사용하지 않은 모든 기금을 철회하겠다"라고 공언했다.

IRA에 대한 비판적인 입장은 비단 트럼프 대통령 개인의 생각에서 그치지 않았다. 공화당 정강platform에도 "바이든의 전기차 및 기타 의무 사항을 취소하겠다"라는 내용이 포함되어 있었다. 공화당은 이전에도 IRA 상의 세액공제 혜택을 축소하려는 법안을 발의했다.

IRA에 있는 보조금은 기업에 대한 세액공제와 소비자에 대한 직접적인 보조로 구분된다. 우선 태양광, 풍력 등 재생에너지로 전기를 생산할 때 세금을 공제해주는 생산 세액공제Production Tax Credit, PTC와 재생에너지 시설에 대한 투자비의 일정 비율을 세금에서 공제해주는 투자 세액공제Investment Tax Credit, ITC가 있다. 또 배터리, 태양광, 풍력 등 첨단 제조 기술을 활용해 제품을 생산할 때 세액을 공제해주는 첨단제조생산 세액공제Advanced Manufacturing Production Credit, AMPC(45X)가 있다.

소비자가 전기차를 구매할 때 세액을 공제해주는 친환경차 세액공제Clean Vehicle Credit(30D)는 소비자에게 직접 혜택이 돌아간다. 우리나라 배터리 기업들과 밀접한 관계가 있는 것이 첨단제조생산 세액공제와 친환경차 세액공제였다.

전기차 세액공제(보조금)가 사라지면 전기차 수요가 급감하고 미국 자동차 기업들은 전기차 출시 계획을 축소할 수밖에 없다. 미국 전기차에 배터리를 공급하던 국내 기업들의 사업도 타격을 받게 된다. 요세프 샤피로 캘리포니아대학교 버클리캠퍼스 교수와 펠릭스 틴텔노트 듀크대학교 교수는 IRA의 세액공제가 사라지면 미국 내 연간 전기차 등록 대수가 세액공제가 유지될 때와 비교해 약 27% 감소할 것으로 분석했다.[4]

미국 내에서 생산하는 배터리 셀과 모듈에 대해 일정 금액의 세액공제 혜택을 제공하는 첨단제조생산 세액공제는 국내 배터리 기업의 실적과 직결된다. 이 제도를 통해 국내 배터리 기업들은 매년 조 단위의 보조금을 수령해 실적에 반영해왔다.

트럼프 대통령은 취임 첫날 '미국 에너지 해방' 행정명령을 통해

IRA 및 인프라투자일자리법에 따라 배정된 자금의 집행을 즉각 중단하도록 했다. 구체적으로 "불공정한 보조금 지급 및 다른 기술에 비해 전기자동차를 선호하는 정부 정책이 초래한 시장 왜곡을 제거하는 방안을 고려한다"라고 명시해 전기차 세액공제 조항에 대한 폐지 가능성을 언급했다.

이 같은 행정명령에도 불구하고 미국에서 전기차 보조금이 즉각 사라진 것은 아니었다. 트럼프 대통령의 행정명령은 미국 의회와 법원에서 법적으로 승인받은 지출을 대통령이 일방적으로 거부할 수 있는지에 대한 논란을 불러일으켰다. 하원의 민주당 지출위원회는 트럼프 대통령의 행정명령이 지출 거부impoundment 내용을 담고 있어 위법하다고 지적했다. 또 워싱턴DC 연방법원, 로드아일랜드 연방법원은 트럼프 2기의 기금 지출 동결에 대해 일시 제한 명령temporary restraining order을 내리기도 했다.[5]

실질적인 IRA 상 전기차 보조금 폐지는 이후 의회에서 법안으로 추진되었다. 공화당은 감세 정책, 국경 보안 강화, 에너지 분야를 담은 통합 법안인 '하나의 크고 아름다운 법One Big Beautiful Bill Act', OBBBA를 마련했다. 대규모 감세 내용을 담고 있는 이 법안에 바로 IRA의 각종 혜택을 축소하는 내용도 포함되어 있었다.

미국 하원은 2025년 7월 3일 218대 214의 아슬아슬한 표 차이로 OBBBA를 의결했다. 이어 다음 날인 7월 4일 트럼프 대통령이 서명함으로써 법이 발효되었다. OBBBA는 대규모 감세 방안을 담고 있어 "감세법"이라고도 불렸다. 미국 대선 기간 동안 트럼프의 당선을 적극 도왔던 일론 머스크 테슬라 CEO는 이 법안에 노골적으로 반대함으로써 트럼프와 결별하는 결정적인 계기가 되기도 했다.

우리나라에서는 감세 내용보다는 IRA에 따라 전기차나 배터리에 적용했던 각종 세액공제의 변동 여부에 더 관심이 쏠렸다. OBBBA는 하원과 상원을 오가며 여러 차례 수정되었다. 최종 확정된 OBBBA에 따라 친환경차 세액공제는 조기 종료하는 운명을 맞았다. 첨단제조생산 세액공제의 자격은 더욱 까다로워졌다.

우선 최대 7500달러를 지원했던 친환경차 세액공제는 2025년 9월 30일 이후 취득하는 차량부터는 적용을 받지 못하게 됐다. 당초 IRA에 따르면 친환경차 세액공제는 2032년까지 운영될 예정이었다.

친환경차 세액공제가 사라지자 미국 전기차 시장이 위축될 것이라는 전망이 나왔다. 이는 미국을 주요 시장으로 하는 국내 배터리 기업에는 좋지 않은 영향을 미칠 것이 분명했다. 전기차 구매 보조금 지급 기준이던 '배터리 광물'과 '배터리 부품' 요건도 모두 무효가 되었다.

국내 배터리 기업들의 영업 이익으로 반영되던 첨단제조생산 세액공제가 2032년까지 유지된다는 점은 그나마 다행이었다. 국내에서는 트럼프가 대통령이 당선되더라도 첨단제조생산 세액공제는 지속될 것이라는 전망이 많았다. 이 제도로 수혜를 받는 지역이 대부분 공화당 선거구에 집중되어 있었기 때문이다.[6]

IRA 관련 산업의 투자액 중 공화당 선거구 비중은 74%에 달했다. 투자액 기준 상위 11개주 상원 의원 22명 중 공화당 당적이 12명으로 민주당(10명)보다 많았다.[7] 공화당 강세 주에 전기차, 배터리, 재생에너지 투자가 집중되어 있는 만큼 IRA를 전면 폐기할 경우 해당 주에서 투자와 일자리가 위축될 우려가 있었다.

실제로 2024년 8월 공화당 하원 의원 18명은 IRA 폐지의 부작용을 우려해 전면적인 폐지보다는 제도 보완을 촉구하는 서한을 마이크 존슨Mike Johnson 하원의장에서 전달했다. 당시 서한을 보낸 공화당 하원 의원 중 15명이 2024년 선거에서 재선에 성공했다. 이들은 서한에서 "에너지 세액공제를 조기에 폐지할 경우 민간 투자를 훼손하고 이미 진행 중인 개발이 중단될 것"이라며 "완전히 폐지하면 납세자의 돈을 수십억 달러 쓰고도 그 대가로 아무것도 얻지 못하는 최악의 시나리오가 벌어질 것"이라고 경고했다.

특히 OBBBA에 따라 첨단제조생산 세액공제에 금지외국기관Prohibited Foreign Entity, PFE 규정이 신설된 것은 한국 기업에 유리하게 작용했다. 금지외국기관으로부터 일정 비율 이상 지원을 받으면 2027년부터는 첨단제조생산 세액공제를 받지 못한다. 법에 복잡하게 정의되어 있는 금지외국기관은 사실상 중국 기업을 의미했다.

금지외국기관은 특정외국기관Specified Foreign Entity, SFE, 또는 특정외국기관이 일정 비율 이상의 지분을 보유하거나 실효적으로 통제하는 외국영향기관Foreign Influenced Entity, FIE으로 정의되었다.

이 중 특정외국기관은 미국 국방법에서 정의하는 해외우려기관Foreign Entity of Concern, FEOC, 미국에서 활동하는 중국 군사 기업으로 식별된 단체, 위구르강제노동방지법UFLPA에 따라 지정된 단체, 2024년 미국 국방법에 지정된 배터리 기업으로 정의됐다. 2024년 미국 국방법에 지정된 배터리 기업이란 다름 아닌 CATL, BYD, EVE에너지, 고션하이테크 등 중국 배터리 기업들을 가리킨다.

OBBBA는 한국 배터리 기업에 위기이자 기회로 인식되었다. 황성인 산업연구원 대외협력실장은 보고서 〈한국 배터리 산업의 위기 진단과 극복 전략: 미국 감세법(OBBBA) 영향과 대응방안을 중심으로〉(2025. 7.)에서 "중국 배터리 기업들은 금지외국기관 규정에 따라 첨단제조생산 세액공제를 받기 어렵다"라며 "미국은 중국에 우리나라보다 높은 고율의 관세를 부과할 가능성이 높아 중국 배터리 기업의 미국 시장 수출 가격 경쟁력은 저하될 수밖에 없다"라고 분석했다. OBBBA에 따라 IRA에서 적용했던 친환경차 세액공제가 사라진 점은 위기이지만 첨단제조생산 세액공제 자격 요건이 까다로워지면서 국내 기업들에 울타리를 제공한 것은 새로운 기회 요인이 될 수 있다는 설명이었다.

에너지 차르가 된 화석연료의 오랜 친구

2024년 미국 대선이 끝난 직후 로이터통신은 트럼프 인수위원회에서 석유 사업가 해럴드 햄Harold Hamm과 노스다코타주 주지사 더그 버검Doug Burgum이 이끄는 에너지 정책 전환팀에서 IRA의 전기차 보조금 폐지를 논의하고 있다고 보도했다.[8] 해럴드 햄이나 더그 버검 모두 대표적인 화석연료 지지자들이었다. 그들이 인수위원회 에너지 정책 전환팀에 들어갔다는 사실만으로 트럼프 2기 행정부의 에너지 정책 방향을 가늠할 수 있었다.

그리고 얼마 후 트럼프 대통령은 더그 버검을 내무부 장관으로 지명하면서 동시에 그에게 새로 생기는 국가에너지위원회National Energy Council 위원장을 겸임하도록 했다. 미국 언론들은 더그 버검이 트럼프 행정부 2기에서 에너지 정책을 총괄하는 '에너지 차르energy czar'가 될 것이라고 전망했다.[9] 미국 내무부 장관의 역할 중 하나는 국유지를 관리하고 천연자원을 보존하거나 개발하는 일이다. 더그 버검을 내무부 장관으로 앉힌 것은 석유나 천연가스 개발을 늘리겠다는 트럼프의 의중을 드러낸 조치였다.

국가에너지위원회의 정확한 역할이 무엇인지는 구체적으로 알려지지 않았다. 다만 트럼프 대통령은 성명에서 국가에너지위원회에 대해 "모든 형태의 미국 에너지의 허가, 생산, 발전, 유통, 규제, 운송에 관련된 모든 부처로 구성될 것"이라고 설명했다.

트럼프 대통령은 또한 "이 위원회는 불필요한 규제를 철폐하고 민간 부문의 투자를 강화하는 한편 불필요한 규제보다는 혁신에 집중함으로써 미국이 에너지 우위를 점할 수 있도록 감독할 것"이라고 밝혔다. 트럼프가 언급한 "불필요한 규제"는 석유 채굴 확대를 가로막는 각종 인허가 절차 등으로 해석되었다.

뒤이어 트럼프 대통령은 에너지부 장관으로 크리스 라이트Chris Wright 리버티에너지 설립자 겸 CEO를 지명했다. 그러면서 크리스 라이트가 국가에너지위원회의 위원으로 활동할 것이라고 밝혔다. 이에 앞서 트럼프 대통령은 환경보호청장에 리 젤딘Lee Zeldin 전 공화당 하원 의원을 내정했다. 이에 따라 트럼프 행정부 2기에서 에너지 정책을 맡을 삼각 편대의 모습이 드러났다.

트럼프 대통령이 낙점한 에너지 분야 참모들은 한결같이 기후위기를 부정하고 화석연료를 신봉하는 이들이었다. 트럼프 대통령에게 충성하고 그의 신념을 따르는 이들로 에너지팀을 꾸린 것이다.

국가에너지위원회 위원장을 맡은 더그 버검은 IT(정보기술) 기업 CEO로 성공을 거둔 뒤 정치계에 몸담은 케이스다. 그는 과거 그레이트플레인스소프트웨어Great Plains Software라는 기업을 창업해 운영하다 2001년 마이크로소프트MS에 11억 달러에 매각했으며, 2016년 노스다코타주 주지사에 선출되었다.

[4-1] 왼쪽부터 더그 버검 국가에너지위원회 위원장, 크리스 라이트 에너지부 장관, 리 젤딘 환경보호청장.

　더그 버검은 주지사 시절부터 친기업 성향의 정책을 펼쳤으며 석유 개발에 적극적이었다. 노스다코타주는 텍사스주, 뉴멕시코주에 이어 미국에서 석유 생산 3위를 차지하고 있으며 전기 생산을 화석연료에 크게 의존하고 있다. 미국 환경 보호 단체인 와일더니스소사이어티The Wilderness Society의 데이비드 시브룩David Seabrook 회장은 그를 한마디로 "화석연료 업계의 오랜 친구"라고 표현했다.[10]

　크리스 라이트 미국 에너지부 장관은 MIT(매사추세츠공과대학교) 출신으로 프래킹fracking 기업인 리버티에너지의 대표였다. 수압파쇄법이라고 불리는 프래킹 공법은 고압의 액체로 지하 깊은 암반에 구멍을 뚫어 암반 속 셰일 오일이나 셰일 가스를 분리해내는 기술이다. 미국은 셰일 가스를 개발하면서 세계 최대 산유국의 위치에 올라올 수 있었다. 크리스 라이트 에너지부 장관 역시 화석연료 산업을 대표하는 인물로 친환경과는 거리가 멀었다. 프래킹 공법은 수질을 오염시키고 환경을 파괴한다는 비판을 받아왔다.

크리스 라이트는 온실가스가 지구 온난화를 일으키는 주요 원인이라는 주류 과학자들의 주장을 부인해왔다. 2023년 링크트인에 게시한 동영상에서 그는 "기후위기는 없으며 우리는 에너지 전환의 가운데에 있지도 않다"라고 주장했다. 크리스 라이트는 소형모듈원자로small modular reactor, SMR 기업인 오클로Oklo와 광산로열티 기업인 EMX로열티의 이사회 멤버이기도 하다. 오클로는 AI(인공지능) 기업 오픈AI의 창업자인 샘 올트먼Sam Altman이 투자한 기업으로도 잘 알려져 있다.

리 젤딘 환경보호청장도 논란의 중심에 섰다. 리 젤딘은 롱아일랜드 출신으로 2015년부터 2023년까지 뉴욕주 하원 의원을 지냈다. 환경과 관련한 특별한 경력이 없는 그를 환경보호청장으로 뽑은 것은 그가 트럼프 대통령의 열렬한 지지자였기 때문이었다. 리 젤딘은 2022년 뉴욕주지사 선거에서 패한 뒤 줄곧 트럼프와 가깝게 지내왔다. 젤딘은 환경보호청장에 지명된 뒤 "깨끗한 물과 공기에 대한 접근성을 보장하겠다"라고 말했다. 하지만 리 젤딘은 친환경과는 거리가 먼 행보를 보여왔다. 그는 2023년 환경 보호 유권자 단체인 LCVLeague of Conservation Voters에서 14점이라는 최악의 점수를 받기도 했다. 미 언론들은 젤딘이 환경보호청장으로 있으면서 자동차 배기가스 규제 등 바이든 행정부에서 만들었던 정책들을 뒤집을 것으로 전망했다.[11] 리 젤딘은 트럼프 정책을 홍보하기 위해 설립된 비영리 싱크탱크인 미국최우선정책기구America First Policy Institute에서 중국정책이니셔티브의 의장을 맡았으며 중국이 국가 안보에 미치는 위협에 대한 글을 쓰기도 했다.

"퍼스트 버디" 일론 머스크의 추락

2024년 11월 28일 미국 플로리다주 팜비치에 있는 마라라고 리조트. 추수감사절을 맞아 트럼프 대통령이 지지자들과 함께 만찬을 가졌다. 참석자들의 이목을 끈 것은 좌석 배치였다. 트럼프 대통령의 오른쪽 자리를 꿰차고 앉은 사람은 퍼스트레이디인 멜라니아 여사가 아닌 일론 머스크 테슬라 CEO였다.

이날 만찬이 절정에 달하자 선거 유세 때마다 마지막을 장식했던 팝송 〈Y.M.C.A.〉가 스피커에서 흘러나왔다. 이때 트럼프 대통령이 머스크의 등을 툭툭 치자 머스크는 두 팔을 들고 신나게 춤을 추기 시작했다. 트럼프는 이 모습을 재미있다는 듯 지켜봤다. 지지자 중 한 사람이 이 장면을 찍어 SNS에 올렸고 미국의 주요 매체들이 일제히 이를 보도했다. 트럼프 행정부 2기 최고 실세로 떠올랐던 머스크와 트럼프 대통령의 관계를 단적으로 보여주는 장면이었다.

머스크는 대선 기간 중 1억 7500만 달러(약 2443억 원)를 쏟아부으며 트럼프의 재선을 물심양면으로 도왔다. 매일 유권자 중 1명씩을 뽑아 100만 달러(약 13억 원)를 주는 복권 행사를 벌이기도 했다. 트럼프가 재선에 성공하자 그는 '킹메이커'로 인정받았다. 머스크는 대선 이후 "퍼스트 버디First Buddy" "공동 대통령Co-President"이라는 수식어가 붙을 정도로 트럼프 대통령과 밀착 행보를 보였다.

머스크는 트럼프 대통령 취임 초기 가는 곳마다 항상 옆에 있었다. 마라라고 저택에서 많은 시간을 보내며 트럼프 가족과도 친분을 쌓았다. 트럼프의 손녀는 그를 삼촌이라고 불렀다. 트럼프는 그를 새로 생기는 정부효율부Department Of Government Efficiency, DOGE 공동 수장에

앉혔다. 정부효율부의 약칭 'DOGE'는 공교롭게도 머스크가 농담으로 홍보하는 암호화폐 '도지코인'과 이름이 일치했다.

머스크는 한순간에 미국 정가 최고 실세가 되었다. 머스크는 트럼프에게 인사에 대해 의견을 밝히고 정책 우선순위에 대해 조언했다. 트럼프의 기존 최측근들이 머스크를 시기 질투하고 있다는 보도가 나왔다.

해외에서도 머스크의 일거수일투족을 예의 주시했다. 과거 사업가들이나 투자자들이 머스크의 말 한마디 한마디에 민감했다면 이제는 각국 리더들까지 합세했다. 튀르키예와 우크라이나는 트럼프와 머스크의 통화를 도청했다. 이란의 특사는 머스크를 만나 양국 간 긴장 완화 방안에 대해 논의했다고 한다.[12]

머스크가 트럼프 대통령과의 브로맨스를 과시하자 트럼프 행정부 2기 동안 스페이스X, 테슬라, xAI, 뉴럴링크, X(옛 트위터) 등 머스크의 사업이 수혜를 입으리라는 전망이 나왔다. 스페이스X의 매출은 거의 전적으로 미국 정부 예산에 의존하고 있다. 스페이스X는 NASA(미국항공우주국) 등 미국 정부와 200억 달러에 달하는 계약을 맺고 있다. 취임 초기 트럼프 대통령은 머스크와 나란히 스페이스X의 스타십 발사 장면을 지켜봤다.

국내 배터리 업계의 관심은 머스크가 전기차와 이차전지에 대한 트럼프의 인식에 어떤 영향을 줄지에 쏠렸다. 트럼프 대통령은 예전부터 전기차가 미국의 자동차 산업을 죽일 것이라고 말해왔다. 또 전기차를 일자리 암살자라고도 했다. 그런데 어느 순간부터 전기차에 대한 이러한 폭력적인 언어는 사라졌다. 트럼프는 2024년 7월 미시간주에서 열린 집회에서는 "나는 지속해서 전기차에 관해 이야기해왔는데 전기차를 반대하는 것은 아니다. 사실 나는 그것을 완전히 지지한다I'm totally for them"라고 말했다. 그는 "전기차를 운전해봤는데 엄청났다incredible. 그러나 모두 전기차를 가져야 하는 것은 아니다"라고 말하기도 했다.

트럼프의 공격 포인트는 전기차 자체에서 전기차 구매 시 지급하는 세액공제나 연방 정부의 연비 규제로 옮겨갔다. 트럼프의 말을 종합하면 전기차를 사고 싶은 사람은 누구나 살 수 있지만 정부가 인위적으로 시장을 형성해서는 안 된다는 것이었다.[13]

《뉴욕타임스》는 트럼프 대통령의 이 같은 인식 변화가 머스크를 만나면서 시작되었다고 분석했다. 트럼프는 2024년 초부터 머스크를 자주 만나기 시작했으며 두 사람은 전기차에 대해서도 진지하게 토론했다. 머스크는 그해 6월 주주 총회에서 트럼프에 관한 질문을 받자 "나는 설득력이 있다"라며 "트럼프의 많은 친구가 테슬라를 갖고 있고 트럼프도 사이버트럭을 좋아한다. 이런 것들이 [설득하는 데] 기여할 수 있을 것"이라고 말하기도 했다.

트럼프 대통령과 마찬가지로 머스크도 전기차 보조금 폐지에 대해 찬성하는 입장을 보였다. 그는 과거 X에서 "보조금을 없애라. 테슬라에만 도움을 준다"라며 "모든 산업에서 보조금을 폐지하라"라는 메시지를 내놓기도 했다. 테슬라는 IRA(인플레이션감축법)로 가장 큰 수혜를 입은 기업 중 하나였다. 그럼에도 머스크는 왜 친환경차 세액공제 폐지에 찬성했을까? 보조금이 없어지면 전기차 업계 1위인 테슬라보다는 포드, GM 등 후발 기업에 더 타격이 크다고 생각했기 때문이다. 실제로 머스크는 실적 발표 콘퍼런스콜에서 보조금 폐지는 "경쟁사에는 파괴적이겠지만 테슬라에는 약간 파괴적일 것"이라고 말했다.

사실 머스크는 오래전부터 IRA와 전기차 세액공제에 대해 부정적이었다. 그는 2021년 IRA가 미 의회에서 논의될 때도 이 법안에 반대했다. 당시 머스크는 《월스트리트저널》 콘퍼런스에 참여해 "7500달러의 세액공제는 필요 없다"라며 "IRA를 통과시키지 마라"라고 말했다. 머스크는 전기차 충전소에 대한 연방 정부의 지원도 필요 없다고 이야기했다.[14] 비록 테슬라가 IRA의 수혜자였지만 머스크는 원래부터 비효율적인 정부 지출에 반대했던 것이다.

머스크는 지구 온난화를 인정한다는 점에서는 트럼프 대통령이나 그의 다른 측근들하고는 차이가 있다. 스스로를 "친환경주의자"라고 표현하고 대규모 태양광 사업을 전개하고 있는 머스크가 트럼프를 지지하는 것은 얼핏 이해하기 힘들다. 월터 아이작슨Walter Isaacson이 쓴 머스크 전기에 따르면 그는 대학생 시절 지구 온난화와 화석연료의 고갈을 우려하며 태양광과 전기자동차에 관심을 갖게 되었다. 머스크는 2024년 8월 당시 트럼프 대선 후보와 X에서 2시간가량 라이브 채팅을 진행하면서 "태양광이 미래 지구 에너지 생산의 대부분을 차지할 것으로 생각한다"라고 말하기도 했다.

그렇다고 머스크가 과격한 환경론자는 아니었다. 머스크는 지구 온난화를 멈추기 위해 서두를 필요는 없다는 입장을 보였다. 이런 부분에서는 머스크와 트럼프 대통령 간에 접점을 찾을 수 있었을지 모른다. 머스크는 2024년 8월 라이브 채팅에서 "우리는 아직 꽤 시간이 많이 남아 있다. 서두를 필요가 없다"라고 말했다. 심지어 "지금부터 50년이나 100년 이후에 우리 대부분은 지속가능할 것이며 그것도 괜찮을 것이라고 생각한다"라고도 했다. 다른 친환경주의자들과 달리 머스크는 화석연료에 대해서도 비교적 온건한 입장을 취했다. 그는

"석유와 가스 사용을 지금 당장 중단한다면 우리는 굶주릴 것이고 경제는 붕괴할 것이다"라고 말했다.[15]

세계 최고 갑부 머스크와 세계 최고 권력자 트럼프 간의 불안한 동거는 오래가지 못했다. 두 사람 모두 어디로 튈지 모르는 강한 성격의 소유자였다. 당장 서로의 필요에 따라 힘을 합쳤지만 근본적인 신념이나 철학까지 공유하지는 못했다. 한 예로 2017년 트럼프가 파리협정에서 탈퇴할 때 머스크는 "기후변화는 현실"이라며 "협정을 탈퇴하는 것은 미국이나 세계에 좋지 않다"라고 말했다.

트럼프 취임 초기 머스크는 인사권을 둘러싸고 또 다른 트럼프 측근들과 갈등을 빚었다. 머스크와 스콧 베선트Scott Bessent 재무장관은 국세청장 인선과 관련한 의견 충돌로 백악관에서 트럼프 대통령이 지켜보는 앞에서 난투극을 벌였다.[16] 정부효율부 수장인 머스크가 국무부의 인원을 대거 해고하자 마르코 루비오Marco Rubio 국무장관과 큰소리로 다투기도 했다. 트럼프가 중국을 상대로 관세 전쟁을 벌이자 그의 무역 책사인 피터 나바로Peter Navarro 백악관 무역제조업 담당 고문과 노골적인 비방전을 벌였다.

머스크와 트럼프 대통령의 사이가 벌어진 결정적인 계기는 감세 정책에 대한 이견 때문이었다. 머스크는 트럼프가 추진하는 감세 법안인 OBBBA(하나의 크고 아름다운 법)가 대규모 재정 적자를 낳을 것이라고 강하게 반발했다. 두 사람의 갈등은 머스크가 자신의 X에 트럼프가 제프리 엡스틴Jeffrey Epstein 성범죄 사건*에 연루되어 있다고 폭로하며 폭발했다. 이에 트럼프는 "대통령직을 모욕했다. 그와의 관계는 끝났다"라고 절연을 선언했다.[17]

정부효율부 수장으로서 머스크의 공식 임기는 2025년 5월 29

일 끝을 맺었다. 트럼프 대통령과의 브로맨스는 불미스럽게 끝났지만 '특별 공무원'으로서 그의 짧은 임기가 전혀 의미가 없었던 것은 아니었다. 특히 그의 임기 중 테슬라를 비롯한 그의 사업은 다양한 수혜를 입었다. 2025년 5월 미국 교통부가 자율주행 차량에 대한 규제를 완화하기로 발표한 것이 대표적이다. 이어 6월에는 미국 도로교통안전국National Highway Traffic Safety Administration, NHTSA이 자율주행차 출시를 위해 필요한 정부 허가 절차를 간소화하겠다고 밝혔다. 이에 따라 테슬라의 로보택시 사업에 속도가 붙게 되었다.

---

* 미국의 억만장자 금융인인 제프리 엡스틴이 1994년부터 2004년까지 미국령 버진아일랜드의 본인이 소유한 한 섬으로 미성년자들을 데려와서 성노예로 착취했다는 사건. 엡스틴은 유죄가 인정되어 교도소에 구금되었으나 판결받기 전 사망했다.

5장

위기와 기회

탈중국 공급망의 핵심, K-배터리

"최근 수십 년간 미국 제조업에 가장 큰 영향을 미친 법안은 IRA(인플레이션감축법)입니다. 법 시행 이후 2년 동안 리튬 광산, 배터리 공장 등 공급망 전반에 걸쳐 약 125개의 프로젝트가 추진되었고 투자된 금액만 950억 달러[약 128조 원]에 달했습니다. 트럼프가 당선된다면 IRA 혜택이 축소되어 한국 배터리 기업도 타격을 입을 것입니다."

《배터리 전쟁Lithium: The Global Race for Battery Dominance and the New Energy Revolution》의 저자 루카스 베드나르스키Lukasz Bednarski는 미국 대선을 한 달 반가량 앞둔 2024년 9월 대한상공회의소가 주최한 '한미 산업협력 콘퍼런스'에 화상으로 참여해 이같이 말했다.[1] 그의 말대로 트럼프가 당선되자 한국 배터리 산업에 대한 우울한 전망이 쏟아졌다.

하지만 우려만 있는 것은 아니었다. 트럼프 재선이 확정된 이후 필자가 가장 많이 들었던 이야기는 "기회와 위기는 늘 같이 온다"였다. 트럼프 2기 행정부에서 전기차 보조금을 폐지하거나 자동차 연비 규제를 완화하는 등의 조치를 취하면 그동안 미국 시장에 공격적으로 투자하던 국내 배터리 기업들은 충격을 받을 수밖에 없다. 그러나 위기는 기회와 공존하는 법. 우리나라 배터리 기업들은 불확실성 속에서도 여전히 기회를 엿보았다.

트럼프 2기 행정부도 전임 바이든 행정부와 마찬가지로 대중 강경책을 유지할 수밖에 없다. IRA는 전기차와 배터리 분야에서 미국의 공급망을 강화하기 위한 다양한 장치들을 두었다. 이러한 규정들은 트럼프 행정부 2기에서도 유지되거나 오히려 더욱 강화될 수 있다. 미국 국민 사이에서 중국 견제 심리는 민주당 지지층이나 공화당 지지층 할 것 없이 똑같기 때문이다.

IRA는 중국산 광물, 소재, 배터리가 미국 시장에 들어오지 못하게 막는 방파제 역할을 해왔다. 그런데 OBBBA 시행으로 친환경차 세액공제가 폐지되면서 저렴한 중국산 배터리가 거리낌없이 미국 시장에 쏟아져 들어올 수 있다는 우려가 제기되기도 했다. 해외우려기관FEOC 지침 등 중국 기업에 불리하게 작용했던 조항까지 같이 사라졌기 때문이다. 하지만 첨단제조생산 세액공제 기준에 금지외국기관PFE 조항이 신설되고 중국에 대한 고율 관세가 적용되면서 우려했던 중국산 배터리의 미국 침투는 여전히 어렵게 되었다.

공화당은 그동안 중국산 자동차의 미국 진출을 극도로 경계해왔다. 공화당 하원은 2024년 9월 이른바 '미국 내 중국 전기차 지배 종식법End Chinese Dominance Of Electric Vehicles in America Act'에 전원 찬성표를 던진 바 있다. 민주당에서도 7명이 이 법안에 찬성했다.

이 법안은 중국산 부품을 사용하는 전기차에 대해서는 연방 정부의 세액공제를 받지 못하도록 하는 내용을 담고 있다. IRA에서 해외우려기관 규정으로 사실상 중국 공급망을 배제하고 있는데 그것보다 더 명확하게 중국산을 타깃으로 삼은 것이다.[2] 배터리 업계에서는 이와 유사한 논의가 트럼프 2기 행정부에서도 이루어질 것으로 보고 있다.

배터리 산업에서 중국의 공급망을 배제하겠다는 IRA의 의도는 정부 지출 규모를 줄이겠다는 트럼프 2기 행정부의 지향점과도 일치한다. 2024년 초 발표된 미국 에너지부의 IRA 세액공제 수혜 차종은 전년도(43개)에 비해 크게 감소한 19개 차종에 불과했다. 이는 2023년도에 각각 40%, 50%였던 핵심광물 요건과 부품 요건의 준수 비율이 2024년도부터 50%, 60%로 상향된 때문으로 분석된다. 즉 미국 내 전기차 공급망에서 중국 광물이나 부품을 제한하는 요건이 강화되자 보조금 수혜 차종이 대폭 줄어든 것이다.

트럼프 2기 행정부에서 탈중국 공급망 정책을 강화하면 어떻게 될까? 한국 배터리 기업 역시 중국산 광물이나 소재를 많이 사용하기 때문에 단기적으로 충격을 받을 수 있다. 하지만 장기적으로 한국 배터리 기업이 공급망을 다양화한다면 충분히 기회 요인으로 삼을 수 있다.

한국은 배터리 광물 가공-소재-배터리 제조-전기차 등 전체 가치사슬에서 중국을 대체할 수 있는 거의 유일한 국가로 평가받고 있다. 한국이 미국 전기차 공급망에서 믿을 만한 핵심 파트너로 자리매김한다면 위기를 극복할 수 있다. 산업연구원은 세계 시장에서 저렴한 가격을 앞세운 중국산 배터리의 공세가 거세지고 있는 시점에서 중국 기업의 미국 시장 진출을 원천 차단한다면 국내 배터리 기업에는 기회가 될 수 있다고 진단했다.[3]

한국 정부와 기업들은 트럼프 행정부 2기에 우리 배터리 산업이 탈중국 공급망의 핵심이 될 수 있다는 점을 설명하며 우리의 전략적 가치를 지속적으로 강조해야 한다. 미국 대선 직후 산업통상자원부 장관은 배터리 업계와의 간담회에서 "우리의 대미 투자 실적이나 미국 내 고용 창출을 강조하고 한국 배터리 산업이 탈중국 공급망에서 차지하는 중요성을 부각할 필요가 있다"라고 말했다. 그러면서 "미국 신정부에서도 대중 경제 기조는 계속해서 유지 또는 강화될 것으로 보인다"라며 "우리 기업에는 기회 요인이 될 것"이라고 강조했다.[4]

트럼프 대통령이 리튬 등 전기자동차 배터리용 핵심광물의 개발을 확대할 가능성도 있다. 중국과의 경쟁을 위해 바이든 대통령과 트럼프 대통령은 서로 다른 공급망 확보 전략을 사용한다. 바이든이 동맹국과 함께 중국을 견제하는 '프렌드쇼어링friendshoring' 정책을 구사했다면 트럼프는 자국 내에서 물자를 조달하고 생산하는 '온쇼어링onshoring' 정책을 선호한다.

배터리용 핵심광물에 대해서도 마찬가지다. 바이든 행정부는 동맹국과 핵심광물에 대한 협력 체계를 구축하는 핵심광물안보파트너십MSP을 체결했다. 반면 동맹국과의 협력보다는 미국 내 자체 자원 개발을 중시하는 트럼프는 리튬 등 핵심광물의 미국 내 개발을 가속화할 가능성이 높다. 컨설팅 기업 S&P글로벌은 트럼프 대통령이 재선됨에 따라 배터리용 리튬의 미국 내 공급망 개발이 확대될 것이라고 전망했다.[5] 국내 배터리 셀 제조사들이 미국 내에서 생산하는 질

좋은 광물을 최대한 활용한다면 트럼프 대통령의 온쇼어링 정책에 부합하면서도 가격 경쟁력을 확보할 수도 있다.[6]

다시 보는 유럽

"유럽에서 녹색으로의 전환의 결말은 중국으로의 전환이 될 수 있습니다."

유럽 전기차의 희망으로 불렸던 스웨덴 배터리 기업 노스볼트가 2024년 11월 미국 법원에 파산을 신청한 직후 독일, 프랑스, 스웨덴 대표는 EU 의회에서 중국산 배터리에 대한 과도한 의존도를 탈피할 것을 주장했다. 특히 스웨덴의 에너지부 장관 겸 기업산업부 장관 에바 부슈Ebba Busch는 중국을 겨냥해 EU가 러시아 가스 의존에서 교훈을 얻었듯이 경제적 경쟁자에게 또다시 의존해서는 안 된다고 강조했다.[7]

노스볼트의 파산 신청은 유럽 전기차 산업에 큰 충격을 안겨주었다. 이와 함께 중국에 대한 견제 심리가 커지고 있다. 독일, 프랑스, 스웨덴 3국 대표가 공동으로 성명을 발표한 것은 이 같은 불안감의 발로라 할 수 있다.

자동차 산업이 유럽 경제에서 차지하는 비중은 절대적이다. 자동차 부문은 1380만 개의 일자리를 창출하는데 이는 유럽 전체 고용의 6%에 해당한다.[8] 중국 전기차와 배터리의 침투가 계속되는 상황을 계속 지켜보기만 한다면 유럽 자동차 산업은 점점 경쟁력을 상실할 수 있다. 이는 유럽의 일자리 감소로 이어지게 된다.

서구 사회는 청정에너지 산업을 중국이 독식하고 있으며 이를 바로잡아야 한다는 공감대가 형성되어 있다. 파티 비롤Fatih Birol 국제에너지기구IEA 사무총장은 영국《파이낸셜타임스》와의 인터뷰에서 "중국은 챔피언스리그의 레알 마드리드와 같다"라며 "오늘날 거의 모든 에너지의 이야기는 중국 이야기"라고 했다.《파이낸셜타임스》는 배터리 셀, 태양광 모듈, 풍력발전기 나셀, 리튬을 비롯한 핵심광물의 제련, 전기차 생산 등에서 중국은 전 세계 공급망의 약 70%를 차지하고 있다고 분석했다.[9]

노스볼트의 파산은 이 같은 불안 심리를 더욱 자극했다. 유럽 자동차 기업들은 노스볼트를 통해 중국에 대한 배터리 의존도를 낮추려고 했다. 하지만 노스볼트가 파산하면서 이 계획에 차질이 발생했다. 유럽은 대안을 찾을 수밖에 없다. 이러한 상황은 한국 배터리 기업에 기회로 작용할 수 있다. 유럽에는 노스볼트 외에도 여러 배터리 기업들이 있으나 아직 제대로 양산 체계를 갖춘 곳은 없다.

전 세계적으로 볼 때 당장 중국을 대체할 수 있는 공급망은 한국이 거의 유일하다. 실제로 BMW는 노스볼트가 2020년 맺은 배터리 공급 계약을 이행하지 못하자 2024년 6월 이 계약을 취소하고 대신 삼성SDI로부터 물량을 공급받기로 했다.[10]

최근 한국 배터리 기업들은 중국산 저가 제품에 밀려 유럽에서 고전해왔다. 2024년 연말 기준으로 중국이 유럽 배터리 시장의 50%를 넘어설 것이라는 전망도 나왔다. 중국의 공세가 거세지자 유럽은 다양한 대응 방안을 내놓았다. EU는 배터리규정 외에 탄소국경조정제도Carbon Border Adjustment Mechanism, CBAM,* 기업지속가능성실사지침 Corporate Sustainability Due Diligence Directive, CSDDD** 등 강력한 탄소, 인권, 환경 규제를 도입하고 있다. 모두 중국 전기차와 배터리에 불리하게 작용하는 규제들이다. 일종의 눈에 보이지 않는 무역 장벽인 셈이다.

중국 배터리 기업들은 EU 역내에 생산 공장을 짓는 방법으로 EU의 규제를 돌파하려 하고 있다. 중국 기업들의 유럽 내 생산 시설 확충을 무조건 우려의 시각으로 볼 필요는 없다. 중국이 유럽에 공장을 건설한다면 중국 현지에서 생산하는 것보다 가격 경쟁력이 낮아질 수밖에 없기 때문이다. 이는 우리나라 배터리와 중국 배터리 간 가격 격차를 대폭 낮추는 계기로 작용할 수 있다.[11]

한국 기업들은 그동안 미국 시장에 집중해왔으나 트럼프 대통령의 재집권으로 글로벌 진출 전략의 재조정이 필요한 시기에 접어들었다. 트럼프 행정부와 달리 유럽은 지속적인 탄소 규제로 인해 전기차 판매가 꾸준히 증가할 것으로 전망된다. 신영증권은 2025년 유럽 전기차 판매량은 이산화탄소 배출 규제 강화, 독일의 폐차 보조금 도입 가능성 등 정책 변화에 따라 전년 대비 24% 증가할 것으로 전망했다. 그러면서 장기적으로 중국산 제품에 대한 포괄적인 견제가 지속됨에 따라 중국 배터리의 가격 경쟁력이 약화하고 유럽에서 판매하는 전기차에 탑재되는 수입산 중국 배터리의 비중 또한 점차 감소할 것으로 예상했다.[12] 한국 배터리 기업에 유럽 시장은 새로운 기회가 될 수 있다.

* 철강, 시멘트, 전기, 비료, 알루미늄, 수소 등 탄소 집약적 제품을 EU에 수출하는 기업에 대해 제품 생산 과정에서 발생한 탄소 배출량만큼 탄소 비용을 부과하는 일종의 관세 제도. 2025년까지 배출량을 보고하는 전환 기간을 거쳐 2026년부터 본격 시행된다.

** EU에서 영업하는 일정 기준을 충족하는 기업에 자사와 협력사의 활동이 인권과 환경에 미치는 영향을 조사하도록 요구하는 제도. 2027년부터 시행된다.

배터리, 이제는 서비스다
: BaaS에서 EaaS까지

초기 소형 가전 기기에서 사용하기 시작한 이차전지는 전동 공구를 넘어 전기차로 응용 분야를 점차 확대했다. 전기차뿐 아니라 전동킥보드, 전기자전거, 전기오토바이 등 모빌리티 산업 전체로 활용 범위가 지속적으로 넓어졌다.

고전압, 대용량 배터리의 등장은 이전에는 생각지도 못했던 일들을 가능케 하고 있다. 전기자동차도 승용차 위주에서 이제는 전기버스와 전기트럭까지 점차 종류가 다양해지고 있다.

다임러트럭은 2024년 6월 전기트럭 'e악트로스'를 이용해 45일간 독일, 덴마크, 스웨덴, 노르웨이, 핀란드, 에스토니아, 라트비아 등 22개국 1만 5000km를 주행하는 시험을 성공적으로 마쳤다. 40톤의 트레일러를 연결한 상태였으며 공공 충전소만 이용했다고 한다. 이 트럭은 독일 하노버에서 열린 국제 자동차 박람회 'IAA 트랜스포테이션 2024 IAA TRANSPORTATION 2024'에서 '2025년 올해의 트럭'에 선정되었다.

배터리 셀 제조사는 이제 단순 제조사를 넘어 서비스 기업으로 변신을 시도하고 있다. 이른바 'BaaS Battery as a Service'(서비스형 배터리)라는 새로운 사업 모델도 등장했다. BaaS 사업의 대표적인 사례는 '배터리 교환'과 '배터리 구독' 서비스다.

배터리 교환 서비스는 배터리 스테이션(교환소)에서 전기차 배터리 모듈 또는 팩을 교체해주는 서비스를 말한다. 선기치 충전에 수십 분이 소요되는 데 비해 교환 서비스를 이용하면 5분 안팎에서 완충된

[5-1] 중국 전기차 스타트업 니오의 배터리 교환소 모습.

배터리로 교체할 수 있다.

　여기에서 한 단계 발전한 것이 구독 서비스다. 구독 서비스란 배터리 가격을 빼고 전기차를 구매한 뒤 매달 리스 형태로 배터리를 사용하는 방식이다. 리스한 배터리는 필요할 때마다 교체할 수 있다. 배터리 가격이 전기차 전체의 40%를 차지하는 만큼 구독 서비스를 이용하면 전기차 초기 구매 비용을 크게 낮출 수 있다.

　BaaS 사업이 가장 발달한 곳은 중국이다. 중국은 충전 시간이 신에너지차(전기차) 보급의 병목이라 여기고 일찌감치 배터리 교환 서비스를 해결책으로 제시했다. 2016년 리판그룹 산하의 이펑에너지가 최초의 중앙집중식 에너지 스테이션을 출시했으며, 2017년 중국 전기차 스타트업 니오NIO가 합류했다. 2022년에는 중국 최대 배터리 기업 CATL도 에보고EVOGO라는 브랜드로 교환 서비스를 시작했다.

　중국 정부도 배터리 교환 서비스를 적극 지원했다. 중국 국무원은 '핵심 소비재의 갱신과 업그레이드 촉진 및 원활한 자원 재활용 계획(2019-2020)'을 통해 배터리 구독제 촉진, 충전식·교체식 결합 차량 개발, 표준화 및 배터리 비용 절감을 위한 노력을 본격화한다고 발표했다. 배터리 교체식 차량에 대해서는 차량 가격에 제한 없이 보조금을 지급하기도 했다.[13]

우리나라도 배터리 교환 서비스가 도입되었다. 현대자동차그룹에서 분사한 피트인PIT IN은 국내에서 처음으로 배터리 교환 서비스를 시작한 곳이다. 택시 등 영업용 전기차를 대상으로 하고 있다. LG에너지솔루션의 사내독립기업Company-in-Company, CIC인 쿠루KooRoo는 전기이륜차를 대상으로 방전된 배터리를 충전된 배터리로 교체해 사용할 수 있도록 하는 배터리 교환 스테이션 사업을 선보였다.

국내에서 배터리 교환 및 구독 서비스가 확대되기 위해서는 제도적 뒷받침이 필요하다. 현행 자동차관리법에 따르면 전기차를 구매하면 배터리도 차량의 한 부분으로 간주된다. 배터리와 차량이 분리되지 않는 방법으로 관리해야 한다. 배터리 구독 서비스를 제공하기 위해서는 이러한 규제가 바뀌어야 한다.

이와 관련해 국토교통부는 2024년 10월 제3차 모빌리티혁신위원회를 개최해 차량과 배터리의 소유권을 분리해 등록할 수 있도록 특례를 부여했다. 규제 특례는 현대자동차·기아, 피트인, 전기차 개조업체 제이엠웨이브가 신청했다. 정부의 특례로 전기차와 배터리 소유권을 분리 등록할 수 있게 되었으며 배터리 구독 서비스도 합법적으로 가능해졌다. 전기차 배터리 교환 서비스 상용화를 위한 배터리 탈부착 차량 제작, 차량과 배터리 소유권 분리 등 제도적 기반을 모두 갖추게 되었다.[14]

다만 국내에서 배터리 교환과 구독 서비스가 성공할 수 있을지에 대해서는 의견이 분분하다. 배터리 교환소를 구축하려면 기중기, 승강기, 교환 로봇 등 자동화 시설을 갖추어야 하기 때문에 초기 투자 비용이 많이 든다. 또 전기차 대수보다 더 많은 수의 배터리를 갖추어야 하기 때문에 배터리 재고 부담이 늘어난다. 게다가 소비자들이 교환받는 배터리의 안전성에 신뢰를 갖지 못할 수도 있다.

서로 다른 제조사 간 배터리를 교환하기 위한 표준화도 쉽지 않아 보인다. 중국 CATL, 미국 앰플Ample 등이 모듈식 배터리 교환 솔루션을 개발하고 표준화를 추진하고 있지만 다른 제조사들이 이를 얼마나 수용할지 알 수 없다.

일부에서는 배터리 구독 서비스가 일반 승용차보다는 상용차 등 특수 시장에서 성공 가능성이 높다고 평가하기도 한다. 대형 상용차의 경우 주행 경로가 일정해 특정 구간에만 배터리 교환소를 설치하면 되기 때문이다.[15]

배터리 기업들은 BaaS를 넘어 'EaaS Energy as a Service'(서비스형 에너지)로 사업 영역을 확대하고 있다. EaaS는 소비자가 에너지 설비를 직접 구축하지 않고 월 구독료를 내고 에너지를 사용하는 개념을 말한다. 주로 에너지를 많이 소비하는 기업을 대상으로 한다.

배터리 기업이 EaaS 사업에 뛰어드는 것은 이차전지의 쓰임새가 넓어지면서 에너지에 대한 인식이 바뀌고 있기 때문이다. 전기는 한번 흐르면 손실되기 때문에 지금까지는 발전소에서 그때그때 필요한 만큼 전기를 생산해야 했다. 하지만 전기를 저장할 수 있는 대용량 ESS(에너지 저장 장치)가 등장하면서 이러한 고정 관념이 사라지고 있다. ESS를 이용하면 태양광, 풍력, 수력 등 여기저기 흩어져 있는 발전소가 생산한 전기를 모았다가 기업이나 가정에 필요할 때 안정적으로 공급할 수 있다.

최근 등장한 분산형 에너지도 이러한 개념에서 출발했다. 우리나라는 지금까지 원자력, 화력 등 대규모 발전 시설을 해안가에 짓고 여기에서 생산한 전기를 도시로 보내는 중앙집중식 전력 시스템이었다. 전력 수요가 많은 수도권으로 전기를 보내기 위해서는 송전선로에 막대한 투자를 해야 했다. 주민들의 반발로 송전선로 구축도 쉽지 않았다.

이에 반해 분산형 에너지는 수요지 근처에서 전기를 생산하고 공급하는 방법이다. 이때 중요한 역할을 하는 것이 태양광, 풍력, 연료전지 등 신재생에너지와 ESS다. IT(정보기술)와 ESS를 이용해 흩어져 있는 분산 전원을 효율적으로 관리하고 최종 소비자에게 제공하는 사업자인 가상발전소Virtual Power Plant, VPP까지 등장하게 되었다.

배터리 제조사들은 단순히 ESS에 배터리를 공급하는 것에서 그치지 않고 직접 에너지 서비스 사업에 나설 준비를 하고 있다. LG에너지솔루션은 2022년 사내독립기업으로 에이블AVEL을 설립해 가상발전소 사업에 나섰다. 2024년에는 조직 개편을 통해 CSO(최고전략책임자) 산하에 EaaS 사업 담당 조직을 신설해 에이블을 통합·운영하기로 했다. 본격적으로 EaaS 사업에 나서겠다는 의지를 보인 것이다.

친환경차? 이제는 자율주행차!

테슬라는 2024년 11월 말 일반 소비자를 대상으로 FSD V.13을 배포하기 시작했다. FSDFull Self-Driving(완전 자율주행)는 테슬라가 개발한 ADASAdvanced Driver-Assistance Systems(첨단 운전자 보조 시스템) 중 최상위 단계다. 테슬라는 ADAS를 오토파일럿Autopilot, EAPEnhanced Autopilot(향상된 오토파일럿), FSD로 단계를 구분하는데, 각각 기능과 가격이 다르다.

일론 머스크 테슬라 CEO는 FSD V.13 출시 전 X(옛 트위터)에 올린 게시물에서 "테슬라 FSD는 이제 거의 전부 AI로 작동된다"라고 썼다. 인간이 만든 코드에 의존하지 않고 AI가 스스로 학습해 작동한다는 의미다.

FSD V.13이 배포된 후 이를 이용해본 운전자들은 극찬을 아끼지 않았다. 이들이 올린 주행 동영상을 보면 주차장에서 벗어나 목적지 주차장에 도착할 때까지 운전자의 개입 없이 자동차가 자율주행하는 모습을 확인할 수 있다. 해외 테슬라 인플루언서 중 한 사람인 'AI DRIVER'는 X에 "현재 버전보다 500% 좋다"라고 칭찬했다.

트럼프 대통령이 취임하면서 미국에서 전기차 시장 성장이 둔화할 것이라는 우려가 많았다. 트럼프 대통령은 전임 바이든 대통령의 친환경 정책을 부정하고 화석연료 개발에 주력했다. 이는 분명 전기차와 배터리 기업에는 좋지 않은 신호였다.

하지만 새로운 시장이 오고 있다. 바로 자율주행차다. 첨단 전자기기와 소프트웨어로 무장한 자율주행차가 원활하게 작동하기 위해서는 많은 양의 전기가 필요하다. 이 많은 전기를 기존 내연기관차에 내장된 납축전지가 공급할 수는 없다. 자율주행차는 내연기관차보다 대용량 배터리를 탑재한 전기자동차가 절대적으로 적합하다. 자율주행차 시대는 필연적으로 전기차의 시대가 될 수밖에 없다. 트럼프 대통령도 '전기차 의무화'를 반대할 뿐 전기차 자체에 대해서는 극찬을 아끼지 않고 있다.

DB금융투자(현 DB증권)는 트럼프 대통령 재선 이후 내놓은 보고서에서 "전기차/배터리 산업은 반화석연료/친환경 정책의 일환보다는 자율주행, 커넥티드카, 로보틱스와 모두 연결되는 첨단 산업으로 접근하는 것이 바람직하다"라고 강조했다.[16] 전기차 산업을 반화석연료 대 친환경의 대결로 볼 것이 아니라 첨단 산업의 연장선에서 바라봐야 한다는 것이다. 전기차 산업을 친환경이라는 좁은 시각에서 벗어나 좀 더 넓은 패러다임으로 전환할 필요가 있다.

트럼프의 재선이 확정된 이후 테슬라의 주가가 큰 폭으로 뛰었는데 이는 테슬라의 자율주행차 사업에 대한 기대감이 반영된 영향이 컸다.[17] 시장에서는 트럼프 대통령이 자율주행차에 우호적인 정책 환경을 조성할 것으로 예상했다. 트럼프 대통령 인수위원회가 자문위원들에게 자율주행차를 미국 교통부의 우선순위에 둘 계획이라고 말했다는 보도도 나왔다.[18] 실제로 미국 교통부는 트럼프 취임 직후인 2025년 4월 자율주행차에 대한 규제를 완화하겠다고 발표했다.

이전 바이든 행정부에서는 자율주행차에 대해 신중하게 접근했다. 현행 미국 도로교통안전국NHTSA의 자율주행 차량 관련 규칙에 따르면 제조사별로 연간 2500대만 자율주행 차량을 출시할 수 있다. 미국 도로교통안전국은 구글 웨이모Waymo, 아마존 죽스Zoox, 테슬라 FSD 등의 사고에 관해 광범위한 조사를 벌이기도 했다.

자율주행 택시를 의미하는 로보택시robotaxi는 머스크가 테슬라의 미래 핵심 사업으로 보고 상당히 공을 들이는 분야다. 테슬라는 지난 2024년 10월 미국 캘리포니아 로스앤젤레스 워너브라더스 스튜디오에서 열린 '위, 로봇We, Robot' 행사에서 로보택시인 사이버캡CyberCab과 로보밴Robovan을 최초로 공개했다. 사이버캡은 운전대와 페달이 없는

[5-2] 테슬라 로보택시 사이버캡.

완전 자율주행 택시다. 테슬라는 당장 2025년부터 미국 텍사스주와 캘리포니아주에서 로보택시 서비스를 시작한다는 계획이다. 본격적인 양산은 2026년께로 예상하고 있다.

공개된 시연 영상을 보면 승객이 스마트폰으로 집이나 사무실에서 사이버캡을 호출하면 원하는 곳까지 데려다준다. 머스크는 자가용을 로보택시로 대체하는 미래를 꿈꾸고 있다.

테슬라가 자율주행차나 로보택시 서비스를 시작하면 구글 등 경쟁사들도 사업을 확대할 것으로 예상된다. 구글은 이미 2024년 6월 미국 샌프란시스코 일부 지역에서 웨이모 로보택시 상용 서비스를 시작했으며 점차 서비스 지역을 넓혀가고 있다.

최근 시장 조사 업체 아이디테크엑스IDTechEX는 전 세계 로보택시 시장 규모가 2025년부터 2045년까지 20년간 연평균 37% 성장해 1740억 달러에 이를 것으로 전망했다. 이러한 로보택시 시장 확대는 배터리 산업의 성장으로 이어질 전망이다. 자율주행차의 발전은 고성능 배터리의 필요성을 함께 증가시킬 것으로 보인다.[19]

자율주행차에는 한 국가의 도로와 지형 정보, 사용자 데이터가 모인다. 일반 자동차보다 보안의 중요성이 강조되면서 중국 등 우려국에 대한 견제가 강화될 수밖에 없다. 중국과 경쟁하는 한국 전기차와 배터리 산업에는 기회가 될 수 있다. 자율주행차에 들어가는 배터리는 중국산을 배제할 가능성이 크다.

이미 미국 상무부는 2027년부터 중국산 또는 러시아산 부품이나 소프트웨어를 사용하는 커넥티드카 connected car (무선랜이 장착되어 인터넷 접속이 가능한 자동차)의 수입을 금지하는 조치를 발표했다. 제이크 설리번 Jake Sullivan 국가안보보좌관은 "커넥티드 차량의 이점이 많지만 중국 등 우려 대상 국가에서 공급받은 소프트웨어와 하드웨어 구성 요소들은 명확히 데이터 및 사이버 보안 위험을 안고 있다"라고 말하기도 했다.

미국 자율주행차 시장에서 중국을 배제하려는 움직임은 현실화하고 있는 것으로 파악된다. 현대자동차는 2024년 10월 구글 모회사 알파벳과 자율주행 기술 탑재를 위한 전략적 파트너십을 체결했다. 이에 따라 현대자동차는 알파벳 산하 무인자동차 기업인 웨이모의 완전 자율주행 기술인 '웨이모 드라이버'를 적용한 아이오닉5를 제작해 웨이모 로보택시용으로 공급할 계획이다. 그동안 웨이모는 재규어, 크라이슬러, 중국 지커로부터 차량을 공급받았다. 자동차 업계에서는 현대자동차가 지커를 대체할 가능성이 크다고 보고 있다.[20]

자동차는 점점 첨단 사양화하고 있다. 움직이는 컴퓨터로 변하고 있다. 이러한 변화는 필연적으로 내연기관차에서 전기차로의 전환을 요구한다. 현재 전기차 시장이 일시적 성장 정체를 의미하는 '캐즘 chasm' 구간을 통과하면서 배터리 기업들도 함께 어려움을 겪고 있다.

하지만 전기차로의 전환은 거역할 수 없는 큰 물결이다.

현대자동차는 2024년 1월 미국 라스베이거스에서 열린 세계 최대 소비자 가전 박람회인 'CES 2024~Consumer Electronics Show 2024~'에서 자율주행차보다 더 폭넓은 개념인 'SDV~Software-Defined Vehicle~'(소프트웨어 중심 자동차)라는 미래 비전을 제시했다.

SDV는 그동안 하드웨어를 기반으로 작동했던 자동차와 달리 마치 스마트폰처럼 차량의 핵심 기능이 소프트웨어에 따라 결정되는 차동차를 말한다. SDV를 구현하기 위해서는 대용량 데이터를 처리할 수 있는 고성능 컴퓨팅 파워가 필요하다. SDV 역시 대용량 배터리를 내장해 전기를 공급할 수밖에 없다.

2부

—

미국과 일본 딛고 일어선 K-배터리

# 6장

리튬 이차전지의 시작

오일 쇼크의 나비 효과

"리튬이온 배터리는 전 세계적으로 우리가 소통하고 일하고 공부하고 음악을 듣고 지식을 찾기 위해 사용하는 휴대용 기기에 사용되고 있다. 리튬이온 배터리는 또한 태양과 풍력으로부터 얻은 재생에너지를 저장할 수 있게 하고 장거리 운전이 가능한 전기차를 개발할 수 있게 했다. 리튬이온 배터리의 기반은 1970년대 석유 위기 기간 세워졌다."[1]

2019년 10월 스웨덴왕립과학원 노벨위원회는 존 B. 구디너프 John Bannister Goodenough(1922. 7. 25~2023. 6. 25) 미국 텍사스대학교 오스틴캠퍼스 교수, 스탠리 휘팅엄 Michael Stanley Whittingham(1941. 12. 22~) 뉴욕주립대학교 빙엄턴캠퍼스 교수, 요시노 아키라 吉野彰(1948. 1. 30~)

일본 메이조대학 교수를 노벨화학상 공동 수상자로 선정했다. 노벨화학상 수상자 명단이 발표되자 전 세계 화학계는 환호했다. 반도체 못지않게 인류의 삶을 바꾸어놓고 있는 리튬이온 배터리의 역할을 고려하면 마땅히 받아야 할 이들이 받았다는 평가가 이어졌다.

노벨위원회는 특히 석유 위기와 리튬이온 배터리의 연관성에 주목했다. 리튬이온 배터리의 연구는 1970년대 전 세계를 강타했던 두 차례의 석유 파동 속에서 태어났다.

노벨화학상 공동 수상자 중 한 사람인 스탠리 휘팅엄 교수는 리튬이온 배터리의 기본 작동 원리인 "인터컬레이션intercalation"(삽입)*을 발견한 인물이다. 이 연구 실적은 그가 세계 최대 규모의 석유 회사인 엑손모빌의 연구원으로 재직할 당시 결과물이다. 화석연료를 대체하기 위한 친환경 산업에서 없어서는 안 될 이차전지가 석유 기업의 연구실에서 탄생했다는 것은 아이러니가 아닐 수 없다. 만약 1970년대 전 세계를 강타했던 오일 쇼크가 없었다면 아마 그의 연구 결과는 묻혀버렸을지도 모른다.

영국 출신인 휘팅엄 교수는 옥스퍼드대학교에서 화학으로 박사학위를 취득했다. 이후 미국으로 건너가 스탠퍼드대학교에서 박사후 과정을 마친 후 1972년 9월 에소ESSO(현 엑손모빌)의 연구원으로 입사했다. 당시 에소는 초전도체 연구에 집중했다. 초전도체란 전기 저항

---

* 인터컬레이션의 원래 뜻은 태양력에서 4년마다 한 번 2월에 하루를 더해 윤일(2월 29일)을 두는 것을 말한다. 영어에서 윤일을 인터캘러리 데이intercalary day라고 부르기도 한다. 인터컬레이션은 양극과 음극의 두 전극 사이에서 리튬이온과 전자가 이동하는 기본 원리가 된다. 충전 시에는 리튬이온이 음극으로 이동하고, 반대로 방전 시에는 리튬이온이 양극으로 이동한다.

[6-1] 스탠리 휘팅엄 교수.

이 '0'에 가까운 물질이다. 이를 이용하면 에너지를 손실 없이 전달할 수 있기 때문에 "꿈의 물질"이라고 불린다.

휘팅엄 교수는 초전도체를 연구하던 중 인터컬레이션 현상을 발견했다. 그는 층상 구조layered structure를 가진 물질의 층간에 분자, 원자와 이온이 삽입되는 현상을 발견하고 이를 "인터컬레이션"이라고 불렀다.[2] 휘팅엄 교수는 인터컬레이션 반응을 이용하면 에너지를 저장할 수 있다는 점에 착안해 바로 배터리 연구에 착수했다. 그는 양극에 이황화티타늄, 음극에 리튬금속을 사용해 약 2V(볼트)의 재충전이 가능한 리튬 이차전지를 만들 수 있었다.

그는 이 연구 결과를 즉각 회사에 보고했다. 약 한 달 뒤 본사에서 연락이 왔다. 바로 이사회에 출석하라는 것이었다. 휘팅엄 교수는 이사회에 연구 결과를 설명했다. 그다음은 속전속결이었다. 엑손모빌의 기업연구소는 그에게 한 달 이내로 연구 결과를 발전시킬 팀을 구

[6-2] 인터컬레이션 반응

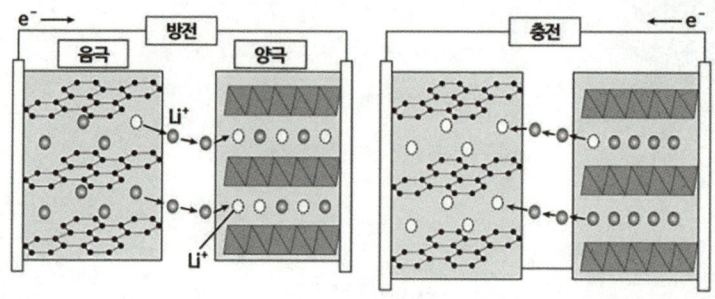

성할 것을 지시했다. 1973년 엑손모빌은 벨기에에 이와 관련한 첫 특허를 신청했다. 1973년 오일 쇼크가 발생하자 엑손모빌은 더욱 바쁘게 움직였고 1975년까지 수많은 특허 등록이 이루어졌다.

석유 회사인 엑손모빌이 화석연료의 경쟁 기술인 배터리에 이렇게 신속하고 과감하게 투자한 것은 얼핏 이해하기 어렵다. 여기에는 크게 2가지 배경이 작용했다. 첫 번째는 1960년대 과학계에 널리 퍼졌던 석유 고갈론이었고, 두 번째는 석유 파동이었다. 이 둘의 공통점은 석유 부재에 대한 두려움이라고 할 수 있다.

휘팅엄 교수는 2021년 최종현학술원이 개최한 세미나에서 "에소는 1972년 석유화학 기업에서 벗어나 종합에너지 기업으로 변신하기로 결정하고 연료전지 및 광전지 기업으로 성장하려 하고 있었다"라고 회고했다.[3] 석유 파동에 대비해 벨연구소 규모의 과학기술 연구개발 활동을 펼치는 것을 목표로 초전도체 연구를 시작했으며 이

출처: 전기전자공학자협회Institute of Electrical and Electronics Engineers, IEEE

[6-3] 엑손모빌이 1977년 시카고 자동차 박람회에서 선보인 리튬이온 배터리.

연구에서 리튬이온 배터리가 등장했다는 것이 그의 설명이다. 말하자면 화석연료를 대신할 수 있는 에너지를 연구하던 중에 리튬이온 배터리가 나왔다는 것이다.

휘팅엄 교수의 연구 결과를 토대로 엑손모빌은 석유 위기가 한창이던 1977년 열린 시카고 자동차 박람회에서 자체적으로 개발한 리튬이온 배터리를 전시할 수 있었다. 가로 10cm, 세로 2.5cm, 높이 15cm 크기의 이 배터리를 이용해 일주일 동안 오토바이 전조등을 켜고 끌 수 있었다. 이보다 앞서 1976년 엑손모빌은 리튬이온 배터리와 광전지로 작동하는 시계를 만들어 고객사에 사은품으로 주기도 했다.

석유 파동이 있기 전부터 석유 회사들은 석유 고갈에 대비하고 있었다. 석유 고갈론은 1950~1960년대부터 학자들과 석유 업계의 논쟁거리였다. 석유 고갈론의 불을 지핀 인물은 또 다른 석유 회사인 쉘Shell의 연구원으로 재직하던 미국인 지질학자 킹 허버트King Hubbert 였다. 그는 1956년 미국 내 석유 생산량을 추정한 결과 1970년 초에 생산량이 정점에 달하고 그 이후로 점차 감소할 것이라는 '석유 정점 론Peak Oil'을 발표했다.

이 연구 결과는 곧바로 세계적인 논쟁거리가 되었다. 석유 정점론은 각 유정의 석유 생산 속도를 관측한 결과를 토대로 만들어져 당시로서는 매우 과학적인 연구 결과로 받아들여졌다. 석유 생산의 정점을 예측한 모델을 '허버트 곡선Hubbert's Curve'이라고 부르며 아직도 경제학에서 유용하게 쓰인다.

포드, 거인에게 영감을 주다

휘팅엄 교수의 연구를 이어받아 리튬이온 배터리 연구를 획기적으로 발전시킨 이가 존 구디너프 교수다. 구디너프 교수는 1922년 독일 예나에서 태어난 독일계 미국인이다. 2023년 6월 100세를 일기로 세상을 떠나기까지 평생을 리튬 이차전지 연구에 매진하며 배터리 발전에 거대한 족적을 남겼다. 노벨화학상을 받았을 당시 그의 나이는 이미 97세였다.

구디너프 교수가 처음부터 이차전지를 연구한 것은 아니었다. 구디너프 교수는 예일대학교에서 수학을 전공한 뒤 시카고대학교에서 물리학으로 석사와 박사 과정을 밟았다. 2차 세계대전 당시에는 기상학자로 미군에 복무하기도 했다. 이후 MIT와 옥스퍼드대학교를 거쳐 1986년부터 텍사스대학교로 옮겨 사망할 때까지 평생을 첨단 과학 연구에 몰두했다. MIT 링컨연구소에 재직할 때는 컴퓨터에 쓰이는

[6-4] 존 구디너프 교수. 2015년 텍사스대학교 연구실에서.

램RAM 개발에도 기여했다. 구디너프 교수는 어렸을 때 난독증을 앓았는데 이것이 수학과 물리학에 관심을 갖게 된 배경이라고 한다. 이런 길을 걸어온 구디너프 교수가 이차전지에 주목한 계기는 포드자동차의 전기차 개발이었다.[4]

포드자동차는 1966년 돌연 전기차 출시 계획을 발표했다. 알고 보면 포드는 전기차를 시장에서 몰아낸 장본인이었다. 20세기 초만 해도 자동차 시장의 주류는 전기차였다. 시동 걸기도 쉽고, 매연과 소음, 진동도 없었기 때문이다. 당시 석유로 가는 내연기관차는 시동을 걸기 어렵고 매연이 심해 인기가 없었다. 1912년 미국에 등록된 전기차는 3만 3842대에 달했다. 하지만 포드가 1908년 컨베이어 시스템을 이용해 저렴한 가솔린 자동차를 출시하면서 내연기관차가 전기차를 몰아내고 시장을 장악하기 시작했다. 이랬던 포드가 전기차를 내놓겠다니 세간의 이목이 쏠릴 수밖에 없었다.

포드가 전기차 출시 계획을 밝힌 것은 급격한 산업화로 인해 1960년대 들어 공해가 심각한 사회 문제로 대두되었기 때문이다. 가솔린 자동차의 대중화를 이끌었던 포드도 외부에 보여줄 것이 필요했다. 하지만 안정적이면서 성능 좋은 전기차용 배터리 개발은 쉬운 일이 아니었다.

포드는 전극으로 나트륨과 황을 사용하는 새로운 유형의 배터리를 고안해냈다. 이 새로운 나트륨황 배터리sodium-sulfur battery, NaS battery는 기존 납축전지보다 15배나 많은 에너지를 저장할 수 있었다. 포드는 이 배터리를 이용한 전기차가 한 번 충전하면 200km를 갈 수 있다고 강조했다. 하지만 섭씨 300도에서 작동한다는 치명적인 단점이 있었다. 당연히 고온 폭발 위험성 문제가 제기되었다. 포드의 나트륨황 배터리는 결국 상용화에 실패했다. 하지만 포드의 제안은 여러 과학자에게 영감을 주었다. 그중 한 사람이 구디너프 교수였다.

구디너프 교수는 2015년 비즈니스 뉴스 웹사이트 《퀴츠QUARTZ》 와의 인터뷰에서 자신이 배터리 연구자의 길로 들어선 계기에 대해 "갑자기 모든 것이 바뀌었다"라며 "석유가 고갈되고 있다는 믿음, 1973년의 석유 파동, 과학적 진보들로부터 추진력을 얻었다"라고 회고했다.

구디너프 교수는 대체 에너지 연구에 몰두하고 싶었으나 당시 미 공군의 지원을 받고 있던 MIT 링컨연구소는 그의 연구를 허락하지 않았다. 그때 마침 영국 옥스퍼드대학교에서 무기화학 분야 교수직을 제안했다. 그는 숙원을 풀 기회라 생각하고 곧바로 영국으로 떠났다.

구디너프 교수는 자신보다 젊은 과학자였던 휘팅엄 교수의 연

[6-5] 덴드라이트 현상

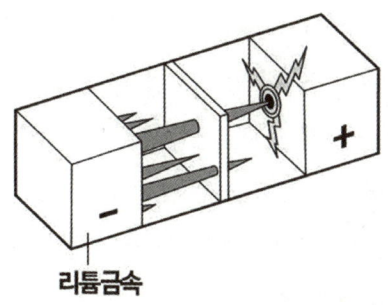

출처: 스웨덴왕립과학원 노벨위원회

구 결과에 주목했다. 엑손모빌 연구원이었던 휘팅엄 교수는 인터컬레이션의 원리를 이용한 리튬 이차전지를 개발했으나 이를 상용화하는 데 애를 먹고 있었다.[5]

휘팅엄 교수의 리튬 이차전지는 지금 우리가 쓰는 것과 차이가 있다. 그는 양극에 이황화티타늄, 음극에 리튬금속을 각각 적용한 배터리를 내놓았다. 지금 우리가 매일 접하는 리튬이온 배터리는 반대로 양극에 리튬산화물, 음극에 흑연 등 탄소화합물을 사용한다.

리튬금속을 음극에 사용할 경우 충전 시 리튬이온이 전자와 결합할 때 안정적으로 자리 잡지 못하고 나뭇가지처럼 뾰족하게 자라는 현상이 발생한다. 이것을 "덴드라이트$_{dendrite}$"라고 부른다. 이 날카로운 리튬이 분리막을 뚫을 정도로 자라면 음극과 양극이 만나 단락$_{short}$(쇼트)이 발생해 폭발로 이어진다. 당시 휘팅엄 교수의 실험실에서 여러 차례 폭발이 일어나 소방관들이 자주 출동했다는 일화가 전해질 정도다. 덴드라이트는 리튬을 이용한 이차전지를 개발할 때 빈번히 나타나는 현상으로 지금까지도 이것을 줄이는 것이 개발자들의 숙제로 남아 있다.

휘팅엄 교수는 이를 해결하기 위해 다양한 시도를 이어갔다. 1976년에는 스위스 시계 업자들을 위해 태양열 시계에서 작동할 수 있는 작은 크기의 리튬 이차전지를 발표하기도 했다. 하지만 1980년대 들어 석유 가격이 내려가면서 엑손모빌의 관심이 점점 식기 시작했고 휘팅엄 교수에 대한 지원도 끊겼다.

휘팅엄 교수의 바통을 이어받은 이가 바로 구디너프 교수다. 구디너프 교수는 양극에 리튬코발트산화물을 적용할 경우 훨씬 더 높은 전압을 낼 수 있다는 것을 발견했다. 그의 배터리는 약 4V 전압을 기록했는데 이는 휘팅엄 교수의 것보다 2배 정도 높았다. 그는 1980년 가벼우면서도 강력한 힘을 내는 배터리를 만들 수 있는 이 새로운 양극 물질을 발견했다고 학계에 보고했다. 하지만 구디너프 교수의 발견 역시 석유 가격이 안정화되면서 당시에는 큰 조명을 받지 못했다. 구디너프 교수는 이후에도 별세할 때까지 계속 연구에 몰두하며 이차전지 발전에 커다란 족적을 남겼다. 지금 널리 쓰이는 LFP(리튬인산철) 배터리와 차세대 배터리로 꼽히는 나트륨이온 배터리sodium-ion battery, Na-ion battery도 구디너프 교수가 개발한 것이다.

마지막 퍼즐 맞춘 젊은 과학자

서방에서 대체 에너지에 대한 관심이 시들하던 그때 지구 반대편에 있는 어느 일본 기업의 실험실에서는 한 젊은 과학자가 시대의

[6-6] 요시노 아키라 박사.

흐름을 바꿀 새로운 물질을 열심히 찾고 있었다. 바로 세 노벨화학상 공동 수상자 중 한 사람인 요시노 아키라 박사였다.

1948년 일본 스이타에서 태어난 요시노 아키라 박사는 교토대학에서 석유화학을 전공(석사)한 뒤 1972년 화학 회사 아사히카세이 旭化成株式会社, Asahi Kasei Corporation에 입사했다.* 그는 곧바로 가나가와현 가와사키에 있는 한 연구소에 배속되었다. 그에게 맡겨진 임무는 새로운 제품을 만들기 위한 '시드$_{seed}$'(씨앗) 기술을 찾아내는 것이었다. 하지만 그의 노력은 번번이 실패로 돌아갔다. 시장의 요구에 맞으면서도 지금까지 없던 새로운 물질을 발견하기는 쉽지 않았다.[6]

낙담하던 그가 리튬이온 배터리에 관심을 갖고 연구를 시작한 것은 아사히카세이에 입사한 지 10년째인 1981년, 그의 나이 33세

* 요시노 아키라는 이후 2005년 오사카대학에서 공학 박사 학위를 받았다.

때였다. 요시노 박사는 처음에 전도성 고분자conductive polymer(전기가 흐르는 플라스틱)인 폴리아세틸렌을 음극에 적용해 이차전지를 개발하는 것을 목표로 삼았다. 폴리아세틸렌은 전기화학적으로 이온과 전자의 출입이 가능하다. 이런 성질을 이용하면 이차전지의 음극재로 활용할 수 있을 것 같았다. 하지만 이에 맞는 적당한 양극 재료를 찾지 못하고 있었다.

그러던 1982년 어느 날 연구실에서 여러 문헌을 뒤적이던 그의 눈에 구디너프 교수의 논문이 들어왔다. 그는 구디너프 교수가 발견한 리튬코발트산화물을 양극재로, 폴리아세틸렌을 음극재로 사용하는 이차전지라는 새로운 개념을 생각해냈다. 이듬해 그는 곧바로 이에 대한 특허를 출원하고 후속 연구를 이어갔다.

하지만 실제 제품으로 구현하면서 또 다른 한계에 봉착했다. 폴리아세틸렌을 음극재로 사용하니 부피가 너무 커져버린 것이다. 이를 대체할 여러 물질을 찾던 요시노 박사는 석유코크스petroleum coke*에서 답을 찾았다. 1985년의 일이었다. 석유코크스는 안정적으로 리튬이온을 주고받아 기존의 리튬을 이용한 배터리에 비해 안정성이 뛰어났다. 양극에 리튬코발트산화물, 음극에 석유코크스를 적용한 리튬이온 배터리가 탄생하는 순간이었다. 이 배터리가 현재 우리가 사용하는 리튬이온 배터리의 원형이다. 현재는 음극에 석유코크스 대신 유사한 성능을 나타내는 흑연을 주로 사용한다.

휘팅엄 교수가 리튬 이차전지의 기본 원리인 인터컬레이션을, 구디너프 교수가 리튬 이차전지의 양극 소재로 사용하는 리튬산화물을

---

* 석유코크스는 석유 정제 과정에서 나오는 물질로 탄소를 다량 포함하고 있다.

[6-7] 스탠리 휘팅엄 교수의 리튬이온 배터리 구조

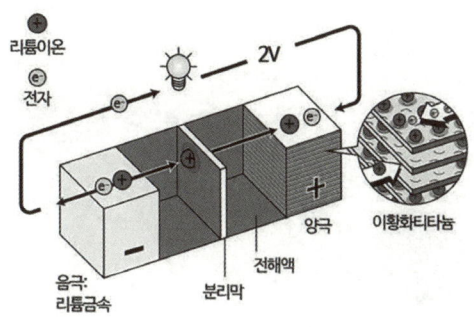

출처: 스웨덴왕립과학원 노벨위원회

[6-8] 존 구디너프 교수의 리튬이온 배터리 구조

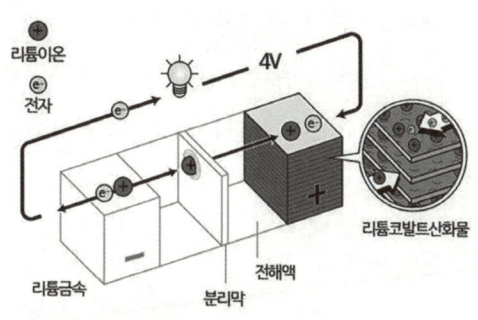

출처: 스웨덴왕립과학원 노벨위원회

발견했다면, 요시노 박사는 리튬이온 배터리의 음극 소재인 탄소 물질을 발견함으로써 마지막 퍼즐을 맞추었다. 리튬이온 배터리를 개발한 공로로 세 사람이 나란히 노벨화학상을 받을 수 있었던 배경이다.

6장 · 리튬 이차전지의 시작   131

[6-9] 요시노 아키라 박사의 리튬이온 배터리 구조

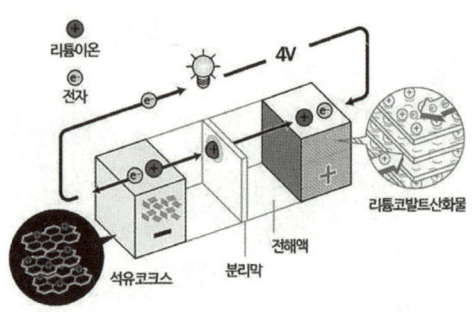

출처: 스웨덴왕립과학원 노벨위원회

요시노 박사의 리튬이온 배터리에는 리튬이온만 있을 뿐 순수 리튬금속이 존재하지 않는다. 우리가 '리튬' 이차전지라고 부르지 않고 '리튬이온' 이차전지라고 부르는 이유다. 이후 1990년대 일본 기업들이 전자 제품에 리튬이온 배터리를 적용하면서 본격적으로 이차전지 시대가 열렸다.

7장

⚡

일본 이차전지
흥망사

세상에 먼저 나온 리튬메탈 이차전지

아사히카세이에서 일하던 요시노 아키라 박사가 리튬코발트산화물과 석유코크스를 적용한 이차전지를 개발한 이후에도 리튬이온 배터리가 세상에 모습을 드러내기까지는 몇 년을 더 기다려야 했다. 지금도 마찬가지지만 새로 배터리를 개발하는 것과 배터리를 상용화하는 것은 엄연히 다른 일이다. 배터리는 소규모 실험실에서 개발할 수 있지만 배터리를 대규모로 생산하기 위해서는 제대로 된 공급망을 갖추어야 한다. 배터리에 들어가는 소재를 제때 대량으로 제공해줄 수 있는 협력 업체, 그리고 각 제조 공정에 맞는 정교한 장비를 구축해야 한다.

하지만 아사히카세이는 배터리를 만들어본 경험이 없는 소규모

화학 회사였다. 회사 내에 이 새로운 이차전지를 어떻게 양산해야 할지 아는 이가 없었다. 배터리 제작에 필요한 전극 코팅이나 와인딩 등의 장비를 갖추고 있지도 않았다. 배터리에 들어가는 원료나 소재 하나하나를 모두 직접 조달해야 하는 상황이었다. 그러다보니 그저 조악한 형태의 시제품을 생산하는 데 그쳤다.

아사히카세이가 고전하는 사이 최초로 리튬 이차전지를 상용화한 곳이 나타났다. 캐나다의 몰리에너지Moli Energy라는 회사였다. 몰리에너지가 개발한 몰리셀Molicel은 양극에는 이황화몰리브덴, 음극에는 리튬금속을 적용했고 2.2V의 전압을 나타냈다. 몰리셀은 세계 최초로 상용화에 성공한 리튬메탈 배터리lithium metal battery로 기록되고 있다. 리튬메탈 배터리는 음극에 리튬금속을 사용하는 이차전지로, 리튬산화물을 양극에 사용하는 현재의 리튬이온 배터리와는 차이가 있다.

몰리에너지의 첫 고객사는 일본의 대형 통신사인 NTTNippon Telegraph and Telephone(일본전신전화)였다. NTT는 1988년 일본 최초의 휴대전화라고 할 수 있는 TZ-802를 출시했는데 여기에 몰리에너지의 리튬 이차전지가 들어갔다.[1]

결과는 좋지 않았다. 1989년 8월 TZ-802에 화재가 발생해 사용자가 화상을 입는 사고가 발생했다. 조사 결과 화재 원인은 몰리셀로 드러났다. 배터리 내부에서 생긴 덴드라이트가 단락을 일으키며 폭발로 이어진 것이다. 앞서 스탠리 휘팅엄 교수를 괴롭혔던 덴드라이트 현상이 몰리셀에서 동일하게 나타났다. 리튬금속을 이용한 이차전지에서 발생하는 덴드라이트 문제를 여전히 극복하지 못한 것이다. NTT에 납품되었던 1만 개의 이차전지는 전량 리콜되었다. 몰리에너지는 더 사업을 이어가지 못하고 법정 관리에 들어가야 했다.

출처: 달하우지대학교

[7-1] 제프 단 교수.

이 제품의 개발과 상용화를 이끈 이는 브리티시컬럼비아대학교 출신의 촉망받는 젊은 과학자 제프 단Jeff Dahn이었다. 단 박사는 이후에도 이차전지 연구를 이어가며 배터리 발전에 크게 공헌했다. 그는 현재 캐나다 달하우지대학교 교수로 재직하며 리튬이온 배터리의 대가로 평가받고 있다. 2016년부터는 테슬라의 연구 파트너 역할을 맡고 있다.

몰리에너지는 법정 관리 이후 일본 기술 기업 컨소시엄에 500만 캐나다달러에 매각되었으며 1994년 니폰몰리에너지로 사명을 변경했다. 1998년 대만의 이원E-One과 합병해 현재의 이원몰리에너지로 이어지고 있다. 비록 초기 제품은 실패했지만 이차전지에 대한 축적된 기술력을 바탕으로 몰리에너지는 다시 일어날 수 있었다. 이원몰리에너지는 여전히 '몰리셀'이라는 이름으로 배터리를 생산하고 있다.

세계 최초 상용화 소니, 노벨상은 못 탔다

　몰리셀 폭발 사고는 아사히카세이의 연구원들을 더욱 움츠리게 했다. 폭발과 안정성에 대한 철저한 검증이 요구되었다. 더 중요한 것은 이 새로운 물건을 어디에 쓸지 몰랐다는 것이다. 아사히카세이는 완제품을 생산해 판매하는 기업이 아니었기 때문이다. 주문자가 없는 상황에서 무조건 제품부터 만들기는 쉽지 않았다. 누군가 쓸 사람이 나타나야 그 제품에 맞는 규격과 성능을 갖춘 배터리를 만들 수 있는데 아사히카세이는 그러지 못했다. 배터리 산업은 개발도 중요하지만 적당한 사용처, 즉 애플리케이션application이 중요하다는 점은 이때도 마찬가지였다. 선뜻 사가겠다는 곳이 나타나지 않은 상태에서 시간만 흘러갔다.

　그러던 중 1991년 소니가 전격적으로 리튬이온 배터리 상용화를 발표했다. 상품화에 성공한 세계 최초의 리튬이온 배터리였다. 아사히카세이는 발칵 뒤집혔다. 요시노 박사의 저서에 따르면 소니는 이전부터 아사히카세이와 8mm 비디오카메라에 들어갈 리튬이온 전지를 공동으로 개발하고 있었다. 그런데 소니가 먼저 리튬이온 전지를 상용화하다니 당혹스러울 수밖에 없었다.

　아사히카세이 연구원들은 즉시 소니 배터리를 입수해 조사에 들어갔다. 양극에는 리튬코발트산화물, 음극에는 탄소 소재가 들어가 있었다. 요시노 박사가 개발한 것과 동일했다. 이후 아사히카세이는 이차전지 녹사 개발을 포기하고 도시바와 합작 회사를 설립하는 쪽으로 방향을 틀었다.[2]

　소니가 어떻게 아사히카세이보다 먼저 리튬이온 배터리를 상용화할 수 있었는지에 대한 기록은 명확하지 않다. 다만 소니의 리튬이온 배터리 상용화 이후 아사히카세이와 특허 문제가 불거지지는 않았다. 아사히카세이는 요시노 박사의 리튬이온 배터리 기본 특허를 소니가 사용할 수 있도록 향후 라이선스 계약을 체결한 것으로 파악된다.³ 요시노 박사도 저서에서 "리튬이온 배터리가 소니의 사내에서 어떤 경위로 개발되었는지 알 수 없지만, 세계에서 최초로 리튬이온 배터리를 사업화한 것은 틀림없는 소니"라고 깔끔하게 인정했다.

또 다른 아사히카세이 연구 임원이었던 구리바야시 이사오栗林功의 저서《이름 없는 전지의 개발 비화無名の電池の開発秘話, A Nameless Battery with Untold Stories》에 따르면 소니와 아사히카세이가 초기에 긴밀하게 공조했던 것은 틀림없어 보인다.⁴ 아사히카세이 직원들은 고객사를 찾아다니던 중 1987년 10월 어느 날 소니 캠코더 사업부를 방문했다. 자신들이 개발한 리튬이온 배터리 시제품을 보여주고 싶었다. 당시 소니의 과학자들은 아사히카세이의 연구실을 자유롭게 드나들었고 반대 경우도 마찬가지였다고 한다.

한편 소니도 1980년대부터 일찌감치 이차전지 연구에 몰두했다. 소니는 이미 1975년에 미국의 유니언카바이드Union Carbide와 합작회사 소니-에버레디Sony-Eveready를 설립해 충전식 배터리를 개발하고 있었다. 유니언카바이드가 배터리 사업부를 매각하자 1986년에는 소니에너지테크Sony Energytec라는 회사를 설립해 독자적으로 배터리 개발을 이어갔다.

소니가 이처럼 배터리에 진심을 보인 것은 자사의 전자 기기에 자체 개발한 배터리를 탑재해 시너지를 내기 위함이었다. 일종의 수직 계열화 전략이다. 특히 소니를 창업한 모리타 아키오盛田昭夫 소니

전 명예회장은 차세대 배터리 개발에 대한 의지가 강했다고 한다. 소니는 자사 캠코더에 들어갈 충전식 배터리가 절실히 필요했다.

VHS 대 베타 표준 전쟁*에서 패한 소니는 8mm 캠코더에 사활을 걸었다. 당시 캠코더에는 주로 니켈카드뮴 배터리nickel-cadmium battery, Ni-Cd battery**를 사용했다. 소니는 이보다 성능이 좋은 차세대 배터리를 적용해 콤팩트한 캠코더를 출시하고자 했다. 아사히카세이 연구원들이 리튬이온 배터리 시제품을 갖고 와서 시연한 것이 이즈음이었다. 소니가 찾던 바로 그 제품이었다.

하지만 소니 홈페이지에 나와 있는 회사 연혁에는 소니에너지테크 연구원들이 여러 시행착오 끝에 리튬이온 배터리를 상용화했다는 설명만 나와 있을 뿐 아사히카세이와의 연관성에 대해서는 일절 언급이 없다. 소니가 기술한 첫 리튬이온 배터리 개발 과정은 이렇다.

"처음에는 서로 다른 6개의 연구 프로젝트가 승인되었다. 매월 회의에서 그것들을 평가했고 하나씩 제거되었다. 그 팀은 '꿈의 배터리'를 찾기 위해 시행착오를 거듭했다. 마침내 연구원 중 한 사람이

---

* 1970년대부터 1980년대 초기까지 비디오카세트리코더의 표준을 두고 벌어진 극심한 표준 전쟁을 말한다. 마케팅 분야에서 가장 유명한 표준 전쟁으로 널리 알려져 있다. 소니가 베타맥스 방식의 가정용 비디오카세트를 먼저 출시했으며 뒤이어 JVC가 VHS 규격을 출시해 소니에 도전했다. 결과적으로는 VHS가 비디오테이프 표준 전쟁에서 승리했다.

** 양극에 수산화니켈, 음극에 수산화카드뮴을 사용하는 이차전지. 1899년 스웨덴 공학자인 에르슨트 융그너Ernst Jungner가 발명했다. 니켈카드뮴 전지는 납축전지보다 튼튼하고 충격에 강하며 저온에서도 성능을 잘 유지해 리튬이온 배터리가 등장하기 전까지 널리 쓰였다. 하지만 인체에 유해한 카드뮴을 사용한다는 단점이 있었다. 1960년대 일본을 뒤흔들었던 이타이이타이병의 원인도 카드뮴이었다.

[7-2] 소니가 1991년 세계 최초로 상용화한 리튬이온 배터리.

'우리가 해냈다'라고 기뻐 외쳤다."[5]

소니 내부에서는 2019년 노벨화학상 수상자 명단에 자신들이 포함되지 않은 것에 대한 불만도 많았다. 1991년 소니가 리튬이온 배터리를 상용화할 당시 연구팀을 이끌며 크게 공헌한 니시 요시오西美緖(소니 상무, 연구소장, CTO 등 역임)는 노벨화학상 발표 직후 기자회견을 열어 불만을 표시하기도 했다.[6] 요시오는 1980년대 중반에 탄소소재를 이용한 리튬이온 배터리에 대해 특허를 출원하려 했으나 이미 독일 기업이 받은 유사한 특허가 있다는 이유로 사내 심사에 막혀 거부되었다고 한다.

하지만 소니도 자신들이 상용화에 성공한 리튬이온 배터리의 핵심 특허가 본인들의 것이 아님을 잘 알고 있었다. 특히 양극 재료로 쓰인 리튬코발트산화물은 존 구디너프 교수의 발견임을 부인할 수 없었다. 소니는 상용화를 발표하기 전 특허 문제를 해결할 필요가 있었다.

이때 소니가 찾아간 곳은 구디너프 교수가 아니라 영국 원자력연구소Atomic Energy Research Establishment, AERE였다. 구디너프 교수가 옥스퍼드대학교에서 리튬코발트산화물을 연구할 당시 영국 원자력연구소로부터 연구비를 지원받는 대신 특허권을 통째로 넘겨버린 것이다. 원자력연구소나 구디너프 교수는 이때만 해도 이 특허의 상업적 가치를 전혀 알지 못했다.

결국 영국 원자력연구소는 이차전지에 대해 전혀 기여하지 않았음에도 소니로부터 특허료를 두둑이 챙길 수 있었다. 영국 원자력연구소는 이 특허권이 만료되기 전까지 5000만~1억 달러(약 663억~1327억 원)의 특허료를 받은 것으로 추정된다. 반면 구디너프 교수는 한 푼도 건지지 못했다. 이 일을 계기로 이후 구디너프 교수는 특허 관리에 굉장히 신경 썼다고 한다.

소니의 첫 리튬이온 배터리는 CCD-TR1이라는 8mm 캠코더에 처음 탑재되었다. 기존 이차전지보다 높은 에너지 밀도와 안정성, 지속성을 자랑하는 리튬이온 배터리가 등장하자 세상은 이 새로운 제품의 가치를 금방 알아봤다. 캠코더뿐 아니라 CD플레이어 등 휴대용 전자 기기들에 채택하기 시작했다.

마침 1990년대 휴대전화가 등장하면서 리튬이온 배터리는 급속도로 번져나갔다. 산요전기, 도시바, 파나소닉 등 일본 전자 기업들이 잇따라 이차전지 사업에 뛰어들며 전성기를 맞이하게 되었다.

대세로 자리 잡다

1991년 세계 최초로 리튬이온 배터리 상용화에 성공했지만 소니는 원래 배터리 분야의 선두 주자는 아니었다. 소니는 전자 제품의 수직적 통합을 위해 배터리 사업에 후발로 진입했다. 당시 보편적으로 사용하던 이차전지는 니켈카드뮴, 니켈수소nickel-metal hydride, Ni-MH 등 니켈계 배터리였다. 소니는 기존 제품들과 차별화를 위해 리튬이온 배터리 연구에 집중했고 결과적으로 성공했다.

소형 전자 기기 산업이 발달했던 일본은 배터리 분야에서도 일찌감치 앞서 있었다. 그중 가장 두각을 나타낸 기업이 산요전기였다. 산요는 1990년 처음으로 니켈수소 이차전지를 상용화하면서 존재감을 드러내기 시작했다.

1980년대 이후 전자 제품이 작고 가벼워지는 경향이 강하게 나타났다. 휴대용 카세트플레이어, 휴대용 CD플레이어, 디지털캠코더 등이 보급되면서 성능 좋고 오래가는 이차전지에 대한 요구가 늘었다. 이런 수요에 부응해 처음에는 니켈카드뮴 전지가 대중화되었으며 1990년대에는 니켈수소 전지가 등장해 인기를 끌었다.

니켈수소 전지는 양극에 수산화니켈, 음극에 금속수소화합물을 사용하는 이차전지다. 니켈수소 전지는 전압이 니켈카드뮴 전지와 같은 1.2V이면서도 부피당 용량(에너지 밀도)은 1.5~2배 정도 높고 충전 속도도 빠르다. 니켈카드뮴에서 문제가 되었던 유해성 물질을 사용하지도 않는다. 이런 장점이 부각되면서 이차전지 시장에서 니켈수소 전지는 니켈카드뮴 전지를 대체해나갔다.

소니가 처음 리튬이온 배터리를 상용화한 이후에도 시장에서는 여전히 니켈수소 전지가 대세였다. 산요전기가 2005년 출시한 니켈수소 배터리 브랜드인 '에네루프$_{eneloop}$'는 전 세계적으로 큰 인기를 누렸다. 에네루프라는 브랜드는 산요가 파나소닉에 흡수된 뒤에도 여전히 남아 있다. 토요타자동차는 최근까지도 자사 하이브리드자동차에 니켈수소 배터리를 사용했다.

소니가 1991년 리튬이온 배터리를 처음 상용화했으나 바로 대세로 자리 잡은 것은 아니었다. 리튬이온 배터리는 니켈계 이차전지에서 흔히 나타나던 메모리 효과$_{memory\ effect}$*가 없고 사이클 수명**도 길었다. 당시 니켈카드뮴의 충전·방전 사이클이 300~400회, 니켈수소가 500회였던 반면, 리튬이온 배터리는 1200회에 달했다. 하지만 가격이 비싸고 부피당 용량이 니켈수소 배터리보다 적어 당장 시장 파급력이 크지 않았다. 용량이 적다는 것은 1회 충전 시 사용할 수 있는 시간이 길지 않다는 의미다.

이 문제를 해결한 것이 산요전기였다. 소니에 이어 1994년 리튬이온 배터리 시장에 진출한 산요는 음극을 하드 카본에서 인조흑연으로 대체하면서 용량을 2배로 늘렸다. 이어 산요는 1996년 음극에 저가의 천연흑연을 적용하면서 리튬이온 배터리의 가격을 크게 낮추었다. 그 뒤 도시바가 1997년 압연 동박 대신 저가의 전해 동박을 개

---

*   이차전지에서 충전·방전이 반복되면서 전체 용량이 줄어드는 현상. 전지가 완전히 방전되지 않은 상태에서 재충전을 반복할 경우 저장 용량이 바로 전 충전 상태까지로 축소된다. 이처럼 전지가 마치 사용할 수 있는 용량의 한계를 기억하는 것 같다고 해서 메모리 효과라고 불린다.

** 이차전지는 충전·방전을 되풀이할수록 용량이 줄어든다. 사이클 수명은 초기 용량에 비해 일정한 비율로 줄어들었을 때까지의 충전·방전 회수로 정의한다.

발하면서 리튬이온 배터리의 가격은 더욱 낮아졌다.

리튬이온 배터리는 기존의 니켈수소 배터리와 경쟁할 정도로 가격 경쟁력을 갖춘 데다 수명과 에너지 밀도 측면에서도 성능이 우수하다보니 이차전지 시장을 빠르게 점령해나갔다. 노트북PC, 휴대전화 보급 등 때마침 불어온 모바일 혁명은 리튬이온 배터리 보급에 순풍 역할을 했다.

거함 산요전기의 몰락

소니, 산요전기, 마쓰시타(현 파나소닉), 도시바, 히타치 등 일본 기업들이 대두하며 1990년대부터 2000년대까지 거의 20년간 리튬이온 배터리 시장은 일본의 독무대나 마찬가지였다. LG화학, 삼성SDI 등 한국 기업들은 1990년대 중반부터 이차전지 시장에 뛰어들었으나 처음에는 존재감이 크지 않았다. 1990년대 말에는 전 세계 리튬이온 배터리의 90%를 일본 기업이 공급했을 정도였다.[7]

특히 전지 시장의 전통적인 강자였던 산요전기의 활약이 두드러졌다. 산요는 소니보다 늦은 1994년 리튬이온 배터리 사업에 뛰어들었으나 공격적인 설비 투자로 5년 만인 1999년 소니를 제치고 1위에 올라섰다. 산요는 기존 주력 사업이던 가전 부문을 과감히 구조조정하고 전지 사업에 역량을 집중했다. 마케팅 전략도 맞아떨어졌다. 산요는 당시 휴대전화 사업 1위였던 모토로라 대신 2위 노키아에 배터리를 공급했다. 이 전략은 산요가 리튬이온 배터리 시장에서 1위에 오르는 데 크게 기여했다. 노키아가 휴대전화 1위로 도약하면서 산요의 시장 점유율도 함께 급상승했다.

산요전기는 2001년 도시바의 니켈수소 전지 부문을 인수합병 M&A하고 2002년 리튬이온 전지 5위였던 GS멜코텍까지 인수해 1위 자리를 확고히 했다. 2004년에는 도시바의 리튬이온 배터리 사업부까지 집어삼켰다.[8]

하지만 가전부터 반도체까지 무리하게 사업을 확장한 것이 발목을 잡았다. 산요전기는 2004년 니가타현 주에쓰에서 발생한 진도 6.8의 지진으로 반도체 공장이 타격을 입었다. 2005년 회계 연도에는 2500억 엔의 손실이 발생하고 회계 부정 사건까지 터졌다. 산요는 2008년 금융위기가 발생하자 더 이상 버티지 못하고 마쓰시타에 회사 전체를 매각하기로 결정했다. 마쓰시타의 산요 인수 가격은 무려 6600억 엔에 달했다. 리튬이온 배터리 1위 기업이라는 무형의 가치를 인정한 것이다.

사실 산요전기의 출발은 마쓰시타였다. 산요전기는 1947년 마쓰시타전공에서 분리된 회사다. 산요의 창업자 이우에 도시오井植歳男는 마쓰시타전공 창업자 마쓰시타 고노스케松下幸之助의 처남이다. 매형의 회사에서 일을 돕던 중 일본이 패망하자 연합군 사령부는 1947년 전범과 그들에게 협력했던 이들을 공직과 일자리에서 추방하는 명령을 내렸다. 이때 매형을 대신해 이우에가 마쓰시타를 떠났다. 그러자 고노스케는 처남을 위해 자전거 발전 램프 특허를 양도하고, '내쇼날' 브랜드와 생산 공장을 저렴하게 임대했다. 이를 기반으로 이우에가 세운 회사가 산요전기다. 당시 고노스케가 처남에게 "다른 것은 다 해도 전지 산업은 하지 마라. 위험이 너무 크다"라고 말했다는 일화는 유명하다. 그럼에도 산요전기는 전지 사업에 뛰어들어 큰 성공을 거두었다. 마쓰시타가 다시 산요전기를 인수한 것은 '가족 기업'이라는

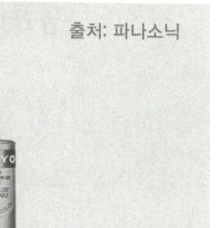

[7-3] 파나소닉과 산요전기의 전지.

배경도 있었지만 산요 전지 사업의 경쟁력을 높이 샀기 때문이다.

산요전기는 한국과도 인연이 깊다. 이우에 회장은 이병철 삼성 명예회장과 와세다대학 동문으로 삼성이 전자 산업에 진출하는 데 상당한 영향을 끼쳤다. 산요는 삼성전자와 합작해 1969년 삼성산요전기를, 1973년 삼성산요파츠(현 삼성전기)를 설립했다. 삼성은 산요와의 기술 제휴를 통해 TV 제조 사업을 본격화하는 등 상당한 도움을 얻었다. 중견 기업인 한일전기 역시 초창기에 산요와의 기술 제휴를 통해 자동펌프, 환풍기 등의 제품을 생산했다.[9]

마쓰시타는 2009년 파나소닉으로 이름을 바꾸었다. 파나소닉은 2011년 산요의 가전 부문을 중국 하이얼에 매각했고, 2013년에는 아예 산요를 해체했다. 산요전기의 전지 브랜드는 역사 속으로 사라졌지만 그 기술력은 여전히 파나소닉 안에 남아 있다.

땡큐! 테슬라, 기사회생한 파나소닉

파나소닉은 산요전기를 인수했으나 2000년대 후반 들어 한국 기업들이 치고 올라오자 전지 사업에서 고전을 면치 못했다. 이런 파나소닉을 살려준 것이 테슬라다.

2004년 테슬라모터스에 출자하며 최대 주주로 올라선 일론 머스크는 기존의 전기차와 차원이 다른 전기차를 만들고 싶어했다. 이전까지 전기차는 대중성 있는 경차가 대부분이었지만 머스크는 최고급 스포츠카를 만들고자 했고 결과는 대성공이었다. 10만 9000달러라는 높은 가격에도 불구하고 예약 판매를 시작하자 리어나도 디캐프리오, 브래드 피트, 조지 클루니 등 할리우드 스타들이 예약자 명단에 이름을 올렸다.[10]

테슬라가 2008년 출시한 순수 전기차 스포츠카 로드스터Roadster에는 파나소닉의 18650 원통형 배터리* 6831개가 직렬로 연결되어 있다. 일론 머스크의 이런 선택은 의외로 받아들여졌다. 당시 다른 완성차 업체들은 안전성 이슈를 해결하기 위해 리튬폴리머 배터리lithium polymer battery, lithium-ion polymer battery**를 대안으로 여기고 있었다. 실제로 GM이 2010년 출시한 쉐보레 볼트Chevrolet Volt에는 LG화학이 개발한 리튬폴리머 배터리가 탑재되었다. 미쓰비시나 닛산은 자사 전기

---

* 지름 18mm, 높이 65.0mm인 원통형 배터리.

** 기존 리튬이온 배터리의 우수한 성능을 그대로 유지하면서 폭발 위험이 있는 액체 전해액을 화학적으로 안정된 폴리머(고분자. 플라스틱, 합성고무 등) 소재로 대체한 배터리다. 넓은 범위에서 리튬이온 배터리의 일종이다. 고체나 젤 형태의 폴리머 전해질을 사용해 기존 리튬이온 배터리보다 안전하다.

차를 위해 별도로 개발한 배터리를 사용했다.

하지만 일론 머스크는 가격이 비싸고 공정이 복잡한 리튬폴리머 배터리보다는 범용으로 쓰이는 원통형 리튬이온 배터리를 채택했다. 테슬라는 노트북에 쓰던 원통형 배터리를 그대로 전기차에 쓰면서 원가를 크게 절감할 수 있었다. 원통형 배터리는 필연적으로 생기는 공간으로 인해 자연스럽게 열을 관리할 수 있다는 장점도 있다.

당시 스타트업에 불과했던 테슬라는 배터리를 안정적으로 공급해줄 파트너를 물색했다. 한국의 배터리 기업들은 이미 미국과 유럽의 자동차 기업들과 제휴 관계에 있었다. 결과적으로 일본의 파나소닉이 테슬라와 손잡게 되었다.

로드스터와 2012년 출시한 고급 세단형 전기차 모델S의 잇따른 성공에 힘입어 기울어가던 파나소닉은 화려하게 부활할 수 있었다. 일론 머스크는 원통형 배터리를 안정적으로 공급하기 위해 2014년 파나소닉과 함께 미국 네바다주에 세계 최대 리튬이온 배터리 공장인 기가팩토리를 건설하기로 결정했다. 테슬라와 파나소닉 간 협력 관계는 이후로도 꾸준히 유지되고 있다.

소니와 에코프로의 인연

소니의 배터리 사업도 난항을 겪었다. 노트북PC 배터리 화재가 직격탄이었다. 2005년 11월 소니의 리튬이온 배터리를 탑재한 델 노트북PC에서 화재가 발생했다. 뒤이어 일본과 미국에서도 소니 배터리가 원인인 발화 사고가 잇따랐다. 조사 결과 배터리 생산 과정에서 이물질이 들어간 것으로 드러났다. 이듬해 델, 레노버, 애플 등 소니

리튬이온 배터리를 탑재했던 노트북들은 대규모 리콜을 실시했다. 그 규모만 800만 대에 달했다. 소니가 불량 가능성을 알고도 은폐했다는 의혹까지 나왔다. 더 이상 '전자 왕국 소니'는 없었다.

노트북 화재 사고 이후 소니는 한동안 배터리에 투자를 기피했다. 게다가 2010년대 이후 엔고 상황이 펼쳐졌다. 그 결과 글로벌 시장에서 소니 배터리는 삼성SDI, LG화학 등 한국 기업들과 가격 경쟁에서 밀리기 시작했다. 돌파구를 찾던 소니는 2012년 닛산자동차와 배터리 합작 법인을 설립하려 했으나 이마저 무산되었다.

소니는 배터리 사업을 어떻게 할지 갈피를 잡지 못했다. 스마트폰 시장이 폭발적으로 커지자 다시 배터리 사업을 확대하려 했으나 이미 때는 늦었다. 2015년 소니는 전 세계 리튬이온 배터리 시장에서 5위로 밀렸다. 경쟁 업체들은 이미 대규모 투자를 단행하며 멀찌감치 앞서 있었다. 2010년 회계 연도 이후 소니 배터리 사업부는 2014년을 제외하고 연속으로 영업 손실을 기록해야 했다. 결국 소니는 2016년 7월 배터리 사업부를 일본 무라타제작소村田製作所, Murata Manufacturing에 매각한다고 전격 발표했다.[11]

무라타제작소는 1944년 무라타 아키라村田昭가 창업한 기업으로 콘덴서에 특화된 기업이었다. 현재 '전자 산업의 쌀'로 불리는 적층세라믹콘덴서multi-layer ceramic capacitor, MLCC(적층세라믹축전기) 분야 세계 1위 기업이다. 무라타제작소는 소니 배터리 사업부를 인수해 배터리 분야로 사업을 확대하고 싶어했다. 주력 사업인 적층세라믹콘덴서를 통해 쌓은 직층 기술을 배터리에 접목해 시너지를 낼 수 있을 것으로 기대했다. 무라타제작소는 미국 애플에 IT용 배터리를 공급하는 등의 성과도 있었다. 하지만 급속히 성장하는 전기차용 배터리 시장에서 한국, 중국 기업과의 경쟁에서 밀리며 입지가 좁아졌다. 현재는 전고체 등 차세대 배터리 연구에 집중하는 것으로 알려졌다.

소니와 무라타제작소의 배터리 사업은 국내 대표적인 배터리 소재 기업인 에코프로EcoPro의 성장 기반이 되기도 했다. 에코프로는 2009년 선제적으로 전구체precursor* 사업을 구조조정하고 NCA(니켈·코발트·알루미늄) 양극 소재 개발에 나섰다. 에코프로의 영업, 연구개발을 비롯한 전 부서는 소니와 계약 체결을 위해 역량을 집중했다. 이 같은 노력이 결실을 맺어 소니는 2012년 품질 담당 인력을 충북 오창 에코프로 공장에 파견해 품질 관리를 지도하는 등 양극재 개발을 도왔다. 그리고 2013년 8월 에코프로와 제품 5톤의 시험 공급 계약을 맺었다. 에코프로는 2015년 소니와 장기 공급 계약을 체결하며 실력을 입증했다. 에코프로는 이 같은 성과를 바탕으로 국내 배터리 셀 기업에도 양극 소재를 납품할 수 있었다. 에코프로는 소니 배터리 사업부를 인수한 무라타제작소에 현재도 연간 수천 톤 규모 제품을 공급하고 있다.[12]

중국으로 넘어간 일본 배터리 기술

1997년 토요타가 하이브리드자동차인 프리우스PRIUS를 출시해 큰 인기를 끌자 일본에서는 전기차용 배터리 연구가 활발해졌다. 일본 기업들도 전기차 배터리에 관심을 기울였다.

---

* 어떤 물질을 생성하는 화학 반응에서 그 반응에 참여하는 물질을 말한다. 배터리에서 전구체는 양극재의 원료가 되는 물질이다.

일본의 NEC日本電気株式会社, Nippon Electric Company는 2007년 닛산자동차와 합작해 AESCAutomotive Energy Supply Corporation라는 리튬이온 배터리 기업을 만들었다. 닛산이 51%, NEC가 49%를 출자했다. 히타치도 2009년 히타치비히클에너지(이후 비히클에너지재팬으로 사명 변경)를 설립해 전기차 배터리 시장에 뛰어들었다.

AESC의 배터리는 닛산이 2010년 출시한 세계 최초 양산형 순수 전기차인 리프LEAF에 탑재되었다. 리프의 성공에 힘입어 AESC는 한때 세계 전기차 배터리 시장 5위까지 올랐다. 하지만 닛산은 2018년 중국 에너지 기업인 엔비전그룹에 AESC를 매각하는 결정을 내린다. 수요처가 닛산에만 한정되어 있다보니 회사 성장에 한계가 있다는 판단에서였다. 닛산이 매각한 엔비전AESC는 현재 중국, 미국, 영국, 일본에 공장을 두고 있으며 르노, BMW 전기차에 배터리를 공급하고 있다. 일본의 배터리 기술이 중국으로 넘어간 셈이다.

8장

K-배터리의 태동

일본 제친 한국 기업

"일본 기업들이 반도체의 악몽을 떠올리며 두려워하고 있다."

2010년 7월 일본 보수 일간지 《산케이신문》은 한국과 일본의 이차전지 사업을 비교하며 이같이 보도했다.[1] 한국 기업들이 반도체와 LCD(액정표시장치)에서 일본을 제쳤듯이 배터리에서도 일본을 따돌릴 것을 걱정하고 있다는 내용이었다. 일본 기업들의 걱정은 1년이 지나지 않아 현실이 되었다.

실제로 이듬해가 되자 한국 기업들이 전 세계 리튬이온 배터리 시장에서 일본을 제쳤다는 통계들이 잇따라 발표되었다. 2011년 3월 일본 시장 조사 기관인 인터내셔널인포메이션테크놀로지IIT(현 B3)는 이차전지 시장에서 삼성SDI가 20.0%의 점유율로 산요(19.3%)를

[8-1] 리튬이온 배터리 주요 기업 점유율 추이

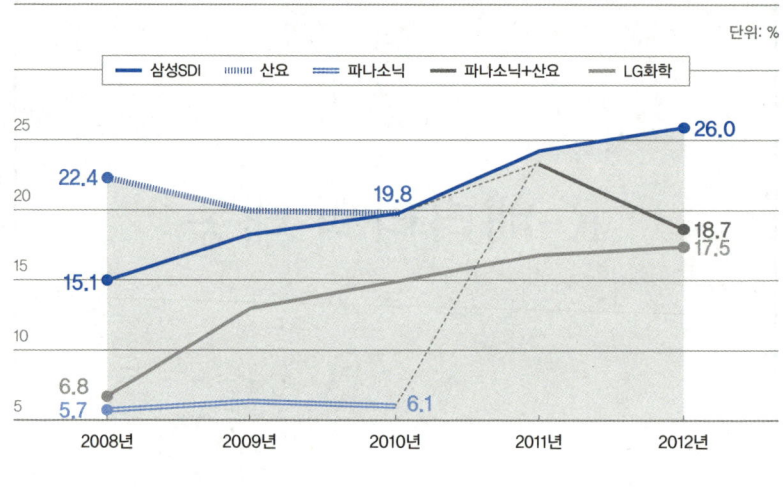

출처: B3(옛 인터내셔널인포메이션테크놀로지) 2013년 1분기 보고서
* 파나소닉과 산요는 2011년 합병.

제치고 1위에 올랐다고 발표했다. 3위는 LG화학(15.0%), 4위는 소니(11.9%)였다. 소니가 1991년 리튬 이차전지를 개발한 이후 20년 만에 한국 기업이 처음으로 일본 기업을 앞지른 순간이었다.

같은 해 9월 일본 시장 조사 업체인 테크노시스템리서치는 2분기 기준 전 세계 리튬이온 배터리 시장에서 한국이 42.6%로 일본(33.7%)을 제치고 1위를 차지했다고 발표했다. 분기별 통계에서 한국이 처음으로 일본을 제친 것이다.[2]

일본은 산요전기, 소니, 파나소닉, 히타치, NEC 등 5대 기업의 점유율을 합쳐도 한국 삼성SDI와 LG화학 점유율 합계를 크게 밑돌았다. 세계 금융위기가 터지기 전인 2008년 2분기에는 일본이 50.5%

로 한국보다 20%p 이상 앞서 있었다. 불과 3년 만에 한국과 일본의 전지 산업 위상이 뒤바뀐 것이다.

소니가 세계 최초로 리튬 이차전지를 상용화한 이래 이차전지 시장은 산요전기, 소니 등 일본 기업의 독무대였다. LG화학은 1998년, 삼성SDI는 2000년 리튬 이차전지 시장에 본격적으로 뛰어들었다. 일본보다 훨씬 늦었지만 끊임없는 기술 개발, 국제적인 환경 변화에 발 빠른 대처, 경영진의 과감한 투자 등이 맞물리면서 일본의 아성을 무너뜨릴 수 있었다.

리튬이온 배터리 등 전 세계 이차전지 시장에서 한때 90% 이상을 차지했던 일본 기업들은 2000년대 후반 들어 점유율이 절반으로 떨어지며 약세를 면치 못했다. 일본 경제산업성 조사에 따르면 2000년 리튬이온 전지 시장에서 일본의 점유율은 93%에 달했으나 2008년에는 48%로 쪼그라들었다. 대신 한국(22%), 중국(19%)이 그 자리를 차지했다.

구본무 회장과 삼천교육대
: LG화학

2009년 1월 13일 미국 디트로이트에서 낭보가 들려왔다. LG화학이 미국 최대 자동차 기업인 GM(제너럴모터스)에 전기차용 리튬이온 배터리 단독 공급업체로 선정되었다는 소식이었다. GM이 2010년 양산할 예정인 세계 첫 전기차 '쉐보레 볼트Chevrolet Volt'에 LG화학의 리튬이온 배터리를 탑재키로 한 것이다.[3] GM의 쉐보레 볼트는 소비자가 실질적으로 구매할 수 있는 세계 최초의 전기자동차였다. 배터리를 동력의 보조 수단으로 하는 기존 하이브리드차와는 달리 순수 배터리의 힘만으로 구동 가능했다.*

GM과 LG화학의 협업은 한국 이차전지 기업이 전기차용 배터리 분야에서 일본과의 경쟁에서 승리했다는 상징적인 의미가 있다. 이를 기회로 한국 기업들은 전기차용 배터리 분야에서 승기를 잡고 시장을 주도할 수 있었다. LG화학은 이 계약을 통해 충북 오창 테크노파크에 세계 최초이자 세계 최대 규모의 전기차 전용 배터리 공장을 세울 수 있었다.

LG화학이 이차전지 시장에 뛰어든 계기는 1992년으로 거슬러 올라간다. 당시 LG그룹 부회장이었던 고 구본무 LG그룹 선대 회장은 영국 원자력연구소에 들렀다가 큰 충격을 받았다. 한 번 쓰고 버리는 건전지가 아니라 충전하면 계속 사용할 수 있는 이차전지를 처음 접했다. 구 전 회장은 이차전지가 미래의 새로운 성장 사업이 될 가능성을 직감하고 귀국길에 샘플을 가져와 럭키금속에서 연구하도록 했다. 럭키금속의 배터리 연구 조직은 이후 1996년 LG화학으로 옮겨갔다.[4]

1996년 4월 LG화학은 3년 만인 1999년까지 이차전지의 개발부터 양산까지 모든 것을 완료하겠다는 로드맵을 발표했다. 그룹과 회사의 전폭적인 지원으로 LG화학 연구원들은 본격적인 개발을 시작했다. 100억 원 이상이 들어가는 시험 공장 건설도 추진했다.

독자 개발을 위해서는 일본 현지에서의 정보 수집이 필수였다.

---

* GM이 2010년 출시한 쉐보레 볼트Volt는 플러그인하이브리드전기차로 정해진 한계까지 배터리의 힘만으로 주행하다 가솔린 엔진으로 전환하는 방식이다. 이와 달리 2016년 출시한 쉐보레 볼트Bolt는 순수 전기차다. 두 차종 모두 LG화학의 리튬이온 배터리를 탑재했다.

하지만 당시 일본은 국가적으로 기술 유출을 금지하고 있었다. 연구진들은 일본 장비 업체들을 설득해 어떤 장비가 제조 회사에 납품되는지 일일이 확인하면서 개발에 들어갔다. 모든 테스트는 일본에서 진행했다. 국내에서 만들어진 배터리 핵심 부품인 전극을 수시로 실어 날라야 했다. 한번은 3000개의 전극을 보내야 했는데 연구원들이 3주간 3교대로 전극을 만들어 공수하는 기적을 일구면서 "삼천교육대"라는 말이 생겨났다.[5]

이러한 노력의 결과 LG화학은 1997년 11월 당시 일본 제품보다 뛰어난 세계 최고 용량인 1800mAh(밀리암페어시), 세계 최경량인 155Wh/kg(와트시/킬로그램)의 시제품을 생산할 수 있었다. 이후 LG화학은 1998년 국내 최초로 대량 생산을 시작했다.

2001년에는 2200mAh급 노트북용 원통형 리튬이온 배터리를 세계 최초로 양산했으며 2005년에는 2600mAh급을 일본 업체보다 앞서 양산하며 노트북용 리튬이온 배터리 시장을 선점해나갔다.

하지만 LG그룹의 이차전지 사업이 순탄하기만 했던 것은 아니었다. 그룹 내에서는 적자투성이의 LG화학 사업에 대해 곱지 않은 시각이 많았다. 2005년 말에는 2000억 원에 가까운 손실을 기록하기도 했다. "적자를 감수하고 계속 사업을 해야 하느냐"라는 의견이 나올 때마다 구 전 회장은 "포기하지 말고 길게 보고 투자와 연구개발에 집중하라"라며 다독였다. "안 되는 건 역시 안 된다"라는 회의론이 극에 달했을 때도 구 선대 회장은 "꼭 성공할 날이 온다"라며 추슬렀다. 다행히 LG화학 전지 사업은 2007년부터 가시적인 성과를 거두기 시작했다.

LG화학은 전자 기기용 소형 배터리 상용화 이후 전기차 시장에

[8-2] 2002년 열린 '파이크스 피크 인터내셔널 힐 클라임' 대회에서 LG화학 배터리를 장착한 전기자동차가 경주에 참가하고 있다.

도 발 빠르게 대응했다. 전기차에 사용되는 중대형 배터리* 시장의 성장 가능성을 일찌감치 예상하고, 2000년부터 중대형 배터리 연구와 북미 시장 개척을 위해 미국에 연구 법인인 LGCPI_{LG Chem Power Inc.}를 설립했다. 당시만 해도 일본 기업들은 니켈수소 전지를 이용한 하이브리드자동차에 집중할 때였다.

LG화학은 특히 배터리의 성능을 좌우하는 핵심 소재 개발에 집중했다. 전기차용 리튬이온 배터리에 대해 특허를 확보한 SRS(안전성 강화 분리막)**를 적용해 안전성에 대한 고객사들의 우려를 해소한 것이 대표적인 사례다. 2007년에는 현대차의 아반떼 하이브리드에 리

---

* 리튬이온 배터리는 크기에 따라 소형과 중대형으로 분류한다. 소형 배터리는 주로 스마트폰, 태블릿, 노트북 등의 전자 기기에 사용되며 중대형은 전기차, ESS(에너지 저장 장치) 등에 들어간다.

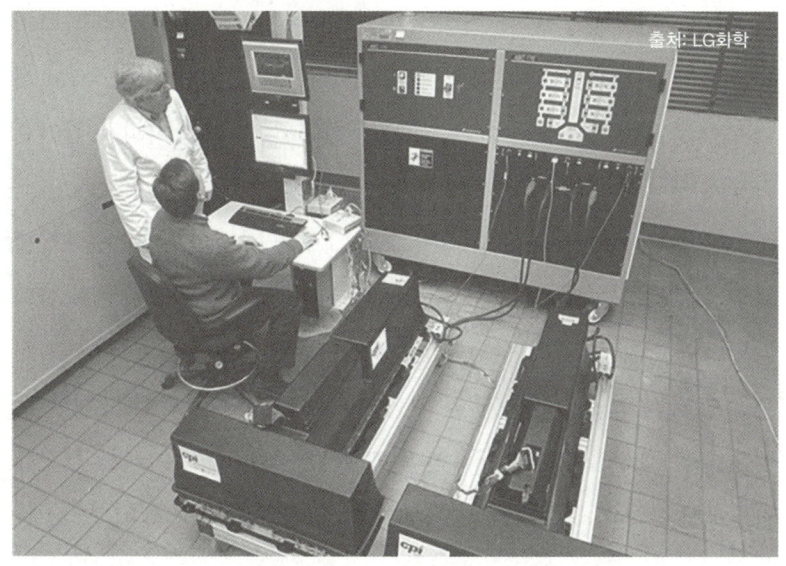

[8-3] 2009년 GM 연구원들이 쉐보레 볼트 공급용으로 개발한 LG화학의 배터리를 실험하고 있다.

튬이온 배터리 공급업체로 단독 선정되기도 했다.

2002년 7월에는 미국 플로리다주에서 열린 세계적 자동차 경주 대회인 '파이크스 피크 인터내셔널 힐 클라임Pikes Peak International Hill Climb'에서 LG화학의 배터리를 이용해 개발한 전기자동차가 우승을 차지해 모두를 깜짝 놀라게 했다. 다음 해인 2003년에도 2년 연속 우승을 차지하는 기염을 토했다.

** 리튬이온 배터리 내부의 분리막 표면을 세라믹 소재로 얇게 코팅해 안전성과 성능을 높인 기술. 현대자동차를 비롯해 GM, 볼보, 아우디, 르노, 포드 등 주요 전기차용 배터리에는 모두 이 기술이 들어 있다.

자신감을 얻은 LG화학은 GM을 첫 공략 대상으로 삼았다. 하지만 GM의 공급사가 되는 과정은 결코 쉽지 않았다. 2006년 '테크페어'에서 GM의 전기자동차 프로그램에 참여할 수 있는 기회를 잡았으나 제출한 샘플에 문제가 있어 탈락의 고배를 마셨다.

2007년 GM이 볼트 전기차 프로그램을 시작하면서 LG화학에 검증 프로세스를 밟으라는 연락이 왔다. 6개사 중 최종 2개사로 선택되었으나 상대 기업이 선정될 것이라는 분위기가 팽배했다. 사업의 미래가 달린 만큼 LG화학은 혼신의 힘을 다했다. LG화학은 개발 과정의 모든 사항을 GM과 공유하며 해결책을 찾아갔고 이러한 신뢰를 바탕으로 쉐보레 볼트의 단독 공급자로 최종 선정될 수 있었다.[6]

진공관에서 배터리까지, 변신의 귀재
: 삼성SDI

삼성SDI는 매년 7월 1일을 창립기념일로 하고 있다. 하지만 이 회사의 진짜 창립일은 이날이 아닌 1월 20일이다. 1970년 삼성-NEC주식회사가 설립한 바로 그날이다. 삼성SDI는 1985년 진공관마운트 첫 생산일(1970년 5월 16일)을 기념해 창립기념일을 5월 16일로 변경했다가 2014년 제일모직 소재 부문과 통합하며 현재의 창립기념일로 다시 변경했다.

그만큼 삼성SDI는 역사도 길고 사연도 많은 회사다. 이 회사의 모태는 1970년대 진공관을 만들기 위해 NEC(일본전기)와 합작 설립한 삼성-NEC다. 진공관은 트랜지스터와 집적회로의 등장으로 곧 사양 산업이 된다. 당시는 전 세계적으로 TV 산업이 급격히 성장하던 때였다. 삼성도 삼성산요전기를 출범하며 TV 산업에 진출했다. 삼성-NEC는 곧바로 브라운관 사업에 뛰어들었다. 1974년 회사 이름도 삼성전관공업주식회사로 바꾸었다. 삼성전관은 1980년대 컬러 브라운관을 연간 1000만 대 생산하며 세계 브라운관 시장 1위 자리를 굳혔다. 이 덕택에 삼성전자 TV가 일본과 유럽, 미국 등의 경쟁 업체를 따돌리고 세계 1위 TV 업체로 자리 잡을 수 있었다.[7]

TV 시장이 평판디스플레이로 바뀌자 삼성전관도 이에 따라 사업을 재편할 수밖에 없었다. 평판디스플레이는 LCD(액정표시장치), PDP(플라즈마표시판)로 나뉘어 표준 전쟁을 벌였다. 이때 삼성전관은 소형 기기용으로는 LCD, TV용으로는 PDP에 주력했다. 2000년부터는 OLED(유기발광다이오드) 개발 태스크포스$_{TF}$를 발족하며 차세대 디스플레이 시장을 준비했다.

하지만 삼성그룹 차원의 사업 구조조정은 삼성전관의 운명을 다시 한 번 바꾸어놓았다. 1994년 삼성그룹이 진행한 계열사 간 중복 사업 조정에 따라 삼성전자 등에서 연구하던 배터리 연구를 삼성전관이 맡게 되었다. 1991년에는 이름을 삼성SDI로 바꾸었다. 2010년부터는 디스플레이 부문을 삼성디스플레이에 넘기고 이차전지와 전자 재료, 소재 전문 기업으로 자리 잡았다.

삼성SDI는 초기에는 니켈수소 배터리를 연구했으나 이후 리튬이온 배터리에 주목했다. 리튬이온 배터리 사업 초기에는 핵심 기술 확보에 어려움을 겪었으나 지속적인 연구개발 결과 1998년 1650mAh 용량의 원통형 리튬이온 배터리를 개발할 수 있었다. 1년 뒤인 1999년에는 1800mAh 배터리 개발에 연거푸 성공했다. 삼성SDI는 2000년 7월 천안에 1만 3200m^2 규모의 배터리 생산 공장을

[8-4] 2000년 7월 12일 삼성SDI 천안 배터리 공장 준공식.

준공하며 본격적으로 이차전지 시장에 진출했다.[8]

이후 삼성SDI는 선두 업체와의 격차를 빠르게 좁혀나갔다. 2001년 12월 세계에서 가장 얇은 2.8mm 각형 배터리 개발에 성공했고, 2002년에는 최고 용량인 2200mAh 원형 배터리를 양산했다. 이후 2400mAh, 2600mAh 등 최고 용량의 제품들을 지속적으로 선보였다. 일본의 경쟁사들이 노트북 배터리 발화 사고와 공장 화재 등으로 주춤한 사이 삼성SDI는 품질과 안전성을 인정받으며 2010년 소형 배터리 분야에서 세계 1위를 차지하기에 이르렀다.

삼성SDI는 소형 배터리 사업에서 첫 흑자를 기록한 2005년 이후 전기차 배터리 연구를 시작했다. 완성차 기업에 직접 공급하는 방

[8-5] 2008년 9월 1일 삼성SDI와 보쉬 합작사 SB리모티브 창립식.

식 대신 전장 기업과 협업하는 방식을 택했다. 삼성SDI는 이미 전동 공구 분야에서 협력 관계였던 세계 1위 전장 기업 보쉬와 2008년 9월 합작 법인 'SB리모티브SB Limotive'를 설립하고 본격적으로 전기차용 배터리 시장에 진출했다. 배터리 기술은 있지만 자동차 산업에 대한 이해와 네트워크가 부족했던 삼성SDI와 세계 최고 전장 기업이지만 배터리 기술이 필요했던 보쉬는 서로 이해관계가 맞아떨어졌다.

2008년 BMW는 순수 전기자동차 전용 모델을 출시하는 프로젝트인 '메가시티 비히클Mega City Vehicle'을 추진하고 있었다. 삼성SDI(당시 SB리모티브)는 이 프로젝트에 합류하기 위해 총력을 기울였다. 삼성SDI는 안전한 배터리 개발에 역량을 집중했고, BMW에서도 개발 엔지니어와 경영진이 수시로 방문해 제품을 검증했다.

1년도 안 된 2009년 7월 삼성SDI(당시 SB리모티브)는 BMW의 전기차용 배터리 단독 공급업체로 선정되는 성과를 거두었다. 삼성SDI는 2010년 3월 울산에 전기차 전용 배터리 공장을 준공하며 전기차 시장에 본격적으로 대비했다. 한편 삼성SDI는 2012년 SB리모티브의 지분 50%를 인수하며 전기차 배터리 분야에서 보쉬와의 협력 관계를 정리했다.

"나도 같이 달리겠습니다"
: SK

"우리도 마찬가지로 이러한 상황 변화에 대처하기 위해서는 유공을 정유 회사로만 운영할 것이 아니라 종합에너지 회사로 그 방향을 바꿔야 한다. 종합에너지에는 정유뿐만 아니라 석탄, 가스, 전기, 태양에너지, 원자력, 에너지 축적 배터리 시스템 등도 포함되는데…"[9]

고 최종현 SK그룹 선대 회장은 1982년 12월 9일 유공 부장·과장 간담회에서 유공의 새로운 미래를 제시했다. 이 자리에서 유공을 정유 회사로만 운영할 것이 아니라 종합에너지 회사로 방향을 바꾸어야 한다고 강조하면서 그중 하나로 배터리 사업을 들었다. 최 선대 회장은 말로만 그치지 않았다. 1985년 총 100억 원을 들여 업계 최초로 기술지원센터를 설립하고, 1991년에는 축전지를 이용한 4륜 전기차 개발에 착수한다고 발표했다. 이후 1992년에는 유공 울산연구소가 G7프로젝트(선도기술개발사업)*의 주요 과학기술 과제 중 전기차용 첨단 축전지 개발 주관 기관으로 선정되어 나트륨유황 전지를 개발했다. 1993년에는 직접 시험용 전기차를 제작하기도 했다. 당시 유공이 개발한 전기차의 최고 속도는 시속 130km로 월등한 성능을 자랑했다. 다른 국내 기관이 만든 전기차의 속도가 시속 100km, 1회 충전 시 주행 가능 거리가 100km에 미치지 못하던 때였다.

1996년 SKC는 그동안 개발했던 나트륨유황 배터리에서 리튬이온 배터리로 방향을 전환했다. 일본 전자 기업들을 중심으로 리튬이온 배터리 시장 진출이 붐을 이루던 때였다. 리튬이온 배터리의 핵심 기술인 코팅과 조립 기술이 SKC가 갖고 있던 비디오테이프 제조 공정과 거의 유사하다는 점이 높이 평가되었다. 1996년부터 300억 원을 투자해 연구개발을 진행한 끝에 1998년 8월 드디어 리튬이온 배터리 개발에 성공했다. 당시 SKC가 개발한 원통형 배터리의 용량은 1550mAh에 달했다. 리튬이온 배터리 기술을 확보한 SKC는 충남 천안 공장에 양산 라인을 가동해 국내의 일부 수요처에 제품을 공급했다. 2001년에는 리튬이온폴리머 전지 개발에도 성공하고 천안에 월 25만 대 규모의 양산 라인을 가동했다.

하지만 SK가 본격적으로 이차전지 사업에 뛰어든 것은 2005년에 이르러서였다. 이미 경쟁사들이 저만치 앞서간 뒤였다. LG, 삼성 등 경쟁사들은 그룹 내 전자 계열사를 통해 자체적으로 이차전지의

* 특정 제품 및 기술 분야에서 세계 일류 수준의 기술력을 확보하기 위해 '선진국 7개국 과학기술 수준으로의 진입'이라는 명시적인 목표를 정하고, 1991년 기획해 1992년부터 2002년까지 10년간 추진한 한시적 연구개발 사업. 제품기술개발사업에는 광대역 종합통신망, 차세대 자동차, 주문형 반도체, 차세대 평판표시장치, 초소형 정밀기계, 고속전철, 신의약·신농약, HDTV 등이 포함되었다. 기반기술개발사업에는 정보·전자, 에너지 첨단 소재, 첨단 생산 시스템, 신기능 생물 소재, 환경공학, 신에너지, 차세대 원자로, 차세대 초전도 토카막, 감성공학, 차세대 반도체 기반 기술 등이 포함되었다.

수요를 확보할 수 있었던 것과 달리 SK는 전자 계열사를 갖고 있지 않았던 것도 시장 진출 속도를 더디게 한 요인이었다.

SK는 2005년 대대적인 사업 구조조정을 진행했다. 이때 SKC의 리튬폴리머 사업부를 물적 분할해 SKME(SK모바일에너지)를 설립하고 이를 SK이노베이션이 600억 원을 투자해 지분의 90%를 인수하는 방식으로 그룹 차원의 이차전지 사업을 통합했다.

당시 SK그룹은 휴대전화 브랜드(SK텔레텍)를 매각하면서 SKC 리튬폴리머 사업부의 사업은 매우 불투명해진 상태였다. SKC는 국내 자동차 회사로부터 하이브리드차용 배터리 개발을 의뢰받았으나 대형 전지에 대한 경험이 전무한 상태였다. 이에 SK는 SKC, SK케미칼 등으로 산재해 있던 그룹 내 이차전지 개발 조직을 SK이노베이션(현 SK온)으로 통합하기로 결정했다. 마침 SK이노베이션도 전기차용 배터리를 준비하고 있었다. SK이노베이션이 본격적으로 이차전지 시장에 진입함에 따라 국내 배터리 시장은 LG화학, 삼성SDI와 함께 3강 체제를 갖추게 되었다.

SK는 전자 기기용 소형 배터리를 건너뛰고 이제 막 태동하기 시작한 전기차용 중대형 배터리 분야로 직행했다. 이미 상당 수준의 연구개발이 진행된 덕에 상용화를 빠르게 추진할 수 있었다. SK는 SKME를 인수하기 전인 2004년 리튬이온 전지 분리막을 독자 개발하며 사업화를 준비하고 있었다. 2006년에는 자체 개발한 하이브리드자동차용 배터리를 미국에서 실제 토요타 차량에 탑재해 시험 가동을 성공적으로 끝냈다.

SK는 글로벌 완성차 업체에 대한 공급 레퍼런스(사례)를 확보하는 것이 급선무였다. 2009년 5월 대덕기술원에 연간 100MWh(메가

[8-6] SK의 리튬이온 배터리를 탑재한 미쓰비시후소의 캔터 에코하이브리드트럭(2012년 5월).

와트시) 규모의 배터리 자동화 양산 1호 라인을 구축하고 만반의 준비를 마쳤다.

 SK는 2009년 10월 드디어 독일 다임러그룹 계열인 미쓰비시후소와 중대형 하이브리드자동차용 리튬이온 배터리 공급 계약을 체결하는 성과를 거두었다. 배터리 사업에서 해외 첫 수주였다. 2010년에는 SK가 개발한 리튬이온폴리머 배터리가 현대자동차가 국내 최초로 생산한 고속 전기차 '블루온'에 들어가기도 했다. 이어 2011년에는 SK이노베이션이 고성능 프리미엄 자동차 생산업체인 메르세데스-AMG가 만드는 전기 슈퍼카 SLS AMG E-CELL에 리튬이온 배터리를 공급하는 계약을 체결했다.

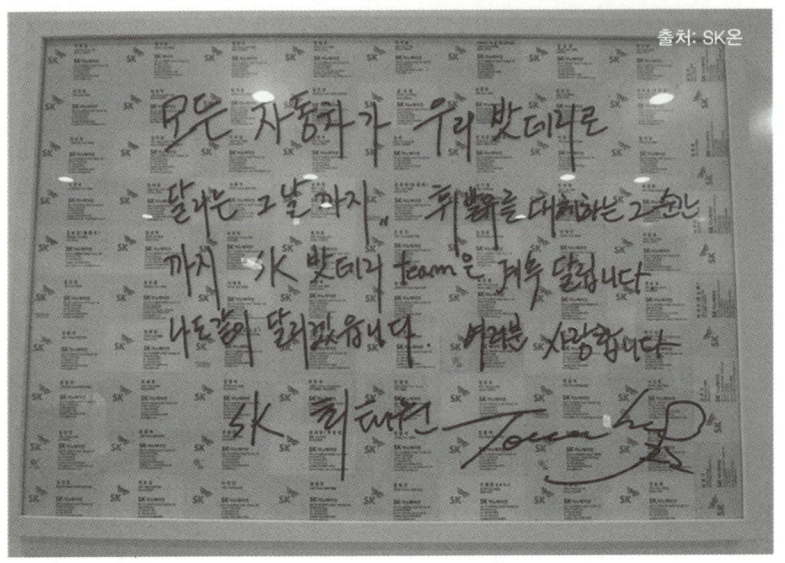

[8-7] 2011년 대전 글로벌테크놀로지 방문 당시 배터리 사업 의지를 천명한 최태원 SK 회장의 방명록.

 이런 가운데 최태원 SK그룹 회장은 2011년 SK이노베이션 기술혁신연구원(당시 글로벌테크놀로지)을 방문해 전기차 배터리 사업에 대한 강력한 의지를 나타냈다. 이 자리에서 최 회장은 "모든 자동차가 우리 밧데리로 달리는 그날까지, 휘발유를 대체하는 그 순간까지 SK 밧데리 team은 계속 달립니다. 나도 같이 달리겠습니다"라는 글을 남겼다. 그룹 오너의 의지가 확인되면서 배터리 사업은 더욱 가속도가 붙었다.
 최재원 SK 수석부회장 역시 배터리 사업에 대한 애정을 드러냈다. 최 부회장은 2012년 1월 배터리 연구개발 임직원에게 보낸 자필 편지에서 "우리는 반드시 배터리 사업에서 세계 1등이 돼야 한다. 차에 연료를 채우는 것이 아니고 집이나 사무실에서 자동차를 충전하는 시스템의 리딩 역할을 해내자. 저는 이 목표를 위해 최선을 다할 것"이라고 독려했다.

국내외 완성차 기업으로부터의 수주가 이어지자 생산 라인을 확대할 필요성이 대두되었다. 당시 글로벌 금융위기 이후 세계 경제의 장기 침체가 계속되는 상황에서도 SK는 과감한 투자를 결정했다. SK는 2012년 충남 서산에 200MWh 규모의 전기차용 공장을 준공했다. 이로써 대덕 1호 라인을 포함해 총 300MWh 규모의 양산 능력을 갖추게 되었다. 특히 배터리 연구를 맡은 대전의 글로벌테크놀로지, 증평의 분리막 공장, 서산 공장이 함께 삼각 벨트를 구축하며 수직 계열화를 이룰 수 있었다.[10]

K-배터리 성장의 비밀
: 환율, 스마트폰, 전기차

2010년을 전후해 한국과 일본 배터리 기업의 상황이 뒤바뀐 배경은 크게 3가지로 분석된다. 우선 당시 불어닥친 엔고(엔화 가치 상승)의 영향으로 일본 기업들이 한국, 대만, 중국과의 가격 경쟁에서 크게 밀렸다. 이는 당시 일본 기업들이 겪었던 공통된 사항이다.

한국 기업들은 미국, 일본의 첨단 기술을 빨리 익힌 후 대규모 투자와 원가 절감 노력을 통해 품질이 좋으면서도 가격 경쟁력을 갖춘 제품을 선보였다. 이른바 캐치업catch-up 전략이다. 이에 반해 일본 기업들은 여전히 고품질의 프리미엄 전략을 고수했다. 이런 상황에서 엔화 강세 현상이 나타나면서 글로벌 시장에서 일본 상품은 가격 경쟁력에서 밀리기 시작했다.

한국은행에 따르면 2009년 중 일본 수출 제조업체의 채산성 환율(엔화 강세에 대해 수출 기업의 이익 유지가 가능한 환율 수준)은 달러당 93.2엔으로 조사되었으나 실제 달러당 엔화 환율은 83엔대까지 떨어져 15년 만에 가장 낮은 수준을 기록했다. 엔화 강세는 그 이후에도 지속되어 2011년에는 달러당 75엔대까지 떨어졌다. 국제 시장에서 일본 제품과 경쟁해야 하는 한국 기업들에는 호재가 아닐 수 없었다.[11]

두 번째 이유는 스마트폰 시장의 개화다. 애플이 2007년 6월 아이폰을 출시한 이래 모바일 시장에는 일대 변혁이 일었다. 삼성전자, LG전자 등 한국 전자 기업들은 변화된 시장 환경에 발 빠르게 대응해 스마트폰을 출시했다. 소니, 후지쯔, 도시바, 파나소닉 등 다수 일본 기업들도 스마트폰을 내놓았으나 시장에서 큰 반향을 일으키지는 못했다.

삼성전자, LG전자 스마트폰의 선전은 여기에 배터리를 공급하는 삼성SDI, LG화학 등 국내 배터리 기업들의 성장으로 이어졌다. 이는 소형 리튬이온 배터리 시장에서 일본 기업들을 빠르게 추격할 수 있는 원동력이 되었다. 국내 기업들은 기존 리튬이온 배터리보다 안전성이 강화된 리튬이온폴리머(리튬폴리머) 배터리를 출시하며 시장을 공략했다.

마지막으로 개화하는 전기차 시장에 한국 기업들이 발 빠르게 대응했다는 점을 들 수 있다. 스마트폰, 노트북 등으로 리튬이온 배터리 시장에서 일본을 추월한 한국 기업들은 미국, 유럽의 전기차 시장을 공략하며 선두 자리를 굳힐 수 있었다.

배터리는 그 자체로 시장을 형성할 수 없고 애플리케이션(응용처)에 전적으로 성패가 달려 있다. 그런데 전기차는 휴대전화와 비교할 수 없을 정도로 거대한 애플리케이션이다. 전기차에 들어가는 배터리 용량은 스마트폰보다 수천 배 많다. 전기차 시장을 장악하면 배터리 시장을 손쉽게 석권할 수 있는 것이다.

예를 들어 갤럭시 S23 일반 모델에는 3900mAh 용량의 배터리 1개가 들어 있다. 이를 Wh(와트시)로 변환하면(리튬이온 배터리 평균 전압 3.7V 적용) 14.43Wh(3900mA×3.7V)가 된다. 이에 비해 테슬라의 모델3(롱레인지 모델 기준)의 배터리 용량은 85kWh(킬로와트시)다. 모델3 한 대에 갤럭시 S23 배터리 5890개가 들어 있는 셈이다.

처음 전기차용 배터리를 선도한 것은 일본 기업이다. 토요타는 이미 1994년부터 연비 개선을 위한 연구개발 프로젝트로 전기차를 연구하기 시작했다. 그 결과 1997년에 세계 최초 양산형 하이브리드차인 프리우스를 출시했다. 그런데 토요타는 첫 출시부터 3세대 모델까지 프리우스에 니켈수소 배터리를 고집했다. 리튬이온 배터리보다 성능이 떨어지고 무겁지만 안전하다는 이유에서였다.

2010년에는 닛산이 세계 최초 양산형 순수 전기차인 리프를 전격 발표했다. 리프에는 닛산과 NEC가 합작 설립한 AESC의 리튬이온 배터리가 들어갔다. 하지만 일본 전기차 업체들은 순수 전기차보다는 하이브리드차가 계속 대세일 것으로 보고 순수 전기차 개발과 출시에는 소극적으로 대응했다. 일본 자동차 업체들은 오히려 수소연료 자동차에 더 관심을 기울이기도 했다. 2000년대 중반 발생한 노트북 화재 사고의 트라우마도 이런 결정의 배경이 되었다.

그 틈새를 비집고 들어간 것이 한국 기업들이다. 일본 기업들이

[8-8] GM이 2010년 출시한 전기차 쉐보레 볼트 1세대.

자국 내 시장에 몰두해 있는 사이 한국 배터리 기업들은 미국, 유럽 등 글로벌 자동차 기업들과 손잡고 적극적으로 전기차 시장을 공략했다. 한국과 일본 배터리 기업들의 상반된 전략은 이후 전개될 전기차 시대에서 엇갈린 결과로 이어졌다.

LG화학은 2007년 현대, 기아와 리튬이온 배터리 공급 계약을 체결하며 전기차용 배터리 시장에 진출했다. 이어 2009년 1월 GM과 전기차 쉐보레 볼트에 탑재할 배터리를 단독 공급하는 계약을 체결하면서 전기차용 배터리 시장에서 입지를 크게 확장할 수 있었다. 이후 LG화학은 볼보, 르노 등 유럽 기업과도 전기차용 배터리 공급 계약을 체결했다. 충북 오창에 세계 첫 배터리 전용 공장을 건설하는 등 전기차 시대에 선제적으로 대응했다.

삼성SDI도 2008년 전장 기업 보쉬와 합작 법인인 SB리모티브를 설립해 전기차용 리튬이온 배터리 공장을 설립했다. 삼성SDI는 이듬해 8월 BMW를 시작으로 전기차용 배터리 공급 계약을 잇달아 체결했다.

SK이노베이션(현 SK온)은 2005년 이차전지 시장에 본격 진출하면서 전기차 시장을 직접 공략했다. 다임러 계열의 미쓰비시후소, 현대자동차 전기차 블루온 등에 잇따라 배터리 공급 계약을 체결하며 급성장하는 전기차 시장에 빠르게 안착할 수 있었다.

9장

"배터리 킹"이라 불리는 중국인들

중국 배터리 산업의 급부상

"기술 설명은 그만 되었습니다."

2017년 어느 날 독일 자동차 기업 다임러AG(현 메르세데스-벤츠 그룹) 임원 3명이 중국 남동부 푸젠성에 있는 한 벤처 기업을 방문했다. 담당자가 나서서 회사 제품 설명을 시작하자마자 독일에서 온 임원들은 짜증스럽게 이야기했다. "우리는 다른 선택지가 없어서 여기에 왔습니다. 기술 설명은 그만두고 가격이나 이야기해보시죠." 벤처 기업 담당자는 당황하지 않을 수 없었다.(《월스트리트저널》 2019년 11월 3일 기사 재구성)[1]

다임러AG 임원들이 방문한 곳은 다름 아닌 오늘날 세계 1위 배터리 기업으로 성장한 CATL(닝더스다이)이었다. 다임러 임원들은 왜 이렇게 CATL 직원에게 무례한 행동을 보였을까? 2011년에 설립한 작은 벤처 기업이 세계 배터리 시장의 선두로 올라설 수 있었던 비밀이 그 속에 숨어 있다.

2010년대 초중반까지 세계 배터리 시장은 한국과 일본이 지배하고 있었다. 그때까지만 해도 중국 기업들의 존재감은 미약했다. 중국이 배터리 시장에 본격적으로 진입한 것은 1995년이다. 지금은 세계 전기차 시장에서 테슬라와 자웅을 겨루고 있는 BYD(비야디)가 설립한 해다. CATL의 설립은 그로부터 또 16년이 지나서였다. 한국과 일본 기업의 그늘에 가려 존재감이 없던 두 회사는 2010년대 중반 이후 급성장하더니 이제는 전 세계 전기차 배터리 시장의 절반을 공급할 정도로 규모가 커졌다.

시장 조사 업체 SNE리서치에 따르면 2022년 기준 전 세계 전기차 배터리 시장에서 CATL의 점유율은 37.0%, BYD는 13.6%였다. 두 회사만 합쳐 50.6%의 점유율을 기록했다. 이 외에도 CALB(중촨신항) 3.9%, 고션하이테크Gotion High-Tech(궈시안하이테크) 2.7%, 선오다전자Sunwoda 1.8%, 파라시스에너지Farasis 1.4% 등 세계 10위권 안에 6개 중국 업체가 포진해 있다. 이 중 CALB는 2015년에 설립한 기업으로 업력이 불과 10년 남짓하다.

중국 배터리 기업들이 이처럼 짧은 기간에 급성장할 수 있었던 원인에 대해 현지 매체나 미디어는 창업자들의 혁신 마인드를 강조한다. 일부에서는 테슬라 창업자인 일론 머스크와 이들을 비교하기도 한다. 하지만 중국 정부의 전기차 육성 전략과 자국 기업 보호 정책, 그리고 거대한 내수 시장이 없었다면 이 같은 놀라운 성장이 불가능했을 것이라는 사실을 부인할 수는 없다.

중국 "배터리 킹"의 등장
: BYD

　BYD는 1966년생인 왕촨푸王传福 회장이 설립한 회사다. 매우 가난한 어린 시절을 보낸 왕촨푸는 형제들의 희생과 지원 속에 명문인 중난공업대학(현 중난대학) 야금물리학과에 입학할 수 있었다. 그는 집안의 기대를 한 몸에 받았고 이에 부응했다. 왕촨푸는 4년 동안 수석을 놓치지 않을 정도로 우수한 학생이었다고 한다. 베이징 유색금속연구원에서 석사를 마친 그는 27세의 젊은 나이에 연구원 산하의 비거比格배터리유한회사 사장에 발탁되었을 정도로 실력을 인정받았다.[2]

　당시는 전 세계적으로 막 휴대전화 시장이 개화하던 시기였다. 중국도 마찬가지였다. 사치품으로만 여겨졌던 휴대전화가 빠르게 대중화되었다. 왕촨푸는 휴대전화 배터리 시장의 가능성을 포착하고 1995년 BYD 회사를 설립했다. 이때부터 그는 시대의 흐름을 잘 포착했던 것 같다. BYD는 "당신의 꿈을 설계하라Build Your Dream"라는 뜻이다.

　왕촨푸는 세계 배터리 생산 대국인 일본이 니켈카드뮴 배터리를 포기하는 것을 보며 배터리 주요 생산지의 국제 대이동을 반드시 실현하겠다고 다짐했다고 한다. 배터리는 마침 그의 전공과도 맞아떨어져 잘할 수 있을 것 같았다. 사촌 형에게 빌린 돈 250만 위안(약 4억 6000만 원)과 직원 20여 명으로 시작한 BYD는 2년 만에 자체적으로 리튬이온 배터리를 생산했다.

　원가 경쟁력을 앞세워 고객사를 넓혀나가던 BYD는 2000년과 2002년에 각각 모토로라와 노키아의 배터리 공급사로 선정되면서

[9-1] 왕촨푸 BYD 회장.

성장 기반을 다질 수 있었다. 2002년 7월 홍콩 증시에 상장한 데 이어 2003년에는 세계 2위 휴대전화 배터리 공급사로 부상했다. 이즈음부터 중국인들은 그를 "배터리 왕电池大王, Battery KIng"으로 추켜세우기 시작했다.

성공적인 기업 공개로 왕 회장은 16억 홍콩 달러(약 2780억 원)의 여유 자금을 모을 수 있었다. 미래 투자처를 고민하던 그가 선택한 것이 자동차였다. 배터리에서 자신감을 얻은 왕 회장은 전기차 시장에서도 성공 방정식을 새로 쓰고 싶어했다. 그리고 2003년 1월 국영 기업이었던 시안친촨자동차유한회사의 지분 77%를 2억 7000만 위안(약 501억 원)에 인수하겠다고 발표했다.

친촨자동차는 명색이 국영 기업이었지만 파산 직전 상태였다. 투자자들은 아연실색했다. 다들 그를 미쳤다고 생각했다. 발표 당일 BYD 주가는 21%나 폭락할 정도로 반응이 좋지 않았다.

[9-2] 워런 버핏 버크셔헤서웨이 회장(오른쪽)과 기념품을 주고받는 왕촨푸 BYD 회장.

우려대로 BYD의 초기 자동차 사업은 적자를 면치 못했다. 배터리에서 번 돈을 모두 자동차에 쏟아부어야 했다. 2003년부터 2008년까지 BYD의 매출액 대비 이익률은 21.7%에서 6.1%까지 떨어졌다.

그런데도 왕 회장은 자동차에 대한 의지를 꺾지 않았다. 왕 회장은 2003년부터 500명의 인력을 투입해 신에너지 자동차 배터리 연구개발에 착수했다. 10억 위안(약 1842억 원)의 비용이 투입되었다.

2005년 중형 세단 F3(내연기관차)의 판매가 호조를 보이며 자동차 사업은 점차 안정을 찾았다. 그리고 5년 만인 2008년 중국 최초 플러그인하이브리드전기차인 F3DM을 출시하며 전기차 시장에 본격적으로 발을 들여놓았다. "오마하의 현자"라고 불리는 워런 버핏Warren Buffett 버크셔해서웨이 회장이 2억 3000만 달러를 투자해 BYD의 지분 9.9%를 확보한 시점이 이때다.

워런 버핏의 결정에 전 세계가 의아해했지만 결과적으로 그는

"현자"가 맞았다. BYD는 2011년 순수 전기차 SUV E6를 시작으로 전기차를 잇달아 선보였다. 2015년 중국 전기차 시장 점유율 17.5%를 차지하는 등 급성장했고, 지금은 전 세계 전기차 시장에서 테슬라와 어깨를 나란히 하고 있다.

BYD 전체 매출에서 배터리 등 IT 부품이 차지하는 비중은 2005년 90%에서 2009년 47%로 줄었다. 반대로 2009년 전기차 매출 비중은 53%로 IT 매출을 추월했다. 배터리에서 전기차 기업으로 성공적으로 변신한 것이다.

중국의 신에너지차 정책과 화이트리스트

BYD의 성공 요인은 여러 가지로 분석된다. 왕 회장의 경영 능력을 인정하지 않을 수 없다. IT 혁명이 모바일을 거쳐 전기차로 이어지는 시대의 흐름을 잘 포착했다. 배터리라는 기업의 핵심 역량을 중심으로 사업을 다각화하고 수직적으로 통합해 규모의 경제를 이끌어냈다.[3] 마침 중국이 고속 성장하는 시기였고 내수 시장도 풍부해 성공의 밑거름이 되었다.

하지만 중국 정부의 대대적인 지원이 없었다면 이 같은 성공은 불가능했다. 사업 초기 BYD가 중국 전기차 시장에서 성공적으로 안착한 데는 정부의 전폭적인 지원이 결정적 역할을 했다.[4] 중국 정부는 2012년 6월 '에너지 절감과 신에너지차 산업 발전 계획(2012~2020)'을 통해 전기차 사업을 집중 육성하겠다고 발표했다. 가장 큰 수혜자는 전기차 선두 업체였던 BYD였다. BYD는 중국 정부의 중점 지원 대상으로 선정되어 정부 구매, 금융 지원, 보조금 등 각종 혜택을 받았다. 그해 9월 BYD의 E6는 '중국 정부 공무원 전기차 시범 운영 모델'로 선정되어 전체 정부 구매량의 50%를 차지할 정도였다.

중국 정부가 나서 외국 기업의 시장 진입도 막아주었다. 중국 정부는 2015년 일명 '화이트리스트白名单, white list' 제도를 만들었다. 정부가 선정한 현지 배터리 제조사의 제품을 사용한 전기차에 보조금을 우선 배분한다는 내용이었다. 이때 LG화학, 삼성SDI, 파나소닉 등 글로벌 기업들은 화이트리스트에서 제외되었다.

보조금을 받은 중국 전기차와 그렇지 못한 외국 자동차는 경쟁이 되지 않았다. 예를 들어 2019년 1월 출시한 BYD의 SUV 전기차인 '탕唐 EV600'의 보조금 적용 이후 가격은 26~36만 위안이었던 데 비해 비슷한 기종인 테슬라 모델X의 가격은 100만 위안이 넘었다.

"닝더의 왕"으로 통하는 사나이
: CATL

이즈음 혜성처럼 나타난 기업이 CATL이다. CATL의 중국 명칭인 '닝더스다이寧德時代'는 '닝더 시대'라는 뜻이다. 닝더는 중국 동남부 푸젠성의 소도시로 CATL의 창업자 쩡위췬曾毓群이 태어난 곳이다. 현재 CATL의 본사가 이곳에 있다. 쩡위췬은 이곳에서 "닝더의 왕"으로 통한다. 그 역시 중국에서 "배터리 왕"으로 불린다.

쩡위췬은 란커우라는 작은 시골 마을에서 농민의 아들로 태어났다. 어렸을 때부터 총명했던 그는 명문 상하이교통대학 선박공정계(선박엔지니어과)를 졸업했다. 학부 전공만 보면 그는 배터리와는 연관이 없어 보인다. 첫 직장도 푸젠성 성도인 푸저우의 한 국유 기업이

[9-3] 쩡위췬 CATL 회장.

었다. 이후 입사한 곳이 일본의 전자 부품 회사 TDK의 홍콩 자회사인 SAE다. TDK는 우리에게 카세트테이프로 잘 알려진 바로 그 회사다. 이곳에서 배터리 사업에 눈뜬 쩡위췬은 동료 엔지니어들과 함께 1999년 ATL$_{Amperex\ Technology\ Limited}$이라는 회사를 세웠다. 사명인 암페렉스는 '암페어$_{Ampere}$'와 '엑설런트$_{excellent}$'를 합친 말이다.[5]

ATL은 미국 벨연구소로부터 리튬폴리머 특허 권한을 이전받아 상용화하는 데 성공했다. 2000년대는 중국에서도 휴대전화가 불티나게 팔리던 때였다. 덕분에 ATL도 급성장했다. ATL이 주목받기 시작한 것은 2004년 애플에 배터리를 공급하면서부터다. ATL이 급성장했지만 한국과 일본을 따라잡기에는 자본과 인력이 부족했다. 쩡위췬 등 창업자들은 결국 2005년 친정인 TDK에 ATL의 지분을 팔기로 했다. 지분 매각 후에도 쩡위췬은 ATL에 경영진으로 남았다.

쩡위췬의 성공 소식을 접한 닝더시 관료들이 그를 찾아 고향에 공장을 세울 것을 적극 설득했다고 한다. 그런 이유에서인지 2008년 ATL은 닝더에 대규모 리튬폴리머 배터리 공장을 건립했다. ATL 본사가 있는 홍콩과 닝더는 지리적으로 매우 가까워 교류하기도 편했다.

자신만의 회사를 갖고 싶어했던 쩡위췬은 TDK를 떠나 2011년 동료들과 함께 CATL_{Contemporary Amperex Technology}을 따로 세웠다. 제2의 창업에 나선 것이다. 회사 이름에서 알 수 있듯이 ATL과 CATL은 초기에 자매 기업과 마찬가지였다. ATL의 기술 인력이 CATL로 많이 넘어왔다. 나중에 지분 관계가 정리되었지만 설립 당시 ATL은 CATL의 지분 15%를 보유했다. 양사는 소비재 배터리는 ATL이, 전기차 배터리는 CATL이 맡기로 합의하면서 사업 중복 문제를 풀었다.

시진핑의 정치적 고향, 그리고 천인계획

사업 초기에 CATL이 자리 잡는 데 쩡위췬의 고향인 닝더시의 도움을 받은 것으로 보인다. 닝더가 속한 푸젠성은 시진핑 중국 국가주석이 1985년 샤먼시 부시장으로 부임한 이후 무려 17년간 고위 공직자로 지냈던 정치적 고향이기도 하다. 다만 CATL의 성장에 시 주석이 어떤 역할을 했는지 공식적으로 알려진 바는 없다.

리튬이온 배터리라는 첨단 기술 분야로 후발 주자인 CATL이 일본과 한국을 따라잡기는 쉽지 않았다. 이때 큰 역할을 한 것이 중국 정부의 천인계획千人計劃, Chinese Talent Program이다.[6] 천인계획은 해외에 진출한 자국의 과학기술 인재들을 끌어들이려는 취지로 출발했지만 이후에는 자국민뿐 아니라 세계적인 과학자들을 영입하는 방법으로 변색되었다. 이 계획을 통해 미국과 일본, 한국의 과학자들이 중국으로 넘어갔다.

천인계획의 일환으로 CATL에 영입된 대표적인 인물이 밥 갈옌 Bob Galyen이다. GM의 임원이자 배터리 전문가였던 밥 갈옌은 2019년 CATL의 CTO(최고기술책임자)로 스카웃되었다. 그 밖에 독일의 보쉬와 컨티넨탈, 프랑스의 발레오 등에서 엔지니어들이 CATL로 영입되었다. 한국의 삼성, LG 엔지니어들도 고액 연봉을 받고 CATL로 많이 옮긴 것으로 알려졌다. 이 과정에서 국가 핵심 기술 유출 논란이 일기도 했다.[7]

CATL 역시 BYD와 마찬가지로 중국의 전기차 보조금 정책의 대표적인 수혜자다. 중국 배터리를 탑재해야 현지에서 보조금을 받을 수 있었기 때문에 유수의 글로벌 자동차들이 CATL을 찾아갔다. 당시만 해도 BYD는 자사 전기차 위주로 배터리를 공급했고 경쟁사에 배터리를 줄 이유가 없었다. 남은 선택지는 CATL이 거의 유일했다. 앞서 다임러AG 임원들이 CATL을 방문해 어쩔 수 없이 여기에 왔다며 짜증을 냈던 것도 이런 이유에서였다.

CATL은 초기에는 니오, 샤오펑 등 자국 내 기업에 배터리를 공급하다 점차 글로벌 기업으로 고객사를 확대했다. 자사 전기차의 수직 계열화에 집중했던 BYD와 달리 CATL은 BMW, 폭스바겐, 포드 등으로 영역을 넓혀나갔다. 그 결과 BYD를 따돌리고 중국뿐 아니라 글로벌 전기차 배터리 시장에서 급성장할 수 있었다.

ATL과 CATL은 여전히 긴밀한 관계를 유지하고 있다. 쩡위췬이 시작한 ATL은 이제 TDK 매출의 절반을 차지할 정도로 큰 비중을 차지하고 있다. ATL은 애플 제품에 소형 배터리를 공급하고 있으며 한때 삼성전자 스마트폰에도 배터리를 납품했다. 하지만 전기차 시대를 맞아 승승장구한 CATL과 달리 ATL은 사업 영역이 소형 배터리에만 국한되어 성장이 제약되었다. 뿌리가 중국 기업인 CATL이 중국 정부의 지원을 받을 수 있었던 반면 ATL은 일본 기업에 인수되면서 그 수혜를 입지 못했다는 점도 차이다.

ATL은 2022년 CATL과 합작 회사를 설립하며 이런 한계를 극복하고자 했다. 두 회사는 중국 푸젠성 샤먼에 샤먼엠코어테크놀로지, 샤먼앰팩테크놀로지라는 합작사를 설립했다. 두 회사는 가정용 ESS(에너지 저장 장치)와 전기 이륜차용 배터리 개발에 집중하고 있다.

'갑툭튀' CALB

중국의 배터리 시장은 1+1+N의 구조였다. CATL과 BYD의 '빅2'에 중소기업들이 난립했다. 중국에는 60여 개의 중소 배터리 기업들이 있는 것으로 파악된다. 그런데 양강 체제에 변화가 일고 있다. 신생 기업이나 마찬가지인 CALB가 급부상하고 있는 것이다.

CALB는 글로벌 시장에서는 존재감이 미약하지만 이미 중국에서는 당당히 3위 자리에 올랐다. 중국자동차동력배터리산업창신연맹에 따르면 2023년 6월 기준 전기차용 배터리 탑재량 순위에서 CALB는 8.26%의 점유율로 CATL(43.4%), BYD(29.85%)에 이어 3위를 차지했다.

2015년 설립된 CALB는 'China Aviation Lithium Battery'라는 회사 이름에서 알 수 있듯이 항공기 관련 기업이 배터리 분야에 진출하기 위해 만든 회사다. 중국 항공 분야 방산 기업인 AVIC(Aviation Industry Corp of China, 중국항공공업집단)가 장쑤성 창저우시 지방 정부와 합작

[9-4] 류징위 CALB CEO.

해 설립했다. AVIC의 자회사가 지분 10%, 창저우시 정부가 30%를 보유하고 있다. 사실상 국유 회사인 셈이다.

CALB는 2018년부터 전기차용 배터리 시장에 본격 진출해 급성장하고 있다. 2022년 10월에는 홍콩 증시에 성공적으로 상장했다. 류징위刘静瑜 CEO는 당시 《블룸버그》와의 인터뷰에서 "1년 후 세계 전기차 배터리 시장에서 5위에 들고 3~5년 안에 3위가 되겠다"라는 포부를 밝혔다. 중국 정부를 등에 업고 있는 만큼 이 말이 허언에 그치지 않을 수 있다.* 1970년생인 류징위는 AVIC 출신으로 공산당위원회 서기이다. 중국공산당이 CALB의 든든한 배경이 되고 있다.

선두 기업들은 CALB를 견제하고 있다. CATL은 CALB가 자사

---

* 시장 조사 업체 SNE리서치에 따르면 CALB는 2025년 상반기 글로벌 전기차용 배터리 시장에서 4.3%의 점유율로 CATL, BYD, LG에너지솔루션에 이어 4위를 기록했다.

특허를 침해했다며 잇따라 특허 소송을 제기했다. 하지만 2023년 8월 중국 국가지식재산권국(지재권국)은 CATL이 CALB에 대해 제기했던 두 건의 특허 소송에 무효 판결을 내렸다.

10장

배터리 삼국지

896 근무제와 100일 분투

2024년 6월 17일 중국의 대표적인 SNS(사회 관계망 서비스)인 웨이보에는 CATL이 '896' 근무제를 시행했다는 주제가 인기 검색어에 올랐다. 896이란 직원들이 매일 오전 8시 출근, 저녁 9시 퇴근을 주 6일 실시한다는 내용이다. 지난 2019년 마윈馬雲 알리바바 창업자는 주 6일 오전 9시부터 저녁 9시까지 일한다는 '996' 근무제가 축복이라고 밝혀 논란을 빚은 바 있는데 CATL은 이보다 한술 더 뜬 것이다.[1]

이와 함께 직원들의 컴퓨터 바탕화면은 '100일 분투'로 교체되었다. 매일 아침 8시부터 밤 9시까지 주 6일간 일하는 방식을 100일 동안 지속하자는 뜻이었다. 회사 측은 "최근 신에너지 승용차 시장 보

[10-1] CATL의 '100일 분투' 운동을 알리는 컴퓨터 바탕화면.

급률이 처음으로 50%를 넘겼지만 시장 환경은 갈수록 복잡해지고 경쟁도 치열해졌다"라며 "조직이 부여한 임무를 더 잘 완수하도록 업무별 목표 달성을 가속화하기 위한 것"이라고 설명했다.

CATL의 '896 근무제'와 '100일 분투' 운동은 글로벌 배터리 시장을 둘러싼 경쟁이 얼마나 치열한지를 단적으로 보여주는 사례다. CATL은 중국뿐 아니라 전 세계 배터리 시장에서 1위를 차지하는 기업이다. SNE리서치에 따르면 2024년 1~6월까지 중국을 포함한 전 세계 전기차용 배터리 사용량의 37.8%를 CATL이 공급했다. 이전 해 같은 기간보다 2.1%p 증가한 수치다.

그럼에도 CATL이 안심할 수는 없는 상황이다. 중국 내 시장에서 BYD 등 경쟁자들의 추격전이 거세다. 중국 내 공급 과잉으로 인한 가격 경쟁도 치열하다. 자동차 기업들은 배터리 내재화(자동차 제조사

[10-2] 2024년 1~6월 전 세계 전기차용 배터리 사용량 점유율

순위	제조사명	2023년 점유율(%)	2024년 점유율(%)
1	CATL	35.7	37.8
2	BYD	15.8	15.8
3	LG에너지솔루션	14.9	12.9
4	SK온	5.5	4.8
5	CALB	4.2	4.6
6	삼성SDI	4.7	4.5
7	파나소닉	7.3	4.4
8	고션	2.2	2.5
9	EVE	2.2	2.1
10	선오다	1.6	2.1
	기타	6.1	8.7
	합계	100	100

출처: SNE리서치

가 자체 개발한 배터리를 적용하는 것)를 서두르고 있다. 896 근무제 논란은 선두 기업이라고 안주하지 않고 경쟁 우위를 지키려는 CATL의 치열함이 묻어난 사례라 할 수 있다. 물론 근로자들의 과도한 노동력 착취는 비판받아 마땅하다.

 CATL의 이러한 모습은 한국 배터리 기업들에 위협이 아닐 수 없다. 2024년 현재 전 세계 배터리 시장은 한국-중국-일본 등 아시아 기업들이 장악하고 있다. 한국의 배터리 기업들은 과거 중국을 제외한 전 세계 전기차 배터리 시장의 절반 이상을 차지하는 등 맹위를 떨쳤으나 최근 중국 기업에 밀려 점차 점유율이 줄고 있다. 일본도 리튬이온 배터리 종주국으로서 자존심을 살리기 위해 역공을 노리고 있다. 한국 배터리 기업들의 치열한 고민과 노력이 필요한 때다.

세계로 뻗어나간 K-배터리

"이것은 단순히 새로운 공장을 짓는 것이 아닙니다. 이것은 이 도시, 이 주, 이 나라를 위해 더 나은 미래를 만드는 것입니다."[2]

2010년 7월 15일. 미국 미시간주 홀랜드시에서 열린 LG화학 전기차용 배터리 공장 기공식에 버락 오바마 대통령이 깜짝 참석했다. 자국 기업이 아닌 외국 기업의 공장 기공식에 현 대통령이 참석하는 것은 매우 이례적인 일이었다. 미국 정부가 친환경 전기자동차 산업을 얼마나 중요하게 생각하고 있는지를 잘 보여준 사례라는 평가가 나왔다. 당시 오바마 행정부는 2015년까지 전기차 100만 대를 보급하겠다는 목표를 밝혔다. 홀랜드의 LG 공장에서 생산한 배터리는 쉐보레 볼트와 포드의 전기차에 들어갈 예정이었다. 오바마 행정부의 전기차 보급 목표를 달성하기 위해 더할 나위 없이 중요한 생산 시설이었다.

앞서 2009년 1월 GM과 쉐보레 볼트 전기차용 배터리 단독 공급업체로 선정되었던 LG화학은 2010년 7월에는 포드의 순수 전기차 '포커스 일렉트릭FOCUS Electric'용 배터리 단독 공급업체로 선정되었다. 또 2010년 2월에는 중국 메이저 자동차 업체인 창안자동차의 계열사인 창안신에너지차와 배터리 분야에서 전략적 제휴를 맺으며 세계

[10-3] 구본무 LG그룹 선대 회장과 오바마 전 미국 대통령이 2010년 7월 15일 미국 미시간주 홀랜드에서 열린 LG화학 전기자동차용 배터리 공장 기공식에서 악수하고 있다.

최대 자동차 시장인 중국에 본격 진출했다. 이어 2010년 4월에는 볼보, 10월에는 르노와 배터리 공급 계약을 체결해 유럽 시장에서도 복수 공급업체 자리를 확보했다.

고객사가 늘어남에 따라 배터리 생산 시설도 계속 추가되었다. 2009년 충북 청주시 오창, 2010년 미국 미시간주 홀랜드, 2014년 중국 난징, 2016년 폴란드 브로츠와프에 전기차 배터리 공장을 기공하는 등 본격적으로 생산 기지 확대에 나섰다. 2020년에는 GM과 미국 합작 법인인 얼티엄셀즈를 설립하며 공격적으로 북미 시장을 공략했다. 2024년 현재 LG에너지솔루션과 GM은 얼티엄셀즈 3공장을 짓고 있는 중이다.*

한편 글로벌 배터리 시장이 확대됨에 따라 LG화학 전지사업본부는 2020년 12월 LG에너지솔루션으로 분사했다. 이후에도 2021년 현대자동차와 인도네시아 배터리 셀 합작 공장을 착공한 데 이어 2022년 스텔란티스와 전기차 배터리 합작 법인을 설립하고, 2023년에는 혼다와 합작 공장 기공식을 개최하는 등 글로벌 확장 기세를 멈추지 않고 있다.

울산 사업장 준공식 이후 전기차용 배터리를 생산하기 시작한 삼성SDI도 세계 시장 진출을 위해 해외 생산 거점을 두기로 결정했다. 중국의 신에너지차 확대 정책에 따라 전기차 시장 성장을 예견한 삼성SDI는 중국 민영 자동차 부품 기업인 안경환신과 함께 2014년 시안에 삼성환신동력전지유한공사라는 합작 법인을 세웠다. 글로벌 배터리 제조 기업으로는 처음으로 중국에 합작사를 설립한 것이다.

유럽 수요가 늘어나자 현지에 생산 거점을 둘 필요성도 점점 커졌다. 삼성SDI는 기존 헝가리 PDP 생산 공장을 전기차용 배터리 공장으로 재건축하기로 결정했다. 헝가리 공장은 기존 인프라를 활용할 수 있어 건축 기간과 비용을 절감할 수 있었고, 유럽의 주요 자동차 생산 시설과 거리도 가까웠다. 헝가리 배터리 공장은 2017년 준공해 이듬해부터 본격적인 양산을 시작했다.

이런 가운데 삼성SDI는 전기 승용차보다 배터리가 훨씬 더 많이 필요한 전기 상용차 시장 공략에 나섰다. 그 결과 2009년 12월 자동차 부품 업체인 미국 델파이Delphi와 하이브리드트럭·버스용 배터리 공급 계약을 체결할 수 있었다. 이 같은 경험을 바탕으로 2016년에

---

* LG에너지솔루션은 2025년 5월 얼티엄셀즈 3공장의 지분을 인수하며 단독 공장으로 전환했다.

는 만-스카니아MAN-SCANNIA, 2018년에는 다임러AG 자회사인 에보버스Evobus에 배터리를 공급할 수 있었다. 이어 2019년에는 볼보그룹과 상용차 중장비용 배터리 공급에 협력하기로 협약을 체결하는 성과를 올렸다.

삼성SDI는 2022년 스텔란티스와 미국 인디애나주 코코모에 전기차용 배터리 셀 합작 법인을 설립하기로 했다. 이 공장은 2024년 12월부터 가동을 시작했다. 또 2023년 8월에는 GM과 배터리 합작 법인 설립을 위한 본계약을 체결했다. 삼성SDI와 GM은 인디애나주 뉴칼라일에 35억 달러를 투자해 전기차용 배터리 공장을 설립할 계획이다.

한편 삼성SDI는 기존에 브라운관 등 디스플레이를 생산하던 말레이시아와 중국 톈진 공장을 전환해 전동 공구, 전자 기기에 들어가는 소형 배터리를 생산하고 있다. 말레이시아 스름반에 있는 2공장은 2025년부터 원통형 배터리를 생산할 계획이다.

국내에서 가장 먼저 이차전지 개발에 나섰으나 양산 체제를 늦게 갖춘 SK이노베이션은 '이차전지 후발 주자'라는 꼬리표가 따라다녔다. 하지만 본격적으로 이차전지 시장에 뛰어든 이후로는 누구보다 빨리 이차전지 생산 규모 확대에 나섰다. SK이노베이션은 2013년 12월 기존의 배터리·전자정보소재사업본부를 신성장 사업을 전담하는 NBDNew Biz Development로 통합해 새로운 사내독립기업CIC을 출범시켰다. 이 사내독립기업은 2021년 SK이노베이션으로부터 물적 분할해 SK온이 설립되었다.

SK이노베이션은 2014년 출시한 기아의 전기차 쏘울 EV와 레이 EV의 인기에 힘입어 2015년 서산 배터리 공장을 2배로 증설하는 투자를 단행했다. 이어 2016년 2월 독일의 메르세데스-벤츠 전기차에 대한 대규모 배터리 공급 계약 체결로 서산 2공장을 추가로 증설하게 되었다.

중국 시장 개척에도 나섰다. 2013년 12월 SK이노베이션은 베이징자동차그룹 및 베이징전공과 전기차용 배터리 합작 법인을 설립했다. 그 진가는 곧 드러났다. SK 배터리가 탑재된 베이징자동차의 전기차가 2014년 11월 중국 베이징에서 열린 APEC 정상회의 공식 행사 차량으로 선정된 것이다. SK이노베이션은 이를 계기로 중국 전기차 시장 공략에 나섰다. SK이노베이션과 베이징자동차, 베이징전공은 2019년 장쑤성 창저우에 전기차 배터리 셀 공장을 준공했다. 중국 전기차 시장이 급성장함에 따라 SK이노베이션은 중국에 추가 공장을 짓기로 하고 중국 이차전지 기업 EVE에너지(이브에너지)와 계약을 체결했다. SK온과 EVE에너지는 2020년 후이저우 공장, 2021년 옌청 공장을 각각 준공했다. 이 같은 노력의 결과 SK는 중국 전기차 스타트업 샤오펑Xpeng과 배터리 공급 계약을 체결할 수 있었다.

SK이노베이션은 2016년 벤츠에 이어 2018년에는 폭스바겐과 전기차용 배터리 공급 계약을 체결하면서 유럽과 미국에 생산 시설이 필요해졌다. 이에 미국 조지아주 잭슨카운티 커머스에 전기차용 배터리 공장을 건설하기로 결정하고 본격적인 투자에 들어갔다. 조지아주는 폭스바겐, BMW, 다임러, 볼보, 현대자동차·기아 등 글로벌 완성차의 생산 기지와도 가까이 있다. 당시 SK가 밝힌 16억 달러 규모의 투자는 조지아주 사상 최대 외자 유치 금액이었다.[3] SK이노베이션은 2020년 조지아 공장이 완공되자마자 곧바로 2공장 건설에 들어갔다. 2021년 5월에는 한미 정상회담 차 방미 중이던 당시 한국 대통령이 조지아주 공장 건설 현장을 방문하기도 했다. SK 조지아 공장은 한국과 미국의 첨단 기술 협력이라는 측면에서 상징적 의미를 갖고 있었기 때문이다. 2022년 4분기에 조지아 공장이 완공되면서 SK는 미국에서 배터리를 공급할 수 있는 안정적인 기반을 갖추었다.

한편 SK이노베이션은 유럽 시장 공략을 위해 헝가리 코마롬에 전기차 공장을 짓기로 하고 2018년 3월 기공식을 열었다. 코마롬 공장은 2019년 하반기 완공되어 2020년 1월부터 양산에 들어갔다. 유럽 전기차 시장이 급성장함에 따라 SK이노베이션은 2019년 코마롬 2공장 건설을 결정하고 2021년에는 다시 유럽 3공장 투자를 결정했다. 유럽 3공장은 헝가리 이반차에 건설되어 2024년 2분기 상업 가동을 시작했다.

1등, 그리고 역전

한국 배터리 기업들은 전기차 시장이 급속히 성장함에 따라 빠르게 점유율을 확대해나갔다.

시장 조사 업체 SNE리서치에 따르면 2020년 LG에너지솔루션은 중국을 제외한 전 세계 전기차용 배터리 시장에서 전년보다 2배 이상 성장하며 32.6%의 점유율로 직전 연도까지 1위였던 일본 파나소닉을 제치고 1위에 올랐다. 삼성SDI는 10.1%로 3위, SK이노베이션(현 SK온)은 9.8%의 점유율로 4위를 기록했다.

이때까지만 해도 중국 CATL의 점유율은 6.9%로 5위에 머물렀다. 하지만 전년도 0.4%와 비교하면 급속한 성장이었다.

LG에너지솔루션은 이후 2023년까지 1위 자리를 놓치지 않았다.

2021년에는 중국을 제외한 시장에서 무려 35.1%의 점유율을 차지하며 독보적인 입지를 굳혔다. 그해 삼성SDI와 SK온을 포함한 국내 배터리 3사의 점유율은 무려 55.6%에 달했다. K-배터리가 천하를 제패하는 듯했다.

이때는 전 세계를 덮친 전염병인 코로나19 이후 초저금리 시대를 맞이해 유동성이 풍부했고 친환경 자동차에 대한 관심이 급증하며 글로벌 자동차 회사들이 앞다투어 전동화 계획을 밝히던 시기였다. 국내 배터리 기업들은 GM, 포드, 폭스바겐, BMW, 현대자동차, 기아 등 글로벌 완성차 업체들과 잇따라 공급 계약을 맺으며 시장을 넓혀나갔다. 반면에 거의 전적으로 테슬라에 의존하던 파나소닉의 입지는 계속 좁아졌다. 일본 안방 시장을 기대하기도 어려웠다. 토요타, 혼다, 닛산 등 일본 자동차 기업들은 하이브리드차에 집중하느라 전기차 진입이 늦어졌기 때문이다. 파나소닉의 점유율은 2019년 48.6%에 달했으나 2020년 31.3%, 2021년 23.6% 등으로 점점 쪼그라들었다.

LG에너지솔루션은 2023년까지 중국을 제외한 전기차 배터리 시장에서 1위를 지킬 수 있었다. 하지만 점유율이 갈수록 줄어들었다. LG에너지솔루션과 파나소닉의 점유율이 줄어든 만큼 CATL의 점유율이 늘어났다. 중국에만 머물던 CATL은 2020년대 들어 글로벌 확장 정책을 펴나갔다. 그 결과 2021년 14.0%, 2022년 22.8%, 2023년 27.5% 등으로 금속히 세력을 넓히며 1위 LG에너지솔루션과의 차이를 좁혀나갔다. 2023년 누적 기준 LG에너지솔루션과 CATL의 격차는 단지 0.3%p에 불과했다.

2024년 들어서는 결국 우려했던 역전이 현실로 다가왔다. LG에

[10-4] 중국 제외 전 세계 전기차용 배터리 시장 점유율 추이

	2019년	2020년	2021년	2022년	2023년
LG에너지솔루션	23.7	32.6	35.1	29.9	27.8
삼성SDI	8.3	10.1	9.4	10.6	10.2
SK온	4.0	9.8	11.1	13.4	10.7
CATL	0.4	6.9	14.0	22.8	27.5
파나소닉	48.6	31.3	23.6	15.8	14.0

출처: SNE리서치   단위: %

너지솔루션은 2023년 상반기까지만 해도 점유율 28.0%로 1위였으나 2024년 상반기에는 1.6%p 감소한 26.5%로 2위로 밀려났다. 반면 2위였던 CATL은 27.2%의 점유율로 LG에너지솔루션을 누르고 중국을 제외한 전 세계 전기차 시장에서 1위를 차지했다. 3위 SK온은 11.2%에서 10.5%로 감소했고, 4위 삼성SDI는 9.5%에서 9.9%로 증가했다. 국내 배터리 3사의 점유율 합계는 46.9%로 전년도 동기 48.7% 대비 1.8%p 감소했다. 한때 전 세계 전기차용 배터리의 절반 이상을 차지했으나 중국 기업들에 야금야금 시장을 빼앗기고 있는 것이다.

글로벌 완성차 기업들의 중국 배터리 탑재도 늘고 있다. 테슬라는 모델3와 모델Y에 CATL의 배터리를 사용하고 있다. 이 외에 BMW의 iX 시리즈, 메르세데스-벤츠의 EQ 시리즈, 폭스바겐의 ID 시리즈 등 전 세계 주요 완성차 제조사들이 CATL의 배터리를 채택하고 있다.

CATL뿐 아니라 내수 시장에 초점을 두었던 BYD도 점유율

[10-5] 중국 제외 글로벌 전기차 배터리 사용량 점유율

순위	제조사명	2023년 점유율(%)	2024년 점유율(%)
1	CATL	27.4	27.2
2	LG에너지솔루션	28.0	26.5
3	SK온	11.2	10.5
4	삼성SDI	9.5	9.9
5	파나소닉	14.8	9.8
6	BYD	1.7	3.7
7	PPES	1.6	2.5
8	CALB	0.3	2.1
9	Farasis	1.0	1.8
10	PEVE	1.2	1.3
	기타	3.3	3.9
	합계	100	100

출처: SNE리서치(2023년과 2024년 1~6월 기간 비교)

3.7%로 6위까지 올랐다. CALB는 1년 새 점유율이 0.3%에서 2.1%로, 파라시스Farasis는 1.0%에서 1.8%로 올랐다. 아직 점유율이 높지 않지만 무시할 수 없는 수치다.

　중국 외 시장에서도 대륙별, 시장별로 점유율 차이가 있다. 국내 배터리 기업들이 유럽에서 강세를 보이는 반면, 테슬라 전기차에 배터리를 공급하는 파나소닉은 북미에서 두드러진다.

　글로벌 자산 운용사인 번스타인이 조사한 바에 따르면 2023년

[10-6] 주요 지역별 배터리 점유율

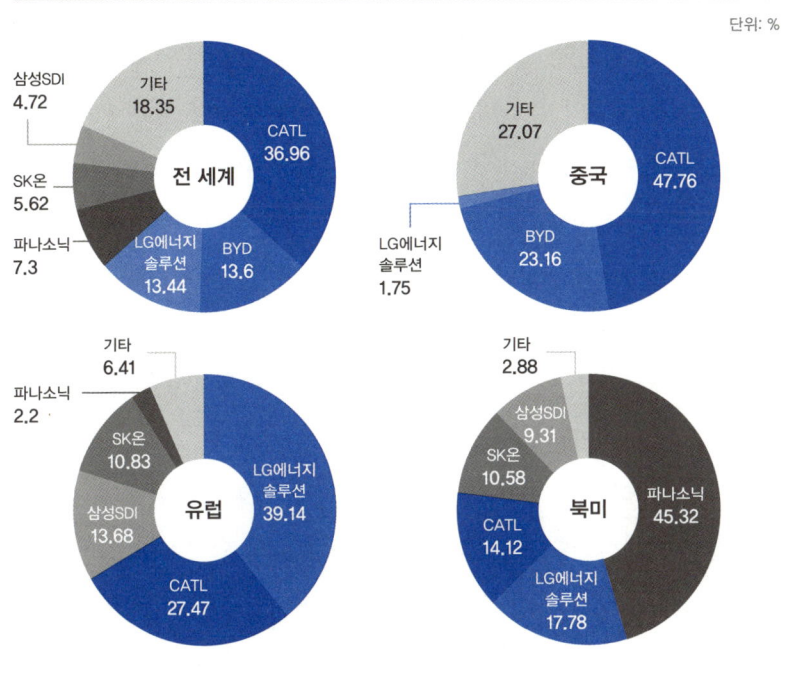

출처: 번스타인(2023년 상반기 기준)

상반기 기준 LG에너지솔루션은 유럽에서 39.14%의 점유율로 압도적인 1위를 차지했다. 삼성SDI(13.68%), SK온(10.83%)을 더하면 국내 배터리 3사의 유럽 내 점유율은 무려 63.65%에 달한다. 북미 시장에서는 파나소닉이 45.32%로 절대적 우위를 보이고 있으며 LG에너지솔루션이 17.78%로 그 뒤를 잇고 있다. 파나소닉은 테슬라 전기차의 주요 배터리 공급사다. 하지만 최근 중국 기업들도 유럽 시장 진출을 가속화하고 있어 점유율 변화가 예상된다.*

중국 배터리 기업들은 더 이상 내수 기업으로 치부하기에는 너무나 커버렸다. SNE리서치에 따르면 2024년 상반기 기준 중국을 포함한 전 세계 전기차 배터리 시장에서 CATL은 37.8%의 점유율로 독보적인 자리에까지 올랐다. LG에너지솔루션의 점유율은 12.9%로 전년도 같은 기간에 비해 2%p 감소했다. SK온의 점유율은 5.5%에서 4.8%로, 삼성SDI는 4.7%에서 4.5%로 떨어졌다. 1위 CATL, 2위 BYD(15.8%)에 이어 LG에너지솔루션과 SK온이 3, 4위를 지켰으나 5위는 중국 CALB(4.6%)에 내주었다. 삼성SDI는 6위로 밀려났다.

기업의 규모가 커지면 연구개발 등 차세대 배터리 투자에 더 적극 나설 수 있고 가격 경쟁력에서도 앞서갈 수 있다. 그동안 국내에서는 중국산 배터리를 '저가의 품질 낮은 제품'으로 치부했으나 이제는 무시할 수 없는 상황이 되었다. 실제로 CATL의 연구개발 인력은 한국 기업들을 압도하는 것으로 알려졌다. 단순히 숫자로 경쟁력을 비교할 수는 없다. 하지만 새로운 소재를 개발하기 위해서는 계속된 시행착오를 거쳐야 하는 배터리 연구에서 개발 인력이 많다는 것은 확실한 장점이다. 중국은 그동안 저렴한 LFP(리튬인산철) 배터리를 무기로 세계 시장을 공략했으나 점차 한국 기업들이 강세였던 NCM(니켈·코발트·망간), NCA(니켈·코발트·알루미늄) 등 삼원계 배터리로도 영역을 확대하고 있다.

* 중국 기업은 유럽 전기차 배터리 시장에서도 한국 기업을 따라잡았다. SNE리서치에 따르면 2025년 1분기 기준 CATL의 점유율은 43%이며 LG에너지솔루션 21%, SK온 9%, 삼성SDI 7% 순이다.

이제 성능은 기본, 가격부터 본다

중국 이외 시장에서 중국 배터리 기업들의 점유율이 올라가는 것은 글로벌 전기차 시장의 흐름이 바뀌고 있는 것과 무관하지 않다. 지금은 전기차 시장이 성능에서 가격으로 패러다임이 전환하고 있는 시기다.

전기차 시장 초기에는 이른바 얼리어답터들이 주요 고객층이었다. 다소 비싸고 불편하더라도 새로운 것을 좋아해 체험해보고 싶어 하는 소비자들이 전기차를 많이 샀다. 각국 정부가 친환경 자동차에 대해 상당한 보조금을 지급했기에 가격도 큰 걸림돌은 아니었다. 전기차 원가에서 배터리가 차지하는 비중은 30~40%에 달한다. 보조금을 고려하면 완성차 회사들에서는 다소 비싸지만 성능 좋은 배터리를 채택해도 큰 부담이 안 되었다. 하지만 최근 전기차 가격이 중요한 요소로 부각되면서 상황이 달라졌다. 완성차 기업들이 저렴한 배터리를 선호하기 시작했고 이는 한국산보다 중국산 배터리 탑재량이 늘어나는 결과로 이어지고 있다.

전기차 시장의 흐름이 바뀌고 있는 배경에는 몇 가지 요인이 복합적으로 작용하고 있다.

우선 각국 정부가 그동안 전기차에 지급하던 보조금을 폐지하거나 줄이고 있다. 세계 최대 자동차 시장인 중국은 2023년 1월부터 신에너지차에 주던 국가 보조금을 전면 폐지했다. 2023년 종료 예정이던 전기차 취득세 면제 혜택은 2025년까지 연장되었으나 2026~2027년 구매할 경우 면제 금액이 절반으로 줄어든다.[4]

4만 유로 미만의 전기차에 최대 4500유로의 구매 보조금을 지급하던 독일은 2023년 12월 17일 예고 없이 보조금을 중단했다. 이에 앞서 영국은 2022년 6월부터 전기차 보조금을 중단했다. 프랑스는 녹색산업법을 제정, 탄소 배출량을 측정해 일정 기준을 충족하는 전기차에만 보조금을 지급하는 방식으로 바꾸었다. 한국은 2024년 전기차 국가 보조금으로 1조 7340억 원의 예산을 편성했다. 이는 전년도(1조 9180억 원)보다 10.6% 줄어든 규모였다.[5]*

이런 가운데 전기차 시장에서 글로벌 경쟁이 심화하고 있다. 전기차 시대의 도래에 따라 순수 전기차 업체뿐 아니라 GM, 포드, 폭스바겐, BMW 등 기존 내연기관차 회사들이 잇따라 전기차 시장에 진출하고 있다. GM은 2035년까지 내연기관차를 단종하고 전기차만 출시할 계획이다. 폭스바겐은 2030년까지 유럽 내에서 판매하는 차의 80%를 전기차로 채우겠다는 목표를 제시했다. 이런 공격적인 목표를 달성하기 위해서는 가격을 낮춘 대중적인 전기차를 출시해야 한다. 후발 주자들의 추격에 맞서 선발 업체들도 가격 경쟁으로 대응할 수밖에 없다.

마지막으로 전기차의 성능이 상향 표준화되면서 더 이상 성능만으로 소비자들을 소구하기 어렵게 되었다. 앞으로 출시하는 대중용 전기차 모델의 경우 한 번 충전에 500~600km를 주행할 수 있는 성능을 기본으로 요구한다. 이는 과거 테슬라 모델S 등 프리미엄급 제품의 성능이다. 프리미엄 전기차는 한 번 충전에 700km 이상의 주

---

* 2025년 1월 15일 환경부가 발표한 〈2025년 전기자동차 보급사업 보조금 업무처리지침〉에 따르면 2025년 전기차 보조금 총사업비는 1조 5057억 7000만 원으로 더욱 축소되었다.

행 성능이 기본 탑재될 예정이다. 전기차 사양이 고급화되었다는 것은 그만큼 배터리 가격이 낮아졌다는 뜻이다. 현장에서 만나본 배터리 전문가들은 미래 전기차용 배터리 시장의 핵심 요소는 가격과 안전성이 될 것이라고 강조하고 있다.

실제로 테슬라를 비롯해 포드, GM 등 주요 전기차 메이커들의 가격 경쟁은 갈수록 치열해지고 있다. 이러한 시장 변화는 국내 배터리 기업의 전략 변화를 요구한다. 이전까지 K-배터리 기업들은 배터리 성능에 초점을 맞추었지만 앞으로는 가격 경쟁에서도 승부를 걸어야 하는 상황에 처한 것이다.

중국 시장 내부 문제도 중국 기업들의 해외 시장 진출을 가속화하고 있다. 바로 심각한 공급 과잉 현상이다. 중국 정부의 신에너지차 정책에 따라 전기차 시장이 급성장했고 이에 따라 배터리 기업들도 우후죽순 늘어났다. 그 결과 중국은 배터리 공급 과잉이 심각한 문제로 떠오르고 있다. 갈수록 쌓이는 재고를 해결하기 위해 중국 배터리 기업들이 해외로 눈길을 돌리고 있으며 이는 글로벌 시장에서 배터리 저가 경쟁으로 이어지고 있다.

2022년 중국 전기차 배터리의 재고량은 약 165GWh에 달해 사상 최고를 기록했다. 중국 전기차 배터리의 생산량 대비 탑재량 비율은 2020년 76%에서 2023년 50% 아래로 떨어지며 중국 배터리 시장의 공급 과잉 현상이 심화하고 있는 모습을 보여준다. 1위 기업인 CATL 역시 심각한 재고 압박을 받는 것으로 보인다. 2023년 현재 CATL의 배터리 재고량은 2019년 대비 12.6배 증가한 것으로 나타났다.[6]

일본의 반격, 과거 영광 재현할까

이런 가운데 리튬이온 배터리의 원조라 할 수 있는 일본도 반격에 나서고 있다. 일본 경제산업성은 2024년 9월 토요타와 닛산, 마쓰다, 스바루 등 자동차 4개사와 파나소닉 등 배터리 제조사에 최소 3479억 엔(약 3조 2424억 원)을 지원한다고 발표했다. 이에 부응해 자동차 4사와 파나소닉은 2028년까지 1조 엔(약 9조 3000억 원)을 투자해 전기차용 배터리 생산 능력을 대폭 확대할 계획이다.

이번 발표는 민간 기업의 투자 금액 중 약 3분의 1을 정부가 보조금으로 지원하는 파격적인 내용을 담고 있다. 정부 발표와 함께 각 사는 각각의 투자 계획을 별도로 공개하는 등 정부와 민간 기업이 한 몸처럼 움직였다.

외신들은 일본 정부와 민간 기업들이 10조 원 규모의 투자 계획을 발표한 것은 중국과 한국에 뒤처진 전기차 배터리 분야의 경쟁력을 회복하기 위한 것으로 해석했다. 배터리는 앞으로 전개될 친환경 모빌리티 산업의 핵심 경쟁력이자 에너지 안보의 핵심 축이기 때문이다. 이번 조치를 통해 일본의 연간 배터리 생산 능력은 현재 80GWh에서 약 50% 증가해 120GWh에 달할 것으로 일본 언론은 보도했다.[7]

우선 토요타는 2450억 엔을 배터리 자회사인 PPES(Prime Planet Energy & Solutions, 프라임플래닛에너지앤드솔루션스)와 PEVE(Primoearth EV Energy, 프라임어스EV에너지)에 투자해 전고체 배터리와 각형 배터리의 생산 능력을 9GWh까지 확대할 계획이다. 토요타는 2026년 11월부터 이들 배터리를 생산하기 시작한다.

출처: 파나소닉에너지

[10-7] 오사키 아쓰시大崎篤 스바루 CEO(왼쪽)와 다다노부 가즈오只信一生 파나소닉에너지 CEO가 2024년 9월 6일 리튬이온 배터리 합작 공장 설립에 합의하며 악수하고 있다.

PPES는 토요타와 파나소닉이 51 대 49로 지분을 투자해 2020년 설립한 리튬이온 배터리 전문 기업으로 각형 배터리를 생산한다. 배터리를 안정적으로 공급받기 위한 토요타와 일본 최대 자동차 업체를 고객사로 확보하려는 파나소닉의 이해관계가 맞아떨어져 설립되었다. 파나소닉은 각형 배터리 사업을 PPES로 이관하고 원통형 배터리에만 집중하고 있다.

PEVE는 1996년 구 마쓰시타전기공업주식회사, 구 마쓰시타배터리공업주식회사, 토요타 3사 간의 합작 투자를 통해 파나소닉EV에너지라는 이름으로 설립되었다. 처음에는 마쓰시타그룹이 회사 지분의 60%를 소유하고 있었지만 하이브리드 사업을 확장함에 따라 토요타가 점차 지분을 늘렸다. 토요타는 2024년 3월 PEVE의 지분 전체를 인수해 100% 자회사로 편입했다.* 업계에서는 토요타가 전기차를 비롯한 친환경차 사업의 핵심인 배터리의 공급망 수직 계열화 체계를 강화하려는 목적으로 보고 있다.

닛산은 1500억 엔을 투자해 LFP(리튬인산철) 배터리 공장을 짓는다. 5GWh 규모의 생산 능력을 확보하는 것을 목표로 하고 있으며 2028년부터 소형차에 탑재할 계획이다.

무엇보다 중심축은 파나소닉이 될 것으로 보인다. 스바루와 마쓰다는 파나소닉과 총 5500억 엔을 공동 투자해 리튬이온 배터리 제조 능력을 확대한다. 파나소닉과 스바루는 총 4360억 엔을 투자해 군마현에 스바루 전용 배터리 합작 공작을 지을 계획이다. 연간 16GWh 생산 규모를 갖출 예정인 이 공장은 2028년부터 생산을 시작한다. 파나소닉과 마쓰다는 833억 엔을 투자해 오사카에 마쓰다용 배터리 제조 라인을 건설할 계획이다. 이 공장은 2025년 7월부터 생산을 시작하며 2030년까지 연간 6.5GWh까지 생산 능력을 확대할 계획이다.

---

* PEVE는 2024년 10월 토요타배터리로 사명을 변경했다.

11장

쫓아오는 미국과 유럽

흔들리는 유럽의 희망 노스볼트

 2024년 6월 유럽 배터리 기업들을 긴장하게 만들기에 충분한 소식이 하나 전해졌다. 독일 자동차 기업 BMW가 스웨덴 배터리 기업 노스볼트Northvolt와 맺은 20억 달러 규모의 장기 공급 계약을 전격 취소한다는 것이었다. 두 회사는 2020년에 이 계약을 맺었다. 계획대로라면 노스볼트는 2024년부터 BMW에 각형 배터리를 제공해야 했다. 하지만 노스볼트는 그러지 못했다. 기다리다 못한 BMW는 결국 계약을 해지했다. 자칫 신차 출시 계획에도 영향을 미칠 수 있었기 때문이다. 노스볼트의 배터리 수율(투입 수에 대한 완성된 양품의 비율)이 좋지 못했고 생산량도 충분하지 않았던 것이 원인이었다. 노스볼트가 BMW에 공급하지 못한 물량은 삼성SDI가 대신했다.[1]

전기차 시장이 친환경 자동차의 대세로 자리 잡으면서 미국과 유럽에서는 여기저기서 우려의 목소리가 터져 나왔다. 미국과 유럽의 자동차 기업들은 전통적인 내연기관차 산업에서 강자로 군림해왔다. 하지만 전기차 시장으로 넘어오면서 위기감이 팽배해졌다. 전기차에 들어가는 핵심 부품인 배터리를 아시아 국가들에 의존하는 상황에 처해 있기 때문이다. 특히 중국이 핵심 소재를 비롯한 배터리 공급망을 장악하고 있는 데 대한 우려가 커졌다. EU(유럽연합)가 2023년 발간한 'EU경제안보 논의를 위한 EU전략보고서'에서는 리튬이온 배터리와 연료전지에 대한 중국 의존도에 대해 경고하며 이에 대한 대책을 촉구하기도 했다.[2]

하지만 유럽의 배터리 자립은 생각만큼 쉽게 이루어지지 않고 있다. 유럽 배터리 기업 중 가장 주목받은 기업은 스웨덴의 노스볼트였다. 노스볼트는 전직 테슬라 임원이던 피터 칼슨Peter Carlson과 파올로 세루티Paolo Cerutti가 2015년 설립했다. 유럽투자은행은 2019년 이 회사에 3억 5000만 유로를 융자해주었다. 이어 노스볼트는 BMW, 폭스바겐, 골드만삭스 등으로부터 10억 달러의 투자를 유치하는 데 성공했다. 글로벌 자동차 기업들과 금융 기관들이 이 신생 기업에 이처럼 큰돈을 쏟아부은 것은 중국, 한국 등 아시아 기업들이 장악하고 있는 배터리 시장에서 노스볼트가 대항마가 되어줄 것이라는 기대가 있었기 때문이다.

노스볼트는 2019년 스웨덴 셸레프테오에 첫 번째 배디리 공장을 짓기 시작했다. 이 공장은 2022년부터 배터리를 출하했다. 2024년까지 전기차 30만 대에 배터리를 공급할 수 있는 연간 16GWh 규모의 배터리를 생산하는 것을 목표로 삼았다. 2019년에는 폭스바겐

[11-1] 노스볼트 배터리 생산 시설 현황 및 계획

국가	지역	연간 생산 능력 목표	가동(예정) 시기
스웨덴	베스테르보텐주 셸레프테오	60GWh	2022년
스웨덴	베스트라예탈란드주 예테보리	60GWh	2025년
독일	슐레스비히홀슈타인주 하이데	60GWh	2025년
캐나다	퀘벡주 몬트리올	60GWh	2026년

출처: 대한무역투자진흥공사KOTRA 뮌헨무역관(2023년 10월 기준)

과 함께 독일 잘츠기터에 연산 16GWh의 배터리 공장을 짓기로 합의했다. 노스볼트는 이 외에도 독일 하이데, 캐나다 몬트리올 등에 배터리 공장 건설 계획을 발표했다. 이 회사는 이 같은 계획을 실현하기 위해 EU와 골드만삭스 등 금융권으로부터 34억 달러라는 어마어마한 돈을 조달했다. 시티그룹, BNP파리바 등 월스트리트로부터 투자 및 대출을 받은 금액도 13억 달러에 달했다.[3]

    이 같은 대규모 투자에도 불구하고 노스볼트의 배터리 생산 일정은 계속 미루어졌다. 가장 큰 이유는 기대만큼 수율이 나오지 않았기 때문이다. 스웨덴 셸레프테오 공장의 경우 연간 생산 능력이 16GWh이지만 실제 생산량은 이에 크게 미치지 못하는 것으로 알려졌다. 수율이 높지 않으면 생산하면 할수록 손실이 발생하게 된다. 노스볼트의 영업 손실은 2022년 2억 8500만 달러에서 2023년 12억 달러로 눈덩이처럼 불어났다. 배터리 업계에서는 유럽, 미국 등 선진국들이 배터리 생산 시설을 잇달아 짓고 있지만 아시아 국가들의 제조 노하우와 경험을 따라잡는 데는 시간이 걸릴 것으로 보고 있다.

[11-2] 2024년 3월 25일 올라프 숄츠 독일 총리, 피터 칼슨 노스볼트 CEO 등이 참석한 가운데 열린 독일 하이데 배터리 공장 착공식.

    노스볼트는 2024년 들어 8월까지 직원 3명이 잇달아 사망하는 악재도 겹쳤다. 이 노동자들은 모두 근무 시간 외에 숨졌으나 평소에 건강했다는 점에서 공장 내 독성 물질에 노출된 것이 아니냐는 의심을 샀다. 전년도에도 공장에서 두 번의 사망 사고가 발생해 공장 운영을 중단했다. 노스볼트의 신규 공장 건설 계획도 줄줄이 차질을 빚었다. CEO인 피터 칼슨은 2024년 7월 한 언론 인터뷰에서 독일, 캐나다, 스웨덴의 신규 공장 건설이 지연될 수 있음을 암시했다.[4]*

---

*   노스볼트는 결국 2024년 11월 파산을 신청했고, 2025년 8월 미국의 배터리 스타트업 라이텐Lyten이 노스볼트의 자산을 인수한다고 발표했다.

배터리 강국 꿈꾸는 독일과 프랑스

사실 유럽이 배터리 산업의 중요성을 인식하고 육성하기 시작한 것은 꽤 오래전부터다. EU는 2017년 10월 배터리 산업 육성과 생산 능력 확대를 위해 유럽배터리연합European Battery Alliance을 결성했다. 주요 자동차, 화학, 원자재, 엔지니어링 회사들이 힘을 합쳐 차세대 배터리 기술 경쟁력을 확보하고 유럽에 배터리 제조 기지를 건설하겠다는 목표였다.

기후위기에 대비해 유럽 각국은 그 어느 대륙보다 일찌감치 친환경 산업으로의 전환을 준비했다. 관련 규제도 강화했다. 하지만 정작 배터리 생산 능력은 갖추지 못했다. 실제로 2015년 기준 세계 배터리 생산 용량의 88%를 한국, 중국, 일본이 차지하는 상황이었다. 유럽 내에 배터리 생산 시설을 갖추어야 한다는 필요성이 제기된 것은 당연했다. 유럽배터리연합은 배터리 제조뿐 아니라 재사용, 원재료 재활용 등 배터리 시장 가치사슬 전반에 걸쳐 실행 계획을 수립했다. 2022년에는 BMW, 르노, 폭스바겐, 볼보 등 440개 기업이 유럽배터리연합에 가입하는 등 일사불란하게 움직였다.

2019년 600억 유로, 2020년 250억 유로의 투자를 유치하는 성과를 올렸다. 이를 기반으로 독일, 폴란드, 헝가리. 스웨덴 등에서 15개의 대규모 배터리 공장 건설 프로젝트가 진행 중이다. 계획이 순조롭게 진행된다면 2025년부터 점차 리튬이온 배터리 생산량을 350GWh까지 끌어올려 전기차용 배터리를 자체 조달할 것으로 전망되었다. 하지만 앞서 노스볼트 사례처럼 당초 계획이 순조롭게 진행되는 것 같지는 않다.

유럽 국가 중 배터리 생산 기지 건설이 가장 활발하게 추진되고 있는 곳이 독일이다. 독일은 BMW, 폭스바겐, 메르세데스-벤츠 등 자동차 제조사들이 즐비한 만큼 자동차 배터리의 자체 공급 필요성이 어느 나라보다 크다. 포르쉐는 2021년 독일 리튬이온 배터리 기업인 커스텀셀스Customcells와 합작해 셀포스그룹Cellforce Group을 설립했다. 포르쉐는 설립 당시 셀포스그룹의 지분 83.7%를 소유했으나 2023년 나머지 지분까지 인수해 완전 자회사로 편입했다. 셀포스그룹은 독일 남서부 바덴뷔르템베르크주에 1.3GWh 규모의 공장을 건설할 계획이었다. 포르쉐는 셀포스그룹을 완전 자회사로 편입한 후 20GWh 생산 규모를 갖춘 배터리 공장을 짓겠다고 밝혔으나 이후 추가 소식은 들리지 않고 있다.*

이 외에 노스볼트는 독일 북부 하이데에 60GWh 규모의 배터리 공장을 건설하고 있다. 독일 정부가 이 공장에 1억 유로의 보조금을 지원하기로 했다. 당초 2025년 가동을 시작한다는 계획이었으나 순조롭게 진행되지 않았다. 핀란드 자동차 부품 위탁 생산업체인 발벳Valmet은 바덴뷔르템베르크주에 독일 최초의 배터리 공장을 운용하고 있다.

르노자동차의 본사가 위치한 프랑스에서도 배터리 투자가 활발하다. 2020년 설립한 ACCAutomotive Cells Company는 프랑스 최대 배터리 기업이다. 프랑스의 토탈에너지와 글로벌 자동차 기업 스텔란티스가 합작해 설립했으며, 2021년 독일 메르세데스-벤츠가 합류했다.

---

* 2025년 8월 포르쉐는 자체 배터리 생산 계획을 포기하고 셀포스그룹을 연구개발 조직으로 전환한다고 발표했다.

[11-3] 토탈에너지, 스텔란티스, 메르세데스-벤츠가 합작 설립한 배터리 기업 ACC의 생산 시설 전경.

투자 규모는 24억 달러로 프랑스, 독일, EU 등으로부터 보조금을 지원받았다. 2023년 5월 프랑스 빌리베르클로/두브랭에 첫 번째 배터리 공장을 준공했다. ACC는 각각 2025년과 2026년 가동을 목표로 독일 카이저스라우테른, 이탈리아 테르몰리에도 배터리 공장을 건설하고 있다. 이 두 광장을 합치면 ACC의 연간 생산 능력은 120GWh까지 늘어난다. 하지만 2023년 말부터 나타난 전기차 수요 둔화로 계획에 차질이 발생하고 있다. 이 회사는 2024년 6월 전기차 시장 성장 둔화에 따라 독일과 이탈리아 공장 건설 계획을 중단한다고 밝혔다.

이 외에 르노는 중국계 일본 기업 엔비전AESC와 협력해 프랑스 북부 두에 지역에 30억 유로를 투자해 자사 전기차에 탑재할 배터리를 생산할 계획이다. 프랑스 배터리 스타트업인 베르코어Verkor도 프랑스 항구 도시 됭케르크에 배터리 공장을 설립할 예정이다. 베르코어는 2024년 5월 프랑스 금융 기관으로부터 13억 유로를 대출받는 데 성공했다. 르노가 베르코어의 지분 10%를 보유하고 있다. 대만의 배터리 기업 프롤로지움도 52억 유로를 투자해 됭케르크에 배터리 생산 시설을 짓고 있다.[5]

폴란드-헝가리는 한중 각축전

글로벌 자동차 기업들이 즐비한 유럽 시장에서 한국과 중국의 배터리 기업들도 각축전을 벌이고 있다. 그 중심지는 헝가리와 폴란드다. 두 나라는 유럽의 자동차 생산 시설과 가깝고 숙련된 노동자와 저렴한 인건비라는 장점이 있다. 우리나라는 2017년부터 폴란드, 헝가리를 중심으로 유럽 지역에 선제적으로 투자했으며 관련 소재 기업들도 상당수 동반 진출해 있다.

2022년 기준 EU 내 가동 중인 한국 기업의 배터리 생산 능력은 116.5GWh에 달한다. 이는 EU 전체 배터리 생산 능력(274.2GWh)의 42.5%에 해당한다.[6]

LG에너지솔루션은 2018년 폴란드 브로츠와프에 연 70GWh 규모의 전기차 배터리 공장을 설립했다. 삼성SDI와 SK온은 헝가리에 각각 30GWh, 17.5GWh 규모의 전기차 배터리 공장을 운영하고 있다.

중국 기업들 역시 유럽 시장에 적극 진출하고 있다. CATL은 독일에 14GWh 규모의 배터리 공장을 운영하고 있으며, 헝가리에도 2025년 가동을 목표로 100GWh 규모의 공장을 짓고 있다. 중국 기업들이 공격적으로 유럽에 진출하면서 한국 기업의 유럽 내 점유율을 갉아먹고 있다. SNE리서치에 따르면 한국의 EU 배터리 시장 점유율은 2020년 68.2%에서 2023년 63.5%로 하락한 반면 같은 기간 중국의 점유율은 16.8%에서 34.0%로 2배 증가했다. 한국 기업들이 유럽 시장에서 경쟁력을 유지하기 위해서는 유럽의 강화되고 있는 환경 규제를 전략적으로 이용하고 중국이 강점을 지닌 저렴한 LFP(리튬인산철) 배터리 시장에 서둘러 진출해야 한다는 지적이 나온다.

미국, A123시스템스의 추억

"2019년에만 해도 미국에서 운영 중인 공장은 2개, 건설 중인 공장이 2개였으나 2024년 현재 운영 중이거나 건설 중이거나 계획 중인 배터리 공장은 34개에 달한다."[7]

미국 IT 전문 매체인 《테크크런치》가 2024년 미국에서 운영 중인 전기차 배터리 생산 시설을 소개하면서 전한 이야기다. 수년 사이에 미국 전기차 배터리 공장이 그만큼 폭증했다는 뜻이다. 미국은 리튬이온 배터리와 관련해 다수의 원천 기술이 탄생한 곳이지만 이를 성공적으로 상용화하는 역할은 아시아 기업에 빼앗겼다. 전기차 시대를 맞이해 미국 배터리 수요가 큰 폭으로 증가하자 미국 기업들은 빠른 길을 선택했다. 직접 만들기보다는 아시아 기업들과 합작 법인을 설립하는 방법이었다.

조 바이든 전 대통령이 2022년 IRA(인플레이션감축법)에 서명하며 전기차에 최대 7500달러의 보조금을 지급하기로 한 이후 미국 완성차 기업들의 배터리 투자 속도는 더욱 빨라졌다. IRA는 미국 전기차 공급망에서 중국을 배제하려는 의도가 강했다. 이 때문에 미국 완성차 기업들은 주로 한국 배터리 기업을 파트너로 선정했다. 한국 배터리 기업들이 IRA의 혜택을 누린 것이다. 하지만 중국 기업들도 우회로를 찾아 미국 시장에 진출하고 있다.

미국에도 자생적인 배터리 셀 기업이 없었던 것은 아니다. 이미 2001년 MIT의 대만 출신 옛밍창Yet-Ming Chiang, 蔣业明 교수는 릭 풀럽Ric Fulop, 바트 라일리Bart Riley와 함께 미국에서 A123시스템스A123 Systems를 설립하고 LFP(리튬인산철) 배터리를 개발하기도 했다. A123은 전동 공구 회사 블랙앤데커에 배터리를 공급하기로 계약하는 등 초기에 성과를 냈다. 이어 전기차용 배터리 개발에 도전하며 크라이슬러와 공급 계약까지 체결했다. 오바마 행정부로부터 2억 4900만 달러의 보조금을 받고 2009년에는 나스닥에 상장해 3억 9000만 달러를 조달했다.

승승장구하는 듯하던 A123시스템스의 꿈은 오래가지 못했다. 크라이슬러가 전기차 출시 계약을 취소하고 대규모 리콜 사태까지 발생하자 A123은 파산을 신청했다. A123은 2013년 1월 중국 자동차 부품 기업인 완샹그룹에 인수되었다. 당시 미국의 첨단 기술이 중국으로 넘어가는 것에 대한 논란이 있었으나 미국 외국인투자위원회Committee on Foreign Investment in the United States, CFIUS는 결국 이를 승인했다. 미국과 중국이 첨단 기술의 패권을 놓고 다투고 있는 지금으로서는 상상도 못 할 일이다. 하지만 이때만 해도 미국 정부는 배터리 기술의 중요성을 제대로 인지하지 못했던 듯하다.

이후 약 10년이 지나도록 미국에서는 이렇다 할 배터리 기업이 등장하지 못했다. 만약 당시 크라이슬러가 전기차 계획을 포기하지 않았더라면 A123시스템스는 현재까지 계속 살아남아 전 세계 배터리 시장을 장악했을지도 모를 일이다. A123은 너무 일찍 시장에 진

[11-4] A123시스템스를 공동 창업한 옛밍창 MIT 교수.

출하면서 꽃을 피울 기회를 잃어버린 대표적인 사례다.

A123시스템스의 공동 창업자 중 한 사람인 옛밍창 교수는 2010년 미국에서 24M테크놀로지라는 새로운 배터리 회사를 설립하기도 했다. 24M테크놀로지는 최근 반고체 배터리semi-solid-state battery[*]를 개발하며 다시 세간의 주목을 받고 있다. 일본 교세라와 후지필름이 이 회사에 지분을 투자했다. 24M은 셀과 모듈 제작 단계를 거치지 않고 전극을 직접 패키징해 전기차에 탑재하는 ETOPelectrode-to-pack(전극-투-팩) 기술도 개발하고 있다. 이 기술은 부품 수를 최소화하고 에너지 밀도를 높여 한 번 충전으로 1600km를 주행할 수 있다고 한다.

[*] 반고체 배터리는 리튬이온 배터리에 있는 액체 상태의 전해액을 젤이나 섬토, 레진(수지) 형태 전해질로 바꾼 것이다. 전고체 배터리all-solid-state battery로 가기 전 중간 단계의 배터리다.

24M은 스타트업으로 아직 대규모 생산 시설을 갖추지는 못했다. 반고체 배터리 시장이 확대된다면 옛밍창 교수의 두 번째 시도는 성공을 거둘지 모른다.

미국 스타트업 ONE_{Our Next Energy}(아워넥스트에너지)의 행보도 주목받고 있다. ONE은 포드, A123, 애플에서 30년 이상 전기차용 배터리 시스템을 개발했던 무지브 이자즈_{Mujeeb Ijaz}가 설립한 기업이다. ONE은 2022년 미시간주에 20GWh 규모의 LFP(리튬인산철) 배터리 공장을 짓겠다는 야심 찬 계획을 발표했다. 미시간주에서도 2억 달러의 보조금을 지급했다. ONE은 2023년에는 시리즈B 펀딩에 성공했으며, 우선 2GWh 규모의 배터리 생산을 목표로 하고 있다.

기가팩토리부터 스타플러스까지

미국에서 대규모 배터리 생산 시설의 명맥이 끊기면서 뒤이어 등장한 테슬라는 전기차에 배터리를 공급해줄 마땅한 협력 업체를 구하는 데 애를 먹어야 했다. 일론 머스크 테슬라 CEO는 미국에서 파트너를 찾지 못하자 결국 파나소닉과 손을 잡았다. 테슬라와 파나소닉은 2014년 대규모 배터리 생산 시설인 '기가팩토리_{Gigafactory}' 건설 계획을 발표했다.

기가팩토리는 테슬라가 전기차 배터리 생산을 위해 건설한 리튬이온 배터리 공장이다. 기가팩토리는 GWh(기가와트시) 규모의 대량 생산을 통해 배터리 가격을 낮추겠다는 의도가 담겨 있다.*

이때부터 자동차 기업들이 만든 전기차용 배터리 공장을 기가팩토리라고 부르기 시작했다. 또한 전기차 기업과 배터리 셀 기업이 공동으로 지분을 투자해 배터리 공장을 짓는 사업 형태도 일반화되었다. 수십 GWh 용량의 배터리 공장을 짓기 위해서는 수조 원의 자금이 투입된다. 합작 공장을 설립하면 이 같은 비용을 아낄 수 있고 위험을 서로 나눌 수 있다는 장점도 있다.

2017년부터 생산을 시작한 기가팩토리 네바다는 2024년 현재까지 73억 개 이상의 배터리 셀, 150만 개의 이상의 배터리 팩을 생산했다. 그동안 수차례 증설을 거쳐 연간 생산 규모는 39GWh까지 늘어났다. 2023년 테슬라는 기가팩토리에 수십억 달러를 추가 투자해 경차 150만 대에 들어갈 수 있는 4680 배터리(지름 46mm, 높이 80mm의 원통형 배터리)를 생산하겠다는 계획을 밝혔다.

파나소닉은 테슬라와 진행하고 있는 기가팩토리와 별도로 미국 캔자스주 데소토에 독자적으로 40억 달러를 투자해 전기차용 배터리 공장을 짓고 있다. 파나소닉 캔자스 공장은 2025년 7월부터 2170 배터리(지름 21mm, 높이 70mm 원통형 배터리)를 양산하기 시작했다. 파나소닉은 향후 캔자스 공장의 연간 생산 능력을 32GWh까지 확대할 계획이다.

사실 미국에는 기가팩토리 이전에 대규모 생산 시설이 있었다. 바로 LG화학(현 LG에너지솔루션)이 2010년 건설한 미시간주 홀랜드 공장이다. 이 공장은 GM의 전기차 쉐보레 볼트에 들어갈 배터리를

---

* 기가Giga는 10억이란 뜻으로 1GWh란 10억Wh(와트시)를 의미한다. 1W(와트)는 1초 동안 쓰는 전력의 양, 1Wh(와트시)는 1시간 동안 쓰는 전력의 양을 의미한다. 고성능 전기차 한 대에는 통상 80kWh(킬로와트시), 즉 8만Wh(와트) 용량의 배터리가 들어간다. 따라서 연간 1GWh 용량의 배터리를 생산한다면 고성능 전기차 1만 2500대(10억Wh÷8만Wh)에 배터리를 공급할 수 있다.

[11-5] 2023년 3월, 최윤호 삼성SDI 대표(오른쪽)와 메리 바라 GM 회장이 합작 법인 설립을 위한 업무협약MoU을 체결하고 있는 모습.

생산했다. GM은 이후에도 LG와 긴밀한 협력 관계를 유지해 미국에 합작 공장인 얼티엄셀즈Ultium Cells 3개를 짓는 데 합의했다. 얼티엄셀즈 오하이오(1공장)는 2022년부터 제품 생산을 시작했으며 총생산 규모는 45GWh에 달한다. 얼티엄셀즈 테네시(2공장)는 2024년 상반기부터 가동을 시작해 배터리를 인도하기 시작했다. 미시간주 랜싱에 위치한 얼티엄셀즈 3공장은 2025년 가동을 목표로 건설이 진행 중이다.*

GM은 또한 2024년 8월 삼성SDI와 인디애나주 뉴칼라일에 합작 공장을 짓기로 최종 합의했다. 초기에는 연산 27GWh 규모이며

---

* LG에너지솔루션은 2025년 5월 얼티엄셀즈 3공장의 지분을 인수하며 단독 공장으로 전환했다.

출처: SK온

[11-6] 최재원 SK그룹 수석부회장(왼쪽)과 앤디 베셔 켄터키주 주지사가 2022년 12월 5일 미국 켄터키주 글렌데일에서 열린 블루오벌SK 켄터키 공장 기공식에서 H빔에 서명하고 있다.

향후 36GWh까지 늘려나갈 계획이다. 얼티엄셀즈가 파우치형 배터리를 생산한다면 삼성SDI와의 합작 공장에서는 각형 배터리를 제조하게 된다. GM 입장에서는 LG에너지솔루션 외에 삼성SDI와 손잡으며 협력 업체를 다변화할 수 있게 되었다. 또 원통형, 파우치형뿐 아니라 각형 배터리 공급망도 갖출 수 있게 되었다.

포드는 2021년 SK온과 손잡고 블루오벌SK Blueoval SK라는 이름의 합작 공장 3곳을 짓는다고 발표했다. 켄터키주에 2개, 테네시주에 1개의 공장을 지을 예정이며 총투자 예정 금액은 10조 2000억 원에 달했다. 3개의 공장이 지어지면 연간 총 129GWh의 배터리를 생산할 수 있다. 이는 포드의 픽업 전기차 F-150 라이트닝 120만 대에 들어갈 수 있는 분량이다. 이 중 켄터키 1공장의 경우 계획대로 2025년 8월부터 상업 가동을 시작했지만 켄터키 2공장은 전기차 수요 둔화에 따라 가동이 연기된 상태다. SK온은 미국 조지아주에 단독으로 1공장(9.8GWh)과 2공장(11.7GWh)을 가동하고 있다.

글로벌 자동차 기업들도 잇달아 합작 법인 형태로 미국에 배터리 공장 건설 계획을 발표했다. IRA(인플레이션감축법)에 따라 미국 내에 배터리 공급망을 갖출 필요성이 절실해졌기 때문이다. 스텔란티스는 2022년 삼성SDI와 배터리 합작 공장인 스타플러스에너지StarPlus Energy를 미국 인디애나주 코코모에 건설하기로 했다고 발표했다. 두 회사는 스타플러스에너지 2공장 건설도 추진하고 있다. 스텔란티스는 또한 LG에너지솔루션과 캐나다 윈저에 합작 공장인 넥스트스타에너지NextStar Energy를 짓고 있다.

이 밖에 일본 자동차 기업 혼다는 LG에너지솔루션과 인디애나주에 파우치형 배터리 셀을 생산하기 위한 공장을 짓고 있다. 현대자동차는 SK온과 손잡고 조지아주 바토카운티에 50억 달러 규모의 합작 공장을 건설하고 있다. 현대자동차는 또한 LG에너지솔루션과도 조지아주 서배너에 배터리 셀 공장을 짓고 있다.

중국 기업 고션은 어떻게 미국에 진출했나

한국과 일본 배터리 기업들이 글로벌 자동차 기업들과 손잡고 활발히 미국에 합작 법인을 세운 것과 달리 중국 기업들은 그러지 못했다. 중국 배터리를 탑재한 전기차는 IRA(인플레이션감축법)에 따른 보조금(세액공제)을 받기 어려웠기 때문이다.

2023년 포드는 중국 CATL과 미국 내 합작 법인 설립을 추진했다. IRA를 우회해 CATL이 지분 참여 없이 기술과 라이선스만 제공하는 방식이었다. 하지만 이마저 미국 정치권에서 논란이 일자 결국 중단되었다. 포드는 "사업이 경쟁력 있게 운영될 수 있다는 확신이 들 때까지 작업을 재개하지 않겠다"라고만 밝혔다. 포드와 CATL은 당초 35GWh 규모로 생산하기로 했지만 2023년 11월 20GWh로 계획을 대폭 축소했다. 만약 CATL과 포드의 합작 사례가 성공적으로 진행된다면 다른 중국 배터리 기업들도 기술 라이선스 방식으로 미국 진출을 추진할 수 있게 된다.

IRA의 촘촘한 그물망에도 불구하고 꾸준히 미국 진출을 추진하는 중국 배터리 기업이 있다. 바로 고션하이테크Gotion High-Tech(귀시안하이테크)다. 고션은 2022년 미국 미시간주 빅래피즈에 23억 6000만 달러 규모의 전기차 배터리 공장을 짓겠다고 밝혔다. 주 정부가 이 공장에 1억 7000만 달러의 지원금을 보태기로 밝힌 상태다. 하지만 이 공장은 주민의 반대에 부딪혀 보류된 상태다. 고션은 이어 2023년 일리노이주 만테노에 20억 달러를 투자해 40GWh의 배터리 셀을 생산할 수 있는 공장을 설립한다는 계획을 밝혔다. 주 정부가 5억 3600만 달러의 지원금을 투입한다. 미국 정치권은 고션의 미국 공장 설립 계획에 대해서도 CATL과 마찬가지로 곱지 않은 시선을 보냈다.

하지만 고션하이테크는 CATL과 다른 점이 하나 있다. 바로 글로벌 완성차 기업인 폭스바겐이 그 뒤에 있다는 것이다. 고션하이테크의 대주주는 폭스바겐차이나로, 이 회사 지분 24.8%를 보유하고 있다. 폭스바겐차이나는 폭스바겐의 100% 자회사다.[8] 고션하이테크는 폭스바겐, 시티은행 등의 지분을 포함하면 외국인 지분 비율이 30% 이상으로 중국에서도 외자 기업으로 분류하고 있다. 고션하이테크는 폭스바겐이 대주주로 참여한 2022년 이후부터 유럽, 미국 등 해외 진출을 본격화하고 있다.

폭스바겐이 고션하이테크의 대주주로 올라선 것은 양사 간의 이해관계가 맞아떨어졌기 때문이다. 고션은 폭스바겐의 투자로 자금난을 해결할 수 있었고 폭스바겐은 중국 내에서 안정적으로 배터리를 공급받을 수 있었다.

폭스바겐이 고션하이테크의 명목상 대주주임에도 불구하고 중국 내에서 경영권은 여전히 창업주 일가가 행사하고 있다. 폭스바겐은 고션하이테크 지분을 인수하는 과정에서 표결권을 갖지 않는다는 계약을 체결했다. 이로 인해 고션하이테크의 실질적인 지배력은 여전히 창업주인 리천李縝 회장 일가가 갖고 있다. 폭스바겐은 고션하이테크 이사회 9명 중 2명에 대한 인사권만 보유하고 있다.[9]

미국 공화당 의원들은 고션하이테크가 중국공산당으로부터 보조금을 받아 운영하고 있는 한 중국 정부의 입김에서 자유로울 수 없다며 미국 내 공장 설립 계획을 철회해야 한다고 주장하고 있다.[10]

또 다른 중국 기업인 엔비전AESC도 미국 진출에 속도를 내고 있다. 엔비전AESC는 미국 켄터키주와 사우스캐롤라이나주에 각각 20억 달러, 31억 2000만 달러를 투자해 LFP(리튬인산철) 배터리 공장을 짓고 있다. 2025년부터 2곳에서 생산한 배터리를 메르세데스-벤츠와 BMW에 각각 공급할 예정이다.* IRA 규정에도 불구하고 엔비전AESC가 미국에 진출할 수 있는 것은 이 회사의 본사가 일본에 있기

---

* 엔비전AESC는 2025년 6월 사우스캐롤라이나주 공장 건설을 중단한다고 발표했다. 미국 언론들은 트럼프 2기 행정부 출범 이후 높아진 정책 불확실성과 중국에 대한 고율 관세가 영향을 주었다고 분석했다.

때문이다. 엔비전AESC는 일본 NEC와 닛산이 합작한 AESC를 중국 엔비전그룹이 인수하면서 새로 출범한 기업이다. 이미 엔비전AESC는 미국 테네시주 공장에서 배터리를 생산해 닛산에 공급해왔다.

3부

최대 위협 중국

12장

전 세계 핵심광물이 모이는 곳

중국 없이는 못 만든다

"중국 없이 전기차 배터리를 생산할 수 있는가?" 2023년 5월 미국 일간지《뉴욕타임스》는 이런 질문과 함께 전 세계 배터리 산업에서 중국이 어느 정도의 비중을 차지하는지 보여주는 심층 기사를 내보냈다. 복잡한 이차전지 산업의 구조를 알기 쉬운 이미지와 그래픽으로 설명한 이 기사는 전 세계에 큰 충격을 주면서 두고두고 인용되고 있다. 그동안 피상적으로만 알고 있었던 이차전지 산업에서 중국의 지배력은 생각보다 심각했다.

리튬이온 배터리를 제조하기 위해서는 다양한 광물이 필요하다. 대표적으로 리튬, 니켈, 코발트, 망간, 알루미늄, 구리다.《뉴욕타임스》는 이러한 핵심광물부터 시작해 양극재와 음극재, 분리막, 전해액

(전해질) 등 리튬이온 배터리를 구성하는 주요 소재를 사실상 중국이 통제하고 있다고 분석했다. 이 기사의 결론은 "지금까지 유일한 승자는 중국"이라는 것이었다.[1]

중국은 전기차 배터리에 들어가는 핵심광물을 직간접적으로 통제하고 있다. 리튬이온 배터리의 음극 소재로 가장 널리 사용하고 있는 흑연은 중국 내에서 직접 생산한다. 반면 리튬, 코발트 같은 광물은 중국 내에서 직접 생산하고 있을 뿐 아니라 해외 광산의 소유권을 확보하거나 정제·제련 과정을 장악함으로써 전체 공급망을 통제하고 있다. 중국 기업들은 저렴한 인건비와 느슨한 환경 규제 덕분에 서방 기업들이 꺼리던 정제·제련 사업에 적극 뛰어들었다. 중국 정부의 신에너지차(전기차) 확산 전략과 맞물려 중국 배터리 소재 산업은 급성장했고, 결국 전 세계를 장악할 수 있게 되었다.

예를 들어 코발트의 경우 중국은 세계 최대 코발트 매장량을 자랑하는 콩고민주공화국의 코발트 광산 대부분을 소유하고 있다. 콩고민주공화국에서 채굴한 코발트는 현지에서 직접 정제·제련하기도 하지만 상당수는 중국으로 가져와 제련 과정을 거친다.《뉴욕타임스》는 이런 식으로 중국이 전 세계 코발트 채굴의 41%를 장악하고 있으며, 코발트 정제의 73%가 중국에서 이루어지고 있다고 분석했다. 콩고민주공화국의 코발트는 채굴 과정에서 아동 노동력이 사용된다는 점에서 서방 국가들은 거리를 두었지만 중국은 이에 아랑곳하지 않는다.

리튬이온 배터리의 가장 핵심 소재라고 할 수 있는 리튬도 중국은 호주 리튬 광산과 남미 리튬 염호에서 채굴한 뒤 중국에서 정제·제련하는 방식으로 공급망을 장악하고 있다. 니켈 세계 최대 매장량을 자랑하는 인도네시아에도 일찌감치 중국 기업들이 진출해 있다. 《뉴욕타임스》가 원자재 컨설팅 기업인 CRU그룹의 자료를 분석한 바에 따르면 2022년 기준 중국은 전 세계 리튬 정제의 67%, 니켈 정제의 63%를 차지하고 있다. 인도네시아 니켈 광산도 열악한 노동 환경, 무분별한 산림 벌채로 인한 환경 파괴 등으로 국제 사회의 우려를 낳고 있지만 인도네시아와 중국 간의 끈끈한 관계는 변함없이 지속되고 있다.

우리나라의 경우 중국에 대한 의존도는 더욱 높다. 리튬이온 배터리 시장 초기부터 중국에서 값싼 원료를 조달하는 방식을 채택했기 때문이다. 우리나라가 직접 핵심 소재를 정제하기보다는 가까운 중국으로부터 수입하는 것이 가격 경쟁력을 확보할 수 있는 방법이었기에 기업으로서는 당연한 선택이었을지 모른다. 한국무역협회 조사에 따르면 2023년 1월부터 5월까지 황산코발트를 100% 중국에서 수입했다. 전구체는 97.5%, 천연흑연은 90.6%, 수산화리튬은 84.4%, 황산망간은 70.2%를 중국에서 수입하는 것으로 분석되었다.[2]

핵심 소재뿐 아니라 리튬이온 배터리의 중간재 역시 중국에 대한 의존도가 심각하다. 《뉴욕타임스》가 야노리서치, 국제에너지기구 IEA의 자료를 분석한 바에 따르면 2021년 기준 중국은 전 세계 양극재의 77%, 음극재의 92%, 분리막의 74%, 전해질(전해액)의 82%를 공급했다. 2022년 기준으로 NCM(니켈·코발트·망간) 양극재의 73%, LFP(리튬인산철) 양극재의 99%를 중국 기업이 만들었다. 우리나라의 경우 양극재의 중간재인 전구체의 중국 의존도가 심각하다. 수입의 90% 이상을 중국에 의존하고 있는 상황이다.

이차전지 산업에서 특정국에 대한 의존도는 우리나라가 경쟁국

[12-1] 이차전지 원료와 소재 수입 비중

품목	1위 수입국	비중
황산코발트	중국	100%
전구체	중국	97.5%
양극활물질	중국	96.1%
인조흑연	중국	92.9%
천연흑연	중국	90.6%
탄산리튬	칠레	84.5%
수산화리튬	중국	84.4%
니켈 중간 제품	뉴칼레도니아	77.6%
황산니켈	핀란드	70.4%
황산망간	중국	70.2%
산화코발트	중국	66.4%
분리막	중국	64.7%
전해질(전해액)	중국	59.7%
니켈브리켓	호주	48.2%
코발트 중간 제품	콩고민주공화국	38.5%
동박	일본	27.8%

출처: 한국무역협회(기간: 2023년 1~5월)

에 비해서도 월등히 높다. 대한상공회의소 조사에 따르면 2020년 기준 한국은 이차전지 제조에 필수인 8대 광물 가운데 산화코발트·수산화코발트(83.3%), 황산망간·황산코발트(77.6%), 산화리튬·수산화리튬(81.2%), 탄산리튬(89.3%), 황산니켈(59%) 등 5개 품목에서 특정국의 의존 비중이 가장 높았다. 특히 8대 핵심광물별로 수입 1위 국가에 의존하는 비율의 평균치가 77.1%에 달했다. 반면 글로벌 이차전지 시장에서 경쟁하는 일본은 8개 품목에서 수입 1위 국가에 의존하는 비중이 66.5%, 중국은 60%, 독일은 51.1% 등으로 상대적으로 낮았다.[3]

이러한 상황은 좀처럼 개선되지 않고 있다. 한국수출입은행 조사에 따르면 2022년 기준 이차전지 원자재 중 천연흑연의 무역 수지는 -97.7%에 달했으며 이산화망간(-90.6%), 산화코발트·수산화코발트(-96.6%), 산화리튬·수산화리튬(-97.7%), 전구체(-95.8%), 바인더(-83.7%) 등 순수 수입에 가까운 품목이 많았다. 대부분 특정국 수입 편중이 심했으며, 특히 대중국 수입 비중이 높았다. 조사 대상 36개 품목 중 특정국 수입 비중이 50% 이상인 품목은 총 20개였다. 중국이 최대 의존국인 품목은 24개였으며 이 중 14개 품목은 수입 비중이 70% 이상이었다.[4]

저렴한 중국산 원료나 소재를 수입해 배터리를 만드는 것은 과거 한국 배터리의 가격 경쟁력을 높이고 수출을 확대하는 데 도움을 주었다. 리튬이온 배터리 초기 인사들을 인터뷰해보면 국내 기업들은 소재를 내재화하기보다는 중국으로부터 값싼 제품을 수입하는 쉬운 방법을 택했다. 일부 대기업은 소재 제조 기술을 중국에 전수하며 소재를 조달하기도 했다고 한다.

하지만 이러한 사업 방식은 현재 독이 되어 부메랑으로 돌아오고 있다. 중국에 대한 각국의 견제가 강화되면서 이는 우리에게는 커다란 위협이 되고 있다. 세계 각국은 친환경차로 전환하는 과정에서

[12-2] 국내 기업의 공급망 취약 품목 대응 현황(원자재)

원자재	품목명 (연간 수입액)	국내 주체	파트너	상세 내용
흑연	천연흑연 (1.3억 달러)	엘피엔LPN	자체 개발	기술 개발 : 천연흑연 재활용
		포스코 인터내셔널	블랙록마이닝 (호주)	원광 확보 : 구매 계약
		LG에너지솔루션	노보닉스 (호주)	기술 개발 : 인조흑연 공동 개발협약JDA 및 전략적 투자
		SK온	웨스트워터리소스, 우르빅스(미국)	기술 개발 : 배터리 음극재 공동개발협약JDA
		SK그룹, 포스코실리콘솔루션, 한솔케미칼, 대주전자재료 등	자체 개발	기술 개발 : 실리콘 음극재 개발 투자
		LG에너지솔루션, 삼성SDI, SK온	시라(호주)	유통망 확보 : 시라 소유의 모잠비크 광산 내 흑연 구매
코발트	산화· 수산화코발트 (2.5억 달러) 황산코발트 (0.34억 달러)	LG에너지솔루션, 삼성SDI, SK온	–	기술 개발 : 코발트 프리 양극재 (NMX, LLO) 개발 중
		포스코퓨처엠	화유코발트(중국)	유통망 확보 : 합작 공장 설립
		LG에너지솔루션	일렉트라(캐나다), AM, QPM(호주)	원광 확보 : 구매 계약

		SK온	글렌코어(스위스)	원광 확보 : 구매 계약
		삼성SDI	글렌코어(스위스)	원광 확보 : 구매 계약
리튬	산화· 수산화리튬 (36.8억 달러) 탄산리튬 (17.4억 달러)	LG에너지솔루션	SQM(칠레)	원광 확보 : 구매 계약
		한국수출입은행	SQM(칠레)	원광 확보 : 핵심광물 공급 조건부 금융 지원
		LG에너지솔루션	컴퍼스미네랄 (미국)	유통망 확보 : 가공 원자재 구매 계약
		포스코홀딩스	포스코아르헨티나 (아르헨티나)	원광 확보 : 현지 기업 설립
		SK온	레이크리소스 (호주)	유통망 확보 : 지분 확보 및 구매 계약

출처: 이현진, 〈글로벌 이차전지 공급망 현황과 국내 리스크 분석〉, 한국수출입은행, 2023. 11. 20.

전기차의 핵심 부품인 배터리를 중국에 의존하는 상황을 달가워하지 않고 있다. 이에 미국, 유럽은 전기차 배터리 공급망에서 중국을 배제하려는 움직임을 구체화하고 있다. 우리나라 배터리 기업들도 이 같은 움직임에 발맞추어야 하는 상황이다. 이에 대응해 중국은 시시때때로 핵심 원자재 수출을 통제하고 있다. 중국이 마음만 먹으면 한국 배터리 산업이 멈추어 서는 상황이 발생할 수도 있다.

한국 정부와 배터리 관련 기업들은 리튬, 니켈 등 핵심광물의 탈중국화를 위해 노력하고 있으나 수십 년간 이어져온 공급망을 하루아침에 바꾸기는 쉬운 일이 아니다.

가장 대표적인 것이 흑연이다. 미국은 당초 2025년부터 중국 등 해외우려기관FEOC에서 조달한 핵심광물을 사용한 전기차는 IRA(인플레이션감축법)에 따른 친환경차 세액공제(보조금)를 해주지 않기로 했다. 하지만 중국에 대한 의존도가 절대적인 상황에서 대체재가 마땅치 않은 상황이었다. 이에 한국 정부와 기업은 미국 정부에 흑연을 예외로 해줄 것을 요청했고, 결국 2024년 5월 미국은 이를 받아들여 2년간 유예해주기로 했다. 한국은 시간을 벌기는 했지만 2년 이내에 중국산 의존도를 낮추어야 하는 숙제를 안게 되었다.

"하얀 석유"라던 리튬에 무슨 일이

리튬이온 배터리 핵심 소재 중 가장 많이 언급되는 것이 리튬이다. 리튬은 리튬이온 배터리 양극재의 핵심 소재로 사용된다. 흔히 이차전지의 4대 소재라고 하면 '양극재, 음극재, 분리막, 전해질(전해액)'을 일컫는다. 리튬이온 배터리를 충전하기 시작하면 양극에 있던 리튬산화물에서 리튬이온이 떨어져 나와 전해액과 분리막을 거쳐 음극으로 이동한다. 반대로 배터리를 사용하면(방전하면) 음극에 있던 리튬이온이 다시 양극으로 이동한다.

양극재란 양극에 사용하는 다양한 종류의 리튬산화물을 일컫는다. 양극재는 리튬이온 배터리의 용량과 에너지 밀도를 좌우하는 핵심 소재다. 어떤 리튬산화물을 사용하는지에 따라 배터리의 용량과

[12-3] 호주 그린부시스 리튬 광산 전경.

전압이 달라진다. 리튬산화물의 이름을 따서 배터리 이름을 짓기도 한다.

양극재는 이차전지 원가의 40~50%를 차지할 정도로 비중이 높다. 또 양극재 원가의 60~70%를 차지하는 것이 리튬이다. 리튬은 이차전지의 성능뿐 아니라 가격을 결정짓는 핵심 변수인 것이다. 전기차 한 대에는 차종에 따라 약 30~60kg의 리튬이 들어간다.

리튬$_{Li}$은 주기율표상 원자번호 3번으로 금속 중 가장 가벼운 물질이다. 순수 리튬금속은 은백색을 띠고 있으며 사람이 칼로 자를 수 있을 정도로 무르다. 하지만 리튬은 매우 불안정한 물질로 반응성이 높아 자연 상태로는 순수 리튬이 아닌 혼합물 형태로 존재한다.

리튬은 암석이나 자연수에 존재하고 있지만 1817년에 처음 발견되었을 정도로 희소하다. 일정 수준 이상으로 리튬을 함유하고 있어야 상업적으로 채굴할 가치가 있다. 현재 리튬은 광산이나 소금호

수(염호)에서 주로 채굴한다.

리튬을 가장 많이 품고 있는 광석이 스포듀민spodumene(리티아휘석)이다. 스포듀민은 최대 8%의 리튬을 함유하고 있다. 이 밖에 리티아운모, 인반석, 엽장석 등도 리튬 함량이 많은 광석이다. 리튬 광산으로 가장 유명한 곳이 호주다. 호주의 그린부시스Greenbushes 광산은 세계 최대 최고 품질의 스포듀민 광산이다.

리튬 염호는 남미 삼각 지대(아르헨티나·칠레·볼리비아)에 주로 분포한다. 칠레 아타카마Atacama 염호, 아르헨티나 살리나스그란데스Salinas Grandes 염호, 볼리비아 우유니Uyuni 염호가 유명하다. 상업성 있는 염호에는 리터당 500~2000mg의 리튬을 포함하고 있다. 염호에서는 염수를 태양광으로 증발시킨 후 불순물을 제거하고 추가 공정을 통해 배터리 소재인 탄산리튬Li_2CO_3이나 수산화리튬$LiOH$ * 으로 전환한다.[5]

리튬이온 배터리의 핵심 원료인 리튬은 전기차 판매가 급증하자 공급 부족에 대한 우려로 가격이 급등했다. 그래서 "하얀 석유"라는 별칭이 붙기도 했다. 하지만 전기차 수요가 둔화하는 모습을 보이면서 가격이 크게 떨어졌다. 한국광해광업공단 한국자원정보서비스에 따르면 탄산리튬의 가격은 2022년 11월 kg당 581.5위안으로 최고

---

* 리튬은 주기율표상 가장 가벼운 금속으로 높은 반응성으로 인해 순수한 형태로 활용하기 어렵기 때문에 화합물 형태로 가공해 사용한다. 배터리 제조에 활용하는 리튬 화합물에는 크게 수산화리튬과 탄산리튬이 있다. 수산화리튬은 NCM(니켈·코발트·망간), NCA(니켈·코발트·알루미늄) 등 삼원계 배터리에 주로 사용된다. 수산화리튬이 니켈과의 합성에 용이하기 때문이다. 에너지 밀도를 높일 수 있는 하이니켈 배터리high-nickel(high-Ni) battery **를 주로 생산하는 국내 배터리 기업들은 수산화리튬에 대한 수요가 많다. 탄산리튬은 주로 LFP(리튬인산철) 양극재를 사용하는 배터리에 주로 사용된다.

[12-4] 탄산리튬 가격 추이

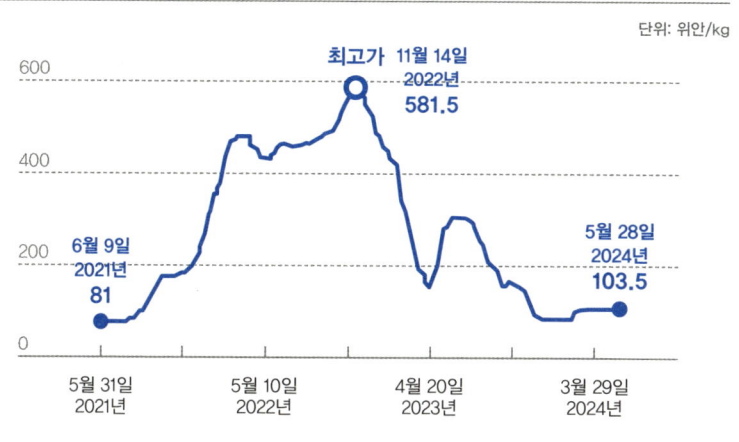

출처: 한국광해광업공단

점을 찍은 뒤 급락했다. 2023년 잠시 반등하는 듯하다가 다시 하락해 2024년 5월 23일 103.5위안을 기록했다. 2022년 최고점 대비 82% 하락한 수준이다. 리튬 값이 치솟기 시작했던 2021년 8월 가격과 비슷하다. 2025년 6월에는 무려 57.7위안까지 내려갔다.

리튬은 가격 변동성이 큰 대표적인 광물이다. 리튬 광산 개발에 4~7년이 소요되는 반면 수요는 단기적으로 크게 변하기 때문에 수급 불일치가 빈번하게 발생한다. 이에 따라 공급 과잉과 부족이 반복되고 수급 불안으로 가격 변동 폭이 심하다.

** 니켈 함량의 비중이 70% 이상인 양극재를 사용하는 배터리. 양극재에 들어가는 니켈 함량을 80~90%로 크게 늘리면 에너지 밀도가 높아져 전기차 1회 충전 시 주행 거리가 증가한다.

시장에서는 리튬 가격이 단기 조정을 겪은 후 장기적으로는 반등할 것으로 보고 있다. 전기차 판매 비중이 늘면서 리튬에 대한 수요가 계속 확대될 수밖에 없기 때문이다. 글로벌 리서치 기관 블룸버그NEF는 2030년까지 탄산리튬의 수요가 240만 톤을 넘어설 것으로 전망하기도 했다.

리튬 가격이 급락하면서 리튬 광산 기업들과 배터리 관련 기업들이 타격을 입었다. 공격적으로 광산 개발에 나섰던 중국 광산 기업들도 어려움을 겪었다. 중국의 대표적인 리튬 광산 기업인 텐치리튬Tianqi Lithium, 天齐锂业은 실적이 악화하자 2024년 4월 창업자 장웨이핑蒋卫平 회장이 전격 사임을 발표했다. 그는 딸 장안치蒋安琪에게 경영권을 넘겼다.

국내 양극재 기업들도 리튬 가격 하락에 직격탄을 맞았다. 양극재 기업들은 리튬, 니켈 등 광물 가격과 판매가를 연동하는 방식으로 배터리 셀 기업과 계약을 맺는다. 이때 광물 가격과 판매가 사이에는 일정 시차가 존재한다. 광물 가격이 상승하는 시기에는 저렴할 때 구매해두었던 원재료 덕에 제품을 비싸게 판매해 수익을 극대화할 수 있다. 이를 '래깅 효과lagging effect'라고 한다.

하지만 반대로 광물 가격이 하락할 때는 비싸게 원재료를 사서 싸게 파는 구조여서 손실이 발생할 수밖에 없다. 이를 '역래깅 효과'라고 부른다. 리튬 가격이 크게 올랐을 때 재고를 많이 확보해두었던 국내 양극재 기업들은 2023년 하반기부터 역래깅 상황에 처했다. 에코프로 등 국내 주요 양극재 기업들의 실적이 곤두박질쳤다. 에코프로그룹의 양극재 계열사인 에코프로비엠은 2024년 2분기 매출 8095억 원, 영업 이익 39억 원을 기록했다. 전년 동기 대비 매출은 57.5%,

[12-5] 전 세계 리튬 매장량

국가	매장량
칠레	930만 톤
호주	620만 톤
아르헨티나	360만 톤
중국	300만 톤
미국	110만 톤
캐나다	93만 톤
브라질	39만 톤
짐바브웨	31만 톤
포르투갈	6만 톤
기타	280만 톤
합계	2769만 톤

출처: 미국지질조사국(2023년 기준)

영업 이익은 96.6% 하락한 수준이다. 이 같은 역래깅 효과는 리튬 재고가 소진되고 가격이 안정기에 접어들어야 해소될 것으로 예상된다.

리튬 공급망 장악한 중국

리튬은 토양, 광석, 자연수 등 어디에나 분포하고 있지만 극소량이기 때문에 이용 가치가 떨어진다. 채굴 가능한 경제성 있는 리튬 광산이나 염호는 한정되어 있다.

미국지질조사국USGS에 따르면 2023년 기준 전 세계 리튬 매장량은 약 2800만 톤으로 추정된다. 이 중 33.6%인 930만 톤이 칠레에 있다. 이어서 호주(620만 톤, 22.4%), 아르헨티나(360만 톤, 13.0%), 중국(300만 톤, 10.8%) 순이다. 칠레와 호주가 전체 매장량의 절반 이상(55.9%)을 차지한다. 매장량만 놓고 보면 중국의 비중은 그리 높지 않다.

2023년 기준 전 세계 리튬 생산량은 14만 6000톤으로 이 중 호주가 8만 6000톤을 생산해 전체의 46.6%를 차지했다. 이어 칠레 4만 4000톤(23.8%), 중국 3만 3000톤(17.9%) 순으로 나타났다. 호주, 칠레, 중국 3국이 전 세계 리튬 생산의 88.3%를 차지한다. 리튬 최대 생산국은 호주에서 남미로 바뀔 것으로 보인다. 초기 호주 리튬 개발에 집중했던 중국, 미국의 광산 기업들이 남미 리튬 염호에 활발히 진출하고 있기 때문이다. 한국 정부와 기업들도 칠레에 공을 들이고 있다.

간펑리튬Ganfeng Lithium, 贛鋒鋰業, 톈치리튬 등 중국 기업들은 중국 정부의 신에너지차 확대 정책으로 리튬 수요가 급증하자 해외 광산 개발로 눈을 돌렸다. 중국은 세계 4위 리튬 매장국이지만 마그네슘 등 불순물의 함량이 높다는 지질적인 문제를 안고 있었다. 톈치리튬의 경우 2013년 호주 탤리슨Talison의 지분 51%를 인수해 경영권을 확보한 것을 시작으로 2018년에는 칠레 SQM의 지분 25.87%를 인수하는 등 해외 진출이 활발했다. 간펑리튬은 2022년 아르헨티나 광산 업체 라테아의 지분 100%를 9억 6200만 달러(약 1조 3000억 원)에 인수했다. S&P에 따르면 2018년 이후 중국이 해외 리튬 광산 인수에 투자한 금액은 50억 달러(약 6조 8000억 원)에 달했다.

이렇게 해외에서 생산한 리튬은 중국으로 운반된 뒤 고순도 리튬화합물로 제련된다. 중국은 느슨한 환경 규제와 저렴한 생산비 덕

[12-6] 리튬 주요 제련국 비중

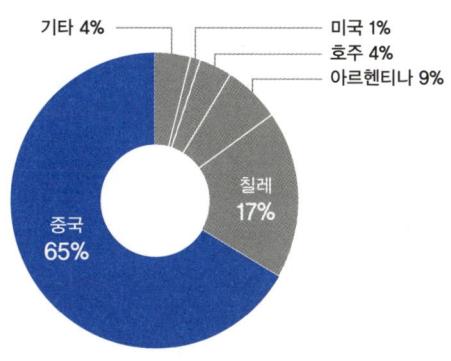

출처: 블룸버그NEF(2022년 기준)

에 전 세계 리튬화합물 생산의 대부분을 차지하고 있다. 블룸버그 NEF에 따르면 2022년 기준 중국은 전 세계 리튬 제련의 65%를 차지하고 있다. 특히 하이니켈 배터리에 주로 쓰이는 수산화리튬의 중국 제련 비중은 75%에 달한다.

한국 역시 리튬을 전량 해외에 의존하고 있다. 2022년 기준 전체 리튬 수입의 95%를 중국(64%), 칠레(31%) 두 나라에 의존하고 있다. 칠레로부터는 주로 탄산리튬을, 중국으로부터는 수산화리튬을 수입하고 있다. 우리나라의 대중국 수산화리튬 의존도는 84%에 달한다.

한국 정부와 기업들은 중국에 대한 리튬 의존도를 낮추고 공급선을 다변화하기 위해 노력하고 있다. 중국발 리스크에 대비하기 위해서다.

포스코홀딩스는 아르헨티나 살타주/카타마르카주에 있는 염호를 인수했으며 현지 공장에서 수산화리튬을 생산하고 있다. 포스코는 2023년 광양 율촌산단에 포스코리튬솔루션 공장을 착공했다. 이 공장에서는 아르헨티나에서 확보한 염수 리튬을 이용해 수산화리튬을 생산할 예정이다.

포스코는 또 호주 필바라미네랄에 지분 2.76%를 투자해 스포듀민을 오프테이크$_{off\text{-}take}$* 방식으로 확보했다. 포스코는 필바라와 광양 율촌산단에 82 대 18의 지분 비율로 포스코필바라리튬솔루션을 설립해 수산화리튬을 생산하고 있다. 포스코는 2030년까지 염수 리튬 10만 톤, 광석 리튬 22만 3000톤을 포함해 총 42만 3000톤의 리튬을 생산한다는 계획이다.

배터리 셀 기업들도 직접 리튬 확보에 나서고 있다. LG에너지솔루션은 2024년 7월 호주 리튬 광산 업체인 라이언타운리소시스$_{Liontown\ Resources}$와 대규모 리튬 정광 공급 및 전환사채 투자 계약을 체결했다. LG에너지솔루션은 이 계약에 따라 15년간 총 175만 톤의 리튬 정광을 추가로 공급받는다는 계획이다. 이는 전기차 500만 대를 생산할 수 있는 규모다. LG에너지솔루션은 라이언타운과 약 3450억 원 규모의 전환사채 투자 계약도 맺었다.

니켈, 클래스가 다르다

현재 전 세계적으로 많이 사용하는 리튬이온 배터리는 삼원계

---

* 일정한 물량을 시장 가격으로 구매할 것을 미리 약정하는 장기 구매 계약.

배터리와 LFP(리튬인산철) 배터리다. 삼원계로는 양극재로 니켈$_{Ni}$·코발트$_{Co}$·망간$_{Mn}$을 주로 사용하는 NCM 배터리와 니켈$_{Ni}$·코발트$_{Co}$·알루미늄$_{Al}$을 사용하는 NCA 배터리가 있다. 니켈$_{Ni}$·코발트$_{Co}$·망간$_{Mn}$·알루미늄$_{Al}$을 모두 사용하면 NCMA 배터리라고 하며, 이를 사원계 배터리라고 표현한다.

    삼원계든 사원계든 공통으로 들어가는 원소가 니켈이다. 삼원계 배터리에서는 니켈의 함량이 높을수록 에너지 밀도가 높아진다. 에너지 밀도가 높다는 것은 1회 충전 시 주행 거리가 늘어난다는 것을 의미한다. 국내 배터리 기업들은 그동안 니켈 비중이 높은 하이니켈 배터리 개발에 집중해왔다. 하지만 니켈의 함량이 높을수록 열적 안정성이 떨어지기 때문에 하이니켈 배터리는 매우 어려운 기술이다. 양극재에서 니켈의 비중이 95% 이상인 배터리도 나와 있다. 삼원계 배터리를 주력으로 하는 국내 배터리 기업들로서는 니켈을 안정적으로 확보하는 것이 매우 중요한 과제다.

    니켈은 은백색의 강한 광택이 나는 금속으로 공기 중에서 산화 반응을 일으키지 않아 도금이나 합금의 재료로 널리 사용된다. 은 색깔과 비슷하고 내식성이 강해 세계 각국에서 동전의 재료로 많이 쓰이기도 한다. 미국에서는 5센트 동전을 니켈이라고 부른다. 니켈은 지각 내에 비교적 풍부하게 존재한다. 그럼에도 가격이 비싼 편이다. 순수한 형태로 분리하기 쉽지 않은 데다 광산 개발에 10년 이상 오랜 시간이 필요하기 때문이다.

    니켈 광석은 매장 위치 및 성분에 따라 황화광과 산화광으로 나뉜다. 전 세계적으로는 산화광의 비중이 60%로 황화광보다 높다. 산화광은 땅 표면에 있어 채굴은 쉽지만 니켈 함량이 낮다. 산화광은 주로 인도네시아, 필리핀, 파푸아뉴기니, 뉴칼레도니아, 브라질 등 열대 지방에 분포한다. 황화광은 니켈 함량이 높지만 채굴 비용이 많이 드는 것이 단점이다. 유황 성분이 많아 갈색을 띤다. 황화광은 주로 러시아, 캐나다, 호주, 중국 간쑤성에 분포한다.

산화광은 다시 토양 상부에 위치한 리모나이트limonite와 토양 하부에 위치한 사프로라이트saprolite로 구분된다. 과거에는 니켈 함량이 낮은 리모나이트는 처리하지 않고 폐기했다. 하지만 기술의 발전으로 고압산침출법high-pressure acid leaching, HPAL*을 이용해 리모나이트에서도 순도 높은 니켈을 생산할 수 있게 되면서 니켈 생산량이 급증했다. 산화광 니켈 산지인 인도네시아가 니켈 생산량 1위에 올라선 배경이다.

니켈은 순도에 따라 순도 99.8% 이상인 클래스1class 1과 99.8% 미만인 클래스2class 2로 나뉜다. 이차전지 양극재에는 클래스1 니켈이 활용된다. 기존에는 품위**가 높은 황화광은 주로 클래스1으로, 산화광은 클래스2로 가공했다. 하지만 최근에는 매장량이 많고 채굴이 쉬운 산화광에서 고압산침출법을 이용해 양극재용 고순도 니켈로 가공하고 있다. 습식 제련으로 중간재인 니켈 매트nickel matte(니켈 함량 55~75%), 니켈수산화물인 MHPmixed hydroxide precipitate나 니켈황화물인 MSPmixed sulphide precipitate를 만들고 이를 이용해 다시 양극재에 쓰이는 황산니켈로 가공하는 식이다. MHP나 MSP는 니켈 함량이

* 황산을 강한 압력으로 분사해 니켈의 순도를 높이는 방법. 습식 제련이라고도 한다. 리모나이트와 달리 사프로라이트는 고온의 열을 가하는 건식 제련 방식으로 니켈을 생산한다.

** 광물에 들어 있는 필요 성분의 함유량. 해당 광물에 대한 가치 판단 기준이 된다. 통상 %로 표시한다.

34~55% 수준이며 코발트를 소량(1~4.5%) 함유하고 있다. MSP는 생산 과정에서 유독 가스인 황화수소를 사용한다.

이차전지 양극재 원료로 사용되는 황산니켈은 니켈을 황산에 용해하고 증발시켜 만든 무기 화합물로 녹색을 띠고 있다. 양극재 전구체의 원료로 사용되는 것이 이 황산니켈이다. 황산니켈은 기존에 도금액, 촉매 등으로 사용되었으나 리튬이온 배터리의 원료로 활용되며 수요가 급증하고 있다. 특히 NCM 배터리, NCA 배터리 등 하이니켈 배터리를 생산하는 한국에서 수요가 많다. 시장 조사 업체 QY리서치는 2022년 기준 황산니켈 생산량의 77%가 배터리 전구체 원료로 사용된 것으로 추정했다. 2028년에는 이 비중이 90%를 상회할 전망이다.

인도네시아에 아른거리는 중국 그림자

리튬과 마찬가지로 니켈의 생산도 특정 몇몇 국가에 쏠려 있다. 미국지질조사국$_{USGS}$에 따르면 세계적으로 니켈 매장량은 약 1억 3000만 톤으로 추정된다. 가장 매장량이 높은 국가는 인도네시아로 약 5500만 톤(42.3%)이 매장된 것으로 추정하고 있다.

전 세계 1위 생산국 역시 인도네시아다. 미국지질조사국에 따르면 2023년 기준 전 세계 니켈 생산량은 360만 톤이며, 이 중 절반인 180만 톤이 인도네시아에서 나왔다. 이어 필리핀 40만 톤(11.1%), 뉴칼레도니아 23만 톤(6.3%) 러시아 20만 톤(5.5%), 캐나다 18만 톤(5%)으로 격차가 크다. 니켈은 상위 5개국이 전 세계 생산량의 78%를 차지할 정도로 편재성이 크다. 또한 런던금속거래소$_{LME}$에 상장되어 투기성 펀드에 노출되어 있어 가격 변동 폭도 크다. 2022년 3월

[12-7] 전 세계 니켈 매장량

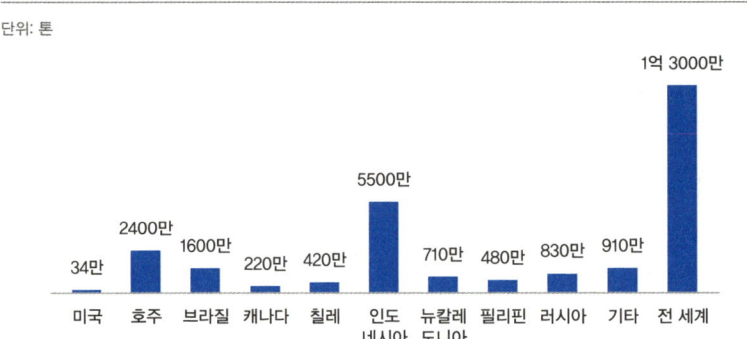

출처: 미국지질조사국(2023년 기준)

[12-8] 전 세계 니켈 생산량

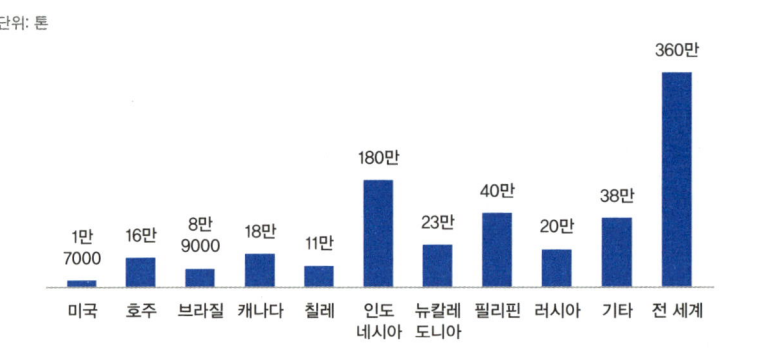

출처: 미국지질조사국(2023년 기준)

니켈 선물 가격이 톤당 10만 달러를 넘어서며 거래가 일시 중단되는 사태가 벌어지기도 했다.

인도네시아가 니켈 생산 대국이 된 것은 노광에서 채굴한 산화광에서 고압산침출법HPAL을 이용해 저렴하게 고순도 니켈을 생산할 수 있게 되면서다. 인도네시아는 2018년부터 필리핀을 제치고 세계 1위 니켈 생산국이 되었다.[6] 중국 기업들이 인도네시아에 고압산침출법 기술을 적용해 대대적으로 니켈 광산을 개발한 것이 큰 영향을 미쳤다. 중국 기업들은 파푸아뉴기니에서 발전시킨 고압산침출법 기술을 인도네시아에 적용해 큰 성공을 거두었다. 2018년 중국의 닝보리친Lygend Resources & Technology Co, Ltd, 宁波力勤资源科技股份有限公司은 인도네시아 현지 기업인 하리타그룹Harita Group과 최초의 전기자동차용 고압산침출법 공장을 건설했다.[7] 이렇게 채굴한 인도네시아의 니켈 원광은 중국으로 건너가 니켈, 선철, 스테인리스 강철 등에 사용되었다. 닝보리친의 성공 이후 중국 기업들의 인도네시아 투자가 잇따랐다.

2020년 인도네시아 정부는 자국 내 후방 산업을 활성화하기 위해 가공되지 않는 니켈의 수출을 금지했다. 인도네시아에서 채광한 니켈 광석은 반드시 자국 내에서 페로니켈, 니켈 선철, 니켈 매트 등으로 가공된 경우에만 반출하도록 했다. 인도네시아에서 원광을 가져올 수 없게 되자 칭산그룹Tsingshan Holding Group, 青山控股 등 중국 기업들은 인도네시아 현지에 대규모 제련 시설을 건설하기 시작했다.

주요 광물 및 에너지 시장 조사 업체 오리건그룹Oregon Group에 따르면 2023년 현재 인도네시아에는 43개의 니켈 제련 공장이 운영 중이며 28개가 건설 중이다. 계획 중인 공장도 24개에 달한다.[8] 현재 계획 중이거나 건설 중인 인도네시아 니켈 광산 프로젝트는 대부분 중국 자본으로 이루어지고 있다. 중국 시장 조사 기관인 안타이커Antaike의 2022년 조사에 따르면 전 세계 니켈 생산에서 중국과 인도네시아의 비중을 합치면 65%에 달했다.

　　인도네시아에서 생산한 니켈 중간재의 상당수는 중국으로 수출된다. 중국의 니켈 매트 수입량은 2020년 1만 800톤에서 2023년 30만 500톤으로 증가했는데 인도네시아산이 전체 물량의 93%를 차지했다. 같은 기간 MHP(니켈수산화물)의 수입량은 33만 6000톤에서 132만 톤으로 급증했는데 이 중 63%가 인도네시아산이었다.

"깨끗한 니켈"이냐 "더러운 니켈"이냐

　　중국과 인도네시아는 전 세계 니켈 시장을 붕괴시킨다는 비판을 받기도 한다. 인도네시아 니켈 생산이 급증하자 니켈 공급 과잉 현상이 빚어졌다. 여기에 2023년 하반기부터 전기차 성장세가 둔화하면서 니켈 가격이 급락했다. 2023년 한 해 동안 니켈 가격은 45% 하락했다.

　　채산성이 악화하자 문을 닫는 광산도 생겨났다. 2024년 2월 호주 광산 기업 글렌코어는 뉴칼레도니아 니켈 사업에서 철수하는 결정을 내렸다. 뉴칼레도니아 니켈 광산 기업들은 현재 극심한 경영난에 시달리고 있는 것으로 알려졌다. 캐나다 광산 기업 퍼스트퀀텀미네랄은 2024년 4월 서호주 니켈 광산인 레이븐소프Ravensthorpe Nickel Operation의 운영을 2년간 중단한다고 밝혔다.[9] 이 회사는 지난 2021년 포스코가 니켈 공급권을 확보하기 위해 지분 30%를 인수한 회사이기도 하다.

　　인도네시아의 니켈 채굴이 자연을 훼손한다는 비난을 사기도 한다. 인도네시아 채굴 광산의 노동 환경도 열악한 것으로 알려졌다. 저렴한 인도네시아산 니켈로 피해를 본 호주, 캐나다 등 서구 광산 기업들은 "깨끗한clean 니켈"과 "더러운dirty 니켈"로 구분하고 니켈 공급망 시장에서 ESG(환경·사회·지배 구조) 기준을 강화해야 한다고 주장하고 있다.

니켈 광산에 투자하는 한국 기업들

한국은 니켈이 채굴되지 않기 때문에 필요한 니켈을 전량 수입에 의존한다. 기존에는 주로 스테인리스강의 원료로 니켈을 수입했지만 이차전지 산업이 커지면서 전구체용 고순도 니켈 확보에 나서고 있다. 주 수입국은 프랑스령 뉴칼레도니아, 호주, 아프리카에서 인도네시아로 변하고 있는 추세다.

한국의 대표적인 니켈 광산 투자는 아프리카 마다가스카르에 있는 암바토비Ambatovy 니켈 광산이다. 우리나라는 2006년 한국광해광업공단이 대우인터내셔널(현 포스코인터내셔널), STX와 함께 한국컨소시엄KAC을 구성해 암바토비 광산 지분 45.8%를 인수했다. 당시 투자 금액이 11억 달러(약 1조 5000억 원)에 달하는 큰 규모였다. 나머지 54.2%는 일본 스미토모가 갖고 있다. 우리나라는 연 최대 3만 톤을 구매할 수 있는 권리를 보유하고 있다.

포스코는 뉴칼레도니아로부터 니켈 원광을 수입, 가공하는 방식으로 니켈을 공급해왔다. 포스코와 뉴칼레도니아의 광산 기업 SMSP는 2006년 광양에 합작 법인 SNNC를 설립했다. SNNC는 뉴칼레도니아로부터 매년 니켈 원광 약 3000만 톤을 수입한 뒤 페로니켈을 생산한다. SNNC는 연간 2만 톤 규모의 이차전지용 니켈 매트 생산 공장을 추가로 짓는 중이다.

포스코는 최근에는 인도네시아로 니켈 공급망을 확대하고 있다. 포스코홀딩스는 2023년 2월 중국 닝보리친과 양해각서MoU를 체결하면서 인도네시아 니켈 사업에 발을 들이기 시작했다. 포스코그룹은 이어 2023년 5월에는 4억 4100만 달러를 투자해 인도네시아 할마헤라섬에 니켈 제련 공장을 짓는다고 발표했다. 이 공장에서는 2025년부터 연간 5만 2000톤 규모의 니켈 매트를 생산할 계획이다.

LX인터내셔널도 2024년 1월 인도네시아 AKP 광산 지분 60%를 1330억 원에 인수하고 경영권을 확보했다. AKP 광산은 인도네시아 술라웨시섬 모로왈리산업단지 인근에 있는 니켈 광산으로 원광 기준 매장량은 5140만 톤이다.

에코프로는 2024년 3월 약 100만 달러를 투자해 중국 GEM格林美(거린메이)가 인도네시아에서 운영 중인 니켈 제련소 그린에코니켈 지분 9%를 취득했다. 인도네시아 술라웨시섬에 위치한 그린에코니켈은 연간 약 2만 톤의 니켈을 생산하는 제련소다. 에코프로는 2022년에도 GEM이 인도네시아에서 운영 중인 니켈 제련소 QMB의 지분 9%를 취득한 바 있다.

전구체용 원료로 사용하는 황산니켈 시장은 중국이 장악하고 있다. QY리서치에 따르면 2021년 기준 전 세계 10위 황산니켈 생산 기업 중 7곳이 중국 기업이다. 한국 기업으로는 유일하게 고려아연의 자회사 켐코KEMCO가 8위에 올랐다. 일본이 스미토모메탈마이닝이 3위, 러시아의 노릴스크니켈(노르니켈)이 5위를 점하고 있다. 켐코는 2028년까지 황산니켈 생산량을 8만 5000톤으로 늘릴 계획이다.

리튬보다 2배 필요한 흑연

리튬이온 배터리 핵심 소재 중 가장 취약한 고리는 음극재의 주원료인 흑연이다. 흑연은 90% 이상을 중국에서 수입하는 상태다. 과거 국내에서도 흑연을 채굴했으나 값이 저렴해 채산성이 맞지 않아 폐광되었고 현재는 거의 대부분 수입해서 쓴다.

중국은 2023년 12월부터 흑연 수출 통제에 들어갔다. 다행히 한국에 대해서는 수출을 허가해주고 있다. 전기차 수요가 줄면서 중국 내 재고가 많아졌기 때문이라는 분석이다. 하지만 상황이 바뀌면 중국은 언제든지 한국 기업의 목줄을 쥘 수 있다. 흑연의 안정적인 공급망 확보가 한국 리튬이온 배터리 산업의 핵심 과제라 할 수 있다.

흑연은 에너지 용량이 크고 안정성이 우수해 전기자동차용 배터리 음극 소재로 가장 널리 사용되는 광물이다. 원가 기준으로는 리튬이온 배터리의 약 15% 비중을 차지하지만 함유량을 기준으로 하면 단일 광물로는 비중이 가장 크다. 리튬이온 배터리의 20~30%가 흑연으로 구성되어 있다.

흑연을 대체할 음극 소재 물질로 실리콘, 리튬금속 등이 개발 중이지만 극히 일부만 사용되거나 아직 상용화되지 못했다. 실리콘은 5~10% 정도만 음극에 쓰이고 나머지는 흑연이 사용된다. 앞으로 상당 기간 흑연은 리튬이온 배터리에서 중요 핵심광물로 남아 있을 가능성이 크다.

전기차 한 대에 평균 50~100kg의 흑연이 들어가는데 이는 리튬의 약 2배에 해당한다. 국제에너지기구$_{IEA}$에 따르면 에너지 저장을 위해 필요한 광물 전체 수요를 100이라고 할 때 이 중 흑연이 차지하는 비중은 무려 53.3%에 달한다.

흑연은 탄소로 구성된 물질이다. 다이아몬드도 흑연처럼 탄소로만 이루어져 있다. 흑연과 다이아몬드처럼 동일한 한 가지 원소로 이루어져 있지만 성질이 서로 다른 물질을 동소체$_{同素體}$라고 부른다.

흑연의 주 쓰임새는 연필심이었다. 흑연의 영어 이름인 그래파이트$_{graphite}$도 '(글 등을) 쓰다'라는 뜻을 가진 그리스어 'graphein'에서 유래했다. 흑연은 불에 타지 않기 때문에 산업계에서는 철강 제품을 만들 때 내화물로도 많이 쓰인다. 흑연은 과거 주위에서 흔한 재료였지만 리튬이온 배터리의 음극 소재로 쓰이면서 이제는 '핵심광물'로 귀한 대접을 받고 있다.

음극 소재는 리튬이온 배터리의 충전 시간 및 수명과 연관이 깊다. 리튬이온 배터리에서 충전을 하면 양극에 있던 리튬이온이 음극으로 이동해 저장된다. 충전·방전을 거듭하면 음극에 스웰링$_{swelling}$(부풀어 오름)이나 덴드라이트$_{dendrite}$(나뭇가지 모양의 리튬 결정체) 등의 현상이 나타나면서 더 이상 배터리를 쓸 수 없게 된다. 이차진지에서 음극재로 어떤 소재를 사용하느냐에 따라 배터리의 충전 속도와 용량, 수명이 달라지는 이유다.

흑연은 탄소 원자 6개가 육각형 모양으로 연속적으로 결합한 판형 구조를 띠고 있다. 이 판과 판이 겹겹이 쌓여 있어 그 사이로 리튬이온을 안정적으로 저장했다가 방출할 수 있다. 이런 이유로 리튬이온 배터리의 음극 소재로 흑연이 널리 쓰이게 되었다.

천연흑연 vs 인조흑연 차이는?

흑연은 크게 천연흑연과 인조흑연으로 구분된다. 천연흑연은 우선 자연 상태의 흑연을 채굴한 후 선광 작업을 통해 불순물을 제거한다. 그런 다음 다시 세척, 탈수, 건조, 탈철* 등의 과정을 거쳐 동글동글한 구형 흑연을 만든다. 구형 흑연에 표면 코팅과 고온 소성** 작업을 해 고순도 흑연을 만든다.

인조흑연은 석탄이나 석유의 부산물인 콜타르coal tar를 주원료로 한다. 콜타르를 코킹coking*** 해 탄소로 이루어진 침상 코크스needle cokes를 제조한다. 침상 코크스를 분쇄한 후 약 3000도의 고온에서 열처리하면 인조흑연이 만들어진다. 이후 표면 코팅 등의 과정을 거쳐 인조흑연 음극재가 된다.

천연흑연은 가공 과정이 간단하기 때문에 저렴하고 흑연화도가 높아 에너지 용량이 크다는 장점이 있다. 반면 스웰링 현상이 인조흑연에 비해 자주 일어나 수명이 짧다. 인조흑연은 표면이 둥글고 매끄러워 다양한 경로에서 리튬이온이 드나들 수 있다. 출력과 수명, 안정성에서 강점을 지닌다. 다만 공정이 더 복잡하고 고온의 열처리 공정이 필요해 천연흑연보다 가격이 비싸다.

천연흑연과 인조흑연은 상호 보완 관계에 있기 때문에 산업계에서는 전기차의 특성과 용도에 따라 천연흑연과 인조흑연을 적정 비

* 철 성분을 제거하는 공정.
** 광물 가공 방식의 하나로 고온에서 굽는 것.
*** 산소가 없는 상태에서 가열해 휘발성 물질을 제거하는 공정.

[12-9] 천연흑연과 인조흑연 비교

	천연흑연	인조흑연
구조		
주원료	흑연 광석	콜타르(코크스)
용량	350~370mAh/g	270~360mAh/g
장점	가격, 고용량	수명, 고출력
단점	수명	가격

출처: 포스코퓨처엠

율로 혼합해 사용한다.

전반적으로는 인조흑연의 비중이 점점 높아지는 추세다. 시장 조사 업체 ICC컨설팅에 따르면 중국 음극재 생산량에서 인조흑연이 차지하는 비중은 2018년 70%에서 2022년 81%로 늘었다. 천연흑연의 생산량은 같은 기간 26%에서 18%로 감소했다.

중국이 지배하는 흑연 산업

전 세계적으로 흑연은 약 3억 3000만 톤이 매장되어 있는 것으로 추정된다. 이 중 가장 높은 매장량을 자랑하는 국가는 튀르키예로 전체의 27%다. 이어 브라질이 22%로 2위, 중국이 16%로 3위를 차지하고 있다.

하지만 생산량을 놓고 보면 중국이 2022년 기준 65%를 차지하며 압도적인 우위를 보인다. 2위 모잠비크(13%), 3위 마다가스카르(8%), 4위 브라질(7%) 등 다른 국가들과 큰 차이가 난다.

중국 정부가 전기차 등 신에너지차(친환경차) 보급을 확대하면서 자국 내 흑연 생산을 확대한 결과다. 중국은 자국에서 생산한 흑연뿐 아니라 모잠비크, 마다가스카르 등 아프리카 국가에서도 흑연 광석을 수입해 구형 흑연으로 가공해 다시 전 세계에 수출한다. 정제·제련 기준으로 2022년 중국은 전 세계 흑연의 91%를 공급하고 있다.

한국 배터리 기업들은 오래전부터 값이 저렴한 중국산 흑연을 많이 사용했다. 흑연의 대중국 의존도는 천연흑연, 인조흑연을 가리지 않는다. 2023년 1~9월 기준 대중국 수입 의존도는 천연흑연이 97.7%, 인조흑연이 94.3%에 달했다.[10]

이 수치는 감소하지 않고 오히려 증가 추세다. 2020년 천연흑연의 대중국 수입 의존도는 90.7%였다. 3년 사이 7.0%p 증가한 것이다. 인조흑연의 대중국 수입 의존도 역시 같은 기간 10.2%p 늘었다. 중국으로부터 흑연을 들여오지 못하면 국내 배터리 산업이 마비될 정도다.

기업별로 보면 2022년 기준 전 세계 음극재 시장 10위권 내에서 9곳이 중국을 차지할 정도로 막강한 지배력을 행사하고 있다. 시장조사 업체 ICC컨설팅에 따르면 1위는 BTR(23.6%)이며 2위 상하이샨샨(13.2%), 3위 장시즈천과기(9.8%), 4위 후난중커싱청(8.7%), 5위 광둥카이진(8.4%)으로 나타났다. BTR, 샨샨 등은 국내 배터리 3사에도 흑연을 공급하고 있다. 국내 기업으로는 유일하게 포스코퓨처엠이 점

[12-10] 국가별 흑연 매장량, 생산량, 정련량

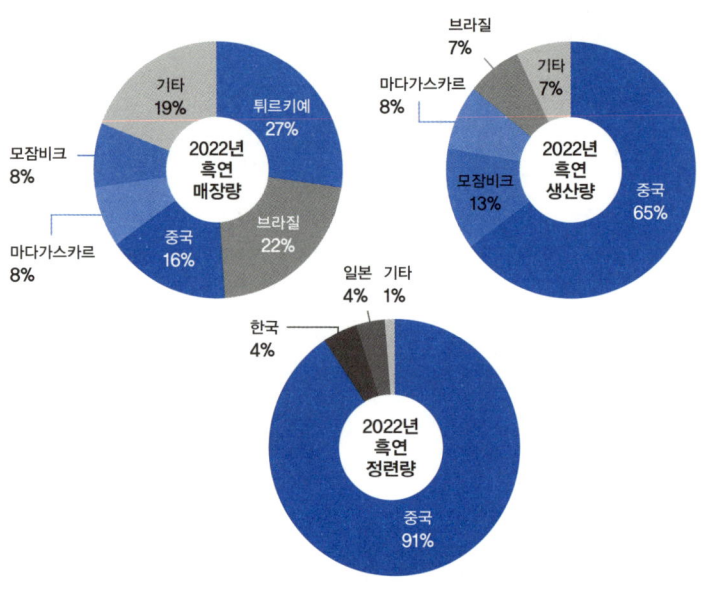

출처: USGS, BNEF, 한국산업은행

유율 2.3%로 공동 9위에 이름을 올렸다.

흑연 자립화의 조건들

전 세계 전기차, 배터리 기업들은 글로벌 공급망 이슈가 불거지자 중국에 대한 지나친 흑연 의존도를 낮추기 위해 노력하고 있다. 특히 2022년 8월 IRA(인플레이션감축법)가 발표된 이후 흑연의 공급망 다각화는 시급한 과제가 되었다.

[12-11] 글로벌 음극재 시장 점유율

순위	기업	점유율(%)
1	선전BTR신재료	23.6
2	상하이샨샨과기	13.2
3	장시즈천과기	9.8
4	후난중커싱청흑연Shinzoom	8.7
5	광둥카이진신에너지과기Kaijin	8.4
6	산시샹타이리튬전지과기Shangtaitech	7.6
7	선전샹평화과기XFH	4.8
8	광둥동다오신에너지	3.4
9	허베이신에너지	2.3
9	포스코퓨처엠	2.3

출처: iccsino.com, 대한무역투자진흥공사 재인용

    IRA에 따르면 배터리 양극과 음극 활물질 등 핵심광물의 일정 비율 이상이 미국 또는 미국과 FTA 체결국에서 채굴 또는 가공되거나, 북미에서 재활용된 것이어야만 전기차 세액공제를 받을 수 있다.

    이 비율은 2024년 50%에서 2025년 60%, 2026년 70%, 2027년 이후에는 80%까지 올라간다. 또 2025년부터 핵심광물이 해외우려기관에서 공급되는 경우 세액공제를 받을 수 없다.*

    비상이 걸린 글로벌 전기차 기업들은 자체적으로 흑연 확보에 나서고 있다. 수요를 확인한 글로벌 광산 기업들도 앞다투어 흑연 채굴에 뛰어들고 있다.

[12-12] 한국의 중국산 흑연 수입량

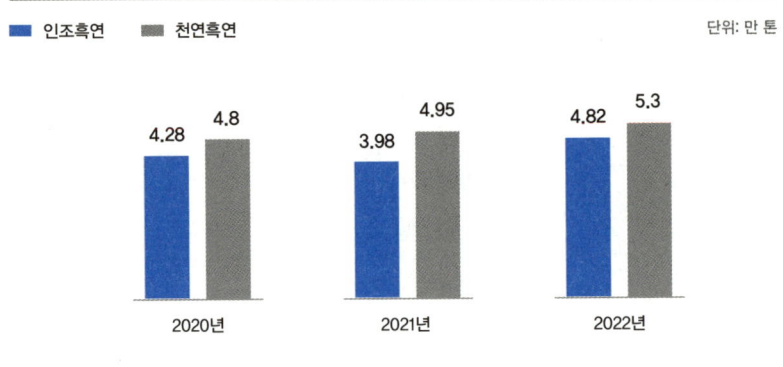

출처: 한국무역협회

우리나라의 경우 중국으로부터 연간 10만 톤 이상의 흑연을 수입하고 있는 것으로 파악된다. 2022년 기준 천연흑연 5만 3000톤, 인조흑연 4만 8200톤을 중국으로부터 들여왔다. 이것을 대체해야 흑연 자립이 가능하다.

한국 기업들은 아프리카, 호주 등 천연흑연의 공급처를 다변화하는 한편, 인조흑연의 생산 규모를 확대하는 방향으로 공급망을 강화하고 있다.

국내 유일한 흑연계 음극재 제조사인 포스코퓨처엠은 그동안 중

---

* 2025년 7월 OBBBA(하나의 크고 아름다운 법)가 시행되면서 IRA(인플레이션감축법)에 기반한 친환경차 세액공제(전기차 구매 보조금) 관련 조항은 실효성을 상실했다. 다만 OBBBA에도 금지외국기관PFE 조항이 신설됨에 따라 여전히 흑연 음극재의 대중국 의존도를 낮추어야 하는 상황이다. 금지외국기관(중국)으로부터 소재를 일정 비율 이상 조달하면 첨단제조생산 세액공제AMPC를 받을 수 없기 때문이다.

국으로부터 구형 흑연을 들여와 표면 코팅 등 재가공해 국내외 배터리 기업에 공급해왔다. 이와 별도로 제철 과정에서 나온 부산물인 콜타르를 이용해 자체적으로 인조흑연을 생산하고 있다. 포스코퓨처엠은 2023년 말 기준 천연흑연과 인조흑연을 포함해 총 8만 2000톤의 음극재 생산 능력을 보유하고 있다. 이 중 인조흑연의 생산 규모는 연간 8000톤이다. 인조흑연은 원료부터 완제품까지 국내 조달이 가능하다는 점에서 흑연 자립에서 중요한 의미를 지니고 있지만 아직 생산 규모가 많지 않다. 단기간에 중국으로부터의 수입량을 대체할 만큼 생산량을 확 키우기도 어렵다.

포스코퓨처엠은 2026년까지 5만 8000톤, 2030년까지 15만 3000톤의 인조흑연 생산 능력을 갖추는 것이 목표다. 천연흑연은 2026년 15만 4000톤, 2030년 18만 2000톤까지 생산 규모를 확대할 계획이다.

천연흑연 공급처도 다변화하고 있다. 포스코그룹 계열사인 포스코인터내셔널은 넥스트소스(마다가스카르 몰로 광산)와 10년간 연간 3만 톤의 인상흑연crystalline graphite, 鱗狀黑鉛* 또는 1만 5000톤의 구형 흑연을 조달하는 계약을 체결했다. 포스코인터내셔널은 호주 블랙록마이닝(탄자니아 마헨지 광산)의 증자에 참여하고 흑연 구매 권한을 6만 톤까지 확대하는 데 합의했다. 2건의 업무협약을 통해 포스코인터내셔널은 향후 9만 톤 이상의 인상흑연을 확보할 수 있을 것으로 기대하고 있다. 이 흑연은 국내 포스코퓨처엠에 공급되어 음극재로 재가공될 예정이다.

* 결정성이 높은 고품위 흑연. 비늘 모양을 닮았다 하여 붙여진 이름이다.

천연흑연의 가공이나 인조흑연의 제조 공정에서는 폐수가 발생한다. 고온 열처리 과정에는 막대한 양의 전력이 소모된다. 그동안 중국 기업이 흑연 글로벌 공급망을 장악할 수 있었던 것은 환경 오염 이슈에서 비교적 자유롭고 전기료가 싸서 저렴하게 흑연을 생산할 수 있었기 때문이다.

우리나라가 흑연 공급망을 강화하기 위해서는 이 같은 정책적인 문제들을 함께 풀어야 한다. 하지만 상황은 그리 낙관적이지 않다. 2024년 포스코퓨처엠의 음극재 공장 가동률은 40%대를 기록한 것으로 파악된다. 중국에 비해 가격 경쟁력이 떨어지다보니 국내 배터리 기업들조차 국산 흑연을 외면하고 있기 때문이다.[11]

당초 배터리 업계에서는 미국 IRA(인플레이션감축법)의 영향으로 포스코퓨처엠 음극재가 중국산의 대안이 될 것으로 예상했다. 하지만 중국산 흑연을 배제하는 해외우려기관 규정이 2년간 유예되자 국내 배터리 회사들이 다시 값싼 중국산 음극재를 찾기 시작했다.

중국산 음극재는 국내산보다 약 40% 저렴한 것으로 파악된다. 음극재는 흑연을 고열로 소성하는 과정을 통해 만들어지기 때문에 전기료가 많이 든다. 중국은 한국보다 전기료가 3분의 1 정도 저렴해 국내 기업이 원가 경쟁력에서 뒤처질 수밖에 없다. 전문가들은 한국판 IRA와 같은 정부의 강력한 지원책이 필요하다고 지적한다. 중국의 전기차 생산 보조금, 미국의 셀 생산 보조금처럼 국내 음극재 공장에 대해 생산 보조금을 검토해야 한다는 것이다.

13장

중국산 소재, 이제 못 쓴다?

양극재 앞에 전구체 있다

　중국에 대한 의존은 비단 몇몇 핵심광물에 그치지 않는다. 배터리를 구성하는 주요 소재와 중간재 역시 중국에 상당 부분 의존하고 있다. 그중 대표적인 것이 전구체precursor다. 이차전지의 4대 요소라고 하면 '양극재, 음극재, 전해질(전해액), 분리막'을 일컫는다. 전구체는 이 가운데 양극재의 원료가 되는 물질을 뜻한다. 전구체에 리튬이온이 들어 있는 물질을 더하면 양극재가 된다.

　전구체는 일반인에게 다소 생소한 용어다. 영어 'precursor'는 '앞'을 의미하는 접두사 'pre'에 '달리다'라는 의미의 'curs'와 '사람'을 뜻하는 접미사 'or'이 결합한 단어다. 원래 '선구자'라는 의미를 갖고 있으나 전문 용어로 '화학 반응에서 어떤 물질을 만들기 위한 선행 물질'이라는 뜻을 갖게 되었다. 이를 '앞에서前 달리는驅 물질體'이라는 뜻으로 번역한 한자어가 전구체前驅體다. 전구체는 화학뿐 아니라 반도체, 바이오 분야에서도 두루 쓰이고 있다. 이를테면 '단백질의 전구체는 아미노산'이라는 식이다.[1]

이차전지에서 양극재는 배터리의 용량과 전압에 주로 관여한다. 양극재는 리튬이온 배터리 원가 비중의 약 40~50%를 차지하는 핵심 소재다. 다시 이 양극재 원가의 60~80%를 차지하는 것이 전구체다. 결과적으로 배터리 원가의 약 30%가 전구체인 셈이다.

그동안 국내 기업들은 전구체 대부분을 수입해 썼다. 글로벌 시장에서 가격 경쟁력을 확보하기 위해 국산보다는 저렴한 외국산을 선호했다. 그 결과 국내 전구체 기업들은 시장에서 도태되거나 업종을 변경했다. 국내 최대 양극재 기업으로 성장한 에코프로도 초기에 전구체를 생산하다가 일본의 저가 공세에 밀려 양극재 사업으로 돌아선 경우다. 전구체의 중요도가 다시 부각하자 에코프로는 2017년 전구체 생산 전문 기업 에코프로머티리얼즈를 다시 설립했다.

시장 조사 업체 QY리서치코리아에 따르면 2021년 기준 전구체의 국내 자급률은 26%에 불과했다. 수입 전구체 대부분은 중국산이다. 한국무역협회에 따르면 전구체 수입 중 중국의 비중이 97.5%(2023년 1~5월 기준)에 달할 정도다. 2023년 상반기 전구체의 무역 적자는 21억 7000만 달러였는데 이 중 97%가 중국에서 발생했다.

앞으로는 상황이 달라질 것으로 보인다. 미국 IRA(인플레이션감축법) 시행 등의 영향으로 배터리 공급망에서 중국에 대한 의존도를 줄여야 하는 것이 시급한 과제로 떠올랐기 때문이다.[2] 전구체 자립은 탈중국으로 가는 핵심 길목으로 여겨지고 있다. LG화학 등 국내 기업들

[13-1] NCA 양극재 제조 공정

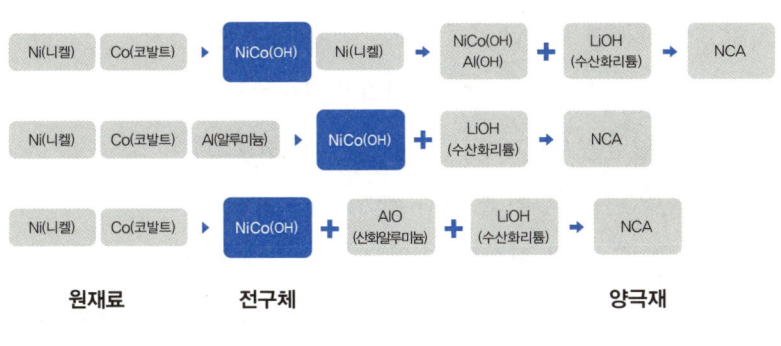

출처: LG에너지솔루션

도 잇달아 전구체 생산에 뛰어들고 있다.

NCM(니켈·코발트·망간), NCA(니켈·코발트·알루미늄) 등 삼원계 리튬이온 배터리의 전구체는 니켈, 코발트, 망간, 알루미늄 등을 섞어서 만든다. LFP(리튬인산철) 배터리의 전구체는 인산염, 철 등으로 구성된다. 이런 전구체를 리튬산화물과 혼합해 양극재가 만들어진다.

전구체를 만드는 방법 중 가장 많이 쓰이는 것은 공침법co-precipitation이다. 공침(공동 침전)이란 어떤 물질이 침전할 때 다른 물질을 함께 침전시키는 현상을 말한다.

NCM 양극재 전구체를 예로 들면 우선 니켈, 코발트, 망간 등 핵심 금속을 용해해 금속 용액을 만든다. 이후 금속 용액 안에 착화제 및 조절제를 넣고 pH(산도)를 맞춘 후 교반(휘저어 섞기)을 한다. 이때 반응과 응집 과정을 통해 침전물이 생긴다. 침전된 물질을 여과하고 세척 및 건조하면 전구체가 만들어진다.[3]

양극재 기업들은 이렇게 만들어진 전구체를 가져와 양극재를 제조한다. 양극재를 만드는 과정은 기업마다 다양하다. 주로 코팅과 열처리 등의 과정을 거친다.

전구체는 입자 크기에 따라 대입경(대립경)과 소입경(소립경)으로 나눈다. 대입경은 입자 크기가 10~20μm(마이크로미터), 소입경은 5μm 이하를 의미한다(1μm는 1m의 100만분의 1). 입자의 크기가 작을수록 더 많은 에너지를 저장할 수 있고 입자 간에 접촉 면적이 늘어나 더 빠른 전기 화학 반응을 일으킬 수 있다. 보통은 소입경과 가격이 저렴한 대입경을 섞어 사용한다. 입자가 굵은 대입경 사이에 소입경을 채워 넣는 것이다.

전구체는 또한 단결정과 다결정으로 나누기도 한다. 고용량 고성능 배터리 생산을 위해서는 단결정 전구체가 선호된다. 다결정 전구체는 배터리 생산 공정 중 압연(롤플레싱) 과정에서 입자가 깨지기 쉽고 내부 기공이 많아 밀도를 떨어뜨리기 때문이다. 단결정 구조는 충전·방전을 계속해도 갈라짐(크랙) 현상이 없어 배터리의 수명을 증가시킬 수도 있다.

최근에는 전구체 없이 바로 양극재를 만드는 기술도 연구되고 있다. 전구체 제조 과정에서 발생하는 유해 물질을 줄일 수 있고 생산 단가를 낮출 수 있기 때문이다.

전구체, 어디서 만드나

배터리 시장이 빠른 속도로 확대하면서 전구체 시장도 함께 커지고 있다. 시장 조사 업체인 크레딧솔루션에 따르면 전 세계 전구체 수요량은 2023년 141만 8000톤에서 2027년 526만 3000톤으로 연평균 30%씩 성장할 전망이다. 비즈니스인사이트리서치는 세계 전구체 시장 규모가 2021년 51억 8960만 달러(약 6조 7983억 원)에서 2031년 483억 3984만 달러(약 63조 3251억 원)로 성장할 것이라고 전망했다.

현재 전구체 시장은 중국이 장악하고 있다. 배터리 업계에서는 전 세계 전구체 시장의 약 80% 이상을 중국이 점유하고 있는 것으로 파악한다. 시장 조사 업체 24케미컬리서치는 중국이 전 세계 전구체의 85%를 생산하고 이어서 한국(9%), 일본(6%) 순서라고 분석했다. 한국수출입은행에 따르면 우리나라는 2023년 기준 NCA, NCM 전구체 수입의 94.5%를 중국에 의존하고 있다.

국내 기업들이 경쟁력을 갖추고 있다는 하이니켈 양극재도 전구체는 중국에서 주로 공급받는다. 2022년 기준 글로벌 1위 하이니켈 전구체 기업은 중국의 CNGR(중웨이)다. 이 기업은 연간 16만 톤의 생산 능력을 보유해 19.8%의 시장 점유율을 차지하고 있다. 이어 중국의 GEM(거린메이: 11만 톤, 13.6%), 중국 CATL의 자회사 브런프(9만 톤, 11.1%) 등 1~3위를 중국 기업이 휩쓸고 있다. 이 밖에 독일 바스프와 일본 토다공업의 합작인 바스프-토다(7만 4000톤, 9.2%), 중국 화유코발트(7만 톤, 8.7%)가 5위권 안에 포진해 있다. 에코프로머티리얼즈는 연간 2만 8000톤을 생산하며 점유율 3.5%로 8위를 기록 중이다.

다른 국내 기업으로 포스코퓨처엠, 엘앤에프L&F, 코스모신소재, 에코앤드림, LG화학이 있으며 벨기에 유미코아Umicore, 일본 다나카케미컬 등이 활동하고 있다.

그동안 한국 기업들은 전구체의 상당량을 수입에 의존했으나 배

[13-2] 하이니켈 전구체 생산 능력과 시장 점유율

순위	기업명	국적	생산 능력(천 톤)	점유율(%)
1	CNGR	중국	160	19.8
2	GEM	중국	110	13.6
3	Brunp	중국	90	11.1
4	바스프-토다	독일·일본	74	9.2
5	화유코발트	중국	70	8.7
6	스미토모	일본	40	5.0
7	론베이	중국	31	3.8
8	에코프로머티리얼즈	한국	28	3.5
9	팡위안	중국	25	3.1
10	지아나	중국	24	3.0
11	커롱	중국	8	1.0
12	유미코아	벨기에	5	0.6
13	에코앤드림	한국	5	0.6
	기타		138	17.1
	합계		808	100.0

출처: 크레딧솔루션, 에코프로머티리얼즈 재인용(2022년 기준)

터리 시장이 커지면서 생산 확대를 꾀하고 있다. 특히 미국 IRA(인플레이션감축법)에서 중국산 소재를 사용한 전기차를 보조금 지급 대상에서 제외하면서 전구체 내재화가 중요한 이슈가 되었다. 국내에서 전구체 생산에 적극적인 곳들은 기존 양극재 기업들이다.

에코프로그룹 계열사인 에코프로머티리얼즈는 연산 5만 톤(2023년 기준)에서 2027년까지 21만 톤으로 생산 능력을 확대해 시장 점유율 7.5%로 글로벌 5위 전구체 기업으로 발돋움하겠다는 목표다. 에코프로머티리얼즈는 포항 영일만산업단지 내 약 12만m^2 부지에 전구체와 원료 3, 4공장을 건설할 계획이다.[4]

포스코퓨처엠은 2023년 기준 1만 5000톤의 전구체 생산 능력을 확보하고 있으며 2030년까지 생산 능력을 44만 톤까지 확대해 내재화율을 높일 계획이다.

LS그룹은 엘앤에프와 군산 새만금국가산업단지에 전구체 제조 공장을 짓는다. 투자 규모는 1조 8402억 원이다. LS그룹은 이 공장에서 2025~2026년에 전구체 양산을 시작해 2029년 12만 톤까지 생산량을 늘릴 예정이다.[5]

중국 기업들도 미국의 IRA 규제를 피하기 위해 한국 기업들과 적극적으로 제휴를 추진했다. 한국에서 전구체를 생산하면 미국 시장에 우회적으로 진출할 수 있다는 계산이 깔려 있었다.

중국 CNGR은 2023년 6월 포스코퓨처엠과 전구체 생산을 위한 합작 투자 계약을 체결했다. 중국 화유코발트는 LG화학과 2028년까지 1조 2000억 원을 투자해 새만금국가산업단지에 전구체 공장을 건립하기로 했다. 중국 GEM(거린메이)도 SK온, 에코프로머티리얼즈와 최대 1조 2100억 원을 투자해 새만금국가산업단지에 연산 5만 톤 규모 전구체 공장을 짓겠다는 계획을 발표했다.

하지만 중국 기업들의 국내 전구체 합작 공장 설립은 더디게 진행되고 있는 것으로 파악된다.

미국 정부가 규정한 해외우려기관 지침에서 중국 자본의 지분율이 25% 이상인 합작 법인은 IRA 세액공제 대상에서 제외하기로 한 영향으로 보인다. 중국 기업들은 당초 50% 내외에서 지분 참여를 논의했던 것으로 알려졌다.[6] 한국 배터리 기업들은 미국의 OBBBA(하나의 크고 아름다운 법) 시행 이후 전구체의 탈중국에 더욱 속도를 낼 것으로 전망된다.

소금과 물의 관계, 전해액

리튬이온 배터리 4대 소재 중 전해액(전해질)electrolyte은 양극과 음극 사이에서 리튬이온이 이동하는 연결 통로 역할을 한다. 배터리 전체 원가의 약 15%를 차지하는 전해액 역시 중국 의존도가 높은 분야 중 하나지만 국내 기업들이 빠르게 따라잡고 있다.

그동안 전해액은 배터리의 파워와 용량을 결정하는 양극재, 음극재에 비해 덜 주목받았다. 하지만 배터리의 안정적인 성능을 구현하기 위해서는 우수한 전해액의 확보가 필수다. 리튬이온을 잘 이동시켜야 할 뿐 아니라 배터리가 작동하는 동안 부반응side reaction, 副反應을 일으키지 않아야 하고 전기화학적으로 안정적이어야 한다. 배터리가 어느 조건에서나 작동할 수 있도록 어는점은 낮아야 하고 끓는점은 높아야 한다.[7] 이러한 조건을 만족시키는 고품질의 전해액을 만들기 위해서는 상당한 기술이 필요하며 진입 장벽도 높다. 액체 전해액을 고체 전해질로 바꾼 전고체 배터리의 연구개발도 활발하다.

전해액은 크게 리튬염lithium salt(전해질염), 유기 용매organic solvent, 첨가제additive로 구성된다. 유기 용매에 리튬염을 녹인 후 필요에 따라 첨가제를 섞어 전해액을 만든다. 즉 리튬염과 유기 용매는 소금과 물의 관계와 같다고 할 수 있다. 금액 기준으로 리튬염이 전해액 원가의 약 40~50% 비중을 차지한다. 용매는 30%, 첨가제는 20~30%를 구성한다.

전해액의 성능을 좌우하는 것이 리튬염이다. 리튬염을 소금에 비유했지만 사실 까다로운 조건을 만족해야 이차전지에 사용할 수 있다. 우선 리튬이온이 잘 이동할 수 있도록 이온 전도도가 높아야 하고 혹한이나 고온에서도 안정적으로 작동할 수 있어야 한다. 전기화학적 특성도 우수해야 한다.

리튬염으로 가장 많이 쓰이는 재료는 리튬과 인산, 불소의 화합물인 육불화인산리튬$_{LiPF_6}$이다. 육불화인산리튬은 이온 전도도, 용해도, 화학적 안정성이 다른 재료에 비해 우수한 것으로 평가받는다. 전해액 생산 기업들은 육불화인산리튬을 기본으로 F전해질(LiFSI), P전해질(LiPO$_2$F$_2$), D전해질(LiDFOP), B전해질(LiBOB) 등 특수 전해질을 혼합해 사용한다. 특수 전해질은 충전·방전 효율을 높이고 배터리 수명을 늘리는 등의 역할을 한다.

유기 용매는 리튬염을 잘 녹여 리튬이온들이 원활하게 이동할 수 있도록 해야 한다. 배터리의 안전성을 높이기 위해서는 양극 및 음극과 잘 반응하지 않아야 하며 불에 잘 타지 않는 난연성이어야 한다.

첨가제는 소량으로 첨가되는 물질로 배터리의 수명과 안정성을 향상시키고 성능을 보조하는 역할을 한다. 양극용 첨가제와 음극용 첨가제로 나뉜다. 전해액 생산 기업들은 주로 육불화인산리튬을 기본으로 다양한 유기 용매와 첨가제를 혼합해 사용하고 있다. 유기 용매와 첨가제를 어떻게 혼합하는지가 그 회사의 기술력과 노하우라고 할 수 있다.

[13-3] 배터리 내 SEI의 역할

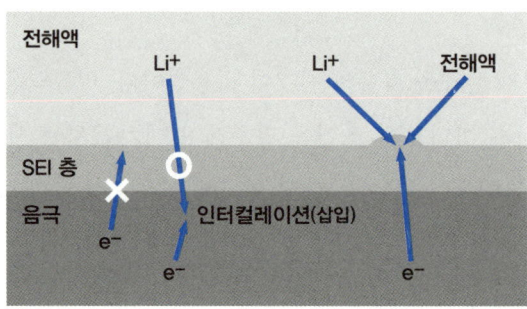

전해액은 또 특성상 배터리 기업들과 함께 초기부터 연구개발을 진행하는 경우가 많다. 양극 또는 음극에 맞는 전해액을 초기부터 함께 개발해야 하기 때문이다. 이에 따라 한번 선택한 전해액 기업을 잘 바꾸지 않는 경향이 있다. 이는 전해액 시장의 진입 장벽을 높이는 이유가 된다.

전해액이 중요한 이유 중 하나는 SEI(solid electrolyte interphase, 고체 전해질 계면) 형성에 큰 영향을 미치기 때문이다. SEI는 리튬이온 배터리의 성능을 거론할 때 빠지지 않고 나오는 용어로 개념을 잘 이해할 필요가 있다.

SEI는 최초 충전 과정에서 음극 표면에 자연스럽게 생기는 얇은 보호 피막(passivation film)을 말한다. SEI는 전해액과 음극 물질의 화학 반응을 통해 형성된다. 이 피막은 리튬이온이 원활하게 이동하게 도와준다. 또 음극에서 나오는 전자를 막아 전해액이 더 이상 분해되지 않도록 하는 역할도 한다.

SEI 층이 균일하지 않으면 리튬이온의 흐름을 방해해 배터리 성능을 떨어뜨린다. 또 SEI 층이 과도하게 형성되면 리튬 소모량이 증가하면서 충전·방전 효율을 떨어뜨린다. 배터리 수명도 당연히 감소한다. 반응성이 강한 리튬금속을 음극에 사용할 경우에 특히 문제가 된다.

중국 전해액 따라잡을 수 있을까

전해액은 리튬이온 배터리 시장 초기에 일본 기업들이 강세를 보였으나 중국 전기차 시장이 급성장하며 현재는 중국이 시장을 주도하고 있다. SNE리서치에 따르면 2022년 기준 전 세계 생산량의 71.3%를 중국 기업이 공급하고 있다. 일본이 15.8%, 한국이 11.9%로 그 뒤를 따르고 있다.

기업별로 보면 중국의 틴츠Tinci, 캡켐Capchem, 궈타이화룽GTHR, Guotai-Huarong, 샨샨Shanshan, BYD, 일본의 미쓰비시, 한국의 엔켐, 솔브레인, 동화일렉트로라이트 등이 선두 그룹을 형성하고 있다.

중국의 틴츠가 41.8%의 점유율로 1위를 차지하고 있으며 캡켐과 궈타이화룽이 각각 13.1%와 9.8%의 점유율로 2, 3위를 차지하고 있다. 중국 전해액 기업들은 자국 내뿐 아니라 한국 배터리 기업들에도 제품을 공급하고 있다. 일본 미쓰비시는 파나소닉에 전해액을 공급하고 있다. 이 회사는 2020년 3월 또 다른 전해액 회사인 우베Ube와 합작사인 MU아이오닉솔루션을 설립하기도 했다. 한국의 엔켐은 2022년 기준 7.1%로 4위였으나 빠르게 중국 기업을 따라잡고 있다. 엔켐은 LG에너지솔루션, SK온, 중국 CATL에 전해액을 납품하고 있다.

[13-4] 전해액 글로벌 톱4 업체 시장 점유율

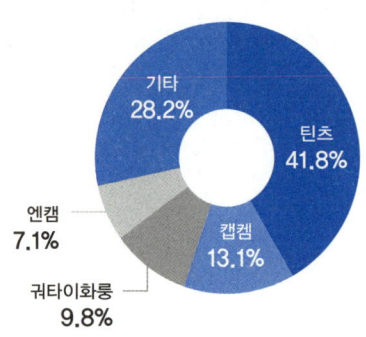

출처: 엔켐, 상상인증권(2023년 7월 20일 기준)

전해액 역시 미국 IRA(인플레이션감축법)의 대표적인 수혜주로 꼽혔다. IRA에서 전해액과 분리막은 '배터리 부품'으로 분류되었다. IRA 규정에 따르면 2024년 기준 북미에서 제조 또는 조립한 배터리 부품의 비중이 60% 이상이어야 전기차 보조금을 받을 수 있었다.[8]

2023년 12월 미국 정부는 중국, 러시아, 북한, 이란을 우려국으로 분류했다. 또 우려국에 위치하거나 우려국 정부가 소유, 통제, 지시하는 기업은 해외우려기관으로 지정했다. 사실상 거의 모든 중국 기업이 해당한다. 2024년부터 배터리 부품을 해외우려기관에서 공급받으면 친환경차 세액공제를 받을 수 없었다.

이에 따라 최근 미국에 진출해 있는 배터리 기업이나 전기차 제조사 사이에서 한국산 전해액의 수요가 크게 늘었다. 앞으로 중국산 전해액을 한국산으로 대체하면서 한국 전해액 기업들의 점유율이 오를 것으로 전망된다. 특히 중국 공급망에 대한 의존도를 축소하고 미국 내 제조에 대한 인센티브를 강화한 OBBBA(하나의 크고 아름다운 법)가 2025년 7월 시행되면서 미국 내에 제조 시설을 갖춘 한국 전해액 기업이 수혜를 입을 것으로 전망되었다.

중국 전해액 기업들의 미국 시장 진출이 어려운 데는 전해액 자체가 갖는 특성도 한몫한다. 전해액은 일종의 신선식품에 비유된다. 변질되기 쉽기 때문에 저온에서 보관해야 하고 유통 기간도 짧다. 통상 생산 후 25도 이하에서 보관해야 하며 유통 기한은 3~4개월에 불과하다. 또 화재 및 폭발 위험이 있기 때문에 보관과 이동이 까다롭다. 특수 용기에 담아서 이동해야 하며 냉장 기능이 있는 컨테이너를 사용해야 한다. 이는 물류비 및 원가 상승으로 이어진다.

이런 이유로 전해액은 원거리에서 이송하기 어려워 대부분 배터리 셀 공장과 인접한 곳에서 생산된다. 고객사의 지근 거리에서 제품을 제때 공급할 수 있는지가 전해액 기업의 경쟁력이 되고 있는 것이다. 국내 전해액 기업들은 LG에너지솔루션, 삼성SDI, SK온 등 국내 배터리 셀 기업의 미국 공장 근처에 현지 공장을 건설하며 제품을 공급할 계획을 갖고 있다. 미국 정부의 견제로 미국 현지에 공장을 짓기 어려운 중국 전해액 기업들은 자국 시장에만 만족해야 하는 상황이다.

국내 전해액 기업들은 잇따라 북미 공장 진출 계획을 밝혔다. 전해액과 분리막 기업들은 북미에 공장을 건설할 경우 첨단제조생산 세액공제AMPC를 받을 수도 있다. 미국 재무부가 2023년 12월 발표한 IRA 가이드라인에서 첨단제조생산 세액공제를 받을 수 있는 제품 목록에 분리막과 전해액을 포함했기 때문이다. 기존에는 배터리 셀과 모듈만 kWh(킬로와트시)당 35달러와 10달러씩 세액을 공제받을 수 있었다.

엔켐은 기존 2만 톤 규모의 조지아 공장을 4만 톤 규모로 확대하는 등 2025년까지 미국 내에서만 총 20만 톤의 전해액 생산 시설을 보유할 계획이다. 엔켐 조지아에서 생산한 전해액은 SK온의 조지아 공장, LG에너지솔루션과 GM의 합작 법인 얼티엄셀즈 오하이오 공장에 공급되고 있다.[9]

솔브레인홀딩스의 미국 법인 솔브레인MI는 인디애나주에 전해액 생산 공장을 짓고 있다. 생산 능력은 연간 8만 톤으로, 미시간주까지 포함하면 솔브레인은 미국에서 연간 8만 5000톤을 생산할 수 있게 된다. 이곳에서 양산되는 전해액은 삼성SDI와 스텔란티스의 합작사인 스타플러스에너지에 공급될 것으로 보인다.[10] 솔브레인은 미국 미시간주 노스빌에도 전해액 공장을 보유하고 있으며 LG에너지솔루션과 SK온에 납품하고 있다. 동화기업 계열사인 동화일렉트로라이트는 미국 테네시주 클락스빌에 전해액 공장을 건설하고 있다. 연간 생산량은 8만 6000톤 규모로 동화일렉트로라이트의 국내외 공장 중 가장 큰 규모다.[11]

대표적인 리튬염 소재인 육불화인산리튬의 내재화도 시급한 상황이다. 육불화인산리튬은 제조 공정이 매우 까다로워 진입 장벽이 높은 편이다. 과거 일본 업체가 대부분 공급했으나 중국 기업들이 대량 생산 체계를 갖추면서 현재는 판도가 바뀌었다.

중국에서는 2022년 기준 상위 5개사가 중국 육불화인산리튬 생산 능력의 77%를 차지하고 있다. 1위, 2위 업체인 틴츠와 DFD(둬푸둬)가 각각 중국 전체 육불화인산리튬 생산 능력의 31%, 28%를 차지했다.[12] 전해액 기업인 틴츠는 육불화인산리튬을 내재화함으로써 중국은 물론 글로벌 전해액 시장에서도 1위 자리를 지키고 있다. 캡켐은 DFD로부터 육불화인산리튬을 공급받고 있다.

엔켐은 그동안 DFD의 지분 15%를 확보하면서 육불화인산리튬을 안정적으로 공급받아왔다. 엔켐은 새만금에 DFD, 중앙디앤엠(중앙첨단소재)과 함께 연간 5만 톤의 육불화인산리튬 생산 시설을 건설할 계획이다. 미국에도 연간 1만 톤의 리튬염 생산 공장을 설립한다.

국내에서는 유일하게 후성이 육불화인산리튬을 공급하고 있다. 이 회사는 울산 공장에서 연간 2000톤의 육불화인산리튬을 생산하고 있다.[13]

천보는 육불화인산리튬에 혼합해 사용하는 F전해질, P전해질, D전해질, B전해질 등을 생산하고 있다.[14]

배터리 안전 지킴이, 분리막

전해액과 함께 미국 IRA의 수혜주로 꼽혔던 것이 분리막separator이다. 전해액과 분리막은 IRA에서 '배터리 부품'으로 분류되었다. 친환경차 세액공제를 받기 위해서는 북미에서 생산 또는 조립한 배터리 부품의 비율이 2024년 기준으로 60%를 넘어야 했다. 또 해외우려기관에 해당하는 중국 기업의 분리막을 사용하면 2024년부터 보조금을 받을 수 없었다.

최근 전기차 안전에 대한 관심이 고조되면서 분리막의 중요성도 함께 부각하고 있다. 분리막은 양극과 음극 사이에서 배터리의 안전을 책임지는 핵심 소재이기 때문이다. 양극과 음극이 직접 닿으면 단락(쇼트)으로 인해 화재가 발생할 수 있는데 분리막이 이를 막아주는 역할을 한다.

분리막에는 눈에 보이지 않는 1㎛(마이크로미터)보다 작은 크기의 미세한 기공$_{pore}$이 나 있다(1㎛는 100만 분의 1m). 이 구멍을 통해 리튬이온이 이동하게 된다. 기공은 많을수록 좋지만 너무 많으면 물리적 강도가 떨어진다. 전기차에 들어가는 배터리의 분리막은 약 40%의 기공도를 유지한다. 기공의 크기는 들쭉날쭉하지 않고 균일해야 배터리가 제대로 된 성능을 낼 수 있다.

배터리의 내부 온도가 일정 수준(섭씨 100~140도) 이상으로 올라가면 이 기공이 막혀$_{shut\ down}$ 리튬이온의 이동을 차단하게 된다. 이는 배터리의 과충전과 열폭주$_{thermal\ runaway}$를 막아주는 역할을 한다. 분리막이 너무 잘 녹아내려도 안 된다. 열폭주의 원인이 되기 때문이다.

분리막이 제대로 기능을 수행하기 위해서는 전기가 통하지 않는 절연성 물질이어야 한다. 분리막의 두께는 얇을수록 배터리의 에너지 밀도를 향상시킬 수 있다. 그만큼 양극재를 더 많이 넣을 수 있기 때문이다. 현재 리튬이온 배터리에 사용되는 분리막의 두께는 20㎛ 이하다.

분리막 소재로는 고분자 물질이 사용된다. PE$_{polyethylene}$(폴리에틸렌)와 PP$_{polypropylene}$(폴리프로필렌)가 주로 쓰인다.

분리막은 제조 공정에 따라 건식 분리막과 습식 분리막으로 나뉜다. 건식은 기계적인 힘으로 필름 원단을 한 방향으로 잡아당겨(1축 연신) 기공을 만드는 방식이다. 제조 공정이 간단하지만 기공 크기가 불균일하다는 단점이 있다.

습식 분리막을 만들기 위해서는 우선 고온 고압에서 PE, PP에 파라핀 오일(왁스)을 넣어 반죽한 뒤 압출해 시트$_{sheet}$ 형태로 만든다.

[13-5] 분리막의 종류

	습식 분리막	건식 분리막
구조		
기본 소재	PE, PP	PE
제조 공정	2축 연신	1축 연신
두께	7~25㎛	12~40㎛
기공 크기	0.24~0.34㎛	0.1~0.13㎛
기공도	40~50%	35~45%
적용 분야	모바일, 승용 전기차	ESS, 대형 전기차

출처: 화학소재공학연구정보센터

시트를 양방향으로 당긴 후(2축 연신) 천천히 식히면 상 분리 현상이 일어난다. 이때 시트를 휘발성 용매에 노출하면 오일이 제거되면서 구멍(기공)이 남게 된다.

습식 분리막은 제조 공정이 복잡하고 비싸지만 더 얇은 두께와 균일한 기공을 만들 수 있다는 장점이 있다. 건식 분리막은 용매 공정이 없어 친환경적이고 기계적 안정성이 우수하다.

과거 분리막으로 필름 소재 하나만 사용했지만 최근에는 세라믹 소재의 코팅제를 사용해 성능을 강화하고 있다. 기본 필름의 소재는 거의 유사하기 때문에 코팅 소재에 따라 분리막의 상품성과 가격이 좌우된다.

주목받는 분리막 기업들

전기차의 확대와 함께 리튬이온 배터리 분리막 시장도 성장할 전망이다. 배터리 셀에서 분리막의 원가 비중은 약 15% 안팎이다. 시장 조사 업체 SNE리서치는 전 세계 분리막 시장 규모가 금액 기준으로 2022년 75억 달러(약 9조 8500억 원)에서 2030년 219억 달러(약 28조 7800억 원)로 성장할 것으로 전망했다(2023년 3월).

분리막은 과거 일본 기업들이 강세를 보였다. 그러나 최근 몇 년간 중국 전기차 시장이 급속히 확대되면서 중국 기업들이 생산량을 크게 늘렸다. 규모의 경제를 달성한 중국 기업들은 가격을 앞세워 점유율을 확대해나갔다. SNE리서치에 따르면 2022년 생산량 기준으로 중국이 전 세계 시장의 약 68%를 차지하고 있다. 이어 한국 16%, 일본 13%의 순이다.

대표적인 중국 분리막 기업으로는 상해은첩SEMCORP, 선전시니어Shenzhen Senior, 시노마Sinoma 등이 있다.

상해은첩은 2010년 4월 중국 상하이에서 자본금 3.9억 위안으로 설립되었다. 2017년 창신신소재가 상해은첩을 인수한 이후 공격적인 투자를 통해 규모를 키웠다. 2022년 기준 전 세계 분리막 생산량의 24.4%를 차지하며 세계 1위를 차지하고 있다. 상해은첩은 중국 CATL과 한국 LG에너지솔루션에 분리막을 공급하고 있다.[15]

일본 기업으로는 아사히카세이, 도레이가 있다. 아사히카세이는 1990년대부터 이차전지용 분리막 생산을 시작했다. 2009년 4월부터 아사히카세이 E-머티리얼즈 부문에서 분리막 사업을 운영하고 있다. 2015년에는 미국 분리막 기업인 셀가드의 모회사 폴리포어인터내셔

[13-6] 국가별 분리막 시장 점유율

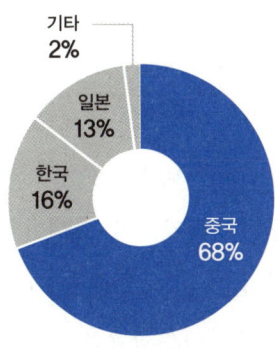

출처: SNE리서치(2022년 생산량 기준)

널Polypore International Inc, PPO을 32억 달러에 인수하면서 사업을 확장했다. 아사히카세이는 한국 평택에도 분리막 공장을 운영하고 있다.

국내 기업으로는 SK아이이테크놀로지SKIET, 더블유씨피WCP 등이 대표적이다. LG화학은 2021년 LG전자로부터 분리막 사업을 인수하며 이 분야에 재진출했다.

SK아이이테크놀로지는 2019년 4월 SK이노베이션의 분리막 사업부가 물적 분할해 설립한 회사다. SK이노베이션(당시 SK에너지)은 2004년 처음으로 리튬이온 분리막 개발에 성공하면서 이 분야에 진출했다. SK아이이테크놀로지는 2022년 생산량 기준 전 세계 6.6%의 점유율을 기록하고 있으며 국내 최대 분리막 기업이다.

국내 2위 분리막 기업인 더블유씨피는 2016년 10월 충북 청주에서 설립했다. 삼성전자 출신인 최원근 대표가 2005년 일본에 설립한 더블유스코프W-SCOPE가 모회사다. 더블유스코프는 일본 도쿄증권 거래소 상장사다. 더블유스코프코리아는 IT용 소형 분리막, 더블유씨피는 전기차용 분리막을 생산하고 있다.

현재 삼성SDI는 더블유씨피로부터 절반 이상의 분리막을 공급받고 있는 것으로 알려졌다. SK온은 주로 SK아이이테크놀로지로부터 분리막을 제공받는다. LG에너지솔루션의 거래처는 중국의 상해은첩, 선전시니어, 일본의 아사히카세이, 도레이로 분산되어 있다.

LG화학은 2015년 일본 도레이에 분리막 사업을 매각했으나 6년 만인 2021년 재진출했다. LG화학은 2021년 10월부터 헝가리에서 도레이와 합작 법인을 짓고 있다. LG화학은 2028년까지 연간 8억 m^2의 생산 능력을 확보한다는 계획이다.[16]

전고체 시대, 분리막의 운명은?

전기차 배터리 시장의 확대에 따라 분리막 시장도 함께 커질 것으로 예상되지만 한 가지 복병이 있다. 바로 "꿈의 배터리"라고 불리는 전고체 배터리의 상용화다. 향후 도래할 전고체 배터리는 분리막의 위협 요인이다. 전고체 배터리는 화재 위험성을 낮추기 위해 액체 전해액을 고체 전해질로 바꾼 배터리로 분리막을 사용하지 않는다. 전고체 배터리 사용이 확대되면 분리막의 입지가 좁아질 수밖에 없다.

다수의 전문가는 전고체 배터리가 상용화되더라도 비싼 가격으로 인해 프리미엄급 시장으로 제한될 것으로 전망하고 있다. 기술 개발의 어려움, 가격 경쟁력 등으로 인해 시장이 급격히 커지기에는 한계가 있다는 분석이다.

리튬이온 배터리에 쓰이는 액체 전해액의 글로벌 평균 가격은 2023년 기준 kg당 9달러 수준이다. 황화물계 고체 전해질의 주원료인 황화리튬$_{LiS_2}$의 평균 가격은 kg당 1500~2000달러에 달한다. 대량 생산 체계를 갖추더라도 기존 리튬이온 배터리 수준까지 가격이 내려가기에는 상당한 기간이 필요하다.

SNE리서치는 2030년 기준 전고체 배터리의 예상 점유율이 4% 수준에 머물 것으로 예상했다. 전고체 배터리 상용화 이후에도 분리막의 입지는 크게 흔들리지 않을 것이라는 이야기다.

14장

집전체의 세계

양극에는 알루미늄, 음극에는 구리 쓰는 이유

리튬이온 배터리는 양극-분리막-음극이 겹겹이 쌓여 있는 구조로 이루어져 있다. 이때 양극재와 음극재를 물리적으로 지지해주는 얇은 막이 필요한 데 이를 집전체current collector, 集電體라고 한다. 이차전지에서 양극과 음극의 실제 모습은 10µm(마이크로미터) 이하 두께의 집전체에 양극 활물질*과 음극 활물질이 얇게 발라져 있는 형태를 하

---

* 활물질은 배터리의 양극재와 음극재에서 각각 화학적으로 반응해 전기 에너지를 만들어내는 활성 물질을 의미한다. 양극재 속 활물질을 양극 활물질, 음극재 속 활물질을 음극 활물질이라 한다.

고 있다(1μm는 100만분의 1m). 집전체는 양극과 음극에서 발생하는 열을 밖으로 방출하는 역할도 맡는다.

집전체가 단순히 물리적 지지대 역할만 하는 것은 아니다. 사실 집전체의 가장 중요한 역할은 리튬이온 배터리가 충전·방전할 때 전자가 쉽게 이동할 수 있도록 돕는 것이다. '전류가 모이는 곳'이라는 뜻을 가진 집전체라는 이름도 그래서 붙여진 것이다. 집전체는 다른 배터리 핵심 소재와 비교해 대체로 자급률이 높다.

양극 집전체로는 알루미늄$_{Al}$이, 음극 집전체로는 구리$_{Cu}$가 주로 쓰인다. 충전·방전 시 각각의 역할은 이렇다. 충전 과정에서는 양극의 리튬이온에서 전자 1개가 분리된다. 이 전자는 양극의 알루미늄 집전체를 통해 도선을 거쳐 음극의 구리 집전체로 이동한다. 구리 집전체를 거친 전자는 음극에서 리튬이온과 만나 환원 반응을 일으킨다.

이때 양극과 음극에 사용하는 집전체는 전기 전도성이 우수하면서도 맞닿아 있는 활물질과 반응하지 않고 안정적이어야 한다. 양극과 음극 물질에 따라 서로 다른 금속을 집전체로 사용하는 것은 이 같은 특성을 고려했기 때문이다.

즉 양극은 음극보다 전위(전기적 위치 에너지)가 높다. 이에 따라 양극 집전체는 높은 전위에서도 전기화학적 반응이 안정적이면서 전기 전도성이 높은 알루미늄을 사용한다. 알루미늄은 매우 풍부한 광물로 가격이 저렴하다는 장점도 있다. 양극에 사용하는 얇은 알루미늄 막을 알루미늄박 또는 알루미늄 포일이라고 한다.

그런데 리튬이온 배터리에서는 이 알루미늄을 음극에 사용할 수 없다. 알루미늄이 리튬이온과 반응해 합금을 생성하기 때문이다. 대신 음극에는 낮은 전위에서 안정적이면서 전기 전도성이 우수한 구

[14-1] 이차전지 동박의 구조

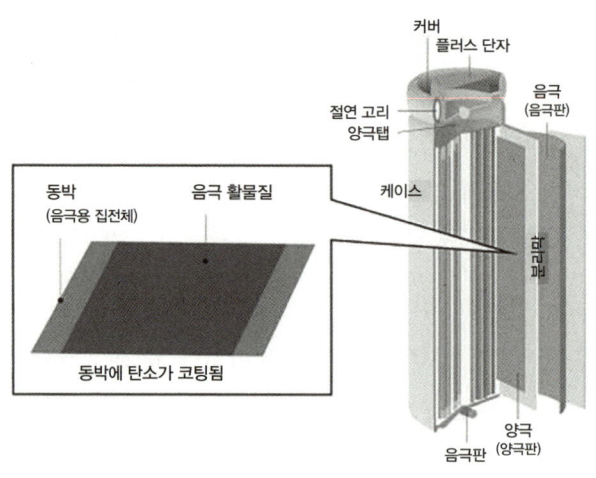

출처: SK넥실리스

리를 사용하게 된다. 음극에 쓰는 얇은 구리 포일을 동박(구리박)이라고 부른다. 동박은 인쇄 회로 기판PCB에 많이 쓰였으나 지금은 이차전지 음극 집전체로 더 많이 쓰인다.

이차전지용 동박은 10μm 이하의 두께로 제작된다. 머리카락 두께의 15분의 1 굵기다. 전기차용 배터리에는 6~8μm 두께의 동박이 주로 사용된다. 집전체가 얇을수록 더 많은 활물질을 넣을 수 있어 에너지 밀도를 올릴 수 있기 때문이다. 에너지 밀도가 높을수록 전기차의 주행 거리가 길어진다. 최근에는 4μm대 두께의 기술도 개발되고 있다.

동박은 얇으면서도 휘지 않고 균일한 표면의 포일을 만드는 것

[14-2] 전해 도금 방식의 동박 제조 과정

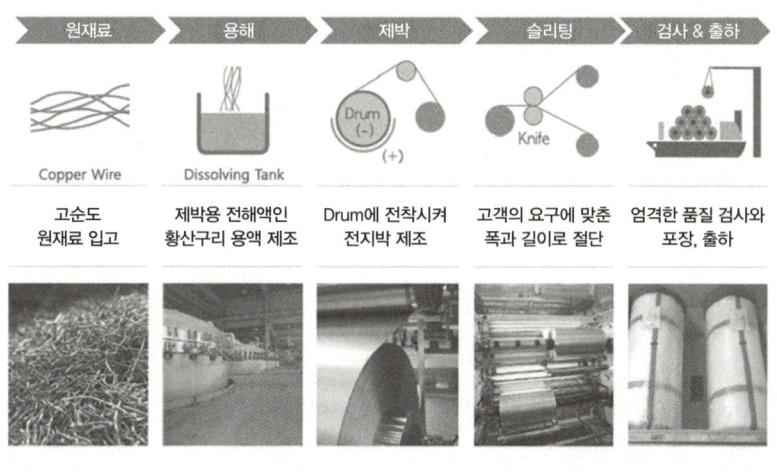

출처: SK넥실리스

이 핵심 기술이다. 강도와 연신율(금속이 끊어지지 않고 늘어나는 비율)이 높을수록 좋다. 동박 제조는 고도의 공정 제어 기술이 필요하다.

　동박을 제조하는 과정은 크게 롤프레싱(압연) 방식과 전해 도금 방식으로 구분된다. 롤프레싱 방식은 롤러 사이로 구리를 통과시키며 얇은 구리 포일을 만드는 것이다. 압연 방식으로 동박을 생산할 경우 기계적 특성은 우수하나 두께가 얇아질수록 생산 비용이 크게 오르고 박막화하는 데 어려움이 따라 주로 35μm 이상의 제품에 활용한다.

　전해 도금 방식은 전기분해 원리를 이용해 구리를 도금하는 방식이다. 압연에 비해 저렴하면서도 얇게 만들 수 있어 전기차 배터리에 주로 사용된다.

전해 도금 방식은 우선 황산구리 수용액에 백금으로 이루어진 양극과 드럼 형태의 티타늄 음극을 넣고 전류를 통과시킨다. 이때 수용액 속의 구리가 음극의 드럼으로 이동해 달라붙으면서 얇은 막을 형성하게 된다. 동박의 두께는 드럼의 회전 속도와 전류를 조절하면서 제어할 수 있다. 생산된 동박은 내화학성, 내열성, 접착력 강화, 산화 방지 등을 위해 표면 처리 후 절단하고 출하한다.

치열한 동박 한중전

동박은 리튬이온 배터리 무게의 약 11%를 차지한다. 원가 기준으로는 8%에 달할 정도로 비중이 크다. 동박은 초기 설비 비용이 많이 들어 신규 진입이 쉽지 않았다. 1980년대까지는 일본에서 전량 수입해서 썼다. 최근에는 이차전지 시장이 커지자 자금력을 갖춘 대기업들이 잇따라 진출했다. 현재 국내 동박 기업으로는 롯데에너지머티리얼즈, SKC, 솔루스첨단소재, 고려아연 등이 경쟁하고 있다. 동박 생산에는 전기가 많이 소모되기 되기 때문에 국내 기업들은 전기료가 싼 말레이시아 등 해외 거점을 중심으로 공장 증설을 추진하고 있다.

국내 동박 시장은 1990년 일진머티리얼즈가 제품을 상용화하면서 수입을 대체하기 시작했다. 일진머티리얼즈는 2023년 3월 롯데케미칼에 인수된 후 사명을 롯데에너지머티리얼즈로 바꾸고 롯데그룹의 지원으로 공격적으로 사업을 확대하고 있다. 전북 익산과 말레이시아에서 연간 6만 톤의 동박을 생산하고 있다. 롯데에너지머티리얼즈는 말레이시아 공장 증설과 스페인 공장 건설 등을 통해 연간 생산 능력을 2028년 24만 톤 수준까지 확대할 계획이다.

SKC는 2019년 KCFT를 인수해 SK넥실리스로 사명을 변경했다. KCFT는 LS엠트론의 동박 사업부를 사모펀드인 KKR(콜버그크래비스로 버츠)가 인수해 세운 회사다. SK넥실리스는 SK그룹에 편입된 이후 공격적인 투자를 통해 동박 사업을 빠르게 확대했다. 국내 정읍 공장 이외에 말레이시아, 폴란드, 미국에도 공장을 증설할 계획이다. SK넥실리스는 2021년 세계에서 가장 얇은 4㎛ 두께의 동박을 1.4m의 광폭으로 총 30km 길이로 뽑아내는 데 성공하기도 했다.

솔루스첨단소재의 모태는 1960년 미국에서 설립된 전자 소재 업체 서킷포일Circuit Foil이다. 서킷포일은 여러 차례 주인이 바뀌다 2014년 두산그룹에 인수되었다. 두산은 2019년 인적 분할을 통해 두산솔루스를 출범시켰다. 이를 2020년 진대제 전 정보통신부 장관이 이끄는 사모펀드 스카이레이크가 인수하며 솔루스첨단소재가 탄생했다.

솔루스첨단소재는 반도체 등에 들어가는 동박과 이차전지용 전지박(동박)을 함께 생산하고 있다. 6㎛ 두께의 전지박을 30km 이상 권취winding(둥글게 말거나 감기)할 수 있는 기술력을 보유하고 있다. 이차전지용 동박은 헝가리에서 연간 1만 5000톤을 생산하고 있다. 이 회사는 헝가리 공장 증설, 캐나다 공장 신설 등을 통해 2027년까지 전지박 생산 능력을 16만 3000톤까지 확대할 계획이다.

고려아연은 2020년 100% 출자를 통해 동박 제조 자회사인 케이잼KZAM을 설립했다. 케이잼은 2022년 울산의 고려아연 온산제련소 부근에 동박 생산 공장을 완공했다. 연간 생산 규모는 1만 3000톤이며 2027년까지 6만 톤 규모로 증설할 계획이다.

현재 이차전지용 동박 시장은 중국 기업들이 공격적인 증설로 경쟁이 격화하고 있다. 중국 기업으로는 와슨Wason, 누오데NuoDe, 지아

[14-3] 전 세계 이차전지 동박 점유율

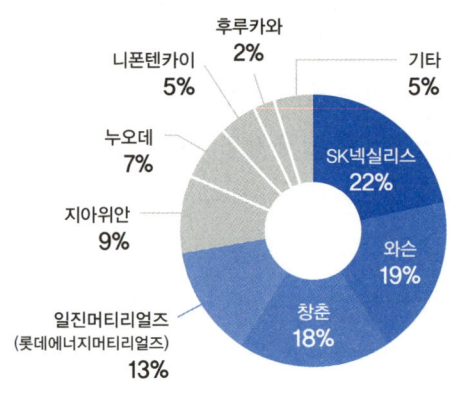

출처: SNE리서치(2021년 기준)

위안JiaYuan, 지우장더푸Jiujiang Defu, 창춘Chang Chun 등이 있다. SK넥실리스, 롯데에너지머티리얼즈, 와슨, 창춘 등 한국과 중국 기업들이 치열한 선두 다툼을 벌이고 있다. 일본에서는 후루카와Furukawa, 니폰덴카이Nippon Denkai가 동박을 공급하고 있다.

점유율은 시장 조사 업체마다 약간 다르다. 2021년 말 기준으로 국내 시장 조사 업체인 SNE리서치가 조사한 바에 따르면 SK넥실리스가 22%의 점유율로 1위를 기록했으며 와슨 19%, 창춘 18%, 일진머티리얼즈(현 롯데에너지머티리얼즈) 13%로 그 뒤를 잇고 있다. QY리서치의 조사 결과에서는 2021년 기준 누오데가 12%로 1위이며 SK넥실리스가 9%, 일진머티리얼즈가 8%로 각각 2, 3위를 차지했다.

와슨은 SK가 2019년과 2020년 두 차례에 걸쳐 3800억 원을 투자하며 30%의 지분을 확보한 2대 주주이기도 하다. 와슨은 2021년 기준 6만 톤의 생산 능력을 보유한 것으로 파악된다. LG화학은 2021년 지우장더푸에 400억 원을 투자하기도 했다. 더푸는 2021년 기준 약 4만 9000톤의 생산 능력을 보유하고 있다. 와슨, 더푸는 비상장 기업이다.

국내 배터리 3사는 한국, 중국의 복수 기업으로부터 동박을 공급받고 있다. LG에너지솔루션은 SK넥실리스, 롯데에너지머티리얼즈, 솔루스첨단소재, 와슨 등 공급사를 다양화하고 있다. 삼성SDI는 롯데에너지머티리얼즈, SK넥실리스가 주 공급사다. SK온은 SK넥실리스와 와슨, 창춘 등의 동박을 사용한다. 솔루스첨단소재는 테슬라에 직접 동박을 납품한다.

SK, 롯데, 고려아연 등 국내 대기업들이 잇따라 이차전지 동박 사업에 뛰어들었으나 최근 업황은 좋지 않다. 전기차 배터리 성장 둔화로 수요가 꺾인 데다 중국 기업들까지 공격적으로 생산을 확대하며 글로벌 재고가 크게 늘었기 때문이다.

저조한 성적표를 받아든 동박 기업들은 설비 투자CAPEX 축소에 나섰다. 이에 따라 당초 제시했던 증설 계획이 계획대로 추진될지도 미지수다.

담배 포장지의 대변신

집전체는 전도성이 좋으면서도 전기화학적 반응이 안정적이어야 한다. 이차전지의 에너지 밀도를 높이기 위해서는 가벼워야 하고 얇게 펼 수 있어야 한다. 또 충분히 유연해야 권취(둥글게 말거나 감기)

나 적층(쌓아 올리기) 등 제조 과정에서 변형이 생기지 않고 성능을 유지할 수 있다.

이러한 조건을 가장 잘 만족하는 것이 알루미늄이다. 알루미늄은 전도성(구리의 약 60%)이 좋으면서도 가볍다. 순수 알루미늄의 비중은 약 $2.7g/cm^2$로 철($7.9g/cm^2$)이나 구리($8.9g/cm^2$)의 3분의 1 정도다. 배터리를 경량화하고 전기차의 주행 거리를 늘리는 데는 알루미늄이 제격이다. 알루미늄은 특히 연성延性(힘을 받아도 부서지지 않고 길게 늘어나는 성질)이 좋아 압출이나 압연 등의 방법으로 가공하기에도 좋다.

무엇보다 알루미늄은 쉽게 구할 수 있고 저렴하다. 알루미늄은 지구 구성 성분 중 산소, 규소에 이어 세 번째로 많은 원소이며 금속 원소 중에는 가장 많이 분포한다. 알루미늄은 지구 원소 질량의 약 8%를 차지한다.

알루미늄은 이차전지의 주요 소재임에도 저렴한 가격 덕분에 원가에서 차지하는 비중은 적다. 이차전지 원가에서 음극의 동박(구리박)이 차지하는 비중이 5%인 데 비해 알루미늄박은 1.8% 정도에 불과하다.

알루미늄은 또한 내식성, 내마모성이 강하고 독성이 없다는 특징도 있다. 알루미늄은 공기 중 산소와 반응하면 표면에 조밀한 산화막이 생긴다. 이 산화막은 알루미늄 내부가 더 이상 산화하는 것을 막아준다. 이 같은 장점으로 인해 알루미늄은 오랫동안 담배 포장지, 식품 포장재, 식기류, 자동차나 항공기 같은 운송용 자재, 건축 자재 등에 폭넓게 사용되었다.

알루미늄박 시장은 그동안 활용처가 고정되어 있다보니 시장이 성장하지 못하고 정체되어왔다. 국내 알루미늄박 수요는 2012년

[14-4] 알루미늄박 제조 공정

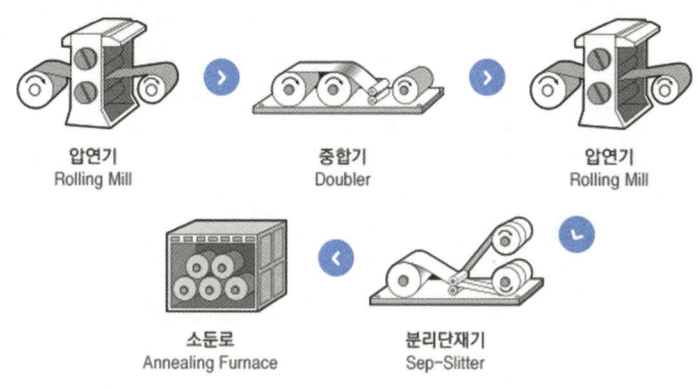

출처: 롯데알미늄

이후 2019년까지 연간 9만 톤 수준을 유지했다. 그러나 최근 이차전지용으로 수요가 증가하면서 2020년 10만 4000톤, 2022년 11만 7000톤으로 급성장했다.

알루미늄 산업은 광산에서 알루미늄을 전기분해 방식으로 추출해 잉곳ingot(주괴, 금속 덩어리)을 제조하는 단계, 잉곳을 3mm 두께의 스트립strip(얇은 판)으로 압연하는 단계, 스트립을 더 얇은 코일coil 형태로 제작하는 3단계로 형성되어 있다.

국내에는 알루미늄 광산이나 제련 산업이 존재하지 않기 때문에 국내 알루미늄 압연 업체들은 해외에서 수입한 알루미늄 잉곳이나 스크랩scrap(생산 과정에서 발생하는 불량품)을 활용해 알루미늄을 가공하고 있다.

[14-5] 독일 아헨바흐의 알루미늄박 압연기.

　　국내 알루미늄 스트립 시장은 노벨리스코리아, 조일알미늄, 대호에이엘 3사가 과점하고 있다. 이 업체들에서 알루미늄 잉곳(덩어리)을 가공해 포일, 판재 등 스트립의 형태로 판매하면 동일알루미늄, 롯데알미늄, 삼아알미늄 등의 업체에서 추가 가공을 통해 배터리, 식품 업체로 판매하는 구조다.[1]

　　스트립은 알루미늄 원료를 녹인 후 열간압연hot rolling, 냉간압연cold rolling, 재단, 포장 등의 공정을 거쳐 생산한다. 스트립 형태의 제품은 다시 알루미늄박 가공 업체에 공급되어 이차전지용으로 제조된다.

　　알루미늄박은 얇고, 넓고, 길게 만드는 것이 기술력이다. 또 배터리 단락(쇼트)을 방지하기 위해서는 포일의 표면이 균일해야 한다. 균일한 두께를 위해서는 압연기(금속 재료를 회전하는 2개의 롤 사이를 통과시켜 가공하는 기계)의 성능이 중요하다.

　　압연 설비는 독일 아헨바흐Achenbach가 독점하고 있다. 대당 가격은 350~400억 원으로 추산된다. 최근에는 여러 알루미늄박 생산 기업들로부터 주문이 밀려 납기일이 길어지고 있다고 한다. 아헨바흐의 압연 설비를 얼마나 많이 확보할 수 있느냐가 그 기업의 생산 능력을 좌우한다고 할 수 있다.

전기차에 탑재되는 알루미늄박의 두께는 10~11μm로 동박(6~8μm)에 비해 두꺼운 편이다. 알루미늄박은 전해 도금 방식인 동박과 달리 압연 방식으로 생산하기 때문에 두께를 줄이는 데 어려움이 있다.

알루미늄박은 과점 체제

국내 알루미늄박 업체로는 삼아알미늄, 롯데알미늄, 동일알미늄, 동원시스템즈 4개 업체가 과점 체계를 형성하며 경쟁하고 있다. 양극박 기업들은 이차전지 시장이 확대됨에 따라 잇달아 증설에 나서고 있다. 2000년대 중반부터는 중국의 대형 알루미늄박 기업들이 국내에 진출을 시도하고 있으나 파급력은 제한적이다.

삼아알미늄은 1969년 설립한 국내 대표적인 알루미늄 포일 기업이다. 1980년 코스닥에 상장되었다. 설립 당시부터 지금까지 담배 포장지를 생산하고 있다. 1981년에는 국내 최초 4.5μm 극박막 알루미늄 포일을 개발했다.

2012년에는 세계 최초로 10μm 두께의 리튬이온 배터리 양극박 소재를 개발해 LG에너지솔루션, SK온, 삼성SDI 배터리 3사에 알루미늄박을 공급하고 있다. SK온의 90% 이상을 이 회사가 공급하는 것으로 파악된다.[2] 삼아알미늄은 파우치형 배터리에 쓰이는 알루미늄 필름도 생산하고 있다.

[14-6] 국내 배터리 3사 기준 알루미늄박 시장 점유율

업체명	점유율
동일알루미늄	39%
삼아알미늄	27%
롯데알미늄	19%
동원시스템즈	15%

출처: 교보증권리서치센터(2020년 기준). 국내 배터리 3사: LG에너지솔루션, SK온, 삼성SDI

    삼아알미늄의 대주주는 일본 동양알미늄으로 33.4%의 지분을 보유하고 있다. 동양알미늄은 1931년 설립된 일본 기업으로 알루미늄 포일, 알루미늄판 등을 생산하고 있다.

    1989년 설립된 동일알루미늄은 섬유 제품 전문 기업인 모기업 DI동일(전 동일방직)이 지분 90.4%를 보유하고 있다. DI동일은 의류 브랜드인 라코스테, 까르뜨블랑슈, 아놀드파마 등으로 유명하다. 동일알루미늄도 국내 배터리 3사에 알루미늄박을 공급하고 있다. 주요 공급사는 LG에너지솔루션과 삼성SDI다.[3]

    롯데알미늄은 롯데그룹 산하의 종합 포장재 기업으로 시초는 1966년 설립된 동방아루미공업까지 거슬러 올라간다. 1980년 현재 사명인 롯데알미늄으로 상호를 변경했다. 2020년 안산 1공장에 이차선지용 양극박 생산 라인을 증설하며 양극박 사업을 본격적으로 확대했다.

    동원시스템즈는 동원그룹의 종합 패키징 및 첨단 소재 부문 계열사로 1977년 설립된 오리온광학을 모태로 하고 있다. 1994년 코스피에 상장했다. 2020년 충남 아산에 이차전지용 양극박 생산 라인을 증설하며 본격적으로 이차전지 소재 부품 사업을 시작했다. 동원시스템즈는 2021년 국내 배터리 업체에 캔을 납품해온 엠케이씨MKC를 인수하기도 했다. 2170(지름 21mm, 높이 70mm) 원통형 배터리 캔을 생산해 납품하고 있으며 4680 원통형 배터리 캔 기술도 확보하고 양산 체계를 구축했다.

15장

차세대 소재는 우리가 먼저

눈앞에 다가온 '5분 완충'의 꿈

2024년 4월 이스라엘의 스타트업 기업인 스토어닷$_{StoreDot}$은 스웨덴 전기차 브랜드인 폴스타와 함께 인상적인 시연을 펼쳤다. 10분 만에 전기차 폴스타5를 10%에서 80%까지 충전한 것이다. 이처럼 빨리 충전할 수 있었던 것은 실리콘 음극재 덕분이었다. 이 자동차에는 스토어닷의 XFC$_{extreme\ fast\ charging}$ 배터리가 탑재되어 있는데 이 배터리에는 실리콘 음극재가 들어 있었다.

과거와 비교해 전기차가 많이 대중화되었다고는 하지만 여전히 구매를 꺼리는 이들이 많다. 여러 배경이 있겠으나 충전이 불편하다는 것도 중요한 이유다. 전기차 충전소가 많지 않을뿐더러 1회 충전하는 데 수십 분이 걸리기 때문이다. 충전 시간을 단축한다면 전기차

[15-1] 이스라엘 스타트업인 스토어닷이 스웨덴 전기차 기업 폴스타의 폴스타5를 이용해 충전을 시연하고 있다.

보급 속도는 지금보다 훨씬 빨라질 것이다. 전기차 충전 속도의 숙제를 풀 수 있는 열쇠 중 하나가 바로 실리콘 음극재다.

리튬이온 배터리에서 음극재는 리튬이온과 전자를 품고 있다가 방출하는 역할을 한다. 일종의 저장고라고 할 수 있다. 이 저장고의 성능을 개선하면 배터리의 충전 속도를 높이고 수명도 연장할 수 있다.

리튬이온 배터리에서 주로 많이 사용하고 있는 음극재는 흑연이다. 천연흑연 또는 인조흑연을 쓴다. 흑연은 안정적으로 리튬이온을 저장할 수 있지만 충전 속도를 끌어 올리는 데는 한계가 있다. 그동안 흑연 대체재로 연구되어온 물질이 실리콘, 산화주석, 알루미늄 등이다. 이 중 가장 주목받고 있고 실제 상용화되고 있는 것이 실리콘이다.

실리콘$_{Si}$(규소)은 지각을 이루고 있는 물질 중 28%를 차지할 정도로 흔하다. 산소(46%)에 이어 두 번째로 풍부한 물질이다.

이 실리콘이 배터리 충전 속도를 개선할 수 있는 것은 저장 구조 덕분이다. 흑연은 원자 6개에 리튬이온 1개를 저장한다. 이에 비해 실리콘은 원자 4개가 리튬이온 15개를 저장할 수 있다. 실리콘의 이론상 에너지 밀도는 4200mAh/g(밀리암페어시/그램)으로 흑연(372mAh/g)의 약 10배에 달한다. 저장고가 커진 만큼 더 빨리 충전할 수 있는 것이다.

그렇지만 음극재로서 실리콘은 치명적인 단점이 있다. 바로 충전할 때 부풀어 오르는 스웰링swelling 현상이 발생한다는 점이다. 흑연은 충전할 때 약 10% 정도 팽창하지만, 실리콘의 팽창률은 300~400%에 이른다. 팽창률이 높으면 배터리 수명이 단축된다. 충전·방전을 계속하면서 팽창과 수축이 반복되고 결국 균열이 발생하면서 배터리를 더 이상 쓸 수 없게 된다.

실리콘 음극재는 기존 흑연과 비교해 초기 쿨롱 효율initial coulombic efficiency, ICE*이 좋지 못하다는 문제도 있다. 실리콘 음극재가 기존 흑연에 비해 비싼 점도 극복해야 할 과제다. 실리콘이 가진 기술적인 문제들을 해결하기 위해 코팅하거나 첨가물을 넣게 되는데 이 과정에서 가격이 올라간다. 실리콘 음극재를 많이 쓰면 배터리 셀과 전기차 가격에 영향을 미친다.

---

* 초기 쿨롱 효율이란 1회 충전 용량 대비 방전 용량의 비율(방전 용량/충전 용량×100)을 의미하며 초기 충전·방전 효율이라고도 한다. 예를 들어 첫 충전 시 500mAh/g의 용량을 구현하고 방전 시 450mAh/g의 용량을 나타냈다면 초기 쿨롱 효율은 90%다. 흑연 음극재의 경우 초기 쿨롱 효율은 95%를 나타내지만 실리콘 음극재는 70~80%대에 머물러 있다.

[15-2] 흑연 음극재와 실리콘 음극재 비교

	인조흑연	천연흑연	소프트/하드 카본	실리콘 기반 (SiO/Si-C)
형태 · 구조				
용량(mAh/g)	250~360	350~370	200~300	1000~2000
초기 쿨롱 효율(%)	92~95	90~93	80~90	73~90
가격(달러/kg)	6~12	4~8	6~12	20~150

출처: 대주전자재료, KABC2023

따라서 현재 실리콘 음극재는 기존 흑연에 실리콘을 소량 첨가하는 방식으로 상용화되고 있다. 적게는 2~3%, 많아도 10%를 넘지 않게 첨가한다. 실리콘 5%만 첨가해도 기존 흑연 음극재 대비 에너지 밀도가 약 10~15% 향상되는 것으로 알려져 있다. 배터리 업계는 중장기적으로 25~30% 첨가를 목표로 하고 있다.

현재 상용화되고 있는 실리콘 음극재는 크게 산화실리콘$_{SiOx}$ 계열과 실리콘-탄소복합체$_{Si-C}$ 계열 2가지다. 일부에서 실리콘만을 사용하는 '퓨어 실리콘' 기술도 개발되고 있으나 아직 상용화 단계에는 이르지 못했다.

산화실리콘 계열은 nm(나노미터)화한 실리콘 입자를 산화실리콘으로 코팅하는 방식으로 만든다(1nm는 10억 분의 1m). 실리콘-탄소복합체 계열은 실리콘과 탄소의 기계적 결합으로 제조한다. 산화실리콘 계열은 실리콘-탄소복합체 계열에 비해 부피 팽창이 적으나 초기 쿨롱 효율이 낮고 제조 비용이 상대적으로 높다. 실리콘-탄소복합체 계열은 초기 쿨롱 효율이 좋으나 아직 대량 양산 체계를 갖춘 곳이 많지 않다.[1]

스웰링 현상을 줄이기 위해 실리콘 음극재에 탄소나노튜브carbon nanotube, CNT 소재의 도전재를 함께 사용하기도 한다. 도전재는 양극재나 음극재에 함께 사용해 전자의 흐름을 촉진하는 역할을 한다. 특히 탄소나노튜브 도전재를 실리콘 음극재에 첨가하면 팽창 현상을 어느 정도 막을 수 있다. 탄소나노튜브 도전재는 6개의 탄소 원자가 서로 연결되어 원통형 모양으로 말려 있는 구조를 말한다.

실리콘 음극재 누가 앞서 있나

충전 속도가 전기차 대중화의 중요한 돌파구로 인식되면서 전기차 제조사와 배터리 셀 기업들은 실리콘 음극재 도입을 서두르고 있다. 테슬라, GM, 포드, BMW, 현대자동차 등 완성차 업체들은 실리콘 음극재 배터리를 이미 탑재했거나 탑재할 예정이다. 이에 따라 배터리 셀 기업들도 실리콘 음극재 확보에 나서고 있다. 실리콘 음극재와 관련해서는 한국 기업의 진출도 활발하다.

테슬라에 배터리를 공급하는 파나소닉은 2023년 7월 영국 스타트업 넥세온Nexeon으로부터 실리콘 음극 물질을 구매하기로 했다고 발표했다. 이와 관련 넥세온은 우리나라 군산에 차세대 실리콘 음극재 공장을 세울 계획이다. 넥세온은 산업화학 전문 업체 OCI로부터 실리콘 음극재의 원료가 되는 모노실란monosilane을 공급받아 2025년

부터 실리콘 음극재를 생산한다는 계획이다.[2]

넥세온은 SKC가 2021년 8000만 달러를 투자해 최대 주주로 올라서면서 주목받은 기업이기도 하다. 이와 별개로 SKC는 실리콘 음극재를 전문적으로 생산하는 얼티머스를 설립했다. 얼티머스는 넥세온의 기술을 활용해 실리콘 음극재를 생산할 계획이다.

또 다른 SK그룹사인 SK머티리얼즈도 2021년 미국 배터리 소재 기업인 그룹14Group14와 합작사 SK머티리얼즈그룹14를 설립했다. 이 회사는 2023년 경북 상주에 연 2000톤 규모의 실리콘 음극재 공장을 준공했다.

국내 기업 중 상용화에 가장 앞선 곳은 대주전자재료다. 대주전자재료는 2019년부터 LG에너지솔루션에 실리콘 음극재를 공급하고 있다. LG에너지솔루션의 실리콘 음극재 배터리는 포르쉐 타이칸 전기차에 처음 적용되었다. 대주전자재료는 2023년부터 SK온에도 실리콘 음극재를 공급했다. 기아가 출시한 전기차 EV3, EV9에는 실리콘 음극재가 들어 있다. 대주전자재료는 일본 파나소닉에도 실리콘 음극재를 공급한다. 우리나라에서 생산한 실리콘 음극재가 파나소닉의 배터리에 적용되어 테슬라 전기차에 탑재되는 것이다.

삼성SDI는 자체 고유 기술인 SCN Silicon Carbon Nanocomposite 기술을 자사 배터리에 적용하고 있다. SCN은 실리콘을 머리카락의 수천분의 1 크기로 나노화한 뒤 흑연과 하나의 물질처럼 혼합하는 기술이다. 삼성SDI는 2021년 9월부터 양산한 P5(젠5) 배터리에 최대 7% 수준의 실리콘 음극재를 적용해오고 있다.[3]

이차전지를 차세대 사업으로 키우고 있는 포스코그룹도 실리콘 음극재에 적극적이다. 포스코홀딩스는 2022년 실리콘산화물 관련 기술을 보유한 테라테크노스를 인수해 사명을 포스코실리콘솔루션으로 변경하고 자회사로 편입했다. 이와 별도로 포스코퓨처엠도 실리콘산화물 및 실리콘-탄소복합체 계열 기반의 음극재를 개발하고 있다.

롯데머티리얼즈는 2023년 7월 실리콘 음극재 기술을 보유한 프랑스 스타트업인 엔와이어즈Enwires와 지분 투자 계약을 맺었다. 이 회사는 2027년부터 양산에 돌입한다는 계획이다. 한솔케미칼은 850억 원을 들인 전북 익산 공장에서 실리콘-탄소복합체 계열 음극재 양산을 준비하고 있다. LG화학은 퓨어 실리콘 개발을 진행 중이다.

해외 기업들의 움직임도 활발하다. 전 세계적으로 실리콘 음극재의 선두 기업은 중국의 BTR(베이터뤼)과 일본의 신에츠화학Shin-Etsu Chemical이 손꼽힌다. 이 밖에 미국의 스타트업인 에너베이트Enevate는 지금까지 르노-닛산-미쓰비시가 공동으로 설립한 얼라이언스벤처스, LG화학, 삼성벤처투자로부터 약 1억 9100만 달러를 투자받았다. 또 다른 미국의 스타트업 앰프리우스Amprius도 퓨어 실리콘을 개발하고 있다. 현대공업은 지난 2021년 앰프리우스에 약 140만 달러 규모의 지분을 투자했다.

활물질 도우미, 도전재

2014년 첫선을 보인 LG전자 '그램' 노트북은 얇은 두께와 가벼운 무게로 큰 인기를 끌었으나 사용 시간이 짧다는 불만이 많았다. 사용자들은 충전기나 보조 배터리를 별도로 가지고 다녀야 했다. LG전자 PC 개발팀은 무게에 변화를 주지 않으면서도 배터리 지속 시간을 늘릴 수 있는 방법을 고민하기 시작했다. 처음에는 분리막의 두께를 줄이는 방식을 생각했으나 발화 위험이 제기되면서 제외되었다. 고민 끝에 개발팀은 도전재에 당시 신소재로 주목받고 있던 탄소나노튜브CNT를 사용하기로 했다. 결과는 대성공이었다.

2017년 LG전자는 노트북 신제품 '올데이 그램'을 출시하면서 탄소나노튜브 도전재가 들어 있는 배터리를 탑재했다. 도전재를 바꾸었을 뿐인데 배터리 사용 시간이 확 늘었다. 올데이 그램 배터리의 사용 용량은 기존보다 1.7배 늘어났다. 이 노트북에는 60Wh(와트시)의 배터리가 들어 있었는데 이는 1회 충전으로 최대 24시간 사용할 수 있는 용량이었다. 배터리 용량이 늘어났음에도 노트북의 무게는 오히려 줄거나 조금 늘어나는 데 그쳤다. 13.3인치 제품의 경우 940g으로 기존보다 40g이나 줄었고, 14인치 제품은 970g으로 10g이 줄었다.

도전재導電材는 한자로 '전기를 인도하는 재료'라는 뜻이다. 영어로는 컨덕티브 애디티브conductive additive라고 표현한다. '전도성을 갖도록 첨가하는 물질'이라는 뜻이다. 다른 말로 컨덕티브 에이전트conductive agent라고도 한다.

리튬이온 배터리에서 도전재는 양극과 음극의 활물질 사이에서 전자의 이동을 돕는 역할을 한다. 활물질 사이를 연결해 전기적 특성을 갖게 하는 재료다.

리튬이온 배터리는 리튬이온과 전자가 양극과 음극 사이를 오가면서 작동한다. 이때 전기 전도성이 낮은 양극과 음극의 활물질에 도전재를 추가하면 전도성이 늘어나게 된다. 도전재는 활물질 사이 간격을 유지해 접촉 저항을 줄이고 전해액이 쉽게 스며들 수 있도록 도와주는 역할도 한다.

도전재는 이차전지 제조의 첫 번째 단계인 믹싱mixing 공정에서

[15-3] 이차전지 믹싱 공정

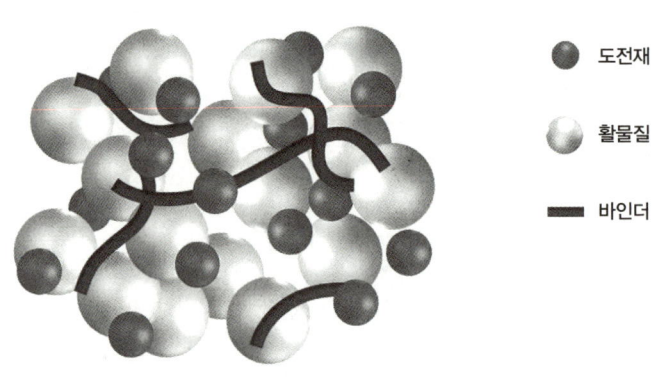

사용된다. 믹싱 공정이란 활물질과 도전재, 바인더를 함께 넣고 슬러리slurry(고체와 액체가 섞여 있는 유동성 있는 물질) 형태로 혼합하는 과정을 말한다. 활물질은 배터리의 양극재와 음극재에서 화학적으로 반응해 전기 에너지를 만들어내는 활성 물질이다. 바인더는 활물질과 도전재가 잘 붙게 하는 일종의 접착제다.

이렇게 만든 슬러리를 집전체에 얇게 코팅하듯 바르면 양극이나 음극이 만들어진다. 전극에서 도전재가 차지하는 비중은 크지 않지만 전극의 성능을 최대한으로 끌어올리는 데 매우 중요한 역할을 한다. 반대로 도전재가 부족하거나 제 역할을 하지 못할 경우 활물질이 제대로 반응하지 못해 전지의 용량이 감소한다.

전극 전체에서 활물질과 도전재, 바인더가 차지하는 비중은 무게 기준으로 90:5:5 정도다. 최근에는 도전재의 성능이 개선되면서 비중이 감소하고 있다. 도전재 함량이 줄어들면 대신 더 많은 활물질을 넣어 에너지 용량을 증대시킬 수 있다. 성능이 우수한 도전재를 쓰면 배터리 용량을 늘릴 수 있는 이유다.

좋은 도전재는 여러 조건을 만족해야 한다. 우선 도전재를 첨가하는 가장 큰 목적이 전기 전도성을 높이는 것인 만큼 기본적으로 전도성이 우수해야 한다. 그러면서도 전해액과 불필요한 반응을 일으키지 말아야 한다. 또 고압에서도 견딜 수 있도록 높은 강도를 유지해야 한다.

이차전지에 사용되는 도전재에는 금속계(은가루, 동가루, 니켈가루 등), 금속산화물계(산화주석, 산화철, 산화아연 등), 탄소계(카본블랙, 흑연, 탄소나노튜브 등), 복합재(복합분말, 복합섬유 등)가 있다.

이 중 가장 널리 쓰이는 것이 탄소계(카본계) 도전재다. 탄소 기반 도전재는 비용이 저렴하고 무게가 가볍다는 장점이 있다. 탄소계 도전재로는 카본블랙 carbon black, 소립 흑연, 탄소나노튜브, 유사 그래핀 graphene-like 등이 있다. 도전성 및 기타 특성 향상을 위해 2개 이상의 도전재를 같이 사용하기도 한다.

지금까지 가장 많이 쓰인 도전재 재료는 카본블랙이다. 카본블랙을 그대로 해석하면 '탄소 검정'이다. 탄소로 이루어진 물질이 불완전 연소하면서 생긴 그을음을 말한다. 과거 중국에서는 그을음을 모아 먹 대신 사용했다고 한다.

현대에 와서는 석유나 천연가스 등 탄화수소물을 불완전 연소하거나 열분해해서 카본블랙을 만든다. 카본블랙은 독특한 특성을 갖고 있어 다양한 분야에서 공업용 재료로 쓰이고 있다. 우선 잉크나 페인트 등의 색소로 사용된다. 프린터 잉크나 토너에도 카본블랙이 들어 있다. 특히 고무에 카본블랙을 추가하면 강도와 내마모성, 내열성을

[15-4] 이차전지 도전재의 종류와 특성

	카본블랙 (아세틸렌블랙 포함)	소립 흑연	탄소나노튜브	유사 그래핀
전기 전도성	우수	보통	매우 우수	매우 우수
첨가량 음극	2~4%	0.5~1.5%	1% 미만	1% 미만
첨가량 양극	0.5~1%	2~5%	0.1% 미만	
용매 분산성	우수	매우 우수	나쁨	나쁨
가격(달러/kg)	5~8(저품질) 12~20(고품질)	13~18	40~50 (다중벽 탄소나노튜브) 1500 미만 (단일벽 탄소나노튜브)	100 이하

출처: 도전재 산업 자료, SNE리서치

향상할 수 있어 타이어나 신발 밑창 등 고무 산업에 필수 재료로 쓰인다. 실제로 카본블랙의 가장 큰 쓰임새는 타이어로 수요의 약 70%를 차지한다.

　열분해를 이용해 생산한 카본블랙은 전기 전도성이 뛰어나 배터리 도전재로도 활용된다. 현재 일반적으로 전극 총 무게 기준으로 양극에는 2~3%, 음극에는 0.5~1%의 카본블랙이 첨가된다. 최근에는 카본블랙에 그래핀이나 흑연을 추가해 도전재의 성능을 강화하는 추세다. 그래핀은 탄소 원자로 이루어진 얇은 막이다. 탄소원자 6개가 모여 벌집 모양의 2차원 평면 구조를 갖고 있다. 전기 전도성과 강도가 우수해 도전재로 활용된다.

탄소나노튜브, 두 겹보다 한 겹이 좋아

최근에는 탄소나노튜브CNT가 도전재 재료로 주목받고 있다. 탄소나노튜브는 육각형의 벌집 모양 그래핀 층이 관(튜브)처럼 둥글게 말려 있는 구조다. 탄소나노튜브는 1991년 일본 전기 회사 NEC의 이지마 스미오飯島澄男 박사가 발견했다.

탄소나노튜브는 구조에 따라 하나의 벽을 가지면 단일벽 탄소나노튜브single-walled CNT, SWCNT, 다수의 벽을 가지면 다중벽 탄소나노튜브multi-walled CNT, MWCNT로 부른다. 구조에 따라 기계적·전기적·화학적 성질이 다르다. 기술이 발전함에 따라 탄소나노튜브의 구조를 인위적으로 만들 수 있게 되었는데 단일벽 탄소나노튜브가 다중벽 탄소나노튜브에 비해 구현이 어렵고 가격도 훨씬 비싸다.

탄소나노튜브는 지름이 수 나노미터이면서 길이는 수~수십 마이크로미터를 이룬다. 지름은 머리카락의 10만분의 1 크기에 불과하지만 강도는 강철보다 100배 가량 뛰어나고 구리에 버금가는 전기 전도성을 갖고 있다.

탄소나노튜브는 우수한 성능에도 불구하고 높은 가격으로 인해 상당 기간 수요처 발굴에 어려움을 겪었다. 그런데 최근 수년 사이 이차전지 시장이 커지며 도전재로 급부상했다. 탄소나노튜브를 이차전지 전극에 사용할 경우 기존 카본블랙 대비 30%가량 사용량이 줄어드는 대신 도전성은 10% 정도 향상되는 것으로 알려졌다. 탄소나노튜브를 사용하면 카본블랙 대비 적은 양을 도전재로 사용할 수 있다. 그만큼 활물질을 추가로 넣을 수 있어 전지 성능을 높일 수 있다.

탄소나노튜브 도전재는 실리콘 음극재용 도전재로도 주목받고

[15-5] 단일벽 탄소나노튜브와 다중벽 탄소나노튜브 비교

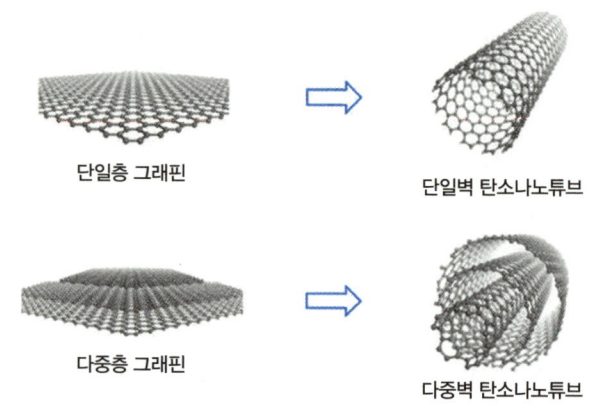

출처: 한국전자통신연구원

있다. 실리콘 음극재는 기존 흑연 음극재에 비해 에너지 용량을 크게 확대할 수 있으나 부피 팽창 문제가 있어 기존 흑연에 5% 안팎으로 소량 첨가하는 방식으로 사용하고 있다. 탄소나노튜브 도전재는 실리콘 음극재의 팽창을 억제하는 효과가 있기 때문에 첨가 용량을 늘릴 수 있다. 음극용 도전재로는 단일벽 탄소나노튜브가 사용된다.

탄소나노튜브는 전도성, 내열성, 강도 등에서 뛰어난 특성을 가졌음에도 응집성이 강하다는 한계를 갖고 있다. 탄소나노튜브는 용매에서 잘 분산하지 않고 뭉치는 성질이 있기 때문에 분산성을 높이기 위한 기술이 필요하다. 업계에서는 사전에 탄소나노튜브를 용액에 분산시키거나 복합체를 만들어 사용하고 있다.

배터리 소재 기업들은 도전재 시장을 선점하기 위해 치열한 경합을 벌이고 있다. 카본블랙은 미국의 캐봇Cabot, 일본의 덴카Denka와

라이온Lion, 스위스의 이메리스Imerys가 주요 공급사다. 다중벽 탄소나노튜브는 한국의 LG화학, 중국의 C나노Cnano, 다잔Dazhan, 타임스나노, DH나노, 미국의 SUSN(캐봇의 자회사) 등이 치열한 경쟁 중이다. 단일벽 탄소나노튜브는 룩셈부르크에 본사를 둔 옥시알OCSiAl이 90% 이상을 공급하고 있다.[4]

LG화학은 2014년 독자적으로 탄소나노튜브 기술을 개발해 LG에너지솔루션에 탄소나노튜브 도전재를 공급하고 있다. 국내 중소기업으로는 제이오, 코본, 나노신소재 등이 다중벽 탄소나노튜브, 단일벽 탄소나노튜브를 개발해 공급하고 있다.

배터리에도 접착제가 필요해

바인더binder는 양극 및 음극을 만들 때 접착제와 같은 역할을 하는 물질이다. 양극이나 음극을 만들기 위해서는 활물질, 도전재, 바인더를 용매에 함께 넣고 섞어 슬러리를 만든 후 집전체에 코팅하듯 바른다. 바인더는 활물질이 도전재와 잘 섞이고 집전체에 고르게 도포될 수 있도록 첨가하는 재료라고 할 수 있다.

바인더는 배터리의 수명, 에너지 밀도와도 관계가 깊다. 리튬이온 배터리가 충전·방전을 반복하면 리튬이온의 삽입·탈리 반응으로 활물질에 균열이나 팽창이 발생할 수 있는데 바인더가 이를 완화하거나 방지할 수 있기 때문이다. 바인더의 성능이 개선되면 그 함량을 줄이고 대신 활물질을 더 넣어 에너지 밀도를 높일 수도 있다.

좋은 바인더 재료는 우선 오랫동안 사용해도 안정적인 접착력을 유지해야 한다. 또 전해액과 화학적·전기화학적으로 부반응이 없어야 한다. 화학적으로 안정적이라는 말은 전해액과 산화, 환원 반응을 일으키지 않아야 한다는 뜻이다. 전기화학적으로 안정적이라는 것은 리튬이온 배터리의 작동 전압 범위인 3~5V에서 분해되지 않아야 한다는 의미다. 바인더는 전극 제조 시에 최고 200도의 고온에서도 견딜 수 있는 내열성을 갖추어야 하며 고압에도 깨어지지 않아야 한다.

바인더는 슬러리를 만들 때 사용하는 용매의 종류에 따라 다른 종류를 사용한다. 유기 용매에 사용하는 바인더(유기계 바인더 또는 비수계 바인더)와 수계 용매에 사용하는 바인더(수계 바인더)로 나뉜다. 일반적으로 양극에는 유기계인 PVDF poly vinylidene fluoride(폴리비닐리덴플루오라이드))가 사용된다. PVDF는 입자 사이를 선으로 연결해 접착력을 유지한다고 해서 선접촉형 바인더로 분류한다.

양극 활물질은 물에 잘 녹지 않기 때문에 수계 공정 대신 유기계 공정을 적용한다. 양극에는 주로 유기 용매인 NMP n-methyl-2-pyrrolidone(노말메틸피롤리돈)를 쓴다. 양극에 사용하는 바인더인 PVDF는 다양한 외부 환경에 견디는 내후성(각종 기후에 견디는 성질)과 내오염성 등이 우수해 태양전지 필름, 취수장 분리막 등에도 많이 활용하는 물질이다.

음극에는 수계 바인더로 SBR styrene-butadiene rubber(스티렌-부타디엔 고무)와 CMC carboxy methyl cellulose(카복시메틸셀룰로스)를 혼합해서 사용한다.

SBR/CMC 바인더는 활물질과 도전재 사이를 집집측 형태로 묶어주기에 결집력이 우수하다. 하지만 차세대 음극재인 실리콘의 부피 팽창을 억제하기 위해서는 더욱 강력한 바인더가 필요하다. 실리콘 음극재용 바인더로 PAA poly acrylic acid(폴리아크릴산)나 PI poly imide(폴리이미

[15-6] 양극용 바인더 PVDF와 음극용 바인더 SBR/CMC 모식도

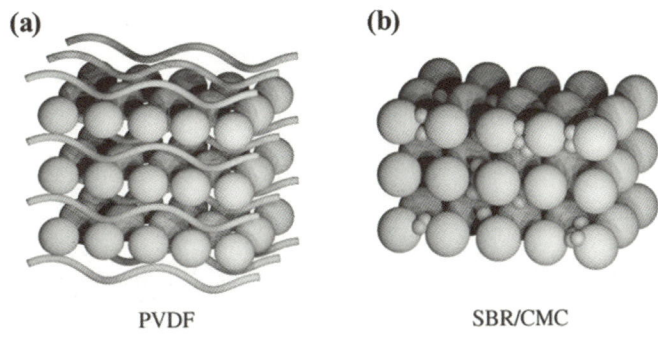

출처: 《고분자 과학과 기술》 제27권 3호, 한국고분자학회, 2016.

드)가 주목받고 있다. PAA와 PI는 모두 수계 바인더로 기존 바인더에 비해 인장 강도와 접착력이 높아 실리콘 음극재의 부피 팽창을 억제한다.

PVDF 바인더는 일본의 구레하Kureha, 벨기에의 솔베이Solvay, 프랑스의 아케마Arkema 등 몇 개 기업이 과점하고 있다. 국내 기업으로는 켐트로스가 2019년 3월 한국화학연구원으로부터 PVDF 제조 공정 기술을 이전받아 2021년부터 파일럿 라인을 통해 상업화를 위한 연구개발을 진행 중이다.

SBR 바인더의 주요 생산 기업으로는 일본의 제온Zeon이 있다. 국내 기업으로는 한솔케미칼이 음극재 바인더의 국산화에 성공해 삼성SDI와 SK온에 공급하고 있다. LG화학과 금호석유화학도 음극재 바인더를 생산하고 있다. 애경케미칼은 실리콘 음극재용 바인더를 개발, 상용화를 준비 중이다.

건식 전극의 핵심 기술, 바인더

차세대 배터리 연구가 진행되면서 새로운 바인더 소재들도 함께 개발되고 있다. 대표적인 것이 건식 전극이다. 건식 전극이란 유기 용매를 사용하지 않고 전극을 만드는 새로운 공정을 말한다. 유기 용매를 사용하지 않기 때문에 바인더도 새로운 물질이 필요하다.

건식 전극은 유기 용매를 사용하지 않으므로 친환경적이고 비용을 절감할 수 있어 차세대 전극 기술로 각광받고 있다. 다만 활물질을 슬러리로 만들지 않기 때문에 집전체에 고르게 도포하기 쉽지 않아 대량 양산에 어려움을 겪고 있다.

기존 습식 공정에서는 슬러리를 집전체에 도포한 후 열풍을 이용해 유기 용매 NMP(노말메틸피롤리돈)를 흡수하게 된다. NMP는 고가이고 환경 오염 물질이기 때문에 국내 기업들은 회수 후 정제해 다시 사용한다. 한국은 NMP를 전량 수입에 의존하고 있다. 독일 바스프 BASF와 미국 애쉬랜드 Ashland(구 ISP)가 독과점하고 있다.

건식 공정에서는 NMP를 사용하지 않고 가루 형태의 활물질 혼합물을 바로 집전체에 코팅하거나 필름으로 만든 후 집전체에 붙이는 방식을 사용한다.

건식 전극 공정에서 많이 사용하고 있는 바인더 소재가 PTFE polytetrafluoroethylene(폴리테트라플루오로에틸렌)이다. 흰색 분말 형태의 PTFE는 일정 온도에서 섬유화하는 특성을 지니고 있다. 이런 특성을 이용해 활물질, 도전재, PTFE를 혼합한 뒤 압출하면 용매 없이도 얇

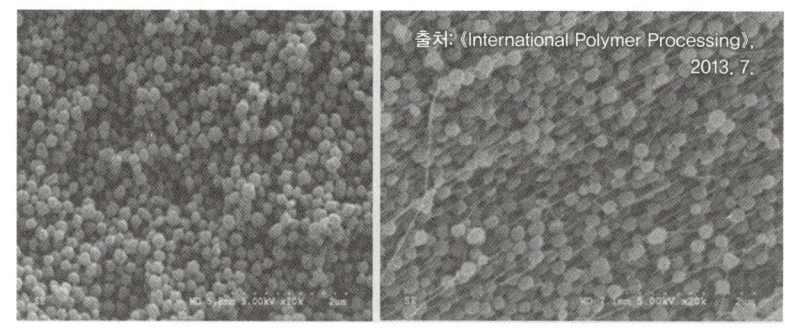

[15-7] PTFE 섬유화 현상.

은 필름 형태를 만들 수 있다.

PTFE는 1938년 미국 화학 기업 듀폰Dupont이 개발한 물질로, 상품명인 테플론Teflon으로 우리에게 잘 알려져 있다. PTFE는 매우 강한 탄소와 불소의 결합으로 이루어져 열에 강하고 내화학성이 좋다. 표면이 매끄러워 프라이팬 코팅재로 많이 사용되며 개스킷, 베어링, 컨테이너관 내부, 밸브와 펌프 부품, 톱날 등에도 활용된다.

불소와 EU 환경 규제

바인더와 관련해 현재 배터리 업계에서 가장 주목하는 것은 EU(유럽연합)의 환경 규제다. 유럽화학물질청ECHA은 거의 모든 과불화화합물PFAS에 대해 사용 제한을 추진하고 있다. 과불화화합물은 여러 개의 탄소와 수소가 강하게 결합해 있어 자연 상태에서 쉽게 분해되지 않아 "영원한 화학 물질"이라고 불린다. 자연 분해가 이루어지지 않다보니 공기나 물, 토양에 장기간 머물다 체내에 쌓여 여러 질병을 일으킬 수 있다. 이에 경각심이 커지자 유럽에서 과불화화합물에 대한 규제 도입을 추진하고 있다. 유럽화학물질청이 2023년 2월 1만 종 이상의 규제 대상 불소화합물을 공개했는데 여기에는 이차전지 바인더로 사용하는 PVDF와 PTFE도 포함되어 있다.[5]

유럽화학물질청은 과불화화합물 규제에 대해 2023년 9월까지 의견 수렴을 거쳤으며 2024년 현재 검토를 진행하고 있다. 과불화화합물 규제는 EU 의회와 이사회에서 확정되면 전환 기간을 거쳐 2026~2027년부터 실제 시행에 들어갈 것으로 보인다.[6]

한국 정부와 국내 관련 기업들은 과불화화합물 전면 규제에 대해 "신중한 검토가 필요하다"라는 의견을 유럽화학물질청과 세계무역기구WTO 측에 전달했다. 과불화화합물은 이차전지뿐 아니라 반도체, 디스플레이에도 사용된다. 화학 회사 아케마, 솔베이 등은 과불화화합물 규제에서 불소중합체fluoropolymer(불소를 기반으로 한 고분자)를 면제해줄 것을 요구하고 있다.

배터리 업계에서는 최종 의견서에서는 PVDF와 PTFE가 제외될 것으로 기대하고 있다. 배터리 전문가들은 두 물질이 일반적으로 생각하는 것과 달리 유해성이 높지 않다고 설명한다.

자연적으로 잘 분해되지 않는 잔류성 유기 화합물로 자연계나 체내에 축적될 가능성이 높은 과불화화합물로는 PFOA(과불화옥탄산)와 PFOS(과불화옥탄술폰산)가 있다. 프라이팬이나 냄비 등의 코팅에 사용되는 PTFE는 PFOA, PFOS 등과는 화학적 구조나 물리적 특성이 전혀 다른 고분자 물질이다. 프라이팬에 코팅된 불소수지 조각은 실수로 먹어도 체내에 흡수되지 않고 그대로 배출되므로 인체에 위해가 발생할 우려는 거의 없다.[7]

16장

배터리, 재활용하면 되잖아!

재활용으로 탈중국 꿈꾸는 미국과 유럽

2024년 9월 미국 에너지부는 차세대 배터리와 배터리 소재의 자국 내 산업을 촉진하기 위해 14개주의 25개 사업 프로젝트에 총 30억 달러(약 4조 원)를 지원한다고 발표했다. 지원금은 핵심광물과 배터리 부품 생산, 배터리 제조와 재활용 등을 위한 시설 건설, 확장, 개조에 사용될 예정이다.

미국 에너지부가 선정한 프로젝트를 살펴보면 배터리 재활용 기업이 상당수 포진해 있다. 아메리칸배터리테크놀로지American Battery Technology Co가 1억 5000만 달러의 보조금을 지원받은 것을 비롯해 서바솔루션스Cirba Solutions가 2억 달러, 클라리오스서큘러솔루션스Clarios Circular Solutions가 1억 5000만 달러를 지원받았다.[1] 미국 정부가 배터리 재활용 산업 육성에 얼마나 신경을 쓰고 있는지 알 수 있는 대목이다.

미국 정부가 이처럼 배터리 재활용에 막대한 자금을 투입하는 주된 목적은 중국이 장악하고 있는 배터리 광물 공급망에 대한 의존도를 줄이기 위해서다. 중국은 리튬, 니켈, 코발트 등 배터리 핵심광물의 채굴부터 제련까지 배터리 공급망 전반을 장악하고 있다. 미국 지질조사국USGS에 따르면 2020년 기준 호주, 칠레, 중국이 전체 리튬 생산량의 90%를 차지하고 있다. 제련 기준으로는 중국의 비중이 65%로 압도적으로 많다. 느슨한 환경 기준을 적용하는 데다 생산비도 낮아 리튬 제련 공장이 중국에 집중되어 있는 탓이다. 특히 삼원계 배터리에 사용하는 수산화리튬의 75%는 중국에서 제련된다.

코발트의 경우 2021년 기준 70%가 콩고민주공화국에서 생산되고 있으며 제련의 60%는 중국에서 진행된다. 코발트는 아동 노동 착취 문제까지 겹쳐 있다. 니켈은 경제적 채굴이 가능한 매장량 기준으로 인도네시아와 호주가 각각 22%의 비중을 차지하고 있으며 그 뒤를 브라질(16.8%), 러시아(7.9%)가 잇고 있다.

전기차가 확산될수록 이러한 중국에 대한 의존도는 국가 안보에까지 심각한 영향을 미칠 수 있다. 중국이 광물을 무기화할 경우 미국 자동차 산업에 큰 타격을 안겨줄 수 있기 때문이다. 배터리가 자동차뿐 아니라 IT 전반에 걸쳐 확산되는 상황에서 중국이 핵심광물을 장악하고 있는 문제는 반드시 해결하고 넘어가야 한다. 미국 정부는 배터리 재활용을 이러한 리스크를 해소할 수 있는 방안 중 하나로 보고 있다. 미국 정부는 배터리 재활용으로 2040년까지 전기차 배터리 생산에 필요한 구리, 리튬, 코발트·니켈 수요의 55%, 25%, 35%를 각

각 충당할 수 있을 것으로 전망하고 있다.[2]

배터리 재활용을 늘리는 방법은 인센티브를 제공하거나 재활용 규제를 강화하는 것이다. 미국 정부가 채택하고 있는 방법은 주로 인센티브 제공이다. 미국 에너지부는 지난 2022년에도 '초당적 인프라법Bipartisan Infrastructure Law'에 근거해 전기차 배터리 재활용을 위한 10개 프로젝트에 약 7400만 달러를 투자했다.

IRA(인플레이션감축법)에도 배터리 재활용에 관한 내용이 담겨 있었다. 전기차 보조금을 받으려면 미국 또는 미국과 FTA(자유무역협정)를 체결한 국가에서 배터리 광물을 추출 또는 가공했거나 북미에서 재활용된 광물의 비율이 정해진 비율 이상을 충족해야 했다.[3]

중국의 배터리 공급망 장악을 견제하기 위해 배터리 재활용을 강조하는 것은 유럽도 마찬가지다. 2024년 2월부터 시행된 EU의 배터리규정Battery Regulation은 탄소발자국 신고 의무화, 폐배터리 수거 및 원자재 회수 목표 설정, 최소 재활용 원료 사용 비중 적용, 공급망 실사 의무화, 배터리 여권 도입 등을 명시하고 있다.

특히 2027년부터 회원국은 생산자책임재활용EPR 제도를 도입해 폐배터리 수거에 대한 책임을 생산자에게 부과하고 관련 승인 절차를 수립해야 한다. 2kWh(킬로와트시) 이상의 산업용 배터리, 전기차 배터리, 시동·점화용SLI 배터리에 대해 재활용 원료 사용 최소 비율과 추출 달성 목표도 설정했다.

규정에 따르면 배터리 폐기 시 2027년까지 코발트, 구리, 납, 니켈은 90%를, 리튬은 50%를 추출해야 한다. 또 2031년까지는 이 수치가 각각 95%와 80%로 늘어난다. 신품 배터리에 재활용 원료를 사용해야 하는 비율은 2031년까지 코발트 16%, 납 85%, 리튬 6%, 니

[16-1] EU 배터리규정

신품 배터리에 대한 재활용 원료 사용 최소 비율(%)				
	코발트	납	리튬	니켈
2031년 8월 18일부터	16	85	6	6
2036년 8월 18일부터	26	85	12	15

배터리 폐기 시 원료별 재활용 추출 달성 목표(%)		
	코발트, 구리, 납, 니켈	리튬
2027년까지	90	50
2031년까지	95	80

출처: 한국무역협회

켈 6%다.

미국, 유럽이 배터리 재활용 비중을 확대하면서 내세우고 있는 명분은 친환경이다. 중국 등 특정 국가를 겨냥할 경우 무역 분쟁으로 비화할 수 있기 때문이다. 실제로 배터리 재활용을 통해 탄소 배출을 상당 부분 줄일 수 있다. 배터리 핵심광물을 채굴, 제련하는 과정에서 환경을 파괴하고 오염 물질이 배출된다. 이 때문에 일부에서는 전기차가 과연 친환경적인가 하는 의문을 제기하는 이들도 있다. 전기차 자체는 친환경적이지만 배터리를 생산하는 과정이 친환경적이지 않다는 비판도 있다. 하지만 배터리를 재활용하면 이러한 비판에서 비껴갈 수 있다.

매킨지앤드컴퍼니의 분석에 따르면 삼원계 배터리 기준으로 광

[16-2] 배터리 리사이클링 시장 전망

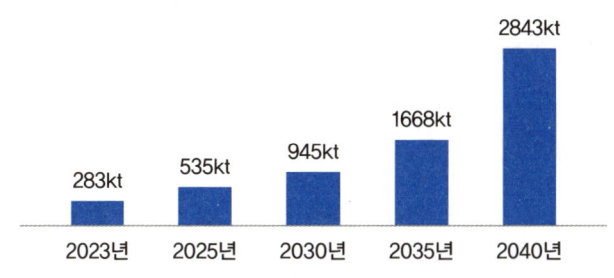

출처: SNE리서치(회수 금속 기준)

물을 채굴해 배터리를 생산하면 kWh당 약 74kg의 이산화탄소가 발생한다. 이 중 광물 채굴에만 29kg의 이산화탄소를 배출한다. 반면 리사이클링을 통해 광물을 추출하면 이산화탄소 배출량이 29kg에서 8kg으로 72.4% 감소한다. 전체 이산화탄소 배출량도 74kg에서 53kg으로 줄어든다. 리사이클링을 적용하면 에너지 소비량도 건식 공정에서는 68%, 습식 공정에서는 75% 줄어든다.

배터리 재활용 시장은 전기차 대중화와 함께 8~10년 후부터 급증할 것으로 예상된다. 글로벌 전기차 시장은 현재 성장세가 둔화하고 있으나 앞으로 계속 확대될 것이라는 전망에 이의를 제기하는 사람은 많지 않다. 이에 따라 앞으로 폐기 처분되는 전기차에서 탈거되는 폐배터리의 양도 크게 증가할 것으로 예상된다.

시장 조사 업체 SNE리서치 발표에 따르면(2024년 기준) 전 세계 배터리 리사이클링(재사용/재활용) 시장은 리튬, 니켈, 코발트 등 회수 금속 기준으로 2025년 535kt(킬로톤)에서 2030년 935kt, 2040년 2843kt으로 연평균 12% 성장할 전망이다.

금액 기준으로는 2023년 34억 1700만 달러였던 배터리 리사이클링 시장 규모는 2025년 73억 4200만 달러, 2030년 136억 4600만 달러, 2040년 467억 7600만 달러(약 63조 원)로 연평균 13% 성장할 것으로 예상된다. 금액 규모는 광물 가격에 따라 변동 폭이 크다.

배터리를 재활용하는 3가지 방법

전기차에서 사용하고 난 배터리를 예전에는 "폐배터리"라고 불렀으나 현재는 "사용 후 배터리"라는 말을 더 선호한다. 폐배터리에는 폐기물이란 의미가 내포되어 있다. 하지만 전기차에서 탈거한 배터리를 그냥 폐기 처분하는 것이 아니라 다양한 방식으로 재사용하거나 재활용하면서 하나의 산업군을 형성하고 있다. 사용 후 배터리란 용어가 탄생한 배경이다. 영어권에서는 "EOL(end of life) 배터리"라는 표현을 많이 사용한다.

전기차를 폐차하거나 수리하는 과정에서 발생한 사용 후 배터리는 크게 재제조, 재사용, 재활용 3가지 방식으로 활용된다. 재제조는 사용 후 배터리를 분해, 셀 밸런싱, 재조립, 검사 등의 과정을 거쳐 원래의 성능으로 복원해 다시 사용하는 것을 의미한다.

재사용은 사용 후 배터리를 부품으로 재활용해 ESS(에너지 저장 장치), UPS(무정전 전원 장치) 등 전기차 이외의 제품으로 제조 및 판매하는 것을 말한다. 다 쓴 배터리라 하더라도 충전 용량의 60~80%는 남아 있어 여전히 활용 가치가 높다.

[16-3] 배터리 리사이클링 종류

	방식
재제조	배터리를 분해, 셀 밸런싱, 재조립, 검사 등의 과정을 거쳐 원래 성능으로 복원해 다시 사용
재사용	사용 후 배터리를 부품으로 활용해 ESS(에너지 저장 장치), UPS(비상 전원 공급 장치) 등 전기차 이외 제품으로 제조 및 판매
재활용	사용 후 배터리를 분해한 뒤 리튬, 코발트, 니켈 등 유가有價 금속을 추출해 배터리 원료로 다시 사용

배터리 업계에서 가장 주목하고 있고 유망 산업으로 떠오른 것이 재활용이다. 재활용이란 사용 후 배터리를 분해한 뒤 리튬, 코발트, 니켈 등 가치 있는 금속을 추출해 배터리 원료로 다시 사용하는 것이다. 배터리 재활용은 도시에서 광물을 추출하기에 곧잘 '도시 광산'에 비유된다.

배터리 재활용은 방식에 따라 직접 재활용direct recycling, 건식 공정pyro-metallurgy, 습식 공정hydro-metallurgy으로 나뉜다.

이 중 직접 재활용은 배터리의 양극에 코팅되어 있는 활물질을 물리적으로 뜯어내 재활용하는 방식이다. 직접 재활용 방식은 비용이 저렴하고 친환경적이지만 아직 실험실 단계에 머물러 있다. 미국의 온토테크놀로지Onto Technology, 프린스턴뉴에너지Princeton Nuenergy, 중국의 파라시스Farasis 등이 직접 재활용 방식을 도입하고 있다.

배터리를 재활용하기 위한 공정은 크게 전처리 공정과 후처리 공정으로 나뉜다. 전처리는 사용 후 배터리를 방전, 분해한 후 블랙매스black mass, 블랙 파우더black powder 등 재활용 원료를 만드는 과정을 말한다. 후처리는 이렇게 확보한 원료에서 직접 가치 있는 금속을 추출하는 공정이다. 기업에 따라 전처리나 후처리에 특화한 곳과 두 사업을 모두 하는 곳이 있다.

건식 공정은 사용 후 배터리를 방전, 분해한 후 파쇄해 나온 플레이크$_{flake}$(파편)를 섭씨 1200~1400도의 용광로에 넣어 녹이는 방식으로 금속을 추출한다. 용광로에 녹은 원료들은 밀도 차이에 따라 상부 슬래그$_{slag}$ 층과 하부 금속 합금 층으로 분리된다.

니켈, 코발트, 구리로 이루어진 하부 합금 층은 각각 녹는점이 달라서 온도 차이를 이용해 추출할 수 있다. 그러나 리튬, 망간으로 이루어진 상부 슬래그는 산화물 형태의 분자 구조로 안정적으로 결합해 있어서 리튬 회수율이 높지 않다는 단점이 있다.

건식 공정은 비교적 간단하고 대량의 사용 후 배터리를 손쉽게 처리할 수 있다는 장점이 있다. 하지만 고온의 용광로를 가동해야 하기에 에너지 소모가 많고 다량의 탄소를 배출하기에 환경적인 부담이 크다는 단점이 있다.

건식 공정을 도입한 대표적인 곳으로 벨기에의 유미코아가 있으며 국내에서는 영풍, 고려아연이 이 방식을 적용하고 있다. 영풍은 건식 용융 방식으로 90%의 리튬 회수율을 기록했다고 밝히기도 했다.

현재 대다수 배터리 재활용 기업들이 이용하는 습식 공정은 원료를 화학적으로 처리해 유가 금속을 추출하는 방식이다. 국내에서는 성일하이텍, 새빗켐, 이이에스티엠씨$_{ISTMC}$, 에코프로씨앤지가 이 방식을 사용하고 있다. 중국의 브런프$_{Brunp}$, GEM(거린메이), 화유코발트, CNGR, 캐나다의 리사이클, 리시온, 미국의 레드우드, 어센드엘리먼츠 등 대부분의 기업이 습식 방식을 적용해 금속을 추출한다. 시장에서는 습식 점유율이 약 90%를 차지하는 것으로 보고 있다.

습식 공정에서는 우선 사용 후 배터리를 파쇄 및 분쇄한 후 고운 가루 형태의 블랙 파우더를 만든다. 이후 블랙 파우더를 황산 용액에 넣으면 금속 물질이 이온 형태로 침출된다. 불순물을 제거한 후 선택적 화학 반응을 일으키는 용매를 넣어 차례로 황산망간, 황산코발트, 황산니켈, 탄산리튬을 추출한다. 리튬 회수율은 약 90%로 알려져 있다. 망간은 경제성이 부족해 추출하지 않는 경우도 있다.

습식 공정은 건식 공정보다 금속 회수율이 높지만 운영비가 비교적 높다. 또 최종 부산물인 망초$_{Na_2SO_4}$(황산나트륨) 폐수가 발생하는데 그대로 흘려보낼 경우 환경을 오염시킨다. 배터리 재활용 기업들은 폐수를 재활용하는 기술도 함께 개발하고 있다.

춘추전국 시대 맞은 리사이클링

사용 후 배터리 시장이 급속히 확대될 것으로 전망됨에 따라 최근 몇 년간 재활용 전문 기업뿐 아니라 소재, 배터리 셀, 완성차 기업들까지 너나 할 것 없이 이 분야에 뛰어들었다. 2022년 6개였던 배터리 재활용 기업은 2024년 10개 이상으로 늘었다.

국내에서 배터리 재활용 전문 기업으로는 2000년 설립한 성일하이텍이 가장 큰 규모를 자랑한다. 국내외 총 9개의 전처리 공장(리사이클링파크)과 2개의 후처리 공장(하이드로센터)을 보유하고 있다. 현지에서 배터리 스크랩(불량품)과 사용 후 배터리를 수거해 블랙 파우더를 만든 후 한국의 후공정 시설로 보내는 방식이다.

원재료인 스크랩은 국내 배터리 셀 제조 3사 및 삼성물산, 현대

[16-4] 배터리 재활용 기업인 성일하이텍이 2024년 6월 군산 새만금국가산업단지에서 3공장 준공식을 개최하고 있다.

글로비스 등으로부터 조달받아 금속을 추출해 국내 양극재 및 전구체 제조 업체에 공급하고 있다. 에코프로비엠으로 공급하는 비중이 가장 높다.

새빗켐은 1993년 설립된 폐수 처리 약품 기업 동양케미스트리가 전신이다. 2005년 현재 사명으로 변경하면서 반도체, 디스플레이 폐산 재활용 사업에 진출했으며 2017년부터 폐배터리 리사이클링 사업을 시작했다. 2020년부터 추출한 금속을 복합액의 형태로 판매하는 사업을 시작했다. 원재료는 포스코케미칼, 엘앤에프 등 양극재 업체로부터 조달하고 있으며 주요 고객사는 중국 이엠티다.

아이에스티엠씨는 전처리·후처리 전문 업체로 최종 소재 금속을 전구체/양극재 업체에 납품한다. 주요 제품으로는 NCM 솔루션과 탄산리튬이 있다. 아이에스티엠씨는 모회사인 아이에스동서를 중심으로 배터리 재활용 생태계를 구성하고 있다. 폐차 전문 업체인 인선모터스, 전처리 업체인 아이에스비엠솔루션 등을 가족사로 두고 있어 원재료 확보를 위한 수직 계열화를 이루었다.

에코프로, 포스코 등 대표적인 소재 기업들도 리사이클링 사업에 진출했다. 소재 기업들은 재활용-전구체-양극재·음극재 생산의 생태계를 완성함으로써 경쟁력을 갖추고 있다는 점을 강조한다. 에코프로는 에코프로씨엔지$_{EcoPro\ CNG}$를 통해 재활용 사업을 전개하고 있다. 국내외 공장 증설을 통해 2024년 현재 연 3만 톤인 생산 능력을 2027년까지 약 2배인 6만 1000톤까지 확대한다는 계획이다. 포스코홀딩스는 2023년 7월 중국 화유코발트, GS에너지와 합작한 이차전지 리사이클링 전문 기업인 포스코HY클린메탈 공장을 준공했다. 이 공장에서는 연간 블랙 파우더 1만 2000톤을 처리할 수 있는 생산 능력을 갖추었다.

배터리 셀 기업들도 재활용 사업에 적극적이다. LG에너지솔루션은 2023년 8월 중국 화유코발트와 배터리 리사이클 합작 법인 설립을 위한 계약을 체결했다. 신규 합작 법인은 중국 난징 등에 공장을 세울 예정이다. LG화학과 LG에너지솔루션은 2021년 12월 북미 최대 배터리 리사이클링 기업인 리사이클$_{Li\text{-}Cycle}$에 600억 원을 투자해 지분 2.6%를 확보하기도 했다.

삼성SDI는 2019년 천안과 울산 공장에 배터리 핵심 원자재를 회수하고 배터리 제조에 재활용하는 순환 체계를 구축했다. 또 연구소 내에 '리사이클 연구 랩$_{Lab}$'을 신설해 친환경 소재 회수 기술을 개발하고 있다. 삼성SDI는 성일하이텍과 긴밀한 협업 관계를 맺고 있다. 삼성SDI(8.8%)를 비롯해 삼성그룹 계열사들이 성일하이텍 지분 13.8%를 보유한 2대 주주다.

SK온의 모회사인 SK이노베이션도 2022년 12월 성일하이텍과 폐배터리 합작 법인 설립을 위한 업무협약MoU을 체결했다.

글로벌 전기차 기업들도 폐배터리 재활용 사업을 진행하고 있다. 현대자동차그룹은 현대글로비스를 통해 배터리 재활용 사업을 추진하고 있다. 현대글로비스가 세계 곳곳의 폐차장 등에서 나오는 사용 후 배터리를 회수하면 현대자동차가 이를 재사용하거나 재활용하는 방식이다. 현대글로비스는 2024년 1월 전처리 기술을 갖춘 배터리 재활용 전문 기업 이알과 지분 투자에 관한 투자계약서SSA를 체결하기도 했다.

비非배터리사도 경쟁에 뛰어들고 있다. SK에코플랜트는 2022년 2월 싱가포르의 전기 전자 폐기물 처리 회사인 테스TES를 1조 2000억 원에 인수했다. 테스는 2023년 12월 중국 장쑤성에 폐배터리 재활용 공장을 준공했다. 두산에너빌리티도 배터리 재활용 전문 자회사인 두산리사이클솔루션을 설립했다. 두산리사이클솔루션은 대구에 공장 준공을 준비하고 있다.

배터리 재활용의 도전 과제들

배터리 재활용 사업의 성공 여부를 결정하는 가장 큰 열쇠는 안정적인 원료 확보다. 아직은 전기차에서 나오는 사용 후 배터리가 많지 않은 상황에서 재활용 기업들이 우후죽순 생기면서 원료 확보부터가 쉽지 않게 되었다. 현재 배터리 재활용 업체들은 주로 배터리 제조 과정에서 나오는 스크랩을 주원료로 사용한다. 현재 재활용 원료 중 스크랩의 비중이 80~90%에 달하는 것으로 파악된다.

소재 및 배터리 셀 기업들과 완성차 기업들이 직접 재활용 사업에 뛰어들고 있는 것은 기존 재활용 전문 기업들에는 위기 요인이 될 수 있다. 경쟁이 치열해지면서 향후 원료 수급에 어려움을 겪을 수 있기 때문이다. 수요 기업들은 수익성 측면보다는 원료 확보 차원에서 재활용 사업에 관심을 두는 것으로 분석된다.

글로벌 경쟁 또한 심화하고 있다. 미국, 유럽, 중국 등 주요 시장에서 현지 기업들이 배터리 재활용 사업을 활발하게 전개 중이다. 북미의 레드우드머티리얼즈, 어센드엘리먼츠 등이 대표적이다. 글로벌 네트워크를 갖춘 대기업들도 배터리 재활용 사업에 진출하고 있어 이들의 움직임도 지켜봐야 하는 상황이다. 배터리 재활용 기업들은 정부 차원에서 배터리 회수 시스템 제도를 도입해줄 것과 해외 폐배터리 수입 규제를 완화해줄 것을 요구하고 있다.

이와 별개로 기업 간 짝짓기도 활발하게 진행하고 있다. 배터리 재활용 산업은 큰 틀에서 볼 때 배터리 생산-전기차 탑재-수거 및 재활용 등으로 이어지는 배터리 순환 시스템의 일부분이다. 이러한 배터리 순환 시스템을 완성하는 기업이 재활용 사업에서 절대적으로 유리한데 이를 한 기업이 혼자 해내기는 어렵다.

예를 들어 2024년 3월 호주 리튬오스트레일리아Lithium Australia의 자회사인 엔바이로스트림Envirostream은 LG에너지솔루션 및 현대글로비스와 잇따라 배터리 재활용 계약을 체결했다. 이에 앞서 성일하이텍은 리튬오스트레일리아와 블랙 파우더의 오프테이크off take(장기 구매) 계약 및 공동 개발 관련 양해각서를 체결했다. 이러한 일련의 계약에 따라 엔바이로스트림이 LG에너지솔루션 및 현대자동차로부터 폐배터리를 회수해 1차 가공하면 성일하이텍이 이를 공급받아 핵심 광물을 추출할 수 있게 된다.

에코프로는 '클로즈드 루프 에코 시스템Closed Loop Eco System'이라는 이름으로 재활용-전구체-양극재 생산의 순환 생태계를 구축했다. 사용 후 배터리 재활용 기업인 에코프로씨엔지에서 추출한 리튬은 에코프로이노베이션으로 보내 수산화리튬으로 가공된다. 또 추출한 니켈, 코발트 망간은 에코프로머티리얼즈로 옮겨져 전구체로 만들어진다. 에코프로비엠EcoPro BM과 에코프로이엠EcoPro EM은 에코프로머티리얼즈로부터 전구체를, 에코프로이노베이션으로부터 수산화리튬을 각각 공급받아 최종 양극재를 생산하면서 클로즈드 루프 에코 시스템을 완성하게 된다. 앞으로는 배터리 재활용 사업만 하는 기업보다는 이처럼 배터리 순환 시스템을 통해 경쟁력을 갖춘 기업이 살아남을 가능성이 크다.

배터리 재활용 산업에서 화두가 되고 있는 것 중 하나는 LFP(리튬인산철) 배터리의 재활용이다. 현재 기업들은 삼원계 배터리 재활용에 중점을 두고 있다. 리튬, 니켈, 코발트, 망간 등 수익성이 높은 희소 금속을 추출할 수 있기 때문이다. 반면 LFP 배터리는 경제성이 부족해 재활용하지 않고 폐기하는 것으로 알려져 있다. LFP 배터리를 채택하는 전기차가 늘어나고 있는 상황에서 버려지는 LFP 배터리는 향후 심각한 환경 문제를 야기할 수 있다.

이에 따라 재활용 기업들은 LFP 배터리 재활용 사업화를 고민하고 있다. 성일하이텍은 LFP 배터리 재활용 파일럿 라인을 구축하고 2026년 양산 체계를 갖출 계획이다. 영풍, 포스코HY클린메탈도 LFP

배터리 재활용 기술을 개발하고 있다. 하지만 금속을 추출하는 비용이 높아 수익성 확보가 풀어야 할 숙제다. 재활용 기업들은 LFP 배터리 재활용에 대한 정부의 인센티브를 기대하고 있다.

습식 공정에서는 망초라고 불리는 황산나트륨이 발생하기 때문에 환경 오염 이슈도 뒤따른다. 이에 따라 폐수 무방류 시스템을 갖춘 배터리 기업들이 경쟁력 측면에서 유리할 것으로 보인다.

한때 배터리 재활용 사업은 '도시 광산'에 빗대지며 황금알을 낳는 거위처럼 여겨졌다. 배터리 재활용 기업들이 우후죽순 늘어난 것도 시장을 선점하기 위해서였다. 하지만 리튬, 니켈 등 주요 광물 가격이 급락하면서 배터리 재활용 기업들의 수익성이 크게 악화했다. 사용 후 배터리에서 추출한 광물은 실제 광산에서 채굴한 광물을 기준으로 판매하는데 광물 가격이 급락하면 재활용 광물 역시 채산성이 떨어지기 때문이다. 일부 재활용 기업들은 설비 투자 계획을 보수적으로 운영하고 있다. 광물 가격의 움직임도 배터리 재활용 사업의 중요한 위험 요소라고 할 수 있다.

4부

불붙은 기술 패권 전쟁

17장

삼원계냐 LFP냐

뼈아픈 오판

"이것은 세계에서 가장 진보적인 기술을 누가 개발할 수 있을 것인가를 지켜보는 경주가 될 것입니다."

세계 최대 리튬 광산 기업 앨버말Albemarle의 CTO(최고기술책임자) 글렌 머펠드Glen Merfeld가 영국 일간지 《파이낸셜타임스》와 인터뷰에서 리튬이온 배터리의 기술 패권 경쟁을 두고 한 말이다.[1] 전기차의 심장, 배터리 기술을 누가 주도할 것인지는 미래 자동차 시장의 왕좌를 누가 차지할 것인지를 결정하는 열쇠가 되고 있다.

시기의 차이가 있을 뿐 전기차가 미래 이동 수단의 주류로 자리매김하리라는 것을 부인하는 사람은 많지 않다. 전기차의 핵심은 배터리, 그중에서도 리튬이온 배터리다. 기술적으로 리튬이온 배터리를 양분하고 있는 것이 NCM(니켈·코발트·망간), NCA(니켈·코발트·알루미늄) 등 삼원계 배터리와 LFP(리튬인산철) 배터리다. 현재 삼원계 배터리와 LFP 배터리 중 어떤 기술이 시장을 이끌 것인가를 두고 치열한 경쟁이 벌이고 있다. 그리고 그 중심에 한국과 중국이 있다.

한국의 배터리 기업들은 전기차의 주행 성능 향상을 위해 양극재에 니켈 함량을 높인 삼원계 배터리 개발에 주력해왔다. NCM, NCA 등 삼원계 배터리는 에너지 밀도가 높아 1회 충전 시 주행 거리를 늘릴 수 있으나 가격이 다소 비싸다. 이에 비해 BYD, CATL 등 중국 기업들은 초기부터 양극재에 인산과 철을 사용한 LFP 배터리를 주력 제품으로 사용했다. LFP 배터리는 삼원계 배터리에 비해 저렴하고 안정성이 우수하지만 에너지 밀도가 낮아 그동안 저가형 전기차에 탑재되었다.

몇 년 전까지만 해도 전기차의 성능 개선이 자동차 제조사나 소비자의 최대 관심사였다. 전기차 대중화를 위해서는 1회 충전했을 때 내연기관차 못지않은 긴 주행 거리를 확보하는 것이 첫 번째 해결 과제였기 때문이다. 글로벌 자동차 기업들이 잇따라 한국의 삼원계 배터리를 찾은 것은 이런 이유에서였다. 삼원계 배터리는 곧 시장의 주류로 자리 잡았고 LFP 배터리는 밀려날 것 같았다. 삼원계 배터리가 리튬이온 배터리 시장을 석권할 것으로 예측하는 이들이 많았다.

하지만 중국 기업들이 성능을 개선한 LFP 배터리를 잇달아 선보이며 분위기가 달라졌다. 게다가 각국이 전기차 보조금을 축소하자 자동차 제조사들이 차량 가격을 낮추기 위해 저렴한 LFP 배터리를 찾기 시작했다. 테슬라가 모델3에 이어 2023년 출시한 모델Y에도 CATL의 LFP 배터리를 탑재하면서 LFP 확대의 물꼬를 텄다. 전기차

[17-1] 전기차 배터리 기술별 점유율 전망

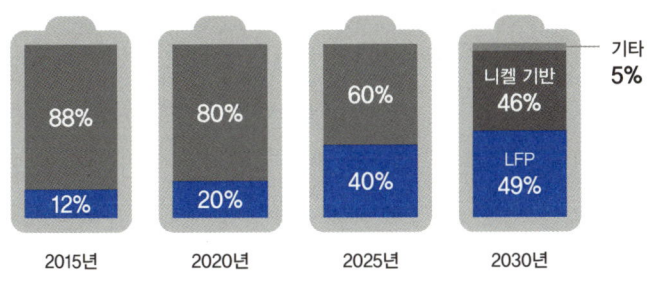

출처: 리스타드에너지

보급이 늘면서 잇따라 화재 사건이 발생하자 그동안 간과되던 전기차 안전성 이슈도 불거졌다. 자연스럽게 화재에 더 안전하다고 알려진 LFP가 주목을 받기 시작했다.

향후 전기차용 배터리 시장에서 LFP의 비중이 더욱 높아질 것이라는 전망도 늘었다. 글로벌 에너지 컨설팅 기업인 리스타드에너지Rystad Energy는 2020년 20%에 불과하던 LFP 배터리 비중이 2025년에는 40%, 2030년에는 49%에 도달할 것으로 전망했다. 이에 비해 니켈 기반 배터리의 비중은 2020년 80%에서 2025년에는 60%, 2030년에는 46%로 떨어질 것으로 내다봤다. 나머지 5%는 새로이 시장에 진입하는 차세대 배터리가 차지할 것으로 예측되었다.

한국 배터리 업계에서는 뒤늦게 "시장을 오판했다"라는 자성의 목소리가 나왔다. 고성능 삼원계 배터리에 연구개발을 집중했던 한국 배터리 기업들은 부랴부랴 LFP 배터리 개발에 나섰다. LG에너지솔루션은 2023년 3월 미국 애리조나주에 550만 달러 규모의 배터리 공장을 건설하기로 했는데 그중 23만 달러는 LFP에 투자될 예정이다. 삼성SDI, SK온 등 다른 기업들도 LFP 배터리 개발에 나섰다.

하지만 한국 기업들이 LFP 배터리 공급망을 갖추기에는 다소 시간이 필요한 상황이다. 그나마 다행인 것은 한국산 LFP 배터리에 대한 수요가 존재한다는 것이다. 중국을 견제하기 위한 차원이다. LG에너지솔루션은 2024년 7월 프랑스 르노와 39GWh 규모의 파우치형 LFP 배터리 공급 계약을 체결했다. 2025년 7월에는 한 기업(비공개)과 약 6조 원 규모의 ESS용 LFP 배터리 공급 계약을 맺었다. 늦었지만 한국 기업들이 LFP 배터리를 개발한다면 충분히 수요처가 있음을 확인한 사례라고 할 수 있다.

NCM의 뿌리

미국 중부 일리노이주 레몬트에는 아르곤국립연구소Argonne National Laboratory가 있다. 미국 에너지부 소속이지만 실제 운영은 시카고 대학교가 맡고 있다. 아르곤국립연구소는 원자력 연구로 유명하다. 미국은 2차 세계대전이 한창이던 1942년 핵폭탄을 제조하기 위해 미 전역에서 비밀리에 '맨해튼 프로젝트'를 진행했다. 전쟁이 끝난 1946년 미국 정부는 몇몇 곳을 국립으로 전환했는데 아르곤국립연구소도 그중 하나였다.

아르곤국립연구소는 원자력으로만 잘 알려진 것이 아니다. 전기차에 들어가는 배터리 연구도 이곳에서 진행되고 있다. 아르곤국립연구소는 리튬이온 배터리, 리튬공기 배터리lithium-air battery, 리튬황 배터리, 나트륨이온 배터리, 플로 배터리flow battery 등의 양극 및 음극에 관한 125개 특허를 보유하고 있다. 한국이 강점을 가진 NCM(니켈·코발트·망간) 양극재에 대한 원천 특허도 이곳이 갖고 있다.

1991년 소니가 세계 최초로 리튬이온 배터리를 상용화한 이후 아르곤국립연구소의 젊은 연구원들은 리튬이온 배터리의 성능을 개선할 수 있는 연구에 몰두했다. 연구는 옥스퍼드대학교에서 존 구디너프 교수의 박사 후 연구원으로 근무했던 마이클 태커레이Michael Thackeray가 이끌었다.

이들은 구디너프 교수가 개발한 LCO(리튬코발트산화물) 양극재의 개선에 특히 관심이 많았다. LCO를 양극 물질로 이용하는 경우 이론상 단위 중량당 용량은 274mAh/g(밀리암페어시/그램)이지만 실제로는 리튬이온이 빠져나가면서 그 절반인 약 150mAh/g의 성능만 나타낸다. LCO 양극재 배터리는 스마트폰 등 소형 전자 기기용으로는 부족함이 없었으나 중대형 배터리로 사용하기에는 적당치 않았다.

태커레이와 동료들은 LCO에서 코발트의 함량을 줄이는 대신 망간산화물Li_2MnO_3과 니켈을 추가하면 리튬이온 배터리의 용량이 안정적으로 증가한다는 사실을 발견했다. 이렇게 해서 탄생한 것이 NCM(서구에서는 NMC라고 부르기도 한다) 양극재다.[2] NCM은 값이 비싼 코발트의 비중을 줄였기 때문에 제조 단가를 낮출 수 있는 이점도 있었다. 태커레이는 크리스토퍼 존슨Christopher Johnson, 칼릴 아민Kalil Amine 등 동료 연구원들과 함께 2000년 6월 미국에서 관련 특허를 등록했다. 특허 제목은 '리튬 전지를 위한 리튬금속 산화 전극Lithium metal oxide electrodes for lithium cells and batteries, U.S. Patent 6,677,082.'이다.

NCM 양극재의 개발에는 한국 과학자의 공헌도 컸다. 이 특허의

[17-2] NCM 양극 물질을 발견한 미국 아르곤국립연구소 연구원들. 왼쪽부터 칼릴 아민, 마이클 태커레이, 크리스토퍼 존슨.

출원자 명단에는 위 3명 외에 김재국Jaekook Kim 교수 이름도 함께 들어 있다. 김 교수는 2004년부터 전남대학교 신소재공학부 교수로 재직하고 있다. 2022년도에는 한국전지학회장을 지냈다. 김 교수는 텍사스대학교에서 박사 학위를 받은 후 1999년부터 2003년까지 아르곤국립연구소에 근무하면서 이 연구를 함께 했다.

처음 이 특허를 출원할 때만 해도 이들은 자신들의 특허가 전 세계 이차전지와 전기차 산업을 바꾸어놓을 줄 몰랐을 것이다. 그런데 2000년대 후반 배터리 산업이 성장하고 NCM 양극재 기술이 널리 쓰이자 아르곤국립연구소는 적극적으로 특허권을 행사하기 시작했다. 2009년 독일 화학 기업인 바스프BASF와 일본의 토다공업Toda이 첫 번째로 아르곤국립연구소와 라이선스 계약을 체결했다.

그다음으로 이 특허에 눈을 돌린 곳이 바로 일본에 이어 세계 이차전지 시장을 이끌던 한국이었다. 당시 LG화학은 2007년 세계 최초로 NCM523 배터리(니켈 50%, 코발트 20%, 망간 30% 비율)를 양산하고 미국 GM과 리튬이온 배터리 공급 협상을 진행하던 때였다. 이 사실을 알게 된 아르곤국립연구소 측은 LG화학과 접촉했다. 미국에 NCM 기반 배터리를 공급해야 했던 LG화학은 2010년 아르곤국립연구소와 라이선스 계약을 맺었다. 이후 GM도 아르곤국립연구소와 NCM 특허 라이선스 계약을 체결했다.[3]

한편 아르곤국립연구소와 NCM 특허 라이선스를 맺은 토다공업은 2011년 삼성정밀화학과 합작 회사인 에스티엠STM을 설립해 이차전지 양극재 개발에 나섰다. 초기 지분 비율은 50 대 50이었으나 이후 삼성정밀화학이 지분을 58%까지 확대했다. 에스티엠은 울산 공장에서 양극재를 생산해 삼성SDI에 납품했다. 2015년 삼성그룹이 석유화학 계열사를 매각하면서 삼성정밀화학의 전지 소재 사업부와 에스티엠은 삼성SDI로 이관되었다. 에스티엠은 현재 삼성SDI의 100% 자회사다.

에코프로는 2004년 제일모직이 주도하는 정부 프로젝트 '초고용량 리튬 이차전지 개발 컨소시엄'에 참여했다. 2006년 제일모직이 이차전지 소재 사업을 정리하자 관련 기술을 인수해 본격적으로 양극재 사업에 뛰어들었다. 삼성SDI는 2014년 제일모직을 인수하며 소재 사업을 강화했다. 삼성SDI는 2020년 에코프로비엠과 양극재 합작법인 에코프로이엠을 설립하는 등 긴밀한 관계를 유지하고 있다.

NCM 양극재 원천 특허를 보유한 또 다른 곳은 글로벌 화학 기업인 3M이다. 3M은 2000년 캐나다 달하우지대학교의 제프 단$_{\text{Jeff Dahn}}$ 교수와 협업해 NCM 특허를 등록했다. 아르곤국립연구소가 특허를 등록한 지 3개월 만이었다. 3M의 특허는 NCM111(니켈, 코발트, 망간 비율 1:1:1) 조성에 관한 것이었다. 2014년 미국특허청$_{\text{USPTO}}$은 아르곤국립연구소와 3M의 특허가 각각 서로 다른 신규성이 있다는 점을 확인했다.[4] NCM 양극재 기업들은 아르곤국립연구소나 바스프뿐 아니라 3M과도 특허 계약을 체결해야 하는 상황이 되었다.

아르곤국립연구소와 달리 사기업이었던 3M은 이 특허가 얼마나 상업적으로 가치 있는지 알고 있었다. 3M은 미국뿐 아니라 중국, 일본, 한국 등에도 관련 특허 등록을 마치고 적극적으로 특허권을 행사했다. 3M은 수년에 걸쳐 소니, 마쓰시타, 산요를 상대로 특허 침해를 주장해 합의를 이끌어냈다.

3M은 한국의 NCM 양극재 기업들에도 특허 계약을 요구하기 시작했다. 한국 기업들은 해외 사업을 위해서는 3M과 특허 계약을 맺지 않을 수 없었다. 엘앤에프$_{\text{L\&F}}$와 에코프로가 각각 2012년과 2013년에, LG화학이 2015년에 3M과 라이선스 계약을 맺었다.[5,6,7]

리튬이온 배터리 시장이 커지자 특허 전쟁도 불이 붙었다. 벨기에의 대표적인 소재 기업인 유미코아는 2010년 3M과 라이선스 계약을 체결하며 특허 문제를 해결하려 했다.[8] 하지만 아르곤국립연구소와 바스프는 이를 인정하지 않았다. 두 곳은 공동으로 2015년 3월 유미코아가 자신들의 특허를 침해했다고 소송을 제기했다.

아르곤국립연구소의 특허는 NCM을 별개의 결정질 산화물로 구성된 2개의 상$_{\text{phase}}$ 재료로 설명한다. 아르곤국립연구소는 유미코아의 양극재가 자신들의 특허를 이용하고 있다고 주장했다. 반면 유미코아는 자신들의 NCM은 3M의 특허로 보호되는 1상의 고용체solid solution라고 반박했다. 2016년 미국 국제무역위원회ITC는 바스프와 아르곤국립연구소의 주장을 받아들였다.[9] 결국 유미코아는 아르곤국립연구소로부터 특허권을 구입해야 했다.

유미코아는 2017년 3M으로부터 NCM에 대한 모든 특허를 인수하며 양극재 사업을 크게 확장했다. 한때 으르렁거렸던 바스프와 유미코아는 현재는 특허 동맹 관계다. 양사는 2021년 5월 배터리 양극재와 관련해 서로 보유하고 있는 특허를 공동 사용할 수 있는 비독점 상호 특허 사용(크로스 라이선스) 계약을 체결했다. 양사는 한국을 비롯해 유럽, 미국, 중국, 일본에서 출원된 100개 이상의 특허권에 적용된다고 주장하고 있다.[10]

한편 SK온은 2023년 11월 바스프와 배터리 분야에서 포괄적인 업무협약을 체결했다. 양사는 양극재 생산에 관한 협력 방안을 모색한다고 발표했다.

하이니켈 강자 한국

국내 NCM 양극재 기업들은 초기에 해외 기업의 기술에 의존해야 했지만 차츰 자체 역량을 갖추어나갔다. 특히 국내 기업들은 니켈의 비중을 확대해 배터리의 에너지 밀도를 높이는 데 주력했다. 니켈 함량이 40~60%인 배터리를 미드니켈mid-nickel, mid-Ni, 70% 이상이면 하이니켈high-nickel, high-Ni로 분류한다. 현재 하이니켈 NCM 기술 분야에서는 국내 배터리 기업들이 세계 최고 수준으로 올라섰다. CATL 등 중국 기업들도 NCM 배터리를 생산하고 있으나 아직 한국 기업들의 수준에는 미치지 못한다고 배터리 업계에서는 판단하고 있다.

SK이노베이션과 LG화학은 각각 2014년과 2017년에 NCM622 양극재(니켈 60%, 코발트 20%, 망간 20% 비율)를 상용화했다. 에코프로의 양극재 자회사인 에코프로비엠은 2018년 SK이노베이션과 함께 세계 최초로 전기차용 NCM811 배터리(니켈 80%, 코발트 10%, 망간 10% 비율)를 상용화했다. 최근에는 니켈 함량을 90% 이상까지 늘린 NCM 양극재까지 상용화하고 있다. 엘엔에프는 2020년 세계 최초로 니켈 함량을 90%까지 끌어올린 NCMA(니켈·코발트·망간·알루미늄) 양극재를 개발하는 데 성공했다.[11] 이 양극재는 LG에너지솔루션, SK온에 공급되었다. 포드가 2022년 출시한 픽업 전기차 F-150 라이트닝에는 SK온이 생산한 니켈 90%의 NCM 배터리가 들어 있다.

국내 배터리 기업들이 선보인 하이니켈 NCM 배터리에는 국내 순수 특허가 적용되고 있다. 대표적인 것이 NCM811 양극재에 활용되고 있는 한양대학교 선양국 교수의 '농도 구배concentration gradient' 기술이다. 농도 구배는 농도를 다르게 한다는 뜻으로 양극재의 중심에는 니켈 비중을 높게 하고 바깥에는 망간과 코발트의 비중을 높게 하는 기술이다. 이 기술을 이용하면 니켈 함량을 높일 때 나타나는 양극재의 갈라짐 현상을 막을 수 있다. 에코프로는 2009년 한양대학교로부터 이 기술의 이전 및 독점적 통상 사업 실시권을 획득했다. 에코프로는 이 기술의 원천 개발자인 한양대학교 선양국 교수팀, 아르곤국립연구소와 '2012 미국 R&D 100 어워드'를 공동 수상하기도 했다.

하지만 국내 하이니켈 양극재도 여전히 해외 특허를 피해 가지는 못하고 있다. 최근 몇 년간 한국 양극재 기업들은 미국 배터리 소재 개발 업체 CAMX파워와 잇달아 특허 라이선스 계약을 맺은 것으로 확인된다. 2020년 삼성SDI에 이어 2022년 LG에너지솔루션이, 2023년 5월 엘앤에프가 각각 CAMX파워의 'GEMX 플랫폼'에 대한 특허 계약을 체결했다. 이 기술은 하이니켈 양극재에 대해 적은 비용으로 높은 성능과 안정성을 제공한다고 CAMX파워 측은 설명하고 있다. 벨기에 유미코아도 CAMX파워와 라이선스 계약을 체결했다.

LFP 배터리가 더 안전한 이유

2023년 11월 글로벌 자동차 브랜드 스텔란티스는 중국의 배터리 기업 CATL과 유럽에 LFP 배터리 공장을 설립하기로 하고 양해각서$_{MoU}$를 체결했다. 이듬해인 2024년 12월 양사는 50 대 50의 지분 비율로 스페인에 합작 회사를 설립하기로 합의했다. 가동 목표 시기는 2026년 말로, 최대 50GWh의 생산 능력을 확보할 전망이다. 합작 공장이 완공되면 CATL은 테슬라, 폭스바겐, 현대자동차 등에 이어 스텔란티스에도 LFP 배터리를 공급하면서 글로벌 입지를 강화할 수 있게 된다.

그동안 자국에만 머물렀던 중국 배터리 기업들이 적극적으로 해외 시장 공략에 나서면서 한국 배터리 기업들을 위협하고 있다. 중국을 제외한 글로벌 전기차 시장에서도 이제 중국 CATL이 국내 배터리 기업을 제치고 1위를 기록하고 있다. 배터리 시장 조사 기관인 SNE리서치에 따르면 2024년 1월부터 6월까지 중국 제외 전 세계 전기차용 배터리 시장에서 LG에너지솔루션은 26.5%의 점유율을 기록하며 CATL(27.2%)에 1위 자리를 내주었다.

중국 배터리 기업들이 이처럼 선전하고 있는 것은 LFP 배터리의 영향이 크다. 글로벌 자동차 제조사들이 가격 경쟁에 돌입하면서 저렴하면서 안전성을 갖춘 LFP 배터리 채용을 늘리고 있기 때문이다. LFP 배터리는 NCM 배터리보다 에너지 용량에서 뒤처지나 가격이 저렴하고 더 안전하다는 점에서 주목받으며 중저가 전기차 중심으로 시장을 확대하고 있다. 취약점으로 여겨졌던 에너지 밀도는 이른바 셀투팩cell-to-pack, CTP이라는 새로운 패키징 기술을 이용해 극복하고 있다. 전기차용 배터리는 우선 셀cell을 여러 개 연결해 모듈module을 만들고 다시 모듈을 팩pack 형태로 제작해 탑재한다. 셀투팩은 중간 모듈 단계를 생략하고 바로 셀을 팩으로 제작하는 기술로 부품 수를 줄이고 팩당 에너지 용량을 확대할 수 있다.

LFP 배터리는 양극 물질로 리튬인산철$LiFePO_4$을 사용하는 배터리를 말한다. 이 양극 물질을 처음 발견한 사람은 2019년 노벨화학상을 공동 수상한 존 구디너프 교수다. 구디너프 교수는 1995년 미국 텍사스대학교 오스틴캠퍼스에 재직 중일 때 제자 아루무감 만티람Arumugam Manthiram 박사와 함께 LFP 양극 물질을 처음 발견하고 특허를 등록했다. LCO(리튬코발트산화물) 양극 물질에 이어 LFP까지 발견한 구디너프 교수가 리튬이온 배터리의 발전에 기여한 공로는 실로 대단하다 할 수 있다.

앞서 언급한 대로 LFP 양극재의 가장 큰 장점은 안전성이다. 양극재를 구조에 따라 분류할 때 크게 층상layered, 스피넬spinel, 올리빈olivine 구조로 나눈다. LCO와 NCM, NCA 양극재는 층상 구조다. 이에 비해 LMO(리튬망간산화물) 양극재는 스피넬, LFP 양극재는 올리빈 구조를 띤다.

층상 구조는 충전·방전 시 니켈, 코발트, 망간 등으로 이루어진

[17-3] 주요 양극 물질의 구조와 특성

종류	층상 구조			스피넬 구조	올리빈 구조
	LCO	NCM	NCA	LMO	LFP
구조					
특성	에너지 용량 높음			이온 전도도 높아 고출력 구현	안전성 높음

출처: 하이투자증권

층$_{layer}$ 사이에 리튬이온의 삽입과 탈리가 반복된다. 리튬이온이 쉽게 이동할 수 있지만 리튬이 빠져나간 자리에 빈 공간이 생기기 때문에 구조가 불안정하다.

스피넬 구조는 첨정석 결정 구조와 유사한 데서 이름이 유래했다. 층상 구조가 2차원 통로를 가지고 있다면 스피넬 구조는 3차원 통로를 갖고 있어 다양한 통로를 통해 리튬이온의 삽입이 가능하고 안정성이 높다.

LFP 배터리의 특징인 올리빈 구조는 감람석과 비슷한 정육면체의 결정 구조를 갖고 있다고 해서 붙여진 이름이다. 감람석은 색깔이 올리브색을 띠고 있어서 영어로 올리빈이라 불린다. LFP 양극재는 산소와 인$_P$이 강력히 결합해 있어 리튬이온이 모두 빠져나가도 구조를

[17-4] LFP와 삼원계 양극재 비교

	LFP	삼원계(NCM, NCA 등)
분자 구조	올리빈	층상
정격 전압(V)	3.2	3.7
에너지 용량(mAh/g)	170	180~220
에너지 밀도(Wh/kg)	160~220	220~280
안전성	우수	낮음
저온 특성	낮음	우수
리사이클링 가치	낮음	우수

안정적으로 유지할 수 있다. LFP 배터리가 NCM 배터리에 비해 안전한 이유는 이 같은 구조의 특수성에서 기인한다.

LFP 양극재는 저장할 수 있는 리튬이온의 양이 적고 LCO(3.7V)에 비해 전압(3.2V)이 낮아서 에너지 밀도가 낮다는 단점이 있다. LFP의 이론상 에너지 용량은 약 170mAh/g으로 LCO(274mAh/g), NCM(275mAh/g)보다 적다.

다만 LFP 양극재의 실제 에너지 용량은 약 150mAh/g으로 이론상 용량과 큰 차이가 없다. 이는 구조적 안정성에서 기인한다. LCO는 리튬이온이 탈리되면 구조적 안정성이 취약해지면서 실제로는 150mAh/g의 용량만 구현할 수 있다. 이 문제를 극복하기 위해 니켈 성분을 추가한 NCM 양극재가 개발되었다.

LFP 양극 물질의 또 다른 장점은 가격이 저렴하다는 점이다. NCM 양극재의 경우 가격이 비싼 코발트, 니켈 등을 사용한다. 반면

LFP는 매장량이 풍부한 철과 인산을 주 원료로 사용하기 때문에 원가부터가 저렴하다. 중국은 또한 인과 철이 풍부해 원료 확보가 쉽다. 삼성증권의 분석에 따르면 2023년 상반기 기준 LFP 양극재의 kg당 판가는 16달러 수준이고 NCM622 삼원계 양극재는 40달러대, NCM811 삼원계 양극재는 60달러대로 추정되었다.[12] LFP 양극재가 NCM622에 비해 약 60% 저렴한 수준이라고 할 수 있다. 그만큼 LFP 배터리는 NCM 배터리에 비해 저렴하게 만들 수 있어서 전기차 가격을 낮출 수 있다.

중국은 어떻게 LFP 강국이 되었나

LFP의 원천 특허는 앞서 언급한 존 구디너프 교수 이외에 캐나다 국영 수력발전소인 하이드로퀘벡Hydro-Québec과 몬트리올대학교, 프랑스 국립과학연구센터Centre National de la Recherche Scientifique, CNRS가 보유하고 있다.

구디너프 교수가 처음 안전하고 독성이 없는 LFP 물질을 발견했으나 이온 전도성이 좋지 않았다. 이후 프랑스의 배터리 과학자인 미셸 아르망Michel Armand이 구디너프 교수에게 협력을 제안했다.[13] 아르망은 하이드로퀘벡, 몬트리올대학교의 과학자들과 함께 LFP에 탄소 코팅을 하면 전도성이 향상된다는 점을 발견하고 후속 특허를 등록했다. 이 연구는 프랑스국립과학연구센터의 재정 지원을 받아 진행되었기 때문에 이곳도 함께 특허권을 보유하게 되었다. LFP 양극재의 핵심 특허는 크게 LFP 양극 물질 조성, LFP 탄소 코팅, LFP 탄소 코팅을 위한 공정 기술 3가지로 구성되었다.

2003년 하이드로퀘벡과 몬트리올대학교는 캐나다 기업 포스테크Phostech에 LFP를 상업적으로 이용할 수 있는 라이선스를 최초로 부여했다. 이후 독일 화학 기업인 쥐드케미Süd-Chemie가 포스테크를 인수하며 특허권은 쥐드케미로 넘어갔다. 쥐드케미는 2011년 하이드로퀘벡, 몬트리올대학교, 프랑스 국립과학연구센터와 함께 LFP 특허권을 판매하기 위한 컨소시엄(LiFePO$_4$+C Licensing AG)을 구성했다.[14] 이후 쥐드케미는 스위스 화학공업 기업 클라리언트Clariant에 인수되었고 클라리언트는 2012년 영국 배터리 기업인 존슨매티Johson Mattey에 LFP 특허권을 양도했다.[15]

구디너프 교수와 LFP 컨소시엄은 자신들의 특허를 보호하기 위해 상당한 노력을 기울였다. 일본 NTT와 특허 소송을 통해 3000만 달러를 배상받았다. 대만 배터리 기업 앨리스Aleese는 LFP 매출의 10%를 특허료로 지불한다. 중국에 대해서도 2003년 특허를 신청해 2008년 9월 받아들여졌다.

하지만 신에너지차(전기차)를 미래 먹거리로 내세운 중국은 이 특허를 무효화해버린다. 2010년 중국배터리공업협회가 국가특허국 재심위원회에 LFP 특허 무효 소송을 제기했고 1년 후 재심위원회는 무효 판결을 내렸다.[16] 이 판결 이후 BYD, CATL 등 중국 기업들은 자유롭게 LFP 배터리를 만들어 자국 전기차에 공급할 수 있게 되었다. 중국의 LFP 배터리는 인, 철 등 원재료 자체가 풍부한 데다 특허료까지 지불하지 않으니 가격 경쟁력이 배가되었다. 물론 중국 특허국의 무효 판결은 중국 내에서만 해당하기에 해외 시장 진출은 제약을 받아왔다.

최근 중국 기업들이 저렴한 LFP 배터리를 내세워 해외 진출에 나서고 있는 것은 관련 특허가 종료되고 있는 것과 무관하지 않다. LFP 특허 중 구디너프 교수가 보유한 원료 조성에 관한 내용은 2017년 이미 만료되었다. 이후 LFP 특허의 핵심이라 할 수 있는 카본 코팅 기술은 2022년 만료되었다. 중국 LFP 배터리 기업들이 해외 진출 시 가장 큰 장벽이었던 특허 문제가 사라진 것이다. LFP 카본 코팅을 위한 공정 기술 특허는 2024년 만료되었다. 중국 기업들도 10여 년간 LFP 배터리를 개발하면서 다양한 자체 특허를 보유하고 있는 것으로 파악된다.

한편 2001년 MIT의 대만 출신 옛밍창Yet-Ming Chiang 교수는 릭 풀럽Ric Fulop, 바트 라일리Bart Riley와 함께 미국에서 A123시스템스를 설립하고 LFP 배터리 개발에 나섰다.

옛밍창은 2002년 《네이처》에 하이드로퀘벡 등이 보유한 특허와는 다른 방식으로 LFP 양극재의 전도성을 향상시키는 기술을 발표했다. LFP 양극 물질을 도핑하거나 니오븀niobium, Nb이라는 원소를 포함한 금속화합물을 주입하는 방식이었다. A123시스템스는 이를 나노인산nanophosphate이라고 불렀다. 이 특허는 이후 하이드로퀘벡과의 특허소송에서 승소하며 새로운 기술로 인정받았다.

한계 극복한 LFP

'중국산 저가 배터리'로만 치부되던 LFP 배터리는 2020년 테슬라가 배터리데이에서 LFP 탑재 가능성을 언급하면서 조명받기 시작했다. 테슬라는 모델3에 처음 LFP 배터리를 탑재한 후 점점 대상 차종을 확대했다. 포드, 벤츠, 폭스바겐, 현대자동차 등 글로벌 자동차들도 LFP 배터리 전기차를 잇따라 출시했다. 시장 조사 업체 아다마스인텔리전스Adamas Intelligence에 따르면 LFP 배터리의 시장 점유율은 2021년 1월 17%에서 2022년 1월 26%, 2022년 9월 31%까지 급상승했다.

LFP 배터리의 약진에는 몇 가지 요인이 있는 것으로 분석된다. 우선 전기차 시장이 초기 얼리어답터 중심에서 대중화 시대로 전환하면서 보급형 전기차 시장이 확대되고 있다는 점이다. 이에 따라 제조사들이 더 저렴한 전기차를 출시할 유인이 생겼고, 그 결과 LFP 배터리를 찾게 되었다. 전기차 시장이 대중화되면서 전기차 구매 시 안전성에 대한 니즈가 커지고 있다는 점도 LFP 시장 확대의 원인으로 분석된다.

마침 LFP 특허가 만료되면서 중국 배터리 기업들의 해외 시장 진출의 장벽이 사라졌다. CATL뿐 아니라 주로 자사 전기차에만 배터리를 공급하던 BYD도 2023년 들어 적극적으로 해외 시장 공략에 나서고 있다. SNE리서치에 따르면 2023년 1~9월 비중국 전기차용 배터리 사용량에서 BYD의 점유율은 1.8%를 차지했다. 이는 전년도 (0.4%)보다 크게 늘어난 수치다.

에너지 밀도가 낮다는 LFP의 기술적 한계도 극복하고 있다. BYD, CATL 등 중국 기업들은 LFP 배터리에 셀투팩 기술을 이용하고 있다. 전기차용 배터리는 '셀 → 모듈 → 팩' 순서로 만들어지는데 CATL은 중간 모듈 단계를 없앴다. 이를 통해 단위 면적당 더 많은 배터리 셀을 담을 수 있으므로 에너지 밀도를 향상시킬 수 있다.

LFP 양극재에 망간을 추가한 LMFP 배터리도 내놓고 있다. 망간을 추가하면 전압이 기존 3.2V에서 4.1V로 올라가면서 전체 에너

[17-5] CATL이 2024 베이징 오토쇼에서 공개한 센싱 플러스 배터리.

지 밀도가 상승하게 된다. CATL은 LMFP 양극재에 삼원계 양극재를 혼합한 M3P 배터리를 내놓기도 했다. CATL의 M3P 배터리의 에너지 밀도는 240Wh/kg으로 기존 LFP 배터리(210Wh/kg)보다 약 20% 향상되었다. CATL이 내놓은 '센싱 플러스Shenxing PLUS 배터리'는 205Wh/kg의 에너지 밀도를 구현해 최대 1000km의 주행 거리를 확보했다. CATL 측은 센싱플러스에 10분 충전으로 600km를 주행할 수 있는 고속 충전 기술을 적용했다고 설명하고 있다.

한국의 LFP 추격전

당초 한국 배터리 기업들은 LFP 배터리가 일부 저가형 전기차에만 탑재되고 결국 삼원계가 시장의 주류를 형성할 것으로 예측했다. LFP 배터리의 에너지 밀도 개선이 어려워 시장 확대에 한계가 있으리라고 본 것이다.

하지만 LFP 배터리가 확대되자 위협을 느낀 국내 기업들은 연이어 LFP 배터리 시장에 뛰어들고 있다. 글로벌 시장에서 중국 기업들과 경쟁을 벌어야 하는 상황에서 LFP 시장을 무시할 수만은 없기 때문이다. LG에너지솔루션, 삼성SDI, SK온 국내 배터리 3사는 이미 LFP 배터리 시장 진출을 공식화했다. 배터리 3사는 우선 ESS(에너지 저장 장치)용 LFP 배터리를 출시하고 이후 전기차용으로 내놓을 예정이다. 삼성SDI는 독일 하노버에서 열린 'IAA 트랜스포테이션 2024'에 참가해 'LFP+ 배터리'를 전시했다. 삼성SDI의 LFP+ 배터리는 새로운 극판 기술 적용으로 LFP 배터리 대비 에너지 밀도를 10% 이상 향상시켰다.

하지만 국내 기업들이 단기간에 LFP 배터리를 내놓기는 어렵다. 르노와 전기차용 LFP 배터리 공급 계약을 체결한 LG에너지솔루션은 첫 공급 시기를 2025년 말로 예상했다. 삼성SDI와 SK온은 2026년부터 LFP 배터리를 양산할 수 있을 것으로 예상하고 있다.

국내 배터리 기업들이 바로 LFP 배터리를 출시하지 못하는 것은 생산 라인을 구축하고 양극재, 음극재, 분리막, 전해질(전해액) 등 소재별로 공급망을 갖추는 데 시간이 오래 걸리기 때문이다. 중국은 지난 10여 년간 광물 채굴부터 셀 제조까지 LFP 배터리 공급망과 생태계를 갖추어놓았다. 이를 국내 기업들이 단시간에 따라잡기는 쉽지 않다. 국내 대표적인 양극재 기업인 에코프로비엠의 경우 2024년에야 3000톤 규모의 LFP 파일럿 라인을 구축했다. 출시한다 해도 가격 경쟁력을 갖출 수 있을지 미지수다. 중국 배터리 기업들은 LFP의 주요 원료인 탄산리튬과 인산철 전구체를 수직 계열화하는 방법으로

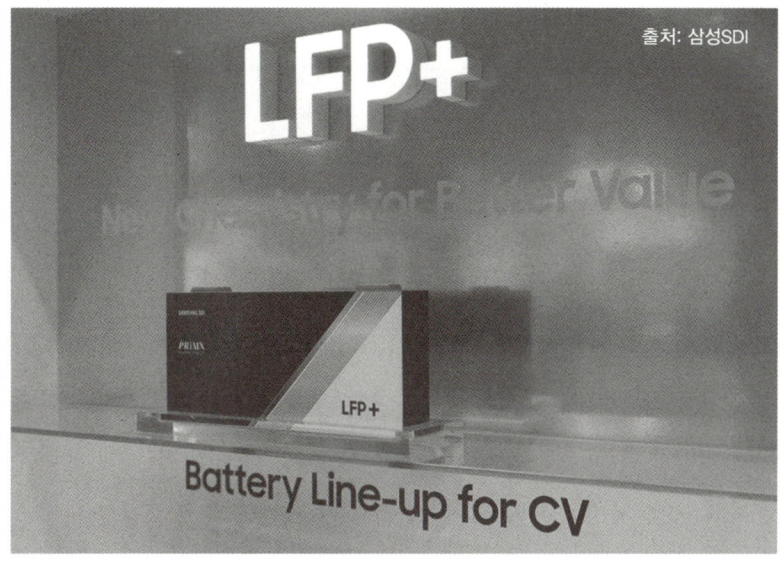

[17-6] 삼성SDI가 IAA 트랜스포테이션 2024에서 전시한 LFP+ 배터리.

가격 경쟁력을 갖추었다.

마음이 급한 국내 배터리 기업들은 LFP 배터리의 빠른 상용화를 위해 중국 양극재 기업과 손잡는 방법을 택하기도 했다. LG에너지솔루션은 2024년 2월 중국 양극재 생산업체 상주리원과 전기차 및 ESS용 LFP 배터리 양극재 장기 공급 계약을 체결했다고 밝혔다. LG에너지솔루션은 상주리원으로부터 2024년부터 5년 동안 LFP 배터리에 들어가는 양극재 약 16만 톤을 공급받을 예정이다.

한국 배터리 기업들이 LFP 추격전에서 성공을 거두기 위해서는 하루빨리 공급망과 생산 체계를 갖추는 것이 필요해 보인다. 대외경제정책연구원은 2023년 발표한 〈중국 LFP 배터리 공급망 분석 및 시사점〉에서 "우리 기업의 LFP 공급망 구축에는 탄산리튬, 인산철 전구체 등 기존 삼원계 배터리 공급망과 다른 추가적인 원자재 조달이 필요하며 단가를 낮추기 위한 대규모 물량 주문과 이를 소화할 수 있는 LFP 배터리 생산 능력이 필요하다"라고 지적했다.

한국 기업들이 LFP 개발과 생산에 나서더라도 결국 승부처는 삼원계 배터리가 될 것이라는 분석도 있다. 삼성증권은 〈LFP 공성 2차전〉에서 "한국이 단시간 내에 전기차용 배터리 시장에서 LFP로 가격 경쟁력을 확보하기가 쉽지 않을 것"이라면서 "LFP가 아닌 망간계 제품(코발트 프리 NMx, 망간리치 LLO 등)으로 제품 포트폴리오를 넓히거나 ESS 시장에서 프로젝트성으로 시장 수요에 대응하면서 자체 생태계 구축과 제품 경쟁력을 키워가는 방향이 필요하다"라고 제안했다.

18장

단결정·고전압·미드니켈, 구세주 되나

LFP에 대적할 3대 키워드

송호준 에코프로 대표는 2024년 신년사에서 "하이니켈high-Ni 기술을 보다 고도화시키고 미드니켈mid-Ni과 LFP 기술을 더욱 발전시켜 '기술 쿠데타'를 일으키는 한 해가 되길 바란다"라고 말했다. 이어 2월 초 실적 발표 콘퍼런스콜에서 김순주 에코프로 CFO(최고재무책임자)는 "검증된 하이니켈 단결정 양산 기술을 고전압 미드니켈에 확대 적용하고 연내 완성차 및 셀 제조사를 대상으로 신규 거래선 확보를 추진할 계획"이라고 밝혔다.

같은 해 3월 '2024 인터배터리 어워즈'에서는 LG에너지솔루션이 개발한 '미드니켈 퓨어 NCM(니켈·코발트·망간)'에 올해 최고혁신상이 돌아갔다. 미드니켈 퓨어 NCM은 고전압에서 구동 가능한 미드니켈(NCM613) 소재로 만든 노트북용 배터리다. 이 배터리는 단결정 양극 소재를 적용했다. LG에너지솔루션은 더욱 발전된 차세대 미드니켈 배터리 개발을 통해 더 많은 응용 분야로 미드니켈 배터리를 확산 적용할 계획이라고 밝혔다. IT 기기 외에 전기차나 ESS(에너지 저장장치)용으로 응용처를 넓히겠다는 뜻이다.

국내를 대표하는 소재 기업인 에코프로와 배터리 셀 기업인 LG에너지솔루션이 내세운 미래 배터리 기술들을 살펴보면 공통된 키워드를 발견할 수 있다. 바로 '단결정' '고전압' '미드니켈'이다. 그동안 한국 배터리 기업들은 하이니켈 NCM 배터리 기술이 미래 전기차 기술의 주류를 이룰 것으로 전망하고 이 기술을 고도화하는 데 초점을 맞추어왔다. 하지만 예상치 못하게 중국의 LFP 공세에 점차 점유율을 빼앗기고 있는 형국이다. 뒤늦게 LFP 배터리 개발과 생산에 뛰어들었지만 이미 앞서간 중국을 따라잡기는 쉽지 않은 상황이다. 이에 한국의 배터리 및 소재 기업들이 대안으로 찾고 있는 기술이 단결정과 고전압, 미드니켈이다. 한국이 강점이 있는 기술을 더욱 발전시켜 성능과 가격 측면에서 LFP에 대적할 만한 새로운 배터리를 내놓겠다는 전략이다.

전기차 시장이 확대되면서 자동차 제조사들은 중저가의 보급형 전기차 생산을 위해 값이 저렴한 배터리를 원하고 있다. 여기에 전기차 화재 안전성에 대한 우려가 커지며 각국이 규제를 강화하려는 움직임을 보이고 있다.

한국 배터리 기업들이 주력으로 삼고 있는 삼원계 배터리보다 성능은 떨어지지만 비교적 열적 안정성이 우수하고 가격이 저렴한 중국산 LFP 채용이 늘어나는 배경이다. 이에 국내 기업들이 비장의 무기로 내세우고 있는 것이 단결정 입자의 고전압 미드니켈 배터리다. LFP와 경쟁할 만한 가격에 하이니켈 NCM에 버금가는 성능을 제공할 수 있을 것으로 기대되는 제품이다.

니켈을 줄여라

배터리 업계에 따르면 미국, 유럽 등 주요 자동차 제조사들로부터 최근 열적 안정성에 대한 요구가 커지고 있다고 한다. 이는 전기차 화재 사고가 증가하면서 각국이 전기차 안전 규제 강화를 예고하고 있는 데 따른 대응책으로 해석된다. 향후 전기차 화재 안전 기준 규제가 강화될 것으로 예상되는 만큼 미리 배터리사들에 더욱 안전한 배터리 생산을 요구하고 있는 것이다.

배터리 안전 규제는 2018년 UN GTRs Global Technology Regulations(세계 기술 기준)에서 처음으로 권고안을 발표한 이후 주목받기 시작했다. UN GTRs에서는 "전기차 내 승객의 안전이 위협받을 수 있는 화재, 폭발 상황에 대해 최소 5분 전에 경고받을 수 있어야 한다"라고 규정하고 있다.*

---

* UN GTRs는 '1998년 협정1988 Agreement'에 따라 수립되는 차량 관련 국제 표준으로, 유엔유럽경제위원회United Nations Economic Commission for Europe, UNECE 산하 '차량 규정 통합을 위한 세계 포럼World Forum for Harmonization of Vehicle Regulations, WP.29'에서 관리한다. 매년 다수의 UN GTRs가 제정되거나 개정된다. 예를 들어 2018년에는 특정 차량 유형에 대한 적용 범위를 명확히 하기 위해 '세계 통합 경량 차량 연비 및 배출가스 측정 시험 절차Worldwide Harmonised Light vehicles Test Procedure, WLTP'가 개정되었다. 이러한 규정은 차량의 안전과 환경 측면을 다루며, 회원국 간 통합된 기준을 수립하는 것을 목표로 한다.

지금까지 연구에 따르면 배터리로 인한 전기차 화재는 열폭주 thermal runway, TR와 열전이thermal propagation, TP의 과정을 거쳐 발생하는 것으로 분석된다. 열폭주란 배터리의 기본 단위인 셀cell이 내외부의 열적 요인이나 화학적 반응으로 온도가 급상승해 폭발하는 것을 말한다. 이렇게 하나의 배터리 셀에서 발생한 폭발이 옆에 있는 배터리 셀로 전파되어 화재로 이어지는 것을 열전이라고 한다. 전기차 화재를 방지하기 위해서는 일차적으로 배터리 셀 단위에서 폭발이 일어나지 않게 해야 한다. 또한 만에 하나 셀에서 폭발이 발생하더라도 인접 셀로 전이되는 것을 최대한 늦출 수 있다면 운전자의 인명 피해를 예방할 수 있고 화재 진압도 수월해질 수 있다.

현재 UN GTRs의 권고안을 만족하려면 최초 열폭주 이후 열전이까지 5분 이상 지연되어야 한다. 전기차 및 배터리 업계에서는 UN GTRs에서 향후 발표할 2단계 권고안에서는 5분보다 긴 15~30분의 강화된 지연 시간을 요구할 것으로 예상하고 있다. 또 2030년부터는 열전이가 아예 발생해서는 안 되는 수준까지 규제가 강화될 것으로 전망하고 있다. 이 같은 움직임에 대비해 전기차 제조사들은 선제적으로 배터리 기업들에 열적 안정성이 강화된 배터리를 요구하고 있는 것으로 알려졌다.

테슬라를 비롯해 주요 전기차 제조사들이 중국산 LFP 배터리 탑재를 확대하는 이유는 이 같은 배경과 무관하지 않다. LFP는 삼원계 배터리에 비해 저렴하면서도 화재 안전성이 우수하기 때문이나. 특히 GM, 포드 등 완성차 기업들은 최근 몇 년간 전기차 화재로 인한 리콜로 막대한 손실이 발생했다. 전기차 제조사들은 열전이를 막기 위해서는 배터리 관리 시스템battery management system, BMS에서 열을 관리하거나 팩과 모듈에 특별한 소재를 적용할 수도 있지만 근본적으로는 셀 자체에서 발화 위험을 낮추는 것이 중요하다고 보고 있다.

한국 기업들이 강점을 지닌 NCM, NCA 등 삼원계 배터리는 니켈을 핵심 원료로 사용한다. 그동안 국내 기업들은 니켈 함량을 늘리는 데 기술력을 집중해왔다. 양극 활물질에서 니켈의 함량을 늘릴수록 리튬이온을 더 많이 저장할 수 있어 에너지 밀도를 올릴 수 있고 1회 충전 시 주행 거리를 확대할 수 있기 때문이다. 양극 활물질에서 니켈 함량이 70% 이상인 것을 하이니켈 배터리라고 한다.

반면 니켈 함량이 많을수록 리튬이온 배터리의 안전성은 떨어진다. 니켈은 충전 과정에서 4가의 니켈이온(Ni^{4+})으로 산화한다. 이 이온은 매우 불안정한 상태로 전해액과 반응해 산화니켈을 형성한다. 이때 니켈과 산소의 결합 에너지가 약하다보니 열을 방출하면서 안정화하려는 성질을 띠게 된다. 하이니켈 배터리의 열적 안정성이 떨어지는 것은 이 때문이다. 국내 배터리 기업들은 알루미늄을 도핑하거나 양극재 입자를 코팅하는 방식으로 이 문제를 해결하고 있다.

하지만 글로벌 자동차 제조사 등 고객사들은 여전히 하이니켈 배터리에 대한 불안감을 느끼는 것으로 알려져 있다. 게다가 하이니켈 배터리는 가격이 비싸서 전기차 가격을 낮추기 어렵다. 이는 고객사들이 LFP 배터리로 눈을 돌리는 이유가 되고 있다.

이에 국내 양극재, 배터리 기업들이 주목하는 것이 고전압 미드니켈 배터리다. 고전압 미드니켈은 니켈 함량을 60%로 낮추되 배터리의 전압을 높여 에너지 밀도를 올린 것을 말한다. 가격이 비싼 니켈 함량을 줄이면 안전성을 강화하고 가격을 낮출 수 있다. 또 고전압 미드니켈 배터리의 양극재에는 하이니켈 배터리에 사용하는 비싼 수산화리튬보다 저렴한 탄산리튬을 사용할 수 있어서 가격 인하 요인이 된다.

미드니켈, 퇴행 아닌 혁신

삼원계 배터리 중 니켈 함량이 40~60%인 배터리를 미드니켈, 70% 이상인 경우를 하이니켈 배터리로 분류한다. 양극재 기업들은 그동안 니켈 함량을 확대하는 데 기술력을 집중해왔다. 니켈, 코발트, 망간의 함량이 각각 50%, 20%, 30%인 NCM523부터 60%, 20%, 20%인 NCM622, 80%, 10%, 10%인 NCM811, 90%, 5%, 5%인 NCM9반반(NCM9$\frac{1}{2}\frac{1}{2}$)까지 발전을 거듭했다. 그러다보니 미드니켈이라고 하면 배터리 기술이 과거로 퇴행한 것으로 여겨질 수 있다. 하지만 지금 배터리 기업들이 개발하고 있는 고전압 미드니켈은 과거의 미드니켈과는 근본적으로 다르다.

LG에너지솔루션이 2024 인터배터리 어워즈에서 최고혁신상을 수상한 제품은 NCM613이다. 예전의 미드니켈에서 코발트 함량을 줄이는 대신 망간 비중을 확대했다. 이를 통해 가격은 기존 하이니켈 배터리 대비 10% 저렴하면서 열적 안정성은 30% 개선한 것으로 알려졌다.

일반적으로 NCM 양극재에서 코발트는 출력을 담당한다. 출력이란 순간적으로 힘을 내는 특성을 말한다. 그렇지만 코발트는 가격이 비싸고 채굴 단계에서 아동 노동 문제로 인해 국제적으로 사용을 줄이는 추세다. 그래서 나오고 있는 것이 코발트 프리cobalt free 또는 코발트 레스cobalt less 양극재다.

[18-1] 고전압 미드니켈 배터리와 하이니켈 배터리 성능 비교

고전압 미드니켈(단결정)		하이니켈(다결정)
미드니켈(unimodal)	양극	하이니켈(bimodal)
천연흑연	음극	천연흑연
4.35	충전 전압(V)	4.20
775.3	용량(mAh)	770.2
3.73	공칭 전압(V)	3.69
225.8	에너지 밀도(Wh/kg)	224.3

출처: 업계 자료

반면에 망간은 함량을 확대하는 망간 리치 manganese rich 쪽으로 개발이 진행되고 있다. 망간은 니켈, 코발트보다 가격이 저렴할 뿐 아니라 고전압 구현에 유리하기 때문이다. 리튬이온 배터리에서 망간은 구조적 안정성을 담당하므로 배터리 전압을 높일 수 있다.

고전압을 추구하는 것은 니켈 함량을 줄이면서 에너지 용량이 감소하는 것을 상쇄할 수 있기 때문이다. 니켈을 줄이면 에너지 용량이 감소하고 이는 에너지 밀도 하락으로 이어진다. 그런데 '에너지 밀도=용량×전압'이므로 전압을 높이면 용량이 감소하더라도 에너지 밀도를 유지할 수 있게 된다.

배터리 업계에서는 현재 4.2~4.3V인 리튬이온 배터리의 충전 전압을 4.4~4.5V로 올리는 것을 목표로 개발을 진행하고 있다. 충전 전압을 0.1V씩 올릴 때마다 에너지 밀도는 5mAh/g 이상 증가하는 것으로 알려져 있다. 실제로 양극재 업계에서는 고전압 미드니켈(소입경만 사용 시) 배터리의 에너지 밀도는 하이니켈(대입경+소입경 혼합 사용 시)의 에너지 밀도보다 우수한 것으로 파악하고 있다.

단결정이 중요한 이유

그렇지만 충전 전압을 높이는 것은 매우 어려운 과제다. 전압을 올리면 에너지 밀도를 향상시킬 수 있으나 소재 내 균열이 발생할 수 있다. 안정성을 높이기 위해 망간 함량을 확대하는 데도 한계가 있다. 망간 함량이 늘어나면 저항이 함께 증가해 배터리 성능이 저하된다. 도핑 소재를 적용하거나 입자 표면을 코팅하는 방법으로 균열을 억제할 수 있으나 적절한 소재를 찾기 어렵거니와 가격 상승의 요인이 된다.

배터리 업계에서는 단결정single-crystal에서 해답을 찾고 있다. 단결정은 하이니켈 양극재의 수명과 용량을 늘릴 수 있는 기술로 개발되기 시작했으나 미드니켈 양극재에서도 훌륭한 해결책으로 주목받고 있다.

단결정이란 양극재를 구성하는 단위 입자가 하나의 결정 형태를 이루고 있는 것을 말한다. 니켈, 코발트, 망간 등 여러 금속을 하나의 입자 형상one body으로 만든 것이다. 이에 비해 다결정poly-crystal 양극재의 단위 입자는 각각의 여러 금속 결정이 모인 형태를 띠고 있다. 현재 리튬이온 배터리는 대부분 다결정 양극재를 사용하고 있다. 다결정 양극재는 압연 공정에서 깨지기 쉽다. 특히 충전과 방전을 반복할수록 소재 사이에 균열이 발생하고 이 틈으로 전해액이 침투하면서 소재와 부반응을 일으키며 가스가 발생한다.

[18-2] 양극재 결정 기술 변화

	1세대(bimodal)	2세대(bimodal)	3세대(unimodal)
기술 개요	다결정 대입경/소입경 입자 혼합으로 에너지 밀도 증가	단결정(소입경)/다결정(대입경) 입자 혼합으로 높은 에너지 밀도 구현	단결정 단독 적용으로 에너지 밀도, 수명 극대화 구현
양극재 기술	평균 입경 15μm +평균 입경 3.5μm	평균 입경 15μm +평균 입경 3.5μm	평균 입경 ≥4μm

출처: 포스코퓨처엠

반면 단결정 제품은 입자 단위가 하나이기 때문에 균열을 방지하고 안정성과 수명 성능을 향상시킬 수 있다. 단결정은 높은 압력에서도 깨지지 않기 때문에 전고체 배터리나 건식 전극을 구현하기에도 유리하다. 배터리 업계에서는 단결정 양극재가 다결정에 비해 용량은 10%, 수명은 30% 향상하는 것으로 분석한다.

한편 양극 소재는 입자 크기에 따라 대입경(10~20μm)과 소입경(5μm 이하)으로 구분된다. 양극재는 입자 간 빈틈을 줄이기 위해 대입경과 소입경을 섞어 쓰는데 이를 바이모달bimodal이라고 한다. 통상 대입경과 소입경을 8 대 2 또는 7 대 3 비율로 혼합한다.

업계에서는 우선 대입경 다결정과 소입경 단결정을 함께 사용하다가 향후 소입경 단결정만을 사용하는 유니모달unimodal 방식으로 진화할 것으로 전망한다.

미드니켈, LFP에 맞설 수 있을까

　국내 배터리 셀 및 소재 기업들은 보급형 전기차나 ESS(에너지 저장 장치)용 시장을 겨냥해 LFP 배터리 개발에 나서는 한편, 단결정의 고전압 미드니켈 양극재도 함께 개발하는 투 트랙 전략을 쓰고 있다.
　LG화학은 2023년 6월 국내 최초로 하이니켈 단결정 양극재를 생산했으며 현재 고전압 미드니켈, LFP 양극재를 함께 개발하고 있다. 에코프로비엠도 단결정 기술을 고전압 미드니켈에 확대 적용할 계획이라고 밝혔다.
　포스코퓨처엠은 니켈 함량 86% 이상인 단결정 양극재를 생산해 LG에너지솔루션과 GM의 합작사인 미국 얼티엄셀즈에 공급한 바 있다. 이 회사도 단결정 입자 구조를 적용한 고전압 미드니켈 소재를 개발 중이다. LG에너지솔루션은 2024년 9월 독일 하노버에서 열린 세계 최대 상용차 전문 전시회인 'IAA 트랜스포테이션 2024'에서 파우치형 고전압 미드니켈 셀투팩CTP 제품을 처음으로 공개했다.
　단결정 하이니켈 기술을 보유하고 있는 엘앤에프L&F도 고전압 미드니켈 기술을 개발하고 있는 것으로 알려졌다. 코스모신소재는 하이니켈 소입경 단결정 양극재를 생산하고 있다.
　최근 주목받기 시작한 고전압 미드니켈이 얼마나 전기차 시장에 파급 효과를 불러올지 가늠하기는 어렵다. 시장 조사 기관들도 아직 이렇다 할 전망을 내놓지 않고 있다.
　여전히 시장에서는 리튬이온 배터리에서 LFP의 우세를 점치고 있다. 시장 조사 업체 SNE리서치에 따르면 LFP는 2023년 전체 양극재 시장(전기차, ESS, IT 포함)에서 37%의 점유율을 차지했다. 삼원계

[18-3] LG에너지솔루션이 'IAA 트랜스포테이션 2024'에서 전시한 파우치형 고전압 미드니켈 셀투팩 제품.

의 비중은 하이니켈 NCM 16%, 미드니켈 NCM523·NCM622 22%, NCA 11% 등 모두 49%였다. 2030년에는 LFP 비중이 54%로 절반을 넘어서는 대신 미드니켈의 점유율은 10%로 낮아질 것으로 전망했다. 중저가 및 보급형 전기차 시장에서 기존의 미드니켈 양극재가 LFP에 밀릴 것으로 본 것이다.

물론 이 같은 전망은 앞으로 시장에 선보일 고전압 미드니켈 양극재가 얼마나 위력을 발휘하느냐에 따라 얼마든지 달라질 수 있다. 가격과 성능, 안정성까지 두루 갖춘 새로운 형태의 미드니켈 양극재가 등장한다면 전기차 시장에서 돌풍을 일으킬 수 있을 것이다.

19장

⚡

불 안 나는 전고체, 게임체인저 될까

꿈의 배터리

전고체 배터리all-solid-state battery는 전부 고체 소재를 이용해 만든 배터리를 말한다. 구조적으로는 기존 리튬이온 배터리의 4대 소재(양극, 음극, 분리막, 전해액/전해질) 중 액체 상태인 전해액을 고체로 바꾸고 분리막을 없앤 형태다.

전고체 배터리는 리튬이온 배터리의 취약점인 화재와 열폭주를 막기 위해 개발되었다. 리튬이온 배터리에서 전해액은 리튬이온이 양극과 음극을 오가는 연결 통로 역할을 한다. 전해액은 리튬염과 유기용매, 소량의 첨가제로 구성된다. 전해액이 주로 유기물로 이루어져 있다보니 열에 취약하고 화재 위험성이 있다. 이 액체 전해액을 고체로 대체하면 불에 안 타는 배터리를 만들 수 있다.

액체 전해액을 사용하는 리튬이온 배터리에서는 양극과 음극의 직접 접촉을 막기 위해 분리막을 사용한다. 그런데 전고체 배터리에서는 고체 전해질 자체가 분리막 역할을 하기 때문에 분리막이 필요 없다. 전고체 배터리는 분리막이 빠진 만큼 부피를 줄여 에너지 밀도를 끌어올릴 수 있다.

액체 전해액을 고체 전해질로 교체하면 더 폭넓은 온도에서 사용이 가능해진다. 리튬이온 배터리의 문제로 지적되는 겨울철 낮은 온도에서도 성능 저하 없이 사용할 수 있게 된다. 기존 리튬이온 배터리는 영하 10도 이하의 저온에서 이온 전도도가 크게 감소하고 고온에서는 열폭주 가능성이 높아 주로 영하 10도~영상 40도 사이에서 작동했다. 이에 반해 전고체 배터리는 영하 40도~영상 100도의 넓은 온도 구간에서 원활하게 작동할 수 있다.

전고체 배터리는 단순히 전해질만 바뀌는 것이 아니다. 액체 전해액을 고체로 전환함으로써 그동안 사용이 제한되었던 양극 및 음극 소재를 사용해 배터리 성능을 개선할 수 있다. 우선 전고체 배터리는 전기화학적으로 안정한 고체 전해질을 사용하므로 더 고전압의 양극 소재를 사용할 수 있다. 주로 하이니켈 NCM 양극재가 사용될 것으로 예상된다.

또 고체 전해질은 기계적 강도가 뛰어나 덴드라이트 형성을 억제할 수 있다. 기존 리튬이온 배터리에서는 리튬금속을 음극에 사용하면 음극에서 리튬이 금속으로 석출되어 돌기 형태로 자라나 양극과 음극의 단락 현상을 유발한다. 하지만 고체 전해질을 사용하면 덴드라이트 형성이 억제되어 음극에 리튬금속을 적용할 수 있다. 리튬금속은 흑연 음극재보다 배터리 용량을 크게 키울 수 있다.

[19-1] 리튬이온 배터리와 전고체 리튬이온 배터리 비교

	리튬이온 배터리	전고체 리튬이온 배터리
양극재	고체(리튬, 니켈, 망간, 코발트 등)	고체(리튬, 니켈, 망간, 코발트 등)
음극재	고체(흑연, 실리콘 등)	고체(리튬금속)
전해질(액)	액채(용매+리튬염+첨가제)	고체(황화물, 산화물, 폴리머)
분리막	고체 필름	불필요
구조	액체 전해질 / 음극 활물질 / 바인더 / 분리막 / 양극 활물질 / 도전제 (음극재 −, 양극재 +)	음극 활물질 / 바인더 / 고체 전해질 / 양극 활물질 / 도전제 (음극재 −, 양극재 +)

출처: 이영진, 〈전고체 리튬 이차전지 개발 동향 및 전망〉, KDB미래전략연구소, 2022. 11.

결과적으로 전고체 배터리에서는 고용량 양극과 리튬메탈 음극재를 적용함으로써 에너지 밀도를 획기적으로 높일 수 있게 된다. 화재 위험성도 없다. 전고체 배터리를 "꿈의 배터리"라고 부르는 이유다.

배터리의 에너지 밀도를 향상시키면 전기차 디자인도 바꿀 수 있다. 전기차에 탑재하는 배터리 부피가 줄어들기 때문에 그만큼 남는 공간을 적재 등 다른 용도로 활용할 수 있다.

기술적 난제들

하지만 전고체 배터리를 제조하는 일은 말처럼 쉽지 않다. 만들기 쉬웠으면 "꿈의 배터리"라고 부르지도 않았을 것이다. 전고체 배터리를 개발하기 위해서는 ▲상온에서 고체 전해질의 낮은 이온 전도도, ▲전극-고체 전해질 계면(접촉면)에서 높은 계면 저항이라는 문제를 해결해야 한다. 이는 전해질을 액체가 아닌 고체로 바꿈으로써 필연적으로 생기는 문제들이다.

리튬이온 배터리에서 액체 전해액은 실제로는 각각 음극재와 양극재에 스며들어 적셔 있는 형태다. 리튬이온이 액체 전해액을 타고 자연스럽게 흐를 수 있게 되어 있다. 하지만 고체 전해질은 액체만큼 골고루 섞이기 어렵다보니 빈 공간이 생기게 된다. 이는 리튬이온 전도도를 떨어뜨리는 요인으로 작용한다.

전고체 배터리는 전해질과 두 전극 모두 고체로 이루어져 있다. 고체와 고체가 만나는 접촉면에서 저항이 발생하게 되어 있다. 고체와 고체 간 화학 반응은 고체-액체보다 활발하지 않다. 돌덩이 2개가 서로 접해 있는 모습을 상상하면 이해하기 쉽다. 전고체 배터리의 이온 전도도를 높이기 위해서는 전해질과 전극의 접촉을 최대화하고 계면 저항을 최소화해야 한다.

이런 기술적인 문제를 해결했다 하더라도 상용화하기 위해서는 넘어야 할 마지막 산이 있다. 바로 가격이다. 전고체 배터리는 기존 리튬이온 배터리와는 다른 소재와 공정을 활용하기 때문에 초기 비용이 비쌀 수밖에 없다.

2024년 기준 NCM 배터리의 가격은 kWh(킬로와트시)당 140달러 내외다. 가장 비싼 소재인 양극재는 30~50달러/kWh로 배터리 가격의 약 30%를 차지한다. 그런데 고체 전해질의 가격은 1000달러/kWh에 달한다. 고체 전해질 가격만으로 현재 배터리 가격을 크게 웃

돈다. 고체 전해질의 핵심 소재인 황화리튬 가격이 kg당 800달러로 비싸고, 아직 규모의 경제가 이루어지지 않았기 때문이다.[1]

전고체 배터리는 소재와 구성 성분이 달라지는 만큼 제조 공정도 바뀐다. 전고체 배터리를 제조할 때는 분리막 공정이나 전해액 주입 공정이 필요 없다. 대신 양극, 음극과 고체 전해질이 잘 붙을 수 있도록 고온 고압의 롤프레싱 공정이 필요하다. 기존 롤프레싱 장비는 처리 속도는 빠르나 일정한 압력을 가하기 어렵다는 단점이 있다.

이와 관련해 현재 주목받는 기술 중 하나가 WIP warm isostatic press(온간 정수압 프레스) 방식이다. WIP는 고온에서 유체를 이용해 100Mpa(메가파스칼) 이상의 높은 압력을 가해 전극과 고체 전해질 간 계면 저항을 최소화하는 기술이다. 고르게 압력을 가할 수 있다는 장점이 있지만 처리 시간이 길어 대량 생산 체계에는 적합하지 않다는 점이 한계로 지적된다.

여러 기술적 난제로 인해 전고체 배터리는 기존 리튬이온 배터리에 비해 높은 가격으로 책정될 것으로 보인다. 초기 전고체 배터리 시장은 매우 작은 규모로 형성될 전망이다. 시장 조사 업체인 SNE리서치는 2030년 전기차용 전고체 배터리 시장은 131GWh(기가와트시)로 전체의 4%에 불과할 것으로 내다봤다. 가장 적극적인 삼성SDI조차 2030년 시장 규모를 40GWh로 보고 있다.

그럼에도 기업들이 경쟁적으로 전고체 배터리 개발에 나서는 것은 차세대 기술과 시장을 선점하기 위해서다. 누가 빨리 해답을 찾느냐에 따라 미래 이차전지 시장의 판도가 달라질 것이기 때문이다.

황화물계 vs 산화물계

전고체 배터리에 쓰이는 고체 전해질은 크게 무기계와 유기계로 나뉜다. 무기계로는 황화물계, 산화물계 고체 전해질이 있으며 유기계로는 폴리머polymer(고분자) 전해질이 많이 쓰인다.

이 중 가장 크게 주목받는 것이 황화물계 고체 전해질이다. 황화물계 고체 전해질은 상대적으로 부드럽기 때문에 어느 정도 압력을 가하면 전극과 넓은 접촉면을 형성할 수 있다. 다른 고체 전해질에 비해 이온 전도도가 높다는 장점도 있다. 이 때문에 토요타, 삼성SDI 등 국내외 기업들이 우선적으로 황화물계 고체 전해질로 상용화를 계획하고 있다.

다만 황화물계 고체 전해질은 황 성분을 포함하고 있어 공기 중 산소 및 수분과 반응해 독성 물질인 황화수소$_{H_2S}$를 만들 수 있다는 단점이 있다. 독성 가스 발생을 방지하기 위한 공정이 필요하고 이는 비용 상승으로 이어진다.

황화물계 고체 전해질은 결정 구조 유무에 따라 결정계crystal와 비정질계non-crystalline로 나뉠 수 있다. 결정계 구조에서는 리시콘lithium super ionic conductor, LISICON, LGPS$_{Li_{10}GeP_2S_{12}}$, LPS$_{Li_7P_3S_{11}}$, 아지로다이트argyrodite형* 구조가 대표적이다. 비정질계는 열처리 온도 차이에 따라 글라스glass와 글라스-세라믹glass-ceramic 전해질로 나뉜다.

황화물계 고체 전해질은 독일 지겐대학교가 2008년 원천 특허

* 은, 게르마늄, 황을 포함한 강철색 광물인 아지로다이트$_{Ag_8GeS_6}$와 유사한 결정 구조를 말한다.

[19-2] 리튬이온 배터리 전해질의 종류

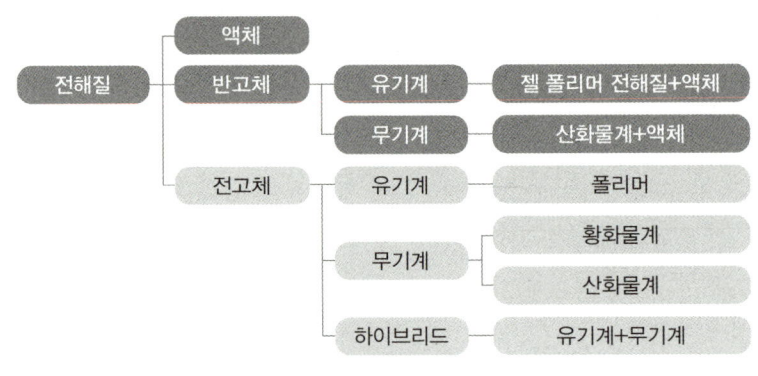

를 취득했다. 이 특허는 20년이 지나는 2028년 만료될 예정이다. 이에 따라 2028년 이후 황화물계 고체 전해질의 생산이 활발해질 것으로 보인다.[2]

산화물계 고체 전해질은 기계적 안정성이 우수해 열폭주 등 화재 위험이 적다. 전기화학적으로도 안정적이다. 한편으로는 단단해 깨지기 쉬워 기존 리튬이온 배터리에서 사용하는 롤투롤roll-to-roll 공정을 활용하기 어렵다. 황화물계보다 리튬이온 전도도가 낮다는 점도 극복해야 할 문제다.

산화물계 전해질을 사용하기 위해서는 고온 소결sintering 처리 과정이 필요하다. 소결이란 분말 형태의 물질들에 압력과 열을 가해 단단한 덩어리로 만드는 공정을 말한다. 이 또한 원가 상승 요인이다. 산화물계 전해질의 단점을 극복하기 위해 폴리머 전해질과 혼합하는 하이브리드형이 연구되기도 한다.

[19-3] 주요 고체 전해질 특징 비교

	장점	단점
산화물계 고체 전해질 oxide electrolyte	• 높은 전기화학적 안정성 • 높은 기계적 강도	• 높은 온도 처리가 필수 (소결 과정 필요) • 상대적으로 낮은 이온 전도도
황화물계 고체 전해질 sulfide electrolyte	• 기계적으로 부드러운 특성 • 산화물계에 비해 순응성이 높아 처리가 쉬움(소결 불필요) • 높은 이온 전도도	• 수분과 산소 반응성 높아 취급 어려움 • 낮은 효율의 수명 특성 • 고밀도 양극 활물질과 낮은 호환성
폴리머 전해질 polymer electrolyte	• 재료 가용성 및 생산 기술 확립	• 실온에서 제한적인 이온 전도도 • 고밀도 양극 소재와 낮은 화학적 호환성 • 낮은 산화 전압

출처: 현대차증권

    산화물계 고체 전해질로는 페로브스카이트$_{perovskite}$형* 구조를 가진 LLTO$_{Li_3xLa_{2/3}-xTiO_3}$, 가넷$_{garnet}$형** 구조를 가진 LLZO$_{Li_7La_3Zr_2O_{12}}$, 나시콘$_{Na\ super\ ionic\ conductor,\ NASICON}$ 구조를 가진 LATP$_{Li_{1+x}Al_xTi_{2-x}(PO_4)_3}$ 등이 있다.

    폴리머 고체 전해질은 기존 액체 전해액 기술과 유사하고 제조 공정도 비슷하다. 비교적 상용화가 쉽고 낮은 비용으로 제조할 수 있

---

*   페로브스카이트는 1839년 러시아 우랄산맥에서 처음 발견된 티탄산칼슘$_{CaTiO_3}$으로 이루어진 광물의 이름이다. 러시아 광물학자 페브로브스키$_{Perovski}$의 이름에서 따왔다.

**   석류석$_{garnet}$과 유사한 결정 구조를 말한다. 석류석은 결정의 색과 모양이 석류와 비슷해 석류를 뜻하는 라틴어에서 유래했다.

다는 장점이 있다. 하지만 상온에서 이온 전도도가 낮다. 프랑스 볼로레$_{Bolloré}$그룹의 블루버스에서 상용화한 바 있다. 폴리머 고체 전해질은 폴리머 매트릭스, 리튬염, 첨가제 등으로 구성된다. 폴리머 매트릭스로는 PEO$_{poly\ ethylene\ oxide}$가 대표적이다.

상용화는 누가 먼저?

자동차용 전고체 배터리 상용화에 가장 근접했다고 평가받는 곳은 삼성SDI와 토요타다. 두 곳 모두 황화물계 고체 전해질을 이용할 계획이다. 삼성SDI는 2023년 12월 정기 조직 개편을 단행하면서 ASB$_{All\ Solid\ Battery}$ 사업화 추진팀을 신설했다. 이 팀은 삼성SDI 중대형 전지 사업부 내 직속 조직으로, 전고체 배터리 사업의 본격적인 추진을 맡게 된다. 삼성SDI는 이미 수원에 전고체 배터리 파일럿 라인 구축을 완료하고 고객사에 샘플을 제공하며 성능을 검증받고 있다.

삼성SDI는 하이니켈 NCA(니켈·코발트·알루미늄) 양극재에 이온 전도도를 강화한 아지로다이트 구조의 황화물계 고체 전해질을 적용할 계획이다. 삼성SDI는 포스코와 (주)정관의 합작사인 포스코JK솔리드솔루션으로부터 전해질을 공급받는 것으로 알려졌다. 포스코JK솔리드솔루션은 2022년 연산 24톤 규모의 황화물계 고체 전해질 생산 공장을 준공했으며, 2030년까지 생산 규모를 7200톤까지 늘릴 계획이다.

삼성SDI는 음극에는 혁신적인 소재를 활용한 '무음극$_{anode-less}$' 기술을 적용할 계획이다. 흑연, 실리콘, 리튬금속 등 기존의 음극 소재를 대신해 나노 소재 실버-카본층$_{Ag-C\ nano\ composite\ layer}$을 추가해 리튬이온의 안정적인 이동을 돕는 방식이다. 삼성SDI의 전고체 배터리는 중량당 에너지 밀도 450Wh/kg, 부피당 에너지 밀도 900Wh/L를 목표로 하고 있다.

LG에너지솔루션과 SK온도 전고체 배터리를 개발하고 있으나 삼성SDI보다는 신중하게 접근하고 있다. LG에너지솔루션은 2030년에 전고체 배터리를 내놓을 예정인데, 그 이전인 2026~2027년에 중간 단계로 반고체 배터리semi-solid-state battery를 상용화한다는 계획이다. 반고체 배터리는 액체 전해액과 고체 전해질의 중간인 젤 형태의 전해질을 사용하는 배터리다. 반고체 배터리는 액체와 고체가 갖는 장점을 유지하면서 기존 공정을 크게 바꾸지 않기 때문에 기존 리튬이온 배터리 대비 안전성을 높이면서 전고체 배터리보다 빨리 상용화할 수 있다.[3]

SK온은 미국의 스타트업인 솔리드파워Solid Power와 전고체 배터리를 공동 개발하고 있다. SK온은 2021년 솔리드파워에 3000만 달러(약 400억 원)를 투자, 차세대 전고체 배터리 공동 개발에 합의했다. SK온은 2025년까지 대전 배터리연구원에 전고체 배터리 파일럿 라인을 구축할 계획이다. 2026년 시제품을 생산해 2028년 상용화를 목표로 하고 있다.

한편 솔리드파워는 황화물계 전고체 배터리를 개발하고 있으며 연간 1만 5000개의 셀을 생산할 수 있는 파일럿 라인을 건설하고 있다. 이 공장은 2026년부터 제품을 생산할 계획이다. 이 회사는 독일의 BMW와 제품 공급을 논의하고 있다. 솔리드파워가 공개한 바에 따르면 이 회사의 전고체 배터리는 양극에 NCM811(니켈·코발트·망간 비율 8:1:1)을 적용한다. 음극에 실리콘 음극재를 적용하면 중량당 390Wh/kg, 부피당 930Wh/L의 에너지 밀도를 구현할 수 있다고 한다. 음극에 리튬메탈을 적용하면 중량당 에너지 밀도를 440Wh/kg으로 확대할 수 있다(부피당 에너지 밀도는 동일).

토요타는 전고체 배터리 관련 특허가 가장 많고 기술도 가장 앞서 있는 것으로 알려져 있다. 토요타는 양산 목표를 2022년에서 2025년으로, 다시 2027~2028년으로 계속 미루어왔지만 이제는 상용화에 속도를 내는 것으로 보인다. 토요타는 2023년 6월 시즈오카현 연구 거점에서 연 기술 설명회에서 전고체 배터리의 내구성 과제를 극복했다며 2027~2028년 전기차 탑재를 목표로 한다고 실용화 시기를 밝혔다. 토요타가 개발 중인 전고체 배터리는 10분 이하의 충전으로 최대 1200km까지 달릴 수 있다. 가격도 기존 리튬이온 배터리와 유사한 수준이 될 것이라고 언급했다.

토요타는 2023년 10월 에너지, 화학 회사 이데미쓰코산과 전고체 배터리 개발과 양산을 위한 전략적 제휴를 체결하기도 했다. 토요타는 이데미쓰코산과 함께 고체 전해질을 개발하고 있다.

중국도 뒤늦게 전고체 배터리 투자에 뛰어들었다. 중국 정부는 약 60억 위안(약 1조 1000억 원)을 전고체 배터리에 투자할 계획이다. 이 자금은 CATL, BYD, 이치FAW, 상하이자동차SAIC, 웨이란신에너지WELION, 지리자동차Geely 6개사에 지원될 예정이다.[4] 이는 중국 정부가 전고체 배터리 연구개발에 대규모 재정을 지원하는 첫 사례다.

대만의 프롤로지움Prologium도 전고체 배터리 상용화에 속도를 내고 있다. 프롤로지움은 세계 최대 소비자 가전 박람회인 CES 2020에서 처음 전고체 배터리를 공개한 바 있으며, 이후 여러 완성차 업체와 협의를 진행해왔다. 2022년에는 독일의 메르세데스-벤츠, 베트남의

[19-4] 2023년 10월12일 전고체 배터리 협력에 대한 공동 기자회견에서 사토 고지佐藤恒治 토요타자동차 사장(왼쪽)과 기토 슌이치木藤俊— 이데미쓰코산 사장.

빈페스트가 이 회사에 투자를 발표했다. 한국에서도 포스코홀딩스, 이브이첨단소재가 이 회사에 투자했다. 프롤로지움은 다른 전고체 기업들과 달리 산화물계 고체 전해질을 이용한 전고체 배터리를 개발하고 있다.

프롤로지움은 2024년 1월 대만에 대규모 양산 공장을 준공하는 등 발 빠른 행보를 보이고 있다. 초기 생산 규모는 연산 0.5GWh이며 2GWh까지 확대할 계획이다. 또 52억 유로(약 7조 5000억 원)를 투자해 프랑스 됭케르크에 48GWh 규모 전고체 배터리 공장을 짓는 계획도 추진 중이다. 프랑스 공장은 2027년 양산이 목표로, EU에서 보조금 승인도 받았다.

출처: 프롤로지움

[19-5] 프롤로지움이 대만에 건설한 전고체 배터리 공장 전경.

2010년 설립된 미국의 퀀텀스케이프QuantumScape도 전고체 배터리로 주목받는 회사다. 산화물계 전고체 배터리를 개발하고 있는 이회사는 폭스바겐, 빌 게이츠, 카타르투자청QIA, 콘티넨탈 등으로부터 초기 투자를 받았다. 특히 폭스바겐은 2018년, 2020년 잇따라 대규모 투자를 실시해 지분 17%를 보유한 대주주에 올랐다. 퀀텀스케이프는 폭스바겐의 배터리 자회사 파워코PowerCo와 적극 협력하고 있다. 2024년 7월 폭스바겐은 퀀텀스케이프의 기술을 이용해 전고체 배터리를 대량 생산할 수 있는 라이선스 계약을 체결했다. 이 계약에 따라 파워코는 연간 40GWh 규모의 전고체 배터리를 생산할 수 있게 되었다. 옵션으로 80GWh까지 생산량을 확대할 수도 있다.

퀀텀스케이프는 2023년 QSE-5라는 이름의 상용화 버전을 공개했다. 이 배터리 셀은 5Ah(암페어시) 용량을 갖고 있으며 800Wh/L 에너지 밀도를 갖추었다. 이 회사는 15분 안에 80% 충전이 가능하다고 밝혔다.

20장

바닷물로 배터리를 만든다고?

혹한에도 끄떡없는 나트륨이온 배터리

지난 2024년 1월 미국에 북극 한파가 몰아치자 방전된 전기차들이 오도 가도 못하는 상황이 벌어졌다. 전기차 충전소마다 충전 대란이 벌어졌다. 거리에는 방전된 채 버려진 차들이 즐비하게 늘어섰다. 미디어를 통해 이 장면을 목격한 사람들은 전기차를 사야 할지 고민에 빠질 수밖에 없었다.

온도가 내려가면 용량이 급격히 떨어지는 리튬이온 배터리는 전기차 구매를 망설이는 또 다른 요인이다. 리튬이온 배터리는 겨울철에 주행 거리가 약 20% 감소하는 것으로 알려져 있다. 겨울철만 되면 전기차의 취약점이 고스란히 드러나곤 한다.

그런데 추운 겨울에도 끄떡없는 이차전지가 있다. 바로 나트륨이온 배터리natrium-ion battery다. 나트륨이온 배터리는 영하 20도의 혹독한 환경에서도 90%의 방전 효율을 나타낸다. 게다가 값도 리튬이온 배터리보다 저렴하다. 그러나 단점이 하나 있다. 리튬이온 배터리보다 무겁고 에너지 밀도가 낮다는 것이다.

나트륨이온 배터리는 양극에 나트륨을 주원료로 쓰는 이차전지를 말한다. 나트륨은 독일과 일본에서 주로 사용하는 용어로 영어권에서는 소듐sodium(soda에서 유래한 말)이라고 표현한다. 그래서 나트륨이온 배터리를 소듐이온 배터리sodium-ion battery라고도 부른다.

주기율표상 11번인 나트륨(소듐)은 3번 리튬과 동일하게 1족(알칼리 금속)에 속하는 원소다. 나트륨은 전자 1개를 잃고 이온화되기 쉽다는 점에서 리튬과 특성이 유사해 오래전부터 이차전지 소재로 연구되어왔다. 나트륨이온 배터리의 구조와 작동 원리 역시 리튬이온 배터리와 비슷하기에 리튬이온 배터리의 공정을 그대로 활용할 수도 있다.[1]

나트륨 이온 배터리의 가장 큰 장점은 가격이다. 리튬이온 배터리 대비 20~40%가량 저렴할 것으로 예측된다. 최대 3분의 1 가격으로 생산이 가능하다는 분석도 있다.

에너지 분야 시장 조사 업체인 우드매켄지Wood Mackenzie는 양극에 층상 산화물을 사용할 경우 나트륨이온 배터리의 가격이 kWh당 123달러, 프러시안 화이트를 사용할 경우 90달러까지 내려갈 수 있을 것으로 예상했다.[2]

영국의 시장 조사 업체 아이디테크엑스는 나트륨이온 배터리의 평균 가격이 kWh당 87달러를 형성할 것으로 평가했다. 철과 망간을 사용할 경우 가격은 2030년 40달러/kWh까지 떨어질 것으로 예측

했다. 2023년 리튬이온 배터리 평균 가격인 139달러/kWh의 28%에 해당하는 수준이다.[3]

나트륨이온 배터리 가격을 이처럼 낮출 수 있는 것은 원료를 구하기 쉽기 때문이다. 나트륨은 리튬보다 훨씬 더 풍부하고 저렴하다. 나트륨은 지구상에서 6번째로 흔한 원소로 지각의 약 2.6%를 구성하고 있으며, 바닷물이나 암염에서 쉽게 추출할 수 있다. 나트륨은 또한 알루미늄과 잘 반응하지 않기 때문에 음극 집전체로 값비싼 구리 대신 알루미늄을 사용할 수 있다.[4]

나트륨이온 배터리는 양극 활물질로 프러시안 화이트Prussian white, 층상 산화물layered oxide, 폴리음이온polyanion 등을 사용한다. 리튬이온 배터리에서 사용하는 코발트, 니켈이 필요 없기 때문에 이 부분에서도 가격을 낮출 수 있다.

나트륨이온 배터리는 리튬이온 배터리보다 저온 특성이 우수하다. 연구 결과에 따르면 나트륨이온 배터리는 영하 20도의 온도에서 여전히 90%의 용량을 유지하는 것으로 나타났다.[5] 리튬이온 배터리는 같은 조건에서 약 60~70%로 용량이 저하된다.

최대 약점은 무게

나트륨이온 배터리가 장점만 있는 것은 아니다. 우선 나트륨 원자는 리튬보다 무겁고 부피가 커서 에너지 밀도 측면에서 불리하다. 나트륨의 원자량은 mol(몰)당 23g으로 리튬(6.9g/mol)의 약 3.3배에 달한다. 또 나트륨의 표준 환원 전위standard reduction potential(표준 전극 전위)*는 -2.7V로 -3V인 리튬보다 0.3V 높다. 이는 배터리를 만들 때

전압이 낮아질 수 있다는 이야기다. 전압이 낮으면 그만큼 에너지 밀도가 떨어진다.

현재까지 개발된 나트륨이온 배터리의 중량당 에너지 밀도는 약 140~160Wh/kg(와트시/킬로그램)으로 LFP(리튬인산철) 배터리나 삼원계 배터리에 미치지 못한다. 최근에는 양극 물질의 조성 변화 등을 통해 나트륨이온 배터리의 에너지 밀도를 높이는 연구가 한참 진행 중이다. 중국 최대 배터리 기업인 CATL은 200Wh/kg 수준까지 에너지 밀도를 높인다는 목표를 제시했다.

나트륨이온 배터리는 음극에 흑연을 사용하기 어렵다. 리튬이온의 크기는 0.076nm(나노미터)로 흑연의 층간(0.34nm)에서 삽입과 탈리가 쉽다. 반면 나트륨이온의 크기는 0.102nm로 흑연의 층간 구조에서 삽입 반응이 제대로 일어나지 않는다.

이에 대한 대안으로 나트륨이온 배터리는 흑연보다 층간 구조가 넓은 하드 카본(0.37nm)을 음극에 많이 사용한다. 단 하드 카본은 흑연보다 비싸고 에너지 용량이 낮다는 단점이 있다.

나트륨이온 배터리의 안전성에 대해서는 논란의 여지가 있다. 일부에서는 나트륨이온 배터리가 리튬이온 배터리보다 안전하다는 주장이 있으나 이에 대해서는 아직 검증되지 않았다.

네덜란드공공안전연구소The Netherlands Institute for Public Safety가 2023년 발간한 보고서 〈미래 배터리 유형과 안전성 탐구Exploration of

---

* 표준 수소 전극과 환원이 일어나는 반쪽 전지를 결합해 만든 전지에서 측정한 전위를 말한다. 표준 환원 전위가 양의 값이면 수소이온보다 환원이 잘되고, 음의 값이면 수소이온보다 환원이 잘되지 않음을 뜻한다.

[20-1] 리튬과 나트륨 비교

국가	리튬	나트륨
원자번호	3번(1족)	11번(1족)
원자량	6.9g/mol	23g/mol
원자 크기	0.076nm	0.102nm
표준 환원 전위	-3V	-2.7V

future battery types and safety〉에 따르면 나트륨이온 배터리 역시 리튬이온 배터리와 마찬가지로 열폭주 현상이 발견되었다. 다만 열폭주는 리튬이온 배터리에 비해 느리게 진행되었다.

나트륨은 또한 반응성이 매우 강한 불안정한 물질로 취급하기 어렵다. 나트륨이 물과 만나면 높은 열과 함께 수소 가스가 발생하면서 ($2Na+2H_2O \rightarrow 2NaOH+H_2$) 폭발한다. 나트륨은 공기 중 수증기와 만나 폭발할 수 있어 공기와 접촉을 차단하기 위해 등유에 넣어 보관한다.

앞서는 중국, 뒤쫓는 서구

저온 특성이 좋고 가격이 저렴하지만 에너지 밀도가 떨어지는 나트륨이온 배터리는 사용하기 매우 애매한 특성 때문에 그동안 대부분 시장에서 관심 밖이었다. 그런데 나트륨이온 배터리에 진심인 곳이 있다. 바로 중국이다. 중국은 나트륨이온 배터리 기술을 발전시켜 이미 상용화 단계에 이르렀다.

중국 최대 배터리 기업인 CATL은 2021년 차세대 배터리로 나트

[20-2] CATL의 나트륨이온 배터리.

튬이온 배터리를 개발, 생산하겠다고 발표했다. 이전까지 나트륨이온 배터리는 무겁고 에너지 밀도가 낮아 전기차에 탑재하기에 부적합하다는 인식이 지배적이었다. 하지만 당시 리튬 가격이 폭등하자 가격이 저렴한 나트륨이온 배터리가 주목받게 되었다. CATL은 1세대로 160Wh/kg급의 나트륨이온 배터리를 선보였으며 200Wh/kg의 성능을 가진 2세대 배터리도 개발할 것이라고 밝혔다.

세계 최대 전기차 업체인 BYD도 나트륨이온 배터리 개발에 나섰다. BYD는 2024년 1월 쑤저우에서 나트륨이온 배터리 공장 착공식을 가졌다. BYD는 약 100억 위안(약 1조 8627억 원)을 투입해 연간 30GWh(기가와트시) 규모의 생산 능력을 갖출 예정이다. 앞서 BYD의 자회사인 핀드림배터리는 삼륜차 기업인 훼이하이Huaihai와 나트륨이

[20-3] JAC자동차가 출시한 나트륨이온 배터리 전기차 Sehol E10X.

온 배터리 공장 건설을 위한 계약을 체결한 바 있다. BYD의 나트륨이온 배터리는 이륜차와 삼륜차, 소형 전기차에 탑재될 것으로 예상된다.

이미 상용화에 나선 곳도 있다. 중국 JAC자동차는 2023년 12월 중국에서 최초로 나트륨이온 배터리를 탑재한 자동차의 생산을 시작했다고 밝혔다. 이 자동차는 2024년 1월 말부터 인도가 시작되었다. 25kWh 용량의 배터리를 탑재했으며 1회 충전에 252km를 주행할 수 있다. 셀 단위 에너지 밀도는 140Wh/kg이다.

이 자동차에는 중국 베이징에 본사를 둔 하이나배터리의 32140 원통형 배터리가 탑재되어 있다. 하이나배터리는 중국과학원 물리연구소가 2017년 설립한 곳으로 나트륨이온 배터리를 오랫동안 연구해왔다. JAC자동차의 모회사인 JAG는 중국 정부와 폭스바겐이 각각

[20-4] 미국 나트론에너지가 개발한 나트륨이온 배터리 '블루팩'.

50%씩 출자해 설립한 회사다.

중국뿐 아니라 인도도 나트륨이온 배터리에 진심을 보이고 있다. 인도 최대 그룹인 릴라이언스는 2021년 12월 영국 배터리 기업 파라디온Faradion의 지분 100%를 약 1억 파운드에 인수했다.[6] 2011년 설립된 파라디온은 나트륨이온 배터리 분야에서 최고 수준의 기술력을 확보한 곳으로 알려졌다. 파라디온은 2022년 12월 호주의 뉴사우스웨일스 지역에 처음으로 자사 나트륨이온 배터리를 설치했다고 밝혔다.

서구에서도 나트륨이온 배터리에 관한 관심이 늘고 있다. 미국의 나트론에너지Natron Energy는 2024년 8월 노스캐롤라이나주 에지컴카운티에 연간 24GWh 규모의 나트륨이온 배터리 공장을 건설할 계획이라고 밝혔다. 노스캐롤라이나주 지원금을 받아 14억 달러를 투자해 건립할 이 공장은 미국 최초의 기가급 나트륨이온 배터리 생산 시설이 될 전망이다.

미국 에너지부 산하 아르곤국립연구소는 2024년 1월 리튬이온 배터리를 대체할 나트륨이온 배터리의 새 양극 소재를 개발하고 특허를 등록했다고 밝혔다. 이 연구를 이끈 이는 크리스토퍼 존슨 선임 연구원이다. 그는 마이클 태커레이, 칼릴 아민 등과 함께 NCM(니켈·망간·코발트) 양극재를 개발한 주인공이다.

연구팀은 NCM 양극재에서 변형된 NMF(니켈·망간·철) 나트륨이온 배터리 양극재를 개발했다고 밝혔다. 아르곤국립연구소는 10년 이상 나트륨이온 배터리를 연구한 결과 층상 구조를 가진 양극재를 개발했다고 설명했다. 또 양극에 코발트를 사용하지 않기 때문에 값이 저렴하다고 강조했다. 이 배터리는 1회 충전 시 180~200마일(289~321km)을 주행할 수 있는 성능을 보유했다.

스웨덴의 노스볼트도 2023년 11월 160Wh/kg의 에너지 밀도를 가진 나트륨이온 배터리를 개발했다고 밝혔다. 이 배터리는 파우치 형태로 양극에 프러시안 화이트, 음극에 하드 카본을 사용했다. 노스볼트 측은 "최초로 프러시안 화이트 기반의 배터리를 생산하고 시장에서 상업화할 것"이라고 설명했다. 이 회사는 나트륨, 철 등 풍부한 광물을 이용해 생산하고 리튬, 니켈, 코발트, 흑연을 사용하지 않는다는 점을 강조했다. 공급망 측면에서 리튬이온 배터리보다 중국 의존도를 낮출 수 있다는 사실을 강조한 것이다.

프랑스의 티아마트Tiamat는 2029년까지 연간 5GWh 생산 능력을 갖춘 나트륨이온 배터리 공장을 건설할 계획이다. 1단계로 2025년까지 700MWh(메가와트시) 규모의 공장을 짓는다. 티아마트는 프랑스 국립과학연구센터CNRS로부터 분사한 나트륨이온 배터리 전문 기업이다. 이 회사는 2024년 1월 다국적 자동차 기업인 스텔란티스로부터 투자를 유치하기도 했다.

국내에서도 나트륨이온 배터리에 대한 연구개발이 본격화되고 있다. 민간 기업에서는 에너지11이 나트륨이온 배터리 셀을 개발하고 있다. 애경케미칼은 나트륨이온 배터리의 음극 소재로 사용하는 하드 카본을 생산하고 있다. 산업통상자원부는 2024년부터 237억 원의 정부 예산을 투입해 나트륨이온 배터리 개발 과제를 지원하고 있다. 이 과제에는 에너지11, 애경케미칼, 에코프로비엠, 엔켐, 더블유씨피WCP 등 국내 전지 및 소재 기업 6개사, 국공립 연구소 5개소, 8개 대학, 배터리산업협회 등이 컨소시엄을 구성해 참여하고 있다.[7]

그동안 관망세를 유지하던 국내 배터리 셀 기업들도 나트륨이온 배터리 개발에 적극적인 모습으로 선회했다. 저가 전기차 시장에서 나트륨이온 배터리가 충분히 가능성이 있다고 판단한 것이다. LG에너지솔루션은 2030년 이전에 나트륨이온 배터리를 상용화한다는 계획을 밝혔다. 삼성SDI도 내부적으로 나트륨이온 배터리를 개발하고 있다. 이 같은 움직임에는 과거 LFP 배터리의 가능성을 과소평가했다가 실기했던 뼈아픈 경험을 나트륨이온 배터리에서 반복하지 않겠다는 속내도 숨어 있다.

엇갈리는 전망

나트륨이온 배터리에 대한 전망은 엇갈린다. 국내 업계에서는 나트륨이온 배터리가 무겁고 에너지 밀도가 낮기 때문에 시장이 이륜차 및 소형 자동차, ESS(에너지 저장 장치)에 한정될 것이라는 전망이 많다. 지역 면에서도 시장은 중국과 인도, 동남아시아 등으로 국한된다.

국내 배터리 기업들이 그동안 크게 관심을 두지 않았던 이유가 여기에 있다. 제한된 인력과 자원으로 나트륨이온 배터리까지 개발할 여력이 없는 것이다. 반면에 중국 기업들은 자국 내 시장만 보더라도 나트륨이온 배터리 개발과 생산에 나설 유인이 충분했다. 중국 배터리 기업들은 인근 동남아 시장도 노리는 것으로 보인다. 나트륨이온 배터리는 가격이 저렴하기에 공간의 제약을 받지 않는 ESS에는 충분히 활용 가치가 있다는 분석이다.

최근 리튬 가격이 폭락하고 있다는 사실도 나트륨이온 배터리의 전망을 어둡게 하는 요소다. 리튬이온 배터리의 가격이 더 내려가면 나트륨이온 배터리의 최대 강점인 가격 메리트가 사라진다.[8]

2024년 1월 기준 국제 원자재 시장에서 리튬은 2022년에 비해 80%가량 낮은 가격에 거래되고 있다. 블룸버그NEF는 2027년에는 리튬이온 배터리의 가격이 100달러/kWh 이하로 떨어질 것으로 예상한다. 배터리 가격이 100달러/kWh 아래로 내려가면 전기차 생산 비용이 기존 내연기관차와 비슷해진다.

하지만 최근 미국, 유럽 기업들까지 나트륨이온 배터리에 관심을 두면서 안착 가능성을 점치는 이들도 늘고 있다. 특히 리튬, 니켈, 코발트, 흑연 등 현재 리튬이온 배터리 주원료들의 중국 의존도가 높은 상황에서 가격이 저렴하고 매장량이 풍부한 원료를 사용하는 나트륨이온 배터리가 충분히 대안이 될 수 있다는 분석도 나온다.

시장 조사 기관들도 잇따라 나트륨이온 배터리에 대한 낙관적인 전망을 발표하고 있다. 아이디테크엑스는 2025년까지 약 10GWh 규모의 나트륨이온 배터리가 사용될 것으로 전망했다. 이후 연평균

27%의 성장률을 기록하며 2033년에는 사용량이 70GWh까지 늘어날 것으로 내다봤다.[9]

　　SNE리서치는 나트륨이온 배터리가 2035년 LFP 대비 최소 11%, 최대 24% 저렴하게 생산될 것이라며, 2035년에는 최대 254GWh의 시장 수요가 발생할 것으로 전망했다. 금액 기준으로는 연간 142억 달러(약 19조 원) 규모다.

21장

배터리로 나는 비행기 나온다

음극재의 끝판왕, 리튬금속

차세대 배터리를 언급할 때 빠지지 않는 삼총사가 있다. 전고체 배터리, 리튬메탈 배터리, 리튬황 배터리다. 사실 이 3종류의 배터리는 서로 깊은 연관이 있다. 전고체 배터리의 음극 소재로 주로 거론되는 것이 리튬금속이다. 그리고 리튬황 배터리는 양극에 황, 음극에 리튬금속을 쓰는 배터리를 말한다. 음극 소재로 리튬을 사용한다는 점에서 공통점이 있는 것이다. 또 리튬황 배터리는 전고체 배터리의 형태로 개발되고 있다.

왜 차세대 배터리의 음극 소재로 리튬금속이 자주 거론되는 것일까. 바로 음극에 리튬금속을 사용하면 배터리 용량을 획기적으로 늘릴 수 있기 때문이다. 그렇지만 리튬메탈 음극재가 아직 제대로 상용화되지 못하고 있는 것은 그만큼 어려운 기술이기 때문이다.

리튬금속을 음극에 사용하려는 시도는 매우 오래전부터 있어왔으나 화재 위험으로 상용화하지 못했거나 실패했다. 2019년 노벨화학상을 공동 수상한 스탠리 휘팅엄 교수가 1970년대에 처음 개발했던 이차전지는 양극에 이황화티타늄, 음극에 리튬메탈을 적용한 것이었다. 하지만 이 배터리는 불안정해서 상용화에 이르지 못했다. 캐나다 몰리에너지가 개발해 1988년 일본 NTT에 공급했던 몰리셀은 양극에 이황화몰리브덴, 음극에 리튬메탈을 적용한 것이었으나 이 배터리 역시 화재 사고가 발생하면서 결국 리콜해야만 했다.

1991년 소니가 상용화한 리튬이온 배터리는 리튬을 음극이 아닌 양극에 리튬산화물 형태로 적용하면서 안정성을 높였고 지금까지 이차전지의 대세를 이루고 있다. 이후 이차전지 기술은 양극 물질을 개선해 용량을 확대하는 쪽으로 연구가 집중되었다. 수십 년간 이어졌던 양극재 연구는 이제 한계에 달하고 있다. 연구자들의 관심은 다시 음극 물질로 옮겨가고 있다. 그리고 음극재로 리튬메탈 연구가 활발히 진행되고 있다.

차세대 음극재로 떠오르고 있는 것 중 하나가 실리콘이다. 실리콘을 기존 흑연 음극재에 혼합하면 배터리 용량을 확대할 수 있다. 하지만 스웰링swelling(부풀어 오름) 현상과 비싼 가격으로 인해 상용화할 때는 10% 이상 혼합하지 못하고 있다.

리튬금속은 실리콘보다 더 주목받는 음극재다. 리튬이온 배터리에 쓰이는 흑연의 이론 용량은 372mAh/g(밀리암페어시/그램)인 데 비해 리튬금속의 이론 용량은 3860mAh/g으로 10배 이상이다. 리튬메탈 음극재는 구리 집전체에 수십 nm(나노미터) 두께의 리튬금속 포일을 입히는 방식으로 만들어진다. 리튬금속 자체로 무게가 가벼운 데다 매우 얇은 두께로 만들 수 있기에 기존 흑연이나 실리콘 음극재보다 배터리 크기나 무게를 크게 줄일 수 있다. 연구자들 사이에서 리튬메탈을 음극재의 "끝판왕" "성배Holy Grail"라고 부르는 이유다.

리튬메탈을 음극재에 적용할 경우 에너지 밀도를 크게 향상시킬 수 있으므로 기존 배터리와 동일한 크기와 무게로 더 오래 주행할 수 있는 전기차를 만들 수 있다. 또 가벼우므로 그동안 이차전지를 적용하지 못했던 곳에도 탑재할 수 있다. 대표적인 것이 무인항공기(드론) 등 항공 분야다.

'높은 벽' 덴드라이트와 '브리지' 기술

리튬메탈 배터리가 극복해야 할 가장 큰 장벽은 덴드라이트dendrite다. 덴드라이트란 충전 시 음극으로 이동한 리튬이온이 수지상(나뭇가지 모양) 결정을 형성하는 것을 말한다. 이 결정이 분리막을 뚫을 정도로 자라면 양극과 음극 간 단락이 발생하며 화재로 이어진다. 휘팅엄 교수가 개발했던 이차전지나 몰리에너지의 몰리셀에서 화재가 발생한 것도 덴드라이트 현상 때문이었다.

흑연을 음극재로 사용할 경우에는 음극으로 이동한 리튬이온이 흑연의 층상 구조에 안정적으로 삽입되어서 덴드라이트가 잘 발생하지 않는다. 반면 리튬메탈 배터리는 음극으로 이동한 리튬이온이 곧바로 리튬금속과 환원 반응을 일으켜 음극 표면에 쉽게 전착*된다.

* 전기 분해에 의해 전해질이 갈라져 나와 전극 표면에 들러붙는 현상.

[21-1] 리튬메탈 음극의 불균일 전착과 리튬 용출 과정

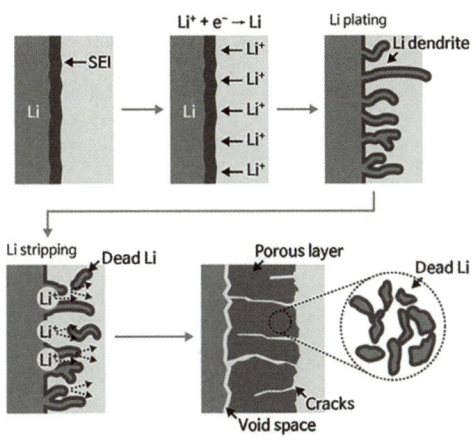

출처: 김희탁, 〈차세대 리튬금속음극 보호막기술 동향〉, 《공업화학전망》, 제21권 제6호, 한국공업화학회, 2018.

 덴드라이트는 배터리 수명에도 영향을 미친다. 리튬이온 배터리에서 최초 충전·방전 시 음극과 전해액 사이에는 SEI solid electrolyte interphace(고체 전해질 계면)라는 얇은 막이 생긴다. SEI 층은 리튬이온이 안정적으로 이동할 수 있는 통로 역할을 한다. 전해액과 리튬의 접촉을 막아 전해액에 의한 리튬의 부식을 방지하기도 한다. 그런데 리튬이 균일하게 전착되지 않고 한곳에 집중되면 SEI 층이 손상되어 충전·방전 효율이 떨어지게 된다. 리튬 전착이 계속되면 리튬이 고갈되고 배터리 용량도 크게 감소한다.

 그동안 리튬메탈 배터리를 상용화하려는 시도들이 여럿 있었으나 덴드라이트 문제를 풀지 못해 번번이 실패했다. 리튬메탈이 다시 주목받기 시작한 것은 전고체 배터리의 상용화와도 관련이 깊다. 전고체 배터리는 고체 전해질을 사용하기 때문에 상대적으로 덴드라이트 형성 억제가 수월하기 때문이다. 하지만 전고체 배터리라고 해서 덴드라이트로부터 완전히 자유로운 것은 아니다.

2021년 프랑스 볼로레그룹이 블루버스에 채택한 리튬메탈폴리머$_{LMP}$ 배터리가 대표적인 사례다. 파리의 대중교통 운영 업체인 RATP$_{\text{Régie autonome des transports parisiens}}$(파리교통공단)가 볼로레그룹의 블루버스를 도입했다. 이 버스는 볼로레그룹의 자회사인 블루솔루션이 개발한 리튬메탈폴리머 배터리를 탑재했다. 이 배터리는 양극에 LFP(리튬인산철)를, 음극에 리튬메탈, 폴리머계 고체 전해질을 사용하면서 주목받았다. 하지만 2022년 두 차례에 걸쳐 블루버스에서 화재가 발생하자 RATP는 이 배터리를 탑재한 버스 149대의 운행을 중단하는 결정을 내렸다.

리튬메탈의 덴드라이트 형성을 억제하기 위해 연구자들은 다양한 시도를 하고 있다. 리튬메탈 표면을 코팅하거나 전해액의 구성 요소를 최적화하거나 첨가제를 도입하는 등의 연구들이 진행되고 있다. 그 결과 의미 있는 결과물들이 하나둘씩 발표되고 있어 상용화에 대한 기대감을 높이고 있다.

LG에너지솔루션과 카이스트$_{KAIST}$ 김희탁 교수 공동 연구팀은 2023년 12월 400Wh/g 이상의 에너지 밀도를 구현해 1회 충전에 900km를 주행할 수 있고, 400회 이상 재충전이 가능한 리튬메탈 배터리 연구 결과를 공개했다. 이는 현재 리튬이온 배터리의 주행 거리(약 600km)보다 50% 높은 수준이다. 공동 연구팀은 리튬메탈 배터리 구현을 위해 기존에 보고되지 않았던 '붕산염-피란$_{\text{borate-pyran}}$' 기반 액체 전해액을 세계 최초로 적용해 기술적 난제를 해결했다고 설명했다.

붕산염-피란 전해액은 리튬금속 음극 표면에 형성된 SEI를 치밀한 구조로 재설계해 전해액과 리튬 간 부식 반응을 차단한다. 이 기술은 덴드라이트와 부식 문제를 동시에 해결해 충전·방전 효율을 향상시킬 수 있다고 연구진은 설명했다. 이 연구 결과는 세계적인 학술지 《네이처에너지》에 게재되었다.

SK온은 2024년 6월 노벨화학상 수상자인 고 존 구디너프 텍사스대 교수의 제자인 하디 카니Hadi Khani 교수 연구팀과 리튬메탈 배터리용 고분자 전해질을 공동 개발했다고 밝혔다. 구디너프 교수는 2020년부터 SK온과 함께 리튬메탈 배터리를 구현하기 위한 고체 전해질을 공동 개발했으며, 2023년 6월 별세 후에는 그의 제자인 카니 교수가 연구를 계속했다. 해당 연구는 전기화학 분야의 권위 있는 학술지 《전기화학회저널Journal of The Electrochemical Society》에 게재되었다.

롯데케미칼도 2023년 11월 리튬메탈 음극재의 불안정성을 해결하기 위한 고분자계 고체 전해질 기반 '분리막 코팅 소재 제조 기술'을 국내 최초로 개발하고 국내 특허 출원을 완료했다고 밝혔다. 이 기술은 리튬이온의 흐름성을 개선하는 기능성 소재를 리튬메탈 배터리의 분리막에 코팅해 덴드라이트 현상을 억제하는 것이 핵심이다. 이 기술을 통해 500회 재충전에서 90% 이상의 용량을 보존했다고 회사 측은 설명했다.

롯데케미칼은 2021년 리튬메탈 음극재를 개발하는 미국 스타트업 소일렉트SOELECT에 지분을 투자하고 공동개발협약JDA을 체결했다. 양사는 2025년까지 미국 현지에서 약 2억 달러 규모의 GWh(기가와트시)급 리튬메탈 음극재 생산 시설 구축을 검토하고 있다.

국내 스타트업 중에는 대전 유성구에 위치한 유뱃UBATT이 가시적인 성과를 거두고 있다. 유뱃은 '인터배터리어워즈 2025' 스타트업 부문에서 초고에너지 밀도 리튬메탈 전지 제품으로 수상하며 기술력을 인정받았다. 이 회사는 균일 후막 전극thick electrode platform, TEP 기술을 통해 기존 배터리의 한계를 극복한 kg당 500Wh의 고에너지 밀도를 구현했다.

일반적으로 전극은 두꺼울수록 에너지 밀도를 높일 수 있지만 마냥 두껍게만 만들 수는 없다. 전극을 제조할 때는 활물질, 도전재, 바인더를 섞어 슬러리slurry를 만든 후 집전체에 바르고 건조하는 과정을 거친다. 이때 전극이 너무 두꺼우면 무게 차이에 따라 구성 물질이 분리되어 결과적으로 배터리 성능이 떨어지는 문제가 발생한다. 균일 후막 전극 기술은 전극을 두껍게 만들더라도 구성 물질을 균일하게 유지할 수 있는 기술이다.

이상영 연세대 화공생명공학과 교수는 필자와 인터뷰에서 후막 전극 기술을 건식 코팅, 실리콘 음극재와 더불어 국내 배터리 기업들이 관심을 가져야 할 '브리지bridge'(가교) 기술이라고 강조했다. 이상영 교수는 2016년 울산과학기술원UNIST 교수로 재직할 당시 이창규 대표와 함께 유뱃을 공동 창업했으며 현재 부사장을 맡고 있다. 이상영 교수는 LG화학에서 12년간 배터리 기술을 연구하다 학계로 옮긴 인물이다. LG화학에 있을 때 분리막에 세라믹을 코팅해 안전성을 강화한 SRSSafety Reinforced Separator(안전성 강화 분리막) 기술 개발을 주도했다. 유뱃은 한국항공우주KAI와 협력해 무인기용 차세대 배터리 개발 프로젝트에 참여하고 있으며, 복수의 방산 기업과 협업하고 있다.

해외 기업으로는 미국 보스턴에 본사를 둔 SES AI가 리튬메탈

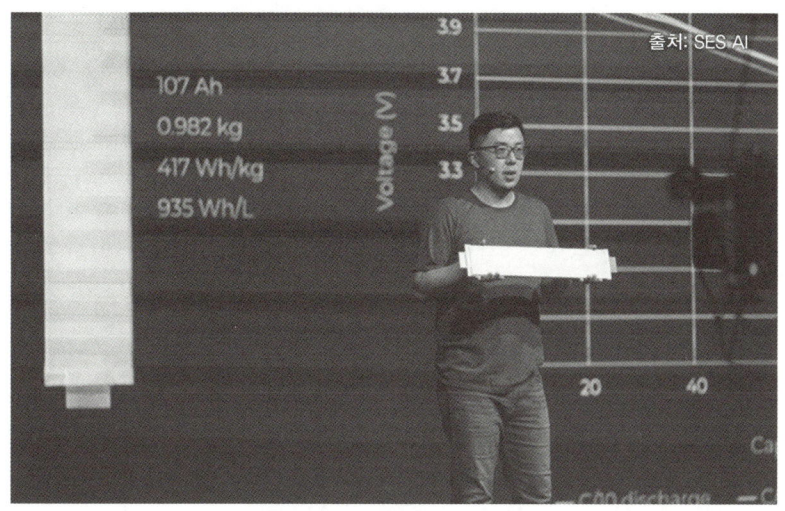

[21-2] 치차오 후 SES AI 창업자가 2021년 11월 열린 배터리월드 행사에서 리튬메탈 배터리를 소개하고 있다.

배터리 상용화에 가장 앞서 있다. SES AI는 MIT 출신의 치차오 후 Qichao Hu 박사가 2012년 설립한 회사다. 설립 당시에는 솔리드에너지 시스템Solid Energy System이었으나 이후 현재 사명으로 변경했다. 회사 이름에서 짐작할 수 있듯이 처음에는 전고체 배터리를 개발했으나 이후 리튬메탈 배터리로 방향을 틀었다.

이 회사는 2016년 리튬메탈 배터리 시제품을 처음 선보이며 전 세계 완성차 업체의 관심을 받았다. 우리나라와 관계도 깊다. SK는 2018년, 2021년 두 차례에 걸쳐 이 회사에 투자해 지분 12.7%를 확보했다. 현대자동차도 이 회사에 1억 달러를 투자했다. SES AI는 2022년 2월 나스닥에 상장했으며, 중국 상하이와 우리나라 충주에 공장을 갖고 있다.

이 회사는 2021년 0.982kg의 무게에 107Ah(암페어시)의 용량을 가진 리튬메탈 배터리를 공개했다. 중량당 에너지 밀도는 417Wh/kg, 부피당 에너지 밀도는 935Wh/L였다. SES AI는 리튬메탈 배터리를 자동차 및 도심 항공 모빌리티UAM용으로 공급할 것으로 보인다. 이 회사는 2024년 4월 현대자동차·기아와 리튬메탈 배터리 B샘플 개발을 위한 공동개발협약JDA을 체결했다. 이어 8월에는 충주 공장을 도심 항공 모빌리티 전용 리튬메탈 셀 생산 시설로 개조를 완료했다고 밝혔다.

반값 배터리, 리튬황

차세대 이차전지를 거론할 때 전고체 배터리와 함께 빠지지 않고 등장하는 단골 메뉴가 있다. 리튬황 배터리lithium-sulfer battery, Li-S battery다. 산업통상자원부의 차세대 이차전지 연구개발 예산에도 전고체와 함께 리튬황 배터리 개발 지원이 포함되었다. 김동명 LG에너지솔루션 CEO는 2023년 12월 취임사에서 "장기적인 관점에서 미래 기술과 사업 모델 혁신을 선도해나가야 한다"라며 "리튬황, 전고체 등 다양한 미래 기술 개발을 지속 추진하겠다"라고 강조했다. 왜 주요 기업들과 정부가 차세대 배터리로 리튬황 배터리를 꼽고 있는 것일까.

리튬황 배터리는 리튬금속을 음극으로 사용하는 대표적인 차세대 이차전지다. 양극재로는 황을 사용한다. 황은 석유 정제 과정에서 생기는 부산물로 값이 저렴하고 구하기 쉽다. 황은 또 가벼워서 배터리 무게를 크게 줄일 수 있다. 이러한 이유로 다양한 연구 기관들이 리튬황 배터리를 차세대 이차전지 목록에 올려놓고 있다. 리튬황 배

[21-3] 리튬황 배터리의 구조

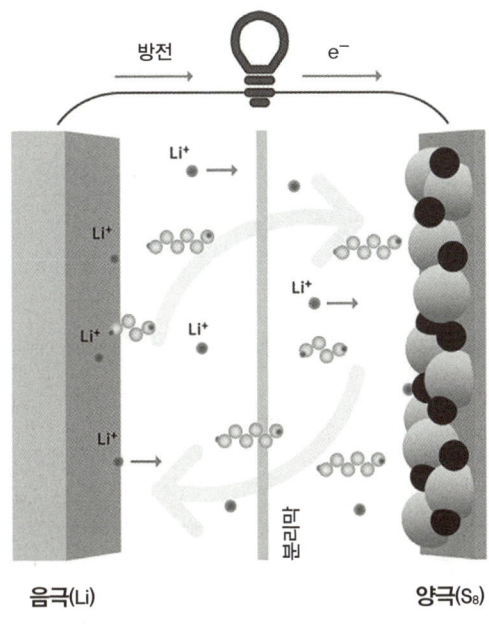

터리는 리튬이온 배터리와는 다른 응용 분야가 있을 것으로 기대된다. 대표적인 분야가 항공기다. 하지만 리튬황 배터리는 상용화까지 넘어야 할 산이 많다. 일부에서는 전고체 배터리보다 상용화에 더 오랜 시간이 걸릴 것이라고 전망한다.

리튬황 배터리는 1962년 미국 과학자 허버트 대뉴타Herbert Danuta와 울람 줄리어스Ulam Juliusz가 음극에 리튬, 양극에 황을 적용한 일차전지로 특허를 출원한 것이 시초다. 이후 1989년 에테르ether를 전해액으로 차용한 이차전지가 개발되면서 기술적 진전을 이루며 활발히 연구가 진행되고 있다.

[21-4] 리튬황 배터리의 충전과 방전 과정

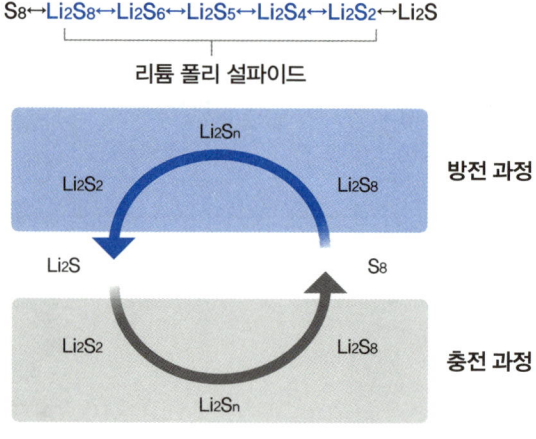

 리튬황 배터리 역시 다른 이차전지와 마찬가지로 양극, 음극, 전해질, 분리막으로 구성되어 있다. 리튬황 배터리에서 황은 양극 물질로 사용된다. 리튬이온 배터리는 리튬이온이 층간 구조인 음극에서 삽입과 탈리를 반복하는 인터컬레이션intercalation 원리에 기초한다. 이에 반해 리튬황 배터리는 리튬이온이 양극의 황과 만나 연쇄적으로 일으키는 화학적 환원 반응에 기반을 둔다.

 황$_{S_8}$은 기본적으로 황 원자 8개가 고리 모양으로 연결된 구조다. 방전을 시작하면 음극의 리튬금속은 전자를 내놓으며 리튬이온으로 변화한다. 리튬이온은 양극으로 이동해 황과의 환원 반응을 통해 Li_2S_8을 형성한다. 황 원자 8개의 고리가 끊어지면서 사슬의 양 끝에 리튬이온이 결합하는 모양이다.

[21-5] 리튬황 배터리 개요와 전망

	2023년	2030년 이후
셀 단위 목표	300Wh/kg	550Wh/kg
부피당 에너지 밀도	300~450Wh/L	700Wh/L
사이클 수명	50~300회	500회 이상
에너지 효율	알려지지 않음	85%
안정성	리튬 음극의 고반응성, 인화성 전해액	고체 전해질 사용으로 개선

출처: 프라운호퍼ISI

이 사슬은 다시 황 원자 6개와 리튬이온 2개로 이루어진 Li_2S_6로 변화한다. 이런 방식으로 사슬이 점차 짧아지며 $Li_2S_4 \rightarrow Li_2S_2 \rightarrow Li_2S$를 만들게 된다. 연속적인 환원 반응을 통해 만들어진 물질을 리튬 폴리 설파이드lithium poly sulfide라고 한다. 충전 시에는 이와 반대로 산화 반응을 통해 $Li_2S \rightarrow Li_2S_2 \rightarrow Li_2S_4 \rightarrow Li_2S_6 \rightarrow Li_2S_8$이 순차적으로 만들어진다.

리튬황 배터리의 평균 전압은 약 2.1V로 리튬이온 배터리(3.7V)에 비해 낮으나 가벼워서 무게당 용량을 키울 수 있다는 장점이 있다. 리튬황 배터리의 이론 용량은 1675mAh/g(밀리암페어시/그램)에 달한다. 리튬이온 배터리(NCM811 기준 275mAh/g)의 약 7배다. 이론상 중량당 에너지 밀도는 2600Wh/kg(와트시/킬로그램)으로 리튬이온 배터리의 5배에 육박한다. 상용화 시 실제 구현되는 에너지 밀도는 400~450Wh/kg으로 예상된다.

황의 또 다른 장점은 친환경적이면서 매우 저렴하다는 것이다. 황은 석유 정제 과정에서 부산물로 다량 생산할 수 있다. 코발트, 니켈 등 현재 리튬이온 배터리 양극재에 사용되는 금속처럼 생산 과정에서 환경 문제를 발생시키지 않는다. 인터넷에서는 주황색의 황 폐기물이 야적장에 산처럼 높게 쌓여 있는 이미지를 쉽게 찾아볼 수 있다. 황은 그만큼 쉽게 구할 수 있는 물질이다.

무엇보다 황을 양극재로 사용할 수 있게 된다면 현재 특정 국가에 치우쳐 있는 핵심광물의 공급망 문제로부터 자유로워진다. 니켈, 코발트 등을 사용하지 않기 때문에 중국 의존도를 크게 줄일 수 있게 되는 것이다. 리튬 사용량도 이전보다 크게 줄일 수 있다.

리튬황 배터리는 가볍기 때문에 그동안 에너지 밀도 한계로 이차전지 사용이 제한되었던 다양한 분야에도 적용할 수 있다. 대표적인 곳이 항공 분야다. 독일의 글로벌 연구 기관인 프라운호퍼ISI는 리튬황 배터리가 2035년부터 대형 드론에 사용될 수 있으며 2040년에는 다른 전기 비행기에도 탑재될 수 있을 것으로 전망했다. 이 기관은 리튬황 배터리가 장기적으로는 kWh(킬로와트시)당 50유로(약 7만 1000원) 이하의 가격을 형성할 것으로 내다봤다. 《블룸버그》가 추산한 2023년 리튬이온 배터리의 평균 가격이 kWh당 139달러(약 17만 8000원)인 점을 고려하면 반값도 안 되는 셈이다.

셔틀 효과가 뭐길래

리튬황 배터리는 가격 경쟁력과 높은 에너지 밀도, 친환경성 등으로 주목받고 있지만 상용화를 위해 풀어야 할 과제도 많다. 우선 거론되는 것이 낮은 수명 특성과 용량 저하다. 리튬황 배터리는 화학 반응을 통해 생성되는 리튬 폴리 설파이드가 음극으로 이동하면서 유기 전해액에 녹는 현상이 발생한다. 이른바 '셔틀 효과shuttle effect'다. 이 과정에서 양극 황 물질의 양이 점차 감소하고 배터리 수명도 줄어든다.

또 황은 비전도성 물질로 전기 전도도가 매우 낮기 때문에 성능을 향상시키기 위한 별도의 제조 공정을 거쳐야 한다. 음극에 사용하는 리튬메탈로 인해 덴드라이트 현상도 발생한다.

리튬황 배터리의 전기화학적 성능을 높이기 위해 황과 탄소, 탄소나노튜브, 그래핀 등 전도성 탄소 소재와 복합체를 제조하는 연구가 활발히 진행되고 있다. 방전 중 리튬 폴리 설파이드가 녹는 현상을 막기 위해 전해액에 여러 첨가제를 도입하기도 한다.

최근에는 셔틀 효과와 덴드라이트 현상을 억제하기 위해 고분자 고체 전해질을 리튬황 배터리에 적용하기도 한다. 이에 따라 리튬황 배터리가 전고체 배터리의 형태로 상용화될 것이라는 전망도 나온다.

2020년대 이후 여러 기업과 학계에서 다양한 연구 결과가 발표되고 있지만 아직 양산과 상용화 수준까지 이르지는 못한 것으로 파악된다. 고객사에 샘플을 공급하고도 실제 상용화하기까지는 3~4년의 시간이 더 걸린다는 점을 감안하면 아직 갈 길이 멀다는 이야기다.

리튬황 배터리의 선도 기업 중 하나였던 영국의 옥시스에너지Oxis Energy는 2021년 4월 4년여의 연구개발 끝에 그해 가을까지 고객사와 협력사에 고체 리튬황 배터리의 시제품을 공급하겠다고 발표했다. 2022년에는 450Wh/kg의 높은 에너지 밀도를 갖는 준고체 배터리를 공급하겠다고 목표를 제시했다.

하지만 이 같은 계획은 이루어지지 않았다. 옥시스에너지는 불과 석 달 만인 2021년 7월 존슨매티에 매각되었다. 이후 시드니대학교에서 분사한 스타트업인 겔리온Gelion이 존슨매티로부터 옥시스에너지의 특허를 넘겨받아 리튬황 배터리를 개발하고 있다. 겔리온은 2024년 4월 395Wh/kg 에너지 밀도를 갖는 9.5Ah의 리튬황 파우치 배터리를 개발했다고 발표했다.[1]

최근에는 미국의 스타트업인 라이텐Lyten이 리튬황 배터리 분야에서 두각을 나타내고 있다. 이 회사는 3D 그래핀을 활용한 리튬황 배터리의 안정화 기술을 보유하고 있다. 2023년 9월 글로벌 자동차 기업인 스텔란티스를 비롯해 페덱스, 하니웰 등으로부터 총 2억 달러(약 2577억 원)의 투자를 유치했다. 이를 포함해 이 회사는 지금까지 4억 1000만 달러(약 5282억 원)의 자금을 조달했다.

라이텐은 2023년 6월 캘리포니아주 새너제이에 첫 리튬황 배터리 파일럿 라인을 건립했다. 이어 2024년 3월에는 90%의 수율을 달성, 리튬황 배터리의 제조 가능성을 확인했다고 발표했다. 이 회사는 98% 이상의 수율을 달성해 2024년 내에 항공 우주 분야 등에 리튬황 배터리를 공급하겠다고 밝혔다.

2023년 10월 미국의 벤처 기업인 제타에너지Zeta Energy는 20Ah(암페어시) 용량을 가진 300Wh/kg의 리튬황 배터리 시제품을 공개했다. 이 회사는 2024년에 가동 예정인 파일럿 라인에서 450Wh/kg과 800Wh/L의 에너지 밀도를 초과하는 제품을 생산하겠다고 밝혔다. 이 회사는 리튬 폴리 설파이드의 셔틀 효과를 방지하기 위해 양극에 리튬화 수직 카본나노튜브를, 음극에 특허받은 황화 카본 기술을 각각 적용했다고 설명했다.

일본에서는 정부와 민간이 함께 리튬황 배터리 개발에 나서고 있다. GS유아사GS Yuasa가 2021년 11월 400Wh/kg의 에너지 밀도를 갖는 리튬황 배터리의 개발을 성공적으로 완료했다고 발표했다. GS유아사는 일본 신에너지산업기술종합개발기구NEDO가 추진하는 '실용화를 위한 차세대 항공 시스템 연구개발' 프로젝트 중 '차세대 전기 추진 시스템' 연구 과제를 수행하고 있다. 리튬황 배터리 개발은 이 연구 과제의 일환이다.

GS유아사는 간사이대학 연구진과 함께 3년의 연구개발 끝에 리튬황 배터리 개발에 성공했다. 회사 측은 황을 지지하는 다공성 탄소 입자와 황의 용해를 억제하는 전해액을 적용했다고 설명했다.

국내에서는 LG에너지솔루션이 리튬황 배터리에 가장 적극적이다. LG에너지솔루션은 2020년 8월 한국항공우주연구원과 함께 리튬황 배터리 시제품을 탑재한 무인기 시험 비행을 성공적으로 진행했다. 이 비행기는 성층권 최고 고도에서 총 13시간을 날았다.

LG에너지솔루션 차세대전지연구센터, 카이스트 이진우 교수팀, 포스텍 한정우 교수팀은 2023년 1월 철 원자 기반의 기능성 소재를 양극에 도입해 성능을 개선한 리튬황 배터리 개발에 성공했다. LG에너지솔루션은 2027년 리튬황 배터리를 상용화한다는 목표다. 당초 2025년에서 2년 뒤로 미루어졌다. 항공 분야에 우선 적용한 뒤 차츰 활용처를 확대할 것으로 예상된다.

LG에너지솔루션은 2024년 1월 미국 애리조나주 벤처 기업 사이언파워Sion Power에 지분을 투자했다. 사이언파워는 1994년 설립된 차세대 배터리 기술 개발 벤처 기업으로 리튬메탈 전지 분야를 선도하고 있다는 평가를 받는다. 특히 리튬메탈 배터리의 핵심인 음극 보

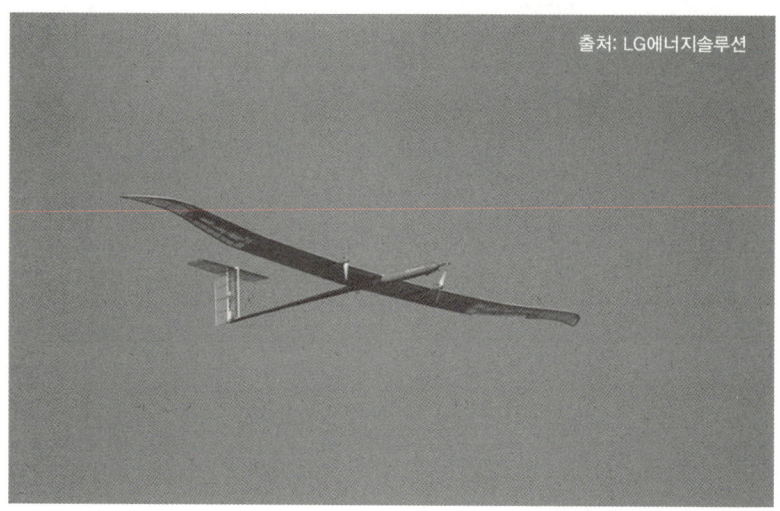

[21-6] 2020년 LG에너지솔루션과 한국항공우주연구원이 개발한 리튬황 배터리를 탑재한 무인기의 시험 비행 모습.

호층 관련 특허를 비롯해 470여 개의 국제 특허를 보유하고 있다. 음극 보호층 기술은 덴드라이트 현상을 해결할 수 있는 기술로 주목받고 있다. 사이언파워는 이를 바탕으로 개발한 자사 리튬메탈 전지가 크기와 무게는 기존 리튬이온 전지와 동일하지만 저장할 수 있는 에너지는 1.5배 이상이라고 설명했다.

삼성SDI도 무음극 기반의 리튬황 배터리를 개발하고 있다. 삼성SDI는 전고체 배터리 사업의 일환으로 리튬황 배터리에 접근하고 있는 것으로 파악된다.

22장

폼팩터 전쟁 끝나지 않았다

원통형 vs 각형 vs 파우치형

2024년 1월 미국 라스베이거스에서는 세계 최대 전자·IT 전시회인 소비자 가전 박람회 CES 2024가 열리고 있었다. 이 현장을 찾은 최재원 SK그룹 수석부회장은 기자들과 만나 "원통형 배터리 개발이 꽤 많이 진행되었다"라고 깜짝 소식을 전했다. 그동안 파우치형 배터리를 주력으로 삼아온 SK온이 원통형 배터리 시장 진출을 공식화한 것이다. SK온은 이후 원통형뿐 아니라 각형 배터리도 개발 중이라는 사실을 알렸다.

리튬이온 배터리는 형태에 따라 원통형cylindrical, 각형prismatic, 파우치형pouch으로 나뉜다. 각각은 모양뿐 아니라 특성도 다르다. 이처럼 어떤 제품의 외형이나 크기, 물리적 배열을 "폼팩터form factor"라고 부른다. 폼팩터는 단순히 외형 차이로 끝나지 않는다. 폼팩터에 따라 공정과 부품뿐 아니라 제품의 쓰임새도 달라진다.

리튬이온 배터리는 처음 원통형으로 만들어졌다. 소니가 1991년 상용화한 리튬이온 배터리도 원통형이었다. 이후 각형, 파우치형 등이 잇따라 등장하면서 원통형 배터리는 전기차용 배터리 시장에서는 점차 비중이 줄어드는 듯했다. 그러다 최근 원통형 배터리가 다시 주목받기 시작했다. 이른바 46 시리즈 원통형 배터리가 등장하면서부터다.

원통형 배터리는 우리가 흔히 일반적으로 접하는 AA 크기 건전지처럼 둥근 원통 모양이다. 원통형은 역사가 가장 오래된 방식인 만큼 규격이 표준화되어 있다. 대량 생산이 가능해 생산 비용이 적게 든다는 장점이 있다. 원통형 배터리를 가장 선호하는 곳이 테슬라다. 테슬라가 2008년 출시한 첫 전기차 로드스터에는 파나소닉이 제작한 1865 크기의 원통형 배터리가 쓰였다. 범용이다보니 구하기 쉽고 안전성이 어느 정도 검증되었으며 제작 단가가 저렴하다는 이유에서였다.

원통형 배터리를 묶어서 모듈화했을 때 구조상 빈 공간dead space 이 생길 수밖에 없다. 이는 단점이 되기도 하고 장점이 되기도 한다. 빈 공간으로 인해 부피당 에너지 밀도가 떨어진다는 것은 단점이다. 하지만 열 관리에 용이하다는 것은 장점이다.

각형과 파우치형 배터리는 원통형 배터리가 갖고 있는 '죽은 공간'의 문제를 극복하기 위한 고민에서 비롯되었다. 배터리를 각지거나 납작하게 만든다면 공간 효율성을 높여 같은 공간에 더 많은 배터리를 넣을 수 있고 에너지 밀도를 끌어올릴 수 있게 된다.

각형 배터리는 알루미늄을 외장으로 사용한 직사각형 모양의 배

[22-1] 형태별 전기차 배터리 종류

	원통형	각형	파우치형
형태			
특징	• 규격화, 표준화 • 대량 생산 용이 • 공간 효율성 낮음	• 외부 충격에 강함 • 전기차 탑재 용이 • 열 관리 어려움	• 다양한 형태로 제작 가능 • 가볍고 에너지 밀도 높음 • 외부 충격에 약함
주요 제조사	파나소닉	CATL, BYD, 삼성SDI	LG에너지솔루션, SK온
완성차 업체	테슬라	BMW, 벤츠, 폭스바겐	현대차, 기아, GM, 포드

터리다. 각형 배터리는 1990년대 소형 전자 기기와 스마트폰에 많이 쓰였다. 이후 파우치형 배터리가 등장하면서 입지가 흔들리는 듯했으나 전기차 시대로 넘어오면서 다시 각형 배터리가 많이 쓰이고 있다. 단단한 알루미늄으로 싸여 있어 내구성이 좋고 전기차에 적층으로 탑재하기에 유리하기 때문이다. 중국의 CATL은 이러한 각형의 장점을 이용해 패키징 공정을 간소화한 셀투팩 방식을 고안해 비용을 크게 낮추었다.

각형 배터리는 셀을 보호하기 위해 두꺼운 외장재를 사용하기 때문에 파우치형에 비해 무겁다. 배터리 간 간격이 좁아 열 관리가 어렵다는 단점도 있다.

파우치형 배터리는 얇게 만들 수 있기 때문에 스마트폰 등 얇은 두께의 전자 기기에 많이 쓰였다. 공간 효율성이 높아 에너지 밀도를 높일 수 있어 전기차에도 많이 채택되고 있다. 여러 가지 형태로 변형이 가능해 맞춤 제작이 가능하다는 장점도 있다. 하지만 다른 유형에 비해 물리적인 강도가 낮고 공정이 복잡해 생산 비용이 높다는 단점이 있다.

사라지는 칸막이

전기차 초기에는 기업마다 선호하는 폼팩터가 있었다. 배터리셀 기업들도 고객사 요구에 따라 주력 제품이 나뉘었다. 테슬라를 주요 고객으로 하는 파나소닉은 주로 원통형 배터리를 생산했다. LG에너지솔루션과 SK온은 각각 GM과 포드에 파우치형 배터리를 공급했다. 현대자동차·기아도 국산 파우치형 배터리를 주로 사용했다. 삼성SDI는 BMW, 폭스바겐 등 유럽 전기차에 각형 배터리를 공급했다.

CATL, BYD 등 중국 기업들은 주로 각형 배터리를 생산했다. 글로벌 전기차 시장에서 각형 배터리가 차지하는 비중이 가장 높은데 이는 중국 전기차 영향이 크다. SNE리서치에 따르면 2023년 1분기 기준 각형 배터리의 점유율은 65%, 파우치형은 20%, 원통형은 14%였다.

하지만 제조사에 따른 칸막이식 구분은 점차 사라지고 있다. 전기차의 종류가 다양해지면서 제조사들이 전기차의 용도와 특성, 디자인에 맞는 다양한 형태의 배터리를 요구하고 있기 때문이다. 이에 따라 배터리 기업들은 한두 개의 폼팩터만 고집하지 않고 다양한 유형의 배터리를 개발, 생산하고 있다. 특정 폼팩터 치우침 현상은 나타나지 않는다.

새로운 배터리 기술이 등장하면서 거기에 걸맞은 폼팩터가 바뀌기도 한다. 예를 들어 전고체 배터리는 현재 파우치형으로 개발되고 있으나 향후에는 각형이 주를 이룰 것으로 전망된다. 배터리 업계에 따르면 전기차 제조사들은 전고체 배터리의 경우 파우치형보다는 각형을 선호하는 것으로 알려졌다. 전고체 배터리를 개발하는 삼성SDI도 각종 전시회에는 각형 모형을 선보이고 있다. 그동안 파우치형과 원통형 배터리만 출시하던 LG에너지솔루션도 2025년 9월 북미 최대 청정에너지 박람회 RE+ 2025에서 ESS(에너지 저장 장치)용 각형 LFP 배터리 실물을 처음으로 전시했다.

완성차 업체들도 특정 기업 의존도를 낮추고 위험을 분산하기 위해 배터리 공급사를 다변화하는 추세다. 오랫동안 LG에너지솔루션과 파트너 관계였던 GM이 2023년 4월 삼성SDI와 북미에 각형과 원통형 배터리를 생산하는 합작 회사를 설립하기로 한 것이 대표적인 사례다. 현대자동차·기아도 국산 배터리만 고집하지 않는다. 배터리 기업들이 고객사가 원하는 다양한 유형의 제품을 만들어내야만 생존할 수 있는 무한 경쟁 시대가 열린 것이다.

새로운 표준 46 시리즈의 등장

원통형 배터리는 그동안 각형, 파우치형에 밀려 점차 비중이 줄어드는 듯했다. 하지만 테슬라를 필두로 이른바 46 시리즈 채택이 늘어나면서 다시 주목받고 있다. 46 시리즈는 지름이 46mm인 원통형 배터리를 통칭하는 말이다.

46 시리즈의 원조는 테슬라다. 테슬라는 2020년 9월 배터리데이에서 처음 4680 배터리를 언급했고 이때부터 4680 배터리가 차세

[22-2] 파나소닉의 1865, 2170, 4680 배터리.

대 규격으로 조명을 받기 시작했다. 4680 배터리는 지름 46mm, 높이 80mm의 크기를 갖는 배터리를 말한다. 1세대 원통형 배터리의 규격은 지름 18mm, 높이 65mm의 1865였다. 2세대는 지름 21mm, 높이 70mm의 2170이었다. 이들 배터리를 18650, 21700 등 0을 하나 더 붙여 부르기도 한다. 이때 '0'은 원통형이라는 의미를 지닌다.

    4680 배터리는 테슬라의 모델Y와 픽업트럭인 사이버트럭에 적용되었다. 초기에는 수율 문제로 대량 생산에 어려움을 겪었으나 현재는 수율이 상당 부분 안정화된 것으로 파악된다. 테슬라에 이어 BMW도 46 시리즈 원통형 배터리를 적용할 계획이다. BMW는 2022년 9월 행사에서 지름 46mm의 원통형 배터리를 공개하고 2025년 출시할 '노이어 클라쎄Neue Klasse'에 적용한다고 발표했다.

    테슬라와 BMW의 시도가 성공적으로 안착한다면 다른 전기차들도 46mm 사이즈의 원통형 배터리를 잇달아 채택할 것으로 보인다.

다만 테슬라 외 다른 기업들은 지름이 46mm로 동일하지만 높이는 서로 다른 규격을 채택할 것으로 예상된다. BMW는 높이 95mm인 4695형과 높이 125mm인 46125형 2가지 버전을 공개했다. 주요 배터리 셀 기업들도 내부적으로 다양한 크기의 46 시리즈 배터리를 개발하며 고객사들과 협의하고 있다. 4680 외에 4695, 46110, 46120 등의 규격이 후보군으로 거론되고 있다.

전기차 제조사들이 46 시리즈에 주목하는 것은 여러 이점이 있기 때문이다. 우선 경제성이다. 크기가 커진 만큼 전기차에 들어가는 배터리 개수를 줄일 수 있다. 모델Y의 경우 2170 배터리가 4400개 들어가지만 4680 배터리로 교체하면 828개만 필요하다. 셀 개수가 줄어드는 만큼 부수적인 부품 수도 줄어들어 제조 비용을 아낄 수 있다.

46 시리즈는 배터리 체적이 늘어나는 만큼 셀 내부에 더 많은 양극재와 음극재를 넣어 배터리의 에너지 용량을 키울 수 있다. 테슬라는 처음 4680 배터리를 발표할 당시 2170 원통형 배터리보다 에너지 용량은 5배, 출력은 6배 높고, 주행 거리는 16% 늘어난다고 설명했다. 테슬라는 양극에는 하이니켈을 적용하고 음극에는 실리콘 함량을 늘려 에너지 용량을 키우겠다고 밝혔다.

이 밖에 테슬라는 4680 배터리에 여러 신기술을 적용해 성능을 개선하고 비용을 줄이겠다고 밝혔다. 기존 리튬이온 배터리와 다른 셀 디자인을 적용하고 공정, 패키징 방식의 혁신을 통해 비용을 최대 56%까지 낮추겠다는 목표를 제시했다.

4680 배터리는 디자인 측면에서 탭tab을 없앤 탭리스tabless 방식을 채택했다. 기존 원통형 배터리에는 전극에서 단자까지 전류가 흐르는 경로인 '리드탭lead tap'이라는 것을 붙이는데 이것을 없앴다. 탭

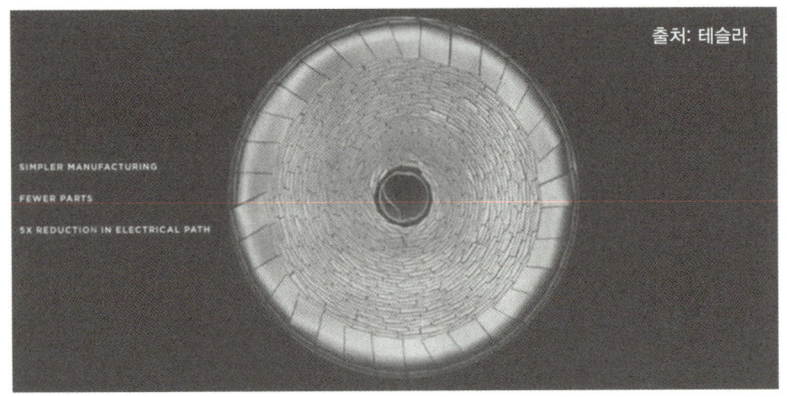

[22-3] 테슬라 4680 배터리의 탭리스 구조.

을 제거하고 전극의 면 전체를 도체로 활용하면 전자의 흐름을 개선하고 열을 골고루 분산시키는 효과가 있다. 다만 실제로 구현하기는 꽤 어려운 기술이다. 배터리 업계는 탭리스 기술을 이용해 대량 생산 체계를 구축하는 데 애를 먹고 있다.

4680 배터리는 전극 공정에서 습식 코팅이 아닌 건식 코팅 방식을 적용한다. 기존에는 전극을 제조할 때 활물질, 도전재, 바인더를 유기 용매에 섞어 슬러리 형태로 만든 후 집전체 위에 코팅하는 방식을 썼다. 이 방식에서는 다음 공정으로 넘어가기 전에 전극을 건조하는 과정을 거친다. 건조하기 위해서는 다량의 전기가 필요하다. 또 건조 장비가 차지하는 공간도 매우 넓다.

반면 건식 코팅은 용매를 섞어 슬러리로 만드는 과정을 거치지 않고 직접 집전체에 전극 소재를 도포한다. 건조 과정이 생략되므로 시간과 비용, 공간을 크게 절약할 수 있다. 또 유기 용매를 사용하지 않아 친환경적이다. 하지만 건식 전극은 상당히 난해한 기술로 46 시리즈 양산을 더디게 만드는 주요 요인이다.

46 시리즈도 한중일 삼국지

46 시리즈는 전극을 균일하게 와인딩winding(권취)하는 기술, 탭리스 디자인 적용, 건식 전극 등 기술적 어려움으로 인해 대량 생산이 지체되고 있다. 여러 배터리 제조사들이 46 시리즈 개발에 나서고 있으나 실제 양산 단계까지 도달한 곳은 많지 않다.

테슬라는 샌프란시스코에서 4680 파일럿 라인을 운영하고 있으며 대량 생산은 텍사스 기가팩토리에서 이루어지고 있다. 일본 파나소닉과 LG에너지솔루션도 테슬라용 4680 배터리를 개발하고 있다. 삼성SDI와 SK온도 46 시리즈를 개발하고 있다. 중국에서도 CATL, EVE에너지, BYD 등 5~6곳이 개발 중인 것으로 파악된다.

파나소닉은 당초 2023 회계 연도(2023년 4월~2024년 3월)에 테슬라용 4680 배터리 양산을 시작할 계획이었으나 2024 회계 연도 상반기(2024년 4월~9월)로 연기했다. LG에너지솔루션은 2022년 6월 청주 오창 2공장에 5818억 원을 투자해 9GWh(기가와트시) 규모의 4680 배터리 생산 라인을 증설한다고 밝혔다. 업계에서는 LG에너지솔루션이 2024년 하반기에 4680 배터리를 양산할 수 있을 것으로 예상했으나 시기는 계속 늦추어졌다.

LG에너지솔루션은 북미 애리조나 공장에서도 46 시리즈 배터리를 생산할 계획이다. 애리조나 공장을 46 시리즈 배터리의 북미 핵심 생산 거점으로 키운다는 복안이다. '마더 팩토리'격인 오창에서 기술을 완성한 후 애리조나 공장에서 대량 생산 체계를 갖추는 방식이

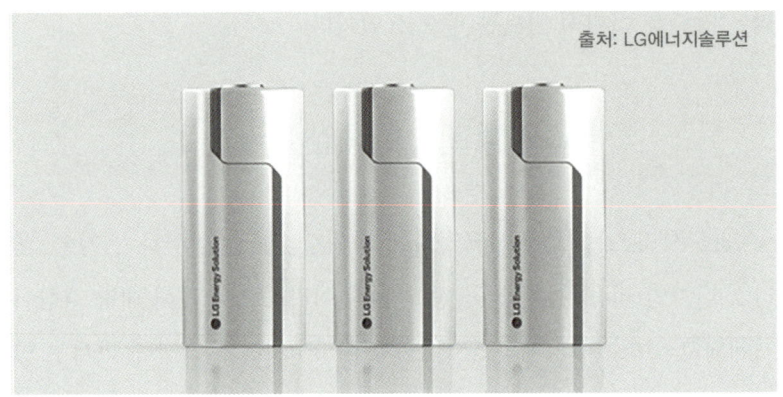

[22-4] LG에너지솔루션의 4695 배터리.

다. 이를 위해 생산 능력도 기존 27GWh에서 36GWh로 확대할 계획이다. 북미에서 양산 목표 시점은 2025년 말이다. 2024년 10월 LG에너지솔루션은 벤츠에 2028년부터 2038년까지 50.5GWh 규모의 배터리를 공급할 계획이라고 공시했는데 업계에서는 이를 46 시리즈 공급 계약 건으로 보고 있다.

LG에너지솔루션은 2024년 미국 전기차 제조사 리비안Rivian과도 4695 배터리 대규모 공급 계약을 체결했다. 총 물량은 67GWh이며 5년간 공급 예정이다. 리비안은 새롭게 출시할 전기 SUV R2에 이 배터리를 우선 탑재할 계획이다.

BMW는 중국과 한국 기업으로부터 46 시리즈를 공급받을 것으로 전망된다. BMW는 중국의 CATL과 EVE에너지가 새로운 원통형 배터리를 공급할 계획이라고 밝혔다. 46mm 배터리를 생산하기 위해 중국에 2개, 유럽에 2개, 북미에 2개 공장을 신설할 계획이다. 각각의 생산 능력은 연간 20GWh다. CATL과 EVE에너지도 각각 2022년 9

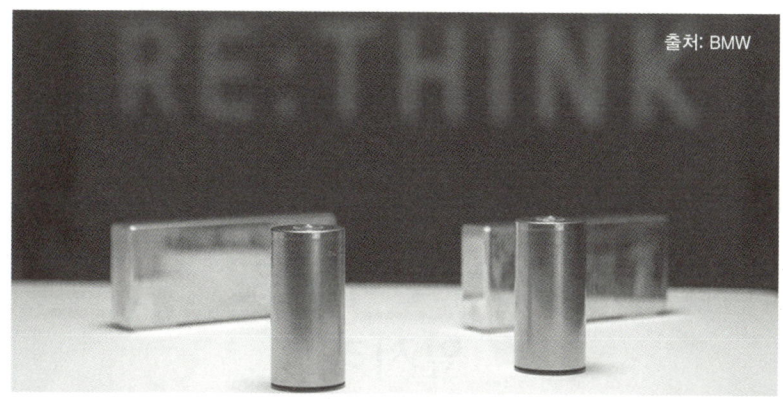

[22-5] BMW가 공개한 46 시리즈 원통형 배터리.

월, 2023년 5월 BMW와 원통형 신규 공장 설립 계약을 발표했다.

BMW가 공식화하지는 않았지만 삼성SDI가 개발 중인 46mm 원통형 배터리도 BMW에 공급하기 위한 것으로 전해졌다. 삼성SDI는 2023년 초 46mm 원통형 배터리 파일럿 라인을 구축해 개발을 진행하고 있다.

이 외에 중국에서는 CALB, BAK, 고션하이테크 등도 지름 46mm 크기의 원통형 배터리를 개발 중인 것으로 파악된다. 이들 기업이 어디에 제품을 공급할지에 대해서는 알려져지 않았다.

23장

건식 전극으로 앞서라

자존심을 건 대결

"건식 코팅dry coating 기술은 경쟁 기업 중 우리가 최고입니다. 4분기에 파일럿 라인을 완성하고 2028년에 양산을 시작할 계획입니다."

김제영 LG에너지솔루션 CTO(최고기술책임자)가 2024년 7월 《블룸버그》와 인터뷰에서 건식 전극dry electrode에 대한 자신감을 피력하면서 2028년 양산 계획을 밝혔다. 건식 전극의 양산 시점을 밝힌 것은 이때가 처음이었다.[1] 그로부터 2개월 뒤 김윤창 삼성SDI 연구소장은 투자자를 대상으로 한 한 행사에서 "충남 천안에 국내 최초로 건식 공정 파일럿 라인을 완공해 시험 생산을 시작했으며 이름은 '드라이EVDryEV라인'"이라고 밝혔다. 삼성SDI 역시 건식 공정에 대해 언급한 것은 이때가 처음이었다.[2]

국내 대표 배터리 기업이 모두 건식 전극을 두고 자존심을 건 대결을 벌이고 있다. 건식 전극에 사활을 걸고 있는 곳은 한국만이 아니다. 테슬라를 비롯해 일본 파나소닉, 중국 CATL, EVE에너지 등 글로벌 배터리 기업들이 모두 건식 전극 상용화에 매진하고 있다. 건식 전극이 향후 리튬이온 배터리의 게임체인저가 될 것으로 여겨지기 때문이다.

건식 전극에 대한 관심이 높아진 것은 테슬라가 2020년 9월 열린 배터리데이에서 4680 원통형 배터리에 이 기술을 도입하겠다고 발표하면서부터다. 그로부터 4년이 지난 2024년까지도 테슬라는 건식 전극을 양산하지 못했다. 상용화할 정도로 건식 전극 공정의 수율이 나오지 않는 것으로 파악된다. 테슬라에 공급할 4680 배터리를 개발하고 있는 LG에너지솔루션 역시 건식 전극을 완성하지 못한 상태다. 테슬라와 LG에너지솔루션은 4680 배터리에 우선 음극에만 건식 전극을 적용하는 것으로 파악된다. 양극에는 건식이 아닌 기존 습식 전극wet electrode을 적용한다. 46 시리즈 원통형 배터리를 개발하고 있는 국내외 다른 기업들도 건식 전극을 적용하지 못하고 있는 것은 마찬가지다.

건식 전극은 배터리의 생산 비용을 절감하고 에너지 용량을 확대할 수 있을 뿐 아니라 친환경적인 기술로 평가받는다. 건식 전극은 후막 전극, 전고체 배터리에도 적용할 수 있을 것으로 기대된다. 차세대 배터리의 핵심 기술로 인정받고 있는 셈이다.

이차전지 선두 기업 간 기술력은 상향 평준화되고 있다. 중국 기업들도 한국 기업의 강점이라고 여겼던 삼원계 배터리 기술을 빠르게 추격하고 있다. 전문가들은 한국 기업들이 건식 전극 공정과 같은 혁신을 통해 다시 한 번 앞으로 치고 나가야 한다고 제언한다. 한국 기업이 먼저 건식 전극 기술을 완성한다면 경쟁자들을 따돌리고 세계 배터리 시장의 주도권을 확고히 할 수 있을 것이다.

팔방미인 기술

지금까지 배터리의 양극과 음극은 습식 공정으로 만들어졌다. 양극이나 음극 활물질, 도전재, 바인더를 용매와 함께 믹서기에 넣고 섞으면 점성이 있는 슬러리가 만들어진다. 이 슬러리를 집전체(양극은 알루미늄, 음극은 구리)에 얇게 바르는 코팅 과정을 거친다. 코팅된 양극과 음극을 고온의 열풍기가 달린 건조기에 통과시키면 용매가 증발하면서 딱딱하게 굳는다. 건조된 양극과 음극은 압연기를 통과하면서 더욱 밀착된다. 이렇게 만든 전극을 습식 전극이라고 한다.

습식 전극 공정 중 가장 많은 비용과 공간을 차지하는 부분이 건조 공정이다. 통상 코팅 장비와 건조 장비는 연결되어 있는데 길이가 수십~100m에 달한다. 용매 건조에도 상당한 전기 에너지를 소비해야 한다. 리튬이온 배터리를 생산하는 데 필요한 전기 에너지의 47% 정도가 습식 공정에서 소비된다.

그뿐 아니라 습식 공정에서 슬러리를 만들 때 양극에 NMP$_{n\text{-methyl-2-pyrrolidone}}$(노말메틸피롤리돈)라는 유기 용매를 사용한다. NMP는 값이 비싸고 유독한 물질이라서 배터리 셀 제조 기업들은 NMP 회수 시스템을 함께 운영하고 있다. NMP 회수 설비의 높이가 20~30m로 고층 아파트에 맞먹는다.

이에 비해 건식 전극에서는 활물질, 도전재, 바인더 분말을 바로 집전체에 코팅한다. 건식 전극은 건조 공정을 생략하기 때문에 제조 공정을 단순화하고 설비 투자 비용을 상당히 절감할 수 있다. 많은 자리를 차지하는 건조 설비가 없으므로 같은 공간에서 더 많은 배터리를 생산할 수 있는 이점도 있다. 건조에 필요한 전기 에너지도 절감할 수 있다. LG에너지솔루션은 건식 전극을 도입하면 비용을 17~30% 절감할 수 있을 것으로 기대한다.

배터리 제조 공정은 전기차가 과연 친환경적인가 하는 논쟁이 있을 때마다 단골 메뉴가 되곤 한다. 전기차 자체는 온실가스를 배출하지 않지만 전기차 제조 과정에서 탄소를 배출하고 환경을 파괴한다는 비난을 받아왔다. 대표적인 것이 전기차 제조 원가의 약 40%를 차지하는 배터리다.

배터리 제조 공정 중 특히 NMP를 건조하고 회수하는 데 상당한 전기 에너지를 소모하는데 이는 온실가스 배출의 원인이 된다. 연구 결과에 따르면 습식 제조 과정에서 용매 건조로 인해 1kWh당 42kg의 이산화탄소가 발생한다.[3] 대기 중으로 환경 오염 물질인 VOC$_{\text{volatile organic compound}}$(휘발성 유기 화합물)을 배출하기도 한다. 이에 비해 건식 전극은 용매를 건조하고 회수하는 과정이 없어 전기 에너지 소모가 적고 VOC를 배출하지 않아 친환경적인 공정이라고 할 수 있다. 결과적으로 건식 전극은 용매를 사용하지 않고 건조 공정이 필요 없으므로 10kWh의 배터리 생산 시 1톤의 이산화탄소 배출량을 줄일 수 있는 것으로 추정된다.[4]

건식 공정은 또한 습식 공정보다 배터리 성능을 향상시키는 데 유리하다. 배터리의 에너지 밀도를 높이기 위해서는 전극을 두껍게 만들수록 좋다. 활물질을 더 많이 넣을 수 있기 때문이다. 이렇게 전

[23-1] 습식 전극과 건식 전극 비교

	습식 전극	건식 전극
용매	용매 사용	용매 미사용
바인더	PVDF, SBR/QMC 등	PTFE 등 섬유화 바인더
건조	건조 과정 있음	건조 과정 없음
코팅 방식	슬롯 다이 코팅	건식 코팅

극을 두껍게 제작하는 기술을 후막thick film 전극이라고 하는데 습식 공정에서는 후막 전극을 구현하기 어렵다. 슬러리를 두껍게 코팅할 경우 용매 건조 과정에서 도전재와 바인더가 전극 표면으로 떠오르는 마이그레이션migration(들뜸) 현상이 발생한다. 활물질, 도전재, 바인더 등 각 소재의 비중이 서로 다르기 때문이다. 습식 공정에서는 약 100μm(마이크로미터) 이상의 두께로 전극을 코팅하기 어려운 것으로 알려져 있다. 반면에 건식 공정을 이용하면 이런 층 분리 현상 없이 활물질, 도전재, 바인더를 골고루 분산할 수 있어 후막 전극을 만들 수 있고 이를 통해 배터리의 용량과 에너지 밀도를 끌어올릴 수 있다.

테슬라도 미완성

테슬라는 2019년 건식 전극 기술을 보유한 슈퍼 커패시터super capacitor(초고용량 축전지) 기업인 맥스웰테크놀로지스Maxwell Technologies를 인수했다. 그리고 이듬해인 2020년 9월 배터리데이에서 4680 배터리에 건식 전극을 도입하겠다고 발표했다. 테슬라는 2년 만인 2021

년 맥스웰을 유캡파워Ucap Power에 재매각했지만 건식 전극 기술을 확보할 수 있었다.

테슬라는 4680 원통형 배터리에 건식 전극을 적용할 계획이었지만 차질을 빚고 있는 것으로 보인다. 테슬라는 텍사스 오스틴의 기가팩토리에서 4680 배터리를 생산해 사이버트럭에 탑재하고 있다. 전문가들이 직접 테슬라 4680 배터리를 입수해 분석한 바에 따르면 이 배터리에는 음극에만 건식 전극을 적용하고 양극은 기존 습식 전극을 채택한 것으로 나타났다.

테슬라가 왜 아직 양극에 건식 전극 공정을 적용하지 못하고 있는지에 대해서는 알려진 바가 없다. 다만 건식 전극 공정의 수율이 낮아 대량 생산할 수준에 이르지 못한 것 아니냐는 분석이 나오고 있다. 4680 배터리의 낮은 수율이 사이버트럭 생산에까지 영향을 미치고 있다는 외신 보도가 나오기도 했다.[5]

건식 코팅 공정의 원리는 간단하지만 이를 실제로 구현하는 데는 단계마다 상당한 난제가 존재한다. 용매를 쓰지 않고 활물질, 도전재, 바인더를 균일하게 믹싱하는 것부터가 쉽지 않다. 점성이 없는 분말을 집전체에 고르게 도포하는 것은 더욱 어렵다. 수율이 낮으면 생산 원가가 상승한다. 비용을 낮추기 위해 건식 전극을 도입했는데 오히려 비용 상승 요인으로 작용할 수 있는 것이다.

테슬라 4680 배터리 성능도 아직 기대에 미치지 못하는 것으로 파악된다. 독일의 자동차 컨설팅 기업인 P3그룹이 음극에 건식을 적용한 테슬라의 4680 배터리와 습식 전극을 적용한 중국 고션하이테크의 4695 배터리를 비교·분석한 결과 테슬라 제품의 에너지 밀도가 더 낮은 것으로 나타났다. 중국 4695 배터리의 무게당 에너지 밀도는 281Wh/kg인 반면 테슬라 4680은 227Wh/kg였다. 이는 건식 전극을 이용했을 때 용량과 에너지 밀도가 올라간다는 기존 개념에서 벗어난 결과다.

P3그룹의 분석에 따르면 테슬라 4680 배터리의 음극 두께는 비교 대상이 된 중국 제품보다 1.5배 두꺼웠다. 하지만 음극에 실리콘을 포함하지 않고 순수 흑연만 사용하면서 에너지 용량이 낮아진 것으로 보인다.

또 검사 결과 음극에 다량의 불소가 확인되었는데 이는 $PTFE_{polytetrafluoroethylene}$(폴리테트라플루오로에틸렌) 바인더를 사용했기 때문으로 추정되었다. PTFE는 특정 온도에서 섬유화 현상이 발생한다. 이러한 현상을 이용하면 용매 없이도 활물질, 도전재, 바인더를 섞은 뒤 압출하면 얇은 필름 형태를 만들 수 있다. 테슬라는 건식 공정을 위해 PTFE 바인더의 함량을 높이다보니 활물질의 비중이 감소하고 용량이 낮아진 것으로 보인다.[6]

현재 46 시리즈를 개발하고 있는 다른 배터리 기업들도 건식 전극을 제대로 상용화한 곳은 없다. LG에너지솔루션, 삼성SDI, 금양 등 46 시리즈를 발표한 국내 기업들도 습식 공정으로 생산하는 것으로 알려져 있다.

건식 전극, 어디가 가장 앞섰나

건식 전극 기술은 아직 성숙하지 않았기 때문에 정형화된 공정이 없다. 현재까지 많이 알려진 건식 전극 제조 기술로는 코팅 방식에 따라 맥스웰 방식, 프라운호퍼IWS 방식(직접 압연 방식), 정전기 스프레이 방식 등이 있다.

이 중 맥스웰 방식이 가장 잘 알려져 있고 기술적으로 성숙해 있다. 우선 활물질, 도전재, PTFE 바인더를 혼합한다. 이 분말을 롤투롤 roll-to-roll 장비에 넣으면 PTFE의 섬유화 현상에 의해 얇은 필름이 만들어진다. 이 필름을 집전체 위에 압연 코팅하면 된다.

맥스웰 방식은 활물질을 필름 형태로 별도 제작하기 때문에 프리 스탠딩 free standing 방식이라고도 한다. 이 방식은 자칫하면 필름이 찢어지거나 늘어질 수 있어 고도의 노하우가 필요하다. 맥스웰이나 테슬라가 광범위하게 특허를 보유하고 있는 것으로 알려졌다.

프라운호퍼IWS는 직접 압연 direct calendering 방식을 사용하고 있다. 압연기에서 건식 전극을 만든 후 바로 집전체를 롤투롤 기기에 통과시켜 코팅하는 방식이다. 프라운호퍼IWS는 자사 장비를 이용하면 100m 길이의 코팅 건조 장비를 10m 이내로 줄일 수 있다고 설명한다.

프라운호퍼IWS 방식은 전극을 생산하면서 바로 코팅하기 때문에 생산 속도가 빠르지만 맥스웰 방식과 마찬가지로 기계적 강도가 낮다는 단점이 있다. 프라운호퍼IWS는 독일의 장비 기업인 자우어에시히 Saueressig 와 함께 직접 압연 기술을 개발했다. 자우어에시히는 테슬라에도 배터리 셀 장비를 공급하는 기업이므로 테슬라가 건식 전극에 직접 압연 방식을 채택할 가능성이 거론된다.

최근 주목받고 있는 기술 중에 정전기 스프레이 방식이 있다. 전기의 원리를 이용해 스프레이로 집전체에 전극 분말을 뿌려준 후 프레스기로 가압해주는 방식이다. 미국 벤처 기업 AM배터리가 정전기 스프레이 방식을 도입하고 있다. 이 회사는 2023년 12월 토요타벤처스, 포르쉐벤처스, 아사히카세이 등으로부터 3000만 달러 규모의 시

[23-2] 건식 코팅 기술 비교

	맥스웰 방식	직접 압연 방식	스프레이 방식
	Free Standing Electrode Fabrication	Direct Calendering	Electrostatic Fluidized Bed Coating
공정도			
장점	• 슈퍼 커패시터(초고용량 축전지)에 이미 적용 • 기술적 성숙도	• 빠른 속도로 코팅 가능 • 콤팩트한 장비 크기	• 광범위한 코팅 범위
단점	• 균열 위험 • 광범위한 특허로 보호	• 균열 위험	• 믹싱 과정 복잡
사업자	• 맥스웰테크놀로지스 (테슬라)	• 드레스덴공대 • 프라운호퍼IWS/자우어에시히	• 브라운슈바이크공대 • AM배터리

리즈B 투자를 받았다. 누적 투자 유치금은 6000만 달러에 이른다.

정전기 스프레이 방식은 대면적의 집전체에 균일하게 도포할 수 있다는 장점이 있으나 제작 속도가 느리다는 단점이 있다. 스프레이로 도포하기 위해서는 바인더의 함량을 높여야 하는데 그만큼 활물질 함량이 감소하기 때문에 용량과 에너지 밀도가 떨어진다는 점도 해결해야 할 문제로 꼽힌다.

이 외에 폭스바겐이 배터리 자회사 파워코Power Co는 2023년 6월 독일 인쇄 기기 전문 업체인 쾨니히앤드바우어Koenig & Bauer와 함께 건식 전극 공정을 개발한다고 밝혔다. 폭스바겐은 2027년까지 산업 생산에 나설 계획이다. 폭스바겐과 쾨니히앤드바우어가 어떻게 건식 전극을 개발하고 있는지는 정확히 알려지지 않았다.

국내에서 건식 전극에서 가장 앞서 있는 기업은 LG에너지솔루션으로 파악된다. LG에너지솔루션은 10년 전부터 건식 전극을 연구하기 시작했다. 테슬라가 맥스웰테크놀로지스를 인수하기 전에 이미 LG에너지솔루션은 이 회사와 건식 전극을 공동으로 연구하고 있었다고 한다.

LG에너지솔루션은 대전에 있는 기술연구원에서 전극 건식 공정을 연구하고 있다. 또한 충북 오창 에너지플랜트2에 새로 짓고 있는 OC10 건물에 건식 전극 생산을 위한 파일럿 라인을 구축할 계획인 것으로 알려졌다.

한국에너지기술연구원은 국가과학기술연구회$_{NST}$의 '탄소 중립형 고에너지 밀도 배터리를 위한 소재/공정 혁신융합 솔루션 개발' 과제를 통해 건식 전극을 개발하고 있다. 탄소나노튜브$_{CNT}$ 건식 도전재, 용매를 사용하지 않고 분산이 가능한 무용제 바인더, 건식 공정에 최적화된 신규 고용량 실리콘계 복합 활물질을 개발하는 것이 이 과제의 목적이다.

한국전기연구원, 한국재료연구원, 한국과학기술연구원 등 공공기관과 함께 민간 기업으로는 삼성SDI, 한화모멘텀, 천보 등이 이 과제에 참여하고 있다. 이 과제는 2026년 8월까지 완료할 계획이다.

24장

충전 표준 테슬라가 통일하나

가장 큰 불만은 '충전'

공정거래위원회는 2024년 4월 LG유플러스와 카카오모빌리티가 전기차 충전 사업자charge point operator, CPO(충전소 운영업) 합작 설립을 신청한 건에 대해 기업 결합을 승인했다. 공정위는 두 회사가 합작사를 설립하더라도 시장 경쟁을 제한할 가능성이 적다고 판단했다. 대신 두 회사가 힘을 모음으로써 전기차 시장에서 혁신적인 서비스 경쟁을 촉진할 것으로 기대했다. 두 회사는 두 달 뒤인 6월 전기차 충전 합작사인 볼트업Volt Up을 공식 출범시켰다. 아파트를 중심으로 2000여 개 충전소에 1만여 개의 충전기를 운영하고 있는 볼트업은 앞으로 오피스 빌딩, 상업 시설로 인프라를 확대하겠다는 계획을 밝혔다.

전기차 충전 시장에 대기업들이 잇따라 진출하고 있다. 선점 경

[24-1] 전기차에 대한 최대 우려 사항

국가	2022년	2023년	2024년
한국	인프라	주행 거리	고속 충전
독일	주행 거리	주행 거리	주행 거리
미국	주행 거리	가격	고속 충전
일본	인프라	가격, 고속 충전	고속 충전
중국	주행 거리	안전	고속 충전

출처: 딜로이트 〈2022~2024 전 세계 자동차 소비자 조사〉, 삼성SDI 재인용

쟁도 치열하다. 전기차 충전 시장은 아직 초창기라 뚜렷한 선두 기업은 출현하지 않고 있다. 현대자동차 등 완성차 업체들도 직접 충전 서비스를 제공하고 있다.

전기차 충전 업체는 난립하는데 충전 인프라와 충전 시간에 대한 소비자의 불만은 좀처럼 해소되지 않고 있다. 그동안 전기차 소비자의 니즈가 높았던 주행 거리는 배터리 에너지 밀도를 높이면서 어느 정도 해소되었다. 높은 가격 장벽도 점차 사라지고 있다. 다양한 전기차 모델이 출시되면서 소비자가 선택할 수 있는 여러 가격대의 전기차가 선보이고 있다. 반면 충전 시간에 대한 소비자의 불만은 여전한 상태다. 딜로이트가 전 세계 소비자를 대상으로 전기차에 대한 최대 우려 사항을 조사한 결과 2024년 한국과 미국, 중국, 일본 등 주요 국에서 고속 충전이 가장 높은 것으로 나타났다. 전기차마다 다른 방식과 규격을 채택하고 있는 점도 혼란을 가중하는 요인 중 하나다.

전기차 충전기는 충전 속도에 따라 완속, 급속, 초급속으로 나뉜

[24-2] 충전 속도에 따른 충전기 분류

	초급속	급속	완속
공급 용량	300kW, 350kW	50kW, 100kW, 200kW	3~7kW
충전 시간	약 20분	30~60분	약 8시간

출처: 환경부, 업계 자료

다. 완속 충전기는 전기차에 내장된 OBC(on-board charger, 탑재형 충전기)를 이용한다. 외부 전원으로부터 교류 전원을 공급받아 완속 충전기를 거쳐 차량 내부의 OBC에서 교류를 직류로 변환해 배터리를 충전하는 방식이다. 3~7kW(킬로와트)의 전력으로 공급되며 완전 충전에 8시간 정도 소요된다.

급속 충전 방식은 OBC와 무관하게 차량 밖에 설치된 급속 충전기에서 교류를 직류로 변경해 직접 배터리를 충전하는 방식이다. 급속 충전은 50~200kW의 전력으로 충전하며 30~60분 정도 걸린다. 초급속 충전은 300~350kW의 전력으로 충전하며 20분 안팎이 소요된다.

완속 충전기는 주택이나 아파트 등 주거 시설에 주로 설치된다. 급속 충전기는 고속도로 휴게소, 공공 기관 등 외부 장소에 설치된다. 전기 요금은 100km당 완속 1100원, 급속 2700원 정도다.

전기차 충전기는 또 설치 유형에 따라 스탠드형, 벽면 부착형(벽부형), 이동형으로 나눌 수 있다. 가장 일반적인 스탠드형은 충전기가 단독으로 설치되어 있는 형태, 벽면 부착형은 충전기가 패드 형태로 벽에 부착된 형태다. 이동형은 자동차 운전자가 직접 소지하고 다니면서 어디서든 콘센트에 꽂아 사용할 수 있는 충전기다.

환경부에 따르면 2023년 12월 말 현재 국내 보급된 충전기 수는 총 30만 5309기다. 이 중 완속 충전기가 27만 923기로 전체의 88.7%를 차지한다. 급속 충전기는 3만 4386기로 11.3%다. 충전기 보급은 2019년 4만 4792기였으나 2023년 30만 기를 돌파하며 6.8배 증가했다. 그러나 여전히 소비자들은 충전 인프라 부족을 호소한다. 정부는 전기차 충전기를 2025년 59만 기, 2027년 85만 기에 이어 2030년 123만 기까지 확대한다는 목표다.

전기차 충전소는 황금알을 낳는 거위?

국내 충전기 시장은 충전기 제조사와 충전 사업자CPO로 나눌 수 있다. 주로 충전기 제조사가 충전 사업자에게 충전기를 공급하는 형태지만 경우에 따라 제조사가 직접 설치·운영하기도 한다.

충전소 시장은 과거 중소기업들이 이끌었으나 전기차 시장이 급속히 확대하면서 최근 몇 년간 대기업들이 잇따라 시장에 진입했다. 대기업들은 주로 기존 중소 사업자를 인수합병M&A하는 방식으로 시장에 들어왔다. 신규 진입 기업 중에는 정유사나 정보통신 관련 기업들이 많이 포진해 있다.

국내에서 가장 큰 전기차 충전 업체는 GS그룹이다. GS그룹은 GS차지비, GS칼텍스를 통해 충전소를 운영하고 있다. GS에너지는 2022년 7월 전기차 충전 브랜드인 GS커넥트를 출범한 데 이어 차지비ChargEV까지 인수하며 덩치를 키웠다. 차지비는 국내 민간 기업으로는 처음으로 전기차 충전 서비스를 제공했던 기업이다. GS에너지는 2024년 1월 GS커넥트를 합병해 GS차지비가 되었다. GS차지비는 2024년 1월 기준 전국에 4만 5000기의 충전기를 운영, 20%의 점유율을 차지하고 있다고 밝혔다. 정부가 파악한 2023년 7월 기준 점유율은 16.6%였다.

SK그룹은 SK일렉링크, SK에너지, SK시그넷 등 계열사를 통해 전기차 충전 사업을 벌이고 있다. SK시그넷은 2016년 시그넷시스템에서 인적 분할해 설립한 기업(시그넷이브이)으로 2017년 코넥스에 상장했다. 2021년 SK가 시그넷 지분 52.1%를 인수하며 SK그룹사로 편입되었다. 2011년 국내 최초로 일본 표준 충전 방식인 차데모CHAdeMO 인증을 획득한 것을 시작으로 현대자동차, 기아, BMW, 포드, 닛산, 폭스바겐 등에 충전기를 납품하고 있다. 국내보다는 해외 매출 비중(2022년 기준 82%)이 높다.

SK일렉링크는 SK네트웍스가 인수한 급속 충전 서비스 업체인 에스에스차저가 이름을 바꾼 것이다. 이 밖에 SK E&S는 2022년 미국 전기차 충전 기업인 에버차지를 인수했다. SK브로드밴드가 운영하던 전기차 충전 브랜드 홈앤서비스는 2024년 3월 GS차지비에 사업을 양도했다.

LG그룹은 LG전자와 LG유플러스를 통해 전기차 충전 사업을 전개하고 있다. LG전자는 2022년 GS와 함께 애플망고를 인수하며 전기차 충전 시장에 뛰어들었다. 지분 비율은 60 대 40이다. 애플망고는 2023년 5월 하이비차저HiEV Charger로 이름을 바꿨다. LG유플러스도 2023년 초 전담 조직 'EV 충전사업단'을 신설하고, 전기차 충전 서비스 볼트업을 선보이며 전기차 충전 사업에 진출했다. LG헬로비전의 전기차 충전 서비스인 헬로플러그인을 인수해 서비스를 일원화했으며 카카오모빌리티와 합작 법인을 설립하면서 공격적으로 사업을 확대하고 있다.

롯데그룹은 2022년 롯데정보통신이 이브이시스EVSIS(구 중앙제어)를 인수하면서 전기차 충전 시장에 진출했다. 이브이시스는 1987년 설립된 국내 최초 충전기 제조 전문 업체로 SK시그넷, 채비CHAEVI(구 대영채비)와 함께 국내 전기차 충전기 제조 빅3로 꼽히는 회사다.

이 외에 중견·중소기업으로는 파워큐브, 에버온, 스타코프, 휴맥스이브이, 이지차저, 플러그링크, 채비 등이 대기업들과 경쟁하며 충전소 사업을 운영하고 있다.

국내 전기차 충전 사업자로 등록된 곳은 2023년 말 현재 507개까지 증가했다. 한국스마트그리드협회에 따르면 2018년 1곳이던 전기차 충전 사업자(순증 기준)는 2019년 110곳, 2020년 180곳, 2021년 272곳, 2022년 392곳 등 급속히 증가했다. 2022~2023년 2년간 무려 235개가 늘었다.

기업들이 이처럼 적극 나서는 것은 충전소 시장이 황금알을 낳는 거위로 인식되고 있기 때문이다. 하지만 충전 사업자가 워낙 난립해 있는 데다 경쟁도 심해 아직 수익성은 부족한 것으로 파악된다. 상장 준비를 하고 있는 채비의 경우 영업 손실이 2022년 138억 원에서 2023년 188억 원으로 오히려 늘어났다.[1] 초기 인프라 구축 비용도 상당하다. 충전기 설치 비용은 완속이냐 급속이냐에 따라 천차만별인데, 급속 충전기 설치 비용은 대당 4000만~1억 원에 달하는 것으로 알려져 있다.

그럼에도 전기차 충전 인프라 시장은 꾸준히 성장할 전망이다. SNE리서치는 우리나라 전기차 충전 인프라 시장은 2022년 2조

[24-3] 전기차 충전 사업자 시장 현황

사업자명	설치 대수	점유율(%)
GS그룹(GS커넥트*, 차지비, GS칼텍스)	38,332	16.6
파워큐브	33,683	14.6
에버온	25,475	11.0
SK그룹(홈앤서비스*, SK일렉링크, SK에너지, SK시그넷)	19,052	8.2
스타코프	17,637	7.6
휴맥스이브이	13,186	5.7
한국전력	10,784	4.7
이지차저	8,217	3.6
플러그링크	7,880	3.4
환경부(한국자동차환경협회)	7,035	3.0
대영채비(현 채비)	6,126	2.7
현대자동차그룹(한국전기차충전서비스, 현대자동차, 현대엔지니어링, 기아)	4,669	2.0
이카플러그	4,486	1.9
클린일렉스	4,020	1.7
한국전자금융	3,199	1.4
레드이엔지	3,049	1.3
차지인	2,843	1.2
한국전기차인프라기술	2,670	1.2
LG유플러스	2,507	1.1
기타	16,177	7.0
합계	231,027	100

출처: 공정거래위원회(2023년 7월 3일 기준)

* GS커넥트는 2024년 1월, 홈앤서비스는 2023년 12월 GS차지비에 양수됨.

1000억 원에서 연평균 36% 성장해 2030년에는 29조 3000억 원(완속 120만 기, 급속 200만 기 기준)까지 증가할 것으로 전망했다.

전 세계적으로도 전기차 충전기는 크게 증가할 전망이다. 국제에너지기구$_{IEA}$가 2024년 4월 발간한 보고서 〈글로벌 전기차 전망 2024$_{Global\ EV\ Outlook\ 2024}$〉에 따르면 2023년 현재 전 세계 전기차 공용 충전기$_{public\ charging\ point}$는 400만 기(완속 300만 기, 급속 100만 기: 정부 목표 기준)다. 이 숫자는 2030년 1500만 기(완속 900만 기, 급속 600만 기)로 275% 증가할 전망이다. 2035년에는 2300만 기(완속 1400만 기, 급속 900만 기)까지 확대될 것으로 예상되었다. 2023년 대비 약 6배 증가하는 셈이다.

글로벌 시장 조사 업체 프리시던스리서치$_{Precedence\ Research}$는 전 세계 전기차 충전 인프라 시장 규모가 2024년 459억 1000만 달러(약 62조 원)에서 연평균 23.13% 성장해 2033년 2744억 9000만 달러(약 373조 원)까지 확대할 것으로 전망했다.

차마다 나라마다 각기 다른 충전 규격

전기차 운전자들이 불편을 겪는 일 중 하나는 충전 규격이 차마다 다르다는 것이다. 내연기관차는 경유나 휘발유로만 구분될 뿐 어느 주유소를 가든 주유할 수 있는데, 전기차는 규격이 다르면 바로 충전할 수 없다. 물론 어댑터를 이용할 수 있지만 추가 비용이 발생하고 불편하다.

전기차 충전기 규격은 AC단상(5핀), AC3상(7핀), 차데모$_{CHAde-Mo}$, DC콤보$_{Combined\ Charging\ System\ 1·2,\ CCS1·2}$, GB/T, NACS$_{North\ American}$

Charging Standard(북미 충전 표준) 등이 있다.[2]

　AC단상은 5개 핀으로 구성되어 있으며 한국, 미국, 일본 등에서 사용하는 완속 충전 규격이다. 교류$_{AC}$ 전원을 이용해 7kW(220V/32A)급으로 충전한다. AC3상은 3상의 교류를 지원하는 7개 핀으로 구성되어 있으며 유럽에서 많이 사용한다.

　DC콤보는 급속 충전 규격으로 CCS1과 CCS2로 나뉜다. 콤보$_{Combo}$라는 이름은 직류와 교류를 동시에 지원한다는 뜻에서 붙여졌다. 1개의 충전구에서 완속과 급속으로 충전할 수 있다. CCS는 'Combined Charging System(복합 충전 시스템)'의 약자다.

　CCS1은 5핀의 AC단상에 DC 연결핀이 연결되어 있는 구조로 미국과 우리나라에서 주로 사용한다. CCS2는 7핀의 AC3상에 DC 연결핀이 연결되어 있는 모양으로 유럽에서 많이 사용한다.

　차데모는 2010년 도쿄전력이 개발한 일본 중심의 급속 충전 규격이다. 최근에는 DC콤보에 밀려 점유율이 하락하는 추세다. 중국은 자체 충전 규격인 GB/T를 채택하고 있다. 일본과 중국은 공동으로 새로운 급속 충전 규격인 차오지$_{Chaoji}$를 개발 중이다. 차오지는 500kW 이상의 고출력을 달성하고 차데모와 GB/T, DC콤보와 호환성을 확보하는 것이 목표다.

　우리나라는 제조사별로 차데모, CCS1, AC단상을 혼용했으나 국가기술표준원은 2017년 12월 CCS1으로 표준을 통일했다. 국내 자동차 기업들의 주요 수출국인 미국, 캐나다에서 CCS1을 채택하고 있는 것이 주요 배경이 되었다.

　NACS는 '북미 충전 표준'으로 번역되지만 실제로는 테슬라가 2012년 자사 전기차 전용으로 개발한 충전 기술이다. 테슬라는 2022

[24-4] 지역별 전기차 완속, 급속 충전 표준 규격

	미국/한국	유럽	일본	중국	테슬라(미국)
완속(AC)	Type1(J1772)	Type2(Mennekes)	Type1(J1772)	GB/T	NACS
급속(DC)	Combo(CCS1)	Combo(CCS2)	CHAdeMo / Chaoji(미정)	GB/T / Chaoji 또는 GB/T 개정판(미정)	
통신 방식	PLC	PLC	CAN	CAN	CAN
출력 범위	150kW 대응 기기가 일반적, 350kW 대응 기기 설치 시작		50kW 대응 기기가 일반적, CHAdeMo는 90kW 대응 기기 설치 시작		250kW 대응

출처: 한국자동차연구원

년 11월 자사 전기차뿐 아니라 경쟁사들도 이용할 수 있도록 이 기술을 개방하면서 NACS라는 이름을 붙였다.

    테슬라가 자사 기술을 오픈한 것은 충전 시장 점유율 확대와 더불어 미국 정부 보조금을 겨냥한 것이라는 해석이 유력하다. 미국 정부는 전기차 충전소를 확대하기 위해 2022년부터 5년간 75억 달러를 지원할 계획이었다. 당초 DC콤보 규격이 주 대상이었지만 테슬라가 충전기를 개방할 경우 보조금을 지급할 수 있도록 했다.

    DC콤보는 차량에서 급속/완속이 분리되어 있지만 NACS는 급속과 완속 라인을 공용으로 사용한다. NACS는 CCS1·2보다 크기가 작고 충전 방식이 간편하다는 장점이 있다. NACS를 지원하는 테슬라 충전기인 테슬라 슈퍼차저Tesla Supercharger에서는 버전에 따라 최대 150~250kW로 충전할 수 있다.

슈퍼차저의 숫자는 테슬라의 공격적인 행보 덕에 빠른 속도로 증가했다. 슈퍼차저는 2018년 6월 1만 기를 돌파한 이후 1년에 약 1만 기씩 증가해 2023년 9월에 5만 기를 돌파했다. 슈퍼차저는 미국 충전기의 60%로 높은 비중을 차지했다. 2022년 10월과 11월에는 유럽과 중국에서도 설치 대수가 각각 1만 기를 넘어섰다.

테슬라가 NACS 개방을 발표한 이후 2023년 5월 포드가 NACS를 채택하겠다고 발표했고 GM이 곧 뒤따랐다. 비록 경쟁사지만 슈퍼차저를 이용하면서 자사 전기차 판매를 확대할 수 있을 것이라는 기대감이 작용했다. 결국 국제자동차기술자협회SAE International는 2023년 6월 NACS의 표준화 계획을 발표했고 그해 12월 NACS는 CCS1과 함께 미국의 충전 표준 규격으로 인정받았다.[3]

테슬라가 NACS를 개방한 이후 NACS를 채택하는 미국 자동차 제조사는 계속 증가했다. 2024년 5월 현재 NACS 채택을 발표한 자동차 제조사는 GM, 포드, 토요타, 리비안, 볼보, 폴스타, 닛산, 메르세데스-벤츠, 재규어랜드로버, 피스커, 스텔란티스, 현대자동차, 폭스바겐, BMW 등 대부분이다.[4] 이들 기업은 2025년경부터 출시하는 전기차에 NACS 규격을 적용할 계획이다. 그전까지는 매직독Magic Dock이라는 어댑터를 통해 슈퍼차저를 이용할 수 있다. 테슬라는 2023년 11월에 한국 시장에서도 매직독을 지원한다고 발표했다.

북미 충전 시장에서는 NACS와 CCS1이 공존할 것으로 전망된다. 기존 완성차 기업들은 NACS를 지원하겠다고 발표했으나 그렇다고 테슬라에 백기 투항한 것은 아니었다. 현대자동차를 비롯해 BMW,

[24-5] 한국에 설치된 테슬라 슈퍼차저.

GM, 혼다, 기아, 메르세데스-벤츠, 스텔란티스 7개사는 2023년 7월 북미 전역에 충전 네트워크 구축을 위한 '충전 동맹'을 결성하고 합작사를 설립한다고 발표했다. 합작사인 아이오나IONNA는 2024년 2월 공식 출범했다.[5] 아이오나는 북미 전역에 3만 기 이상의 전기차 충전기를 설치할 계획인데 NACS와 CCS1을 동시 지원할 계획이다. 현실적으로 NACS를 포용하면서 CCS1의 입지도 계속 강화하겠다는 전략이었다.

미국 외 지역의 상황도 간단하지는 않다. 유럽에서는 여전히 CCS2를 고수하고 있다. 중국은 자국 내 판매 전기차는 모두 자체 충전 규격인 GB/T만 적용하도록 강제하고 있다. 당초 북미 표준을 따라 전기차 충전 규격을 CCS1으로 정했던 한국의 고민은 앞으로 더욱 깊어질 것으로 보인다. 기존 인프라 설치 매몰 비용 등을 고려할 때 쉽게 규격을 바꾸기는 어려울 전망이다.

"5분 충전에 300km 주행"

충전 시간을 줄이기 위해서는 고속 충전 인프라도 중요하지만 배터리 자체의 성능 개선이 먼저 이루어져야 한다. 배터리 기업들은 장기적으로 전기차 충전 속도를 기존 내연기관차의 주유 시간과 비슷한 수준까지 단축하는 것을 목표로 삼고 있다. 단기적으로는 9~10분 이내에 전기차를 충전할 수 있는 배터리를 개발하는 데 주안점을 두고 있다.

삼성SDI는 2026년까지 9분 충전에 600km를 주행할 수 있는 배터리를 개발한다는 계획이다. 이 경우 5분 충전 시 300km 주행 거리를 확보할 수 있다. 운전자의 99% 이상이 하루 평균 300km 이하를 운전하므로 이 정도 충전 속도라면 전기차 사용에 큰 불편을 느끼지 않으리라 보고 있다.

SK온은 SF플러스$_{SF+}$ 배터리의 양산을 준비하고 있다. 이 배터리는 10%에서 80%까지 충전 시간을 기존 18분에서 15분으로 단축했다. SK온은 10분 충전에 600km, 5분 충전에 300km를 주행할 수 있는 배터리를 2030년까지 내놓을 계획이다. 이 회사는 급속 충전 시간을 7분까지 줄일 수 있는 특허 기술을 확보했다고 밝혔다.

LG에너지솔루션은 주류 전기차 시장에서는 20~30분 안에 80%까지 충전할 수 있는 배터리를 생산하고, 프리미엄 시장용으로 10~20분까지 충전 시간을 단축할 수 있는 배터리를 내놓는다는 계획이다.

충전 속도를 단축하기 위해 각사마다 다양한 기술을 적용하고 있다. 공통으로 적용하는 소재는 실리콘 음극재다. 리튬이온 배터리에서 충전은 양극에 있던 리튬이온이 음극으로 이동하는 과정이다. 실리콘 음극재는 기존 음극재보다 이론상 에너지 용량이 10배에 달한다. 실리콘 음극재를 적용하면 리튬이온의 저장고가 커지기 때문에 그만큼 더 빨리 충전할 수 있다.

대신 실리콘 음극재는 충전·방전 시 스웰링swelling(부풀어 오름) 현상이 발생해 음극에 많은 양을 첨가하기 어렵다. 이를 어떻게 해결할 것인지가 과제다. 현재는 흑연에 실리콘 음극재 약 5%를 혼합하는 방식을 사용하는데 이를 늘리기 위한 연구개발이 한창이다.

충전 시 리튬이온의 이동 경로를 단축하는 한편 리튬이온의 이동 속도를 높이기 위해 소재 내 저항을 줄이는 등의 시도 또한 이루어지고 있다. SK온은 자사만의 이중 레이어 구조에 고용량 실리콘과 저저항 흑연을 배치해 리튬이온 이동 거리를 줄이고 이동 속도를 높였다고 설명한다. 삼성SDI는 전극 내에서 리튬이온의 이동 경로를 단축할 수 있는 소재를 적용하고 바인더를 균일하게 분포해 고속 충전이 가능하도록 했다고 설명한다.

에너지 밀도에 영향을 주지 않으면서 충전 시간을 줄이는 것도 관건이다. 보통 급속 충전을 하면 에너지 밀도가 감소하는 것으로 알려져 있다. 에너지 밀도와 고속 충전 간 균형을 이루면서 충전 시간을 단축하는 것도 핵심 기술력이다.

25장

전기차 성장 정체 ESS로 뚫는다

새로운 돌파구 ESS

2024년 11월 광주에서 열린 '빅스포 2024BIXPO 2024'에서는 에너지 신기술을 공개하는 언팩 행사가 있었다. 관람객 수백 명의 눈과 귀가 집중된 이날 행사에서 가장 주목을 받은 것은 스탠다드에너지의 '에너지타일'이었다. 에너지타일은 스탠다드에너지가 개발한 바나듐이온 배터리vanadium ion battery*를 이용해 만든 타일 형태의 ESS(에너지 저장 장치)로 이날 처음 일반에 공개되었다. 불이 나지 않는 바나듐이온 배터리의 특성을 이용해 타일 디자인으로 ESS를 제작해 실내에 설치할 수 있게 한 것이다. 스탠다드에너지는 바나듐이온 배터리가

* 물 기반의 바나듐 전해액을 사용해 화재 위험을 없앤 이차전지.

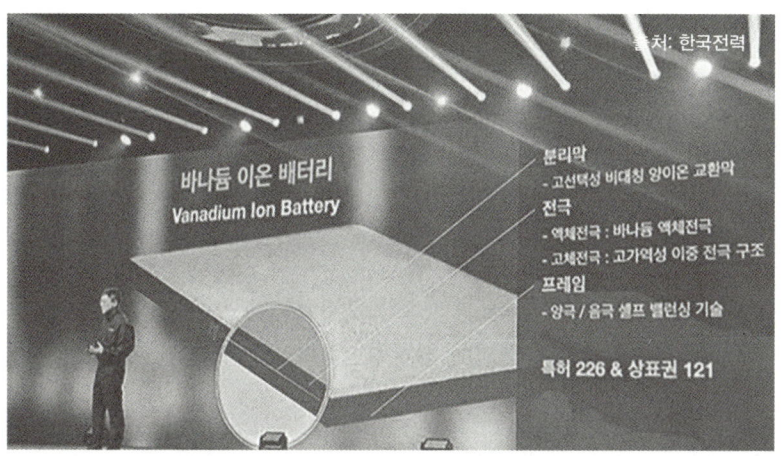

[25-1] 김부기 스탠다드에너지 대표가 빅스포 2024에서 바나듐이온 배터리를 이용한 ESS를 소개하고 있다.

ESS에 최적화되어 있다고 강조했다. 이날 무대에 오른 김부기 스탠다드에너지 대표는 드릴로 바나듐이온 배터리를 뚫어도 화재가 나지 않고 성능을 유지할 수 있음을 시연했다. 스탠다드에너지는 에너지타일을 2025년부터 상용화할 계획이라고 밝혔다.

전기차 성장세가 둔화하는 시기를 맞아 ESS가 이차전지 업계의 새로운 돌파구로 주목받고 있다. 트럼프 2기 행정부 출범 이후 친환경차 세액공제(전기차 구매 보조금) 폐지가 확실시되면서 ESS는 이차전지의 새로운 시장으로 더욱 주목받았다. 전 세계적으로 태양광, 풍력 등 재생에너지가 급증하면서 ESS 시장은 여전히 고속 성장이 예상되기 때문이다. ESS는 전기차 시장을 충분히 보완해줄 것으로 기대되고 있다. 세계 주요국들이 정부 차원에서 ESS 장려 정책을 펼치고 있는 점도 긍정적인 요인이다. 국내 배터리 3사 역시 ESS 사업을 새로운 수익원으로 보고 사업을 확대하고 있다.

ESS는 에너지, 특히 전기 에너지를 저장하는 장치를 통칭하는 말이다. 한번 생산한 전기는 가둘 수 없다. 그래서 예전부터 전기가 남아돌 때 저장했다가 부족할 때 쓸 수 있는 다양한 방법을 생각해냈다. ESS의 가장 고전적인 방법이 양수 발전이다. 양수 발전은 야간에 남는 전력을 이용해 물을 댐 위로 끌어올린 뒤 전력 수요가 많은 낮 시간대에 물을 방류해 전기를 생산한다. 수소도 새로운 형태의 ESS라고 할 수 있다. 해상 풍력 발전의 경우 바다에서 생산한 전기를 육지로 끌어와 쓰려면 해저 케이블을 설치해야 한다. 해저 케이블 설치에는 막대한 비용과 시간이 걸린다. 풍력으로 생산한 전기를 이용해 물을 전기 분해해 수소로 전환한다면 해저 케이블을 설치하지 않아도 된다. 이렇게 만든 수소는 배를 이용해 육지로 수송한 다음 수소 발전기에서 전기를 생산하거나 수소 연료전지의 연료로 사용할 수 있다.

리튬이온 배터리가 등장한 이후로는 이차전지를 활용한 ESS가 대세를 이루고 있다. 최근 거의 모든 ESS는 리튬이온 배터리를 이용하고 있다. 리튬이온 배터리는 다른 배터리에 비해 높은 에너지 밀도와 에너지 효율, 수명 측면에서 강점을 지니고 있다. 또 전기차의 확산으로 리튬이온 배터리를 대량 생산할 수 있게 됨에 따라 가격도 크게 낮아졌다.

리튬이온 배터리뿐 아니라 향후에는 앞서 예를 든 바나듐이온 배터리, 나트륨이온 배터리, 나트륨황 배터리 등 다양한 이차전지가 ESS에 쓰일 것으로 예상된다. 바나듐이온 배터리는 화재 위험성이 없으나 아직은 가격이 비싼 것이 단점이다. 나트륨이온 배터리는 가격이 저렴하지만 에너지 밀도가 낮다. 당분간 ESS의 주류는 리튬이온 배터리가 될 것으로 보인다.

덕 커브 해결사

ESS는 크게 네 부분으로 구성된다.* ▲전기를 저장하고 방전하는 배터리, ▲배터리의 전압·전류·온도 등을 제어하는 BMS$_{battery\ management\ system}$(배터리 관리 시스템), ▲직류를 교류로 변환 후 전력을 공급하는 PCS$_{power\ conversion\ system}$(전력 변환 장치), ▲배터리·PCS·BMS를 제어하는 운영 시스템인 EMS$_{energy\ management\ system}$(에너지 관리 시스템)가 그것이다.[1]

ESS는 예전에는 UPS(무정전 전원 장치)로 많이 쓰였다. 일시적 단전 등으로 인해 빌딩 등에서 전력을 공급받을 수 없을 때 비상용으로 전력을 공급하는 역할이다.

근래에는 태양광, 풍력 등 신재생에너지의 보급과 함께 ESS가 신재생에너지의 품질을 높이는 용도로 많이 쓰인다. 신재생에너지는 생산이 일정하지 않아서 전압과 주파수가 불안정한데 이는 전력 계통에 부담을 준다. 주파수가 급격히 변하면 전력 기기가 고장을 일으킬 수 있는 것이다. 이때 ESS를 사용하면 주파수와 전압을 조정해 전력 계통을 안정적으로 운용할 수 있다.

ESS는 전력 수요를 분산시키는 역할도 한다. 전력 수요가 몰리는 피크 시간대에 ESS에 저장했던 전력을 공급하면 그만큼 전력을 덜 생산할 수 있고 에너지 비용을 절감할 수 있다. 가정에서는 낮에

---

* 이하 기술하는 ESS는 배터리를 이용한 ESS를 뜻한다.

[25-2] 캘리포니아주의 덕 커브

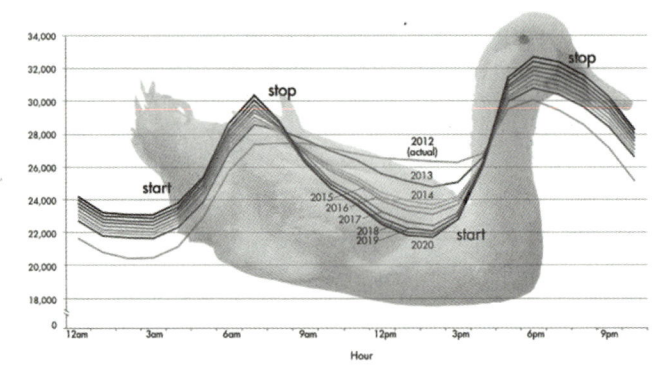

출처: California Independent System Operator, CAISO

태양광으로 생산한 전기를 ESS에 저장했다가 저녁에 사용할 수 있으므로 전기 요금을 아낄 수 있다. 태양광 에너지가 풍부한 미국에서는 가정용 ESS에 전기를 저장했다가 전기차에 충전하기도 한다.

    ESS는 신재생에너지의 급속한 확대로 발생하는 부작용을 해소할 수 있다. 예를 들어 태양광 자원이 풍부한 곳에서는 낮에 필요 이상으로 많은 전력을 생산해 공급과 수요가 일치하지 않는 현상이 발생한다. 이러한 수급 불균형을 잘 보여주는 것이 이른바 '덕 커브$_{Duck\ Curve}$'다.

    덕 커브는 전력 수요에서 태양광 등 재생에너지 발전량을 차감한 순수요$_{net\ demand}$를 곡선으로 나타낸 것이다. 이때 낮 시간에 곡선이 밑으로 움푹 팬 모습을 띠게 되는데 이 모양이 마치 오리와 닮았다 해서 붙여진 이름이다.

캘리포니아주에서는 덕 커브 현상이 심해져 아예 계곡처럼 낭떠러지 모양을 나타내 '캐니언 커브Canyon Curve'라는 말까지 나온다. 캘리포니아주에서는 이러한 부작용을 해소하기 위해 ESS 설치를 의무화하기도 한다.

ESS는 이 같은 재생에너지의 편중 현상을 누그러뜨릴 수 있다. 미국의 경우 서부는 태양광, 중부는 풍력 자원이 풍부하다. 향후 재생에너지 비중이 증가할수록 재생에너지 자원이 많은 지역에서 초과 발전이 발생할 수밖에 없는데 이를 저장하거나 다른 지역으로 보낼 필요성이 증가하게 된다. ESS는 이 같은 재생에너지의 부작용을 해결할 수 있는 근본적인 방법이 될 수 있다.

ESS 의무화하는 나라들

주요국들은 신재생에너지 확대와 함께 ESS 보급을 위해 설치 의무화, 보조금, 전력 시장 참여 유도 등 다양한 정책을 추진하고 있다.

미국은 캘리포니아주, 오리건주, 매사추세츠주, 뉴욕주, 뉴저지주 5개 주에서 ESS 설치를 의무화하고 있다. 또 2022년 8월 IRA(인플레이션감축법) 도입 이후 투자 세액공제ITC를 통해 ESS 설치 투자비에 대해 세액을 공제해주고 있다.* 이와 함께 ESS가 전력 도매 시장에 참여할 수 있도록 지침을 제정했다.

중국은 2025년까지 ESS 설비 규모를 30GW(기가와트) 이상으로

---

* 트럼프 2기 행정부 출범 이후 2025년 7월부터 시행된 OBBBA(하나의 크고 아름다운 법)에 따라 ESS에 대한 투자 세액공제는 2035년까지 유지된다.

[25-3] 주요국 ESS 지원 정책 현황

	설치 의무화	보조금 지급	전력 시장 참여
미국	O	O	O
중국	O	O	-
일본	X	O	△
독일	X	O	△
호주	X	O	△
인도	O	O	△

출처: 산업통상자원부

확대하고 ESS 비용을 30% 감축하겠다는 목표를 세웠다. 또 신규 유틸리티 규모의 재생에너지 발전 설비에 대해서는 ESS 연계를 의무화하고 있다. 아울러 설비 기준을 충족하는 ESS 설비에 대해 지방 정부에서 보조금을 지급한다.[2]

유럽은 2023년 3월 ESS의 수익성 확보와 보급 확대를 위한 가이드라인 〈에너지 저장에 관한 권고Recommendation on Energy Storage〉를 발표했다. 독일과 호주는 가정용 ESS 위주로 보급 중이다. 인도는 2032년까지 51~84GW 규모의 ESS 설치를 계획하고 있다. 또 전체 전력 수요에서 ESS로 충당하는 비중이 2030년까지 4%에 도달하도록 의무화 정책을 시행하고 있다.

재생에너지 비중 증가와 각국의 정책 드라이브에 힘입어 ESS 시장은 급격하게 성장할 것으로 전망된다. 블룸버그NEF의 전망(2023년)에 따르면 ESS 설비 규모(양수 발전 제외)는 2022년 91.5GWh(기가와트시)에서 2030년 1432GWh로 10배 이상 증가할 전망이다. 글로벌 ESS 연간 시장 규모는 2022년 152억 달러에서 2030년 395억 달러(약 53조 4830억 원)까지 증가할 전망이다.

지역별로는 미국과 중국이 글로벌 ESS 보급량의 절반 이상을 차지하며, 주요 선진국에서 보급량이 지속적으로 증가할 것으로 예상되었다.

기술별로는 리튬이온 배터리 기반이 ESS의 95% 이상을 차지하는 가운데 LFP(리튬인산철) 배터리 비중이 점차 증가할 전망이다. 블룸버그NEF는 2022년을 기점으로 LFP 배터리가 삼원계(NCM, NCA) 배터리를 추월했으며 2030년까지 ESS 시장을 주도할 것으로 예상했다.

SNE리서치는 2024년 리튬이온 배터리 ESS 시장 규모가 전년 대비 27% 성장한 235GWh를 기록할 것으로 전망했다. 이후 연평균 10.6% 성장하며 2035년에는 618GWh까지 커질 것으로 내다봤다. 금액 기준으로는 2024년 400억 달러에서 2035년 800억 달러 수준으로 2배가량 늘어날 전망이다. 지역별로는 중국이 가장 큰 비중을 차지할 것으로 예상되었다. 이어 북미가 2023년 55GWh에서 2035년 181GWh까지 급성장할 것으로 전망되었다.

K-배터리 새 먹거리

우리나라는 2022년 기준 4.1GW 규모의 ESS 설비를 보유해 세계 4위를 유지하고 있다. 산업통상자원부에 따르면 국내 ESS 신규 설치량은 2018년 3836MWh(메가와트시)로 최대치를 기록했으나 2022년에는 252MWh로 15분의 1 규모로 축소되었다.

우리나라는 재생에너지와 연계한 신재생에너지공급인증서REC 가중치 부여, 충전 요금 할인, 설치비 지원 등 보급 정책이 축소됨에 따라 시장이 침체했다. 특히 2017년 이후 총 50건(2023년 9월 기준)의 화재 사고가 발생한 것도 시장이 급속도로 위축된 요인이 되었다.

정부는 2023년 10월 〈에너지스토리지(ESS) 산업 발전전략〉을 발표했다. 하지만 주요국에서 도입하고 있는 보조금, 설치 의무화 등의 강력한 정책은 포함하지 않았다. 다만 정부는 저탄소 중앙계약 시장, ESS 연계 재생에너지 입찰 시장 등 시장 제도에 기반해 ESS 보급을 확대하기로 했다.

국내 배터리 3사는 ESS 시장을 새로운 수익원으로 보고 적극 공략하고 있다. LG에너지솔루션은 시장 확대가 예상되는 LFP용 ESS를 강화하고 있다. 이 회사는 현재 오창과 중국 난징에서 ESS용 LFP 배터리를 생산하고 있다. LG에너지솔루션은 아예 ESS 전용 LFP 배터리 생산 라인도 갖출 예정이다. 2024년 4월에 착공한 미국 애리조나 공장에서는 원통형 배터리(36GWh)와 함께 ESS 전용 LFP 배터리(17GWh)를 생산한다. 준공 예정 시기는 2026년이다.

2022년 10월 출범한 LG에너지솔루션의 사내독립기업 에이블AVEL은 처음부터 ESS를 비즈니스 모델로 삼았다. 이 회사는 ESS를 연계한 재생에너지 전력망 통합 관리 사업을 전개하고 있다. 재생에너지가 급증하고 있지만 수요와 공급의 불일치로 출력 제어가 빈번하게 발생하고 불규칙한 날씨로 발전량을 예측하기 어렵다는 문제를 배터리 기술로 해결하자는 취지로 시작했다. 2024년 3월에는 제주도청과 한국전력으로부터 ESS 발전소 인허가를 취득했다. ESS 발전소로 전기 사업 허가를 받은 첫 국내 사례였다. 에이블은 제주도에서 단독형 ESS 발전소를 운영하고 있다. 재생에너지로 생산한 전기를 저장해 필요한 곳에 공급하는 사업이다. 이를 위해 제주 서귀포시 표선면에 배터리 용량 6.3MWh 규모의 발전소를 구축했다.

에이블은 가상발전소virtual power plant, VPP 사업도 준비하고 있다. 가상발전소는 IT 기술을 이용해 분산된 자원을 한곳에 모아 하나의 발전소처럼 관리하는 새로운 개념의 발전소다. 2024년 6월부터 시행한 분산에너지활성화특별법을 계기로 가상발전소 사업자가 크게 늘어날 것으로 예상된다. 가상발전소 사업에서도 ESS가 핵심적인 역할을 하게 된다.

삼성SDI는 울산과 중국 시안 공장에서 ESS를 생산하고 있다. 삼성SDI는 NCA 배터리 기반으로 에너지 밀도와 안전성을 강화한 일체형 ESS 시스템인 'SBB(삼성 배터리 박스)'를 통해 시장을 공략하고 있다. 여기에 LFP ESS 배터리로 포트폴리오를 확대한다는 계획이다. 삼성SDI는 울산 사업장에 ESS용 LFP 배터리 생산 라인을 구축 중으로 2026년부터 양산에 들어갈 예정이다. LFP ESS 배터리의 해외 생산 거점은 울산 사업장의 '마더 라인' 검증과 초기 양산을 마친 이후 미국 시장에 진출하는 것을 우선적으로 검토하고 있다.[3]

SK온은 2021년 북미 ESS 기업인 IHI테라선솔루션스IHI Terrasun Solutions와 손잡고 미국 현지에서 재생에너지와 연계한 ESS 사업을 전개하고 있다. 2024년 9월에는 IHI테라선솔루션스와 북미에서 ESS 사업을 강화하기 위한 양해각서MoU를 체결하기도 했다. 양사는 SK온이 ESS용 배터리를 공급하고 IHI테라선솔루션스가 시스템 통합을 맡는 방식으로 협력할 계획이다. IHI테라선솔루션스는 일본에 본사를 둔 IHI코퍼레이션의 미국 내 자회사다.[4]

5부

—

터널의 끝이 보인다

# 26장

갑자기 찾아온 캐즘

전기차에 무슨 일이?

미국 중북부에 위치한 미시간주는 오대호에 둘러싸여 있다. 위쪽으로는 오대호를 사이에 두고 캐나다와 국경이 맞닿아 있다. 미시간주는 '거대하고 큰 호수'라는 뜻을 가진 아메리카 원주민 언어 'mishigamaa'에서 유래했다.

미시간주는 전통적으로 자동차 산업이 발달해 "모터시티"라고도 불렸다. 미시간주의 최대 도시 디트로이트는 미국 자동차 산업의 중심지 역할을 했던 곳이다. 북미 자동차 빅3라고 불리는 GM, 포드, 크라이슬러의 본거지가 이곳에 몰려 있다. 2000년대 후반 들어 미국 자동차의 인기가 시들해지며 미시간주도 위기를 맞았다.

전기차 시대에 접어들면서 미시간주는 재기를 꿈꾸었다. 그 중심에 한국 배터리 기업이 있다. LG에너지솔루션은 미시간주 홀랜드에 자체 공장을 운영하고 있다. LG에너지솔루션과 GM의 합작사인 얼티엄셀즈도 미시간주 랜싱에 3공장을 건설할 계획이었다.

얼티엄셀즈는 LG에너지솔루션과 GM이 지분 50 대 50을 소유한 배터리 합작사다. 미국 오하이오주 1공장은 2022년 8월에, 테네시주 2공장은 2024년 4월에 문을 열었다. 미시간주 3공장은 원래 2025년 가동을 목표로 하고 있었다.

그런데 2024년을 전후해 전기차 시장에 이상한 분위기가 감지되기 시작했다. 자동차 기업들에 전기차 판매량이 예년만 못하다는 보고가 올라오기 시작했다. GM 전기차 공장에도 배터리 재고가 쌓여만 갔다. 예전에 주문해놓은 배터리가 사용되지 않고 그대로 있으니 새로운 배터리를 주문할 수 없었다.

이는 즉각 LG에너지솔루션에 영향을 미쳤다. 전기차 판매가 계속 급증할 것으로 예측하고 지어놓은 배터리 공장 가동률이 뚝 떨어졌다. 2024년 1분기 LG에너지솔루션 국내 사업장의 평균 가동률은 57.4%로 그전 해 같은 기간(77.7%)보다 무려 20%p 넘게 감소했다. 전기차 판매량이 기대에 한참 못 미치자 GM은 전기차 출시 계획을 속속 연기했다.

얼티엄셀즈 3공장의 운명도 바뀌었다. 양대 주주인 LG에너지솔루션과 GM은 얼티엄셀즈 3공장 건설을 지속할지를 두고 깊은 고민에 빠졌다. 결국 양사는 결단을 내릴 수밖에 없었다 2024년 말 LG에너지솔루션은 얼티엄셀즈 3공장의 자산 일체를 3조 원에 인수한다고 발표했다. GM이 손을 떼면서 3공장은 LG에너지솔루션이 단독 운영하는 공장이 되었다. 이 공장에서는 GM이 아닌 토요타 등 다른 회사

전기차에 들어가는 배터리를 생산하기로 했다.

한없이 잘나갈 것만 같았던 전기차는 2024년을 전후해 판매량 증가세가 뚝 떨어졌다. 자동차 분야 시장 조사 업체 마크라인스Marklines에 따르면 전 세계 전기차 판매량은 2021년 107.3%, 2022년 61.3%로 고속 성장했다. 하지만 2023년에는 28.9%, 2024년에는 26.2%로 성장률이 뚝 떨어졌다.

20%대 후반이라는 숫자만 보면 여전히 높은 성장률을 기록한 것처럼 보인다. 하지만 지역별로 뜯어보면 이야기가 달라진다. 2024년의 경우 중국이 여전히 40.0%라는 높은 성장률을 기록한 반면 미국의 성장률은 6.9%에 불과했다. 유럽은 −1.0%로 역성장을 기록했다. 2024년 중국을 제외한 전 세계 전기차 판매 성장률은 고작 6.1%에 불과했다. 전년도 32.6% 성장했던 것에서 증가세가 급락한 것이다. 갑자기 전기차 시장에 한파가 찾아왔다.

전기차 수요가 급감하자 자동차 기업들은 발 빠르게 행동에 나섰다. 전기차로의 전환 계획을 철회하거나 변경했다. 순수 전기차로만 출시하겠다는 계획에서 뒤로 물러나 하이브리드 또는 플러그인하이브리드 차량을 확대하는 쪽으로 계획을 수정했다.

GM은 2024년 전기차 생산량 전망치를 20만~30만 대에서 20만~25만 대로 낮춰 잡았다. 메리 바라 GM CEO는 2024년 7월 한 행사에 참석해 2025년까지 북미에서 전기차를 100만 대 판매하겠다는 목표를 사실상 철회했다.[1] GM은 또한 미시간주 오리온 타운십 공장의 픽업트럭 생산 개시 시점을 2026년 중반으로 연기했다.

볼보는 2030년부터 순수 전기차만 판매하겠다는 기존 계획을 철회했다. 대신 2030년에 플러그인하이브리드차와 순수 전기차를 합

[26-1] 지역별 전기차 판매량 증감율

	2021년	2022년	2023년	2024년
전체	107.3%	61.3%	28.9%	26.2%
미국	78.7%	47.6%	48.9%	6.9%
유럽	68.9%	11.2%	18.9%	−1.0%
중국	149.3%	97.1%	26.6%	40.0%
기타	174.0%	86.8%	62.9%	25.8%
중국 제외	77.8%	26.2%	32.6%	6.1%

출처: 마크라인스

친 매출이 전체의 약 90%를 차지하는 것을 새로운 목표로 세웠다. 포드는 2030년 유럽에서 100% 순수 전기차만 판매하겠다는 계획이었으나 2030년 이후에도 내연기관차나 하이브리드차를 출시하겠다는 계획으로 수정했다. 포드는 북미에서 신형 전기차 SUV와 픽업트럭 양산 계획을 연기하고 하이브리드차 라인업을 확대하고 있다.

토요타는 2026년 전 세계 전기차 생산 계획을 기존 150만 대에서 50만 대 줄인 100만 대로 변경해 부품 공급업체에 전달했다. 당초 토요타는 2026년까지 전기자동차 모델 10종을 새로 투입해 세계 시장에서 연간 150만 대의 전기차를 판매한다는 목표를 제시했다.[2]

전기차 시장을 이끌었던 테슬라 역시 투자와 출시 목표를 조절했다. 테슬라는 50억 달러(약 6조 9000억 원) 규모의 태국 전기차 제조 시설 건립 방안 계획을 철회했다. 또한 비용 절감에 나서며 '기가 캐스팅Giga Casting* 공법을 완전히 구현하겠다는 계획을 취소했다. 실적 악화로 인해 〈임팩트 보고서Impact Report〉**에서 2030년 연간 2000만 대 판매 목표를 삭제했다.³

한국의 현대자동차 역시 목표를 내려 잡았다. 현대자동차·기아는 2023년 6월 '현대 모터웨이' 행사에서 전동화 전략을 공개했다. 이 자리에서 현대자동차는 2023년부터 2032년까지 10년간 109조 4000억 원을 투자하는 중장기 재무 계획 중 33%에 해당하는 35조 8000억 원을 전동화 관련 투자비로 책정하겠다고 밝혔다. 이를 통해 2026년 94만 대, 2030년 200만 대 규모의 전기차를 글로벌 시장에 판매하겠다는 목표를 수립했다. 하지만 1년 뒤인 2024년 8월 열린 CEO 인베스터데이에서 현대자동차는 2027년 전기차 판매 목표를 27만 1000대로 수정했다. 2030년 목표 200만 대는 그대로 유지했다.

K-배터리에 찾아온 고난

북미에서 픽업트럭의 인기는 대단하다. 교외 지역을 가면 어디서나 픽업트럭과 마주칠 수 있다. 많은 짐을 싣고 어디든 갈 수 있는 픽

---

* 작은 부품을 세세하게 조립, 용접하는 대신 일체화된 섀시를 한 번에 생산하는 제조 공법. 테슬라가 2020년 SUV 전기차 모델Y에 이 공법을 도입한 것이 시초다. 강판에 수많은 구멍을 뚫고 일일이 조립, 용접해 차체를 만들지 않고, 6000~9000톤의 압력을 가하는 초대형 프레스(기가 프레스)로 특수 알루미늄 합금 소재인 차체를 통째로 찍어내는 방식이다.

** 기업이나 조직이 환경, 사회, 경제에 미치는 영향을 측정하고 분석하는 보고서. 이를 통해 기업이나 조직이 지속가능성을 실천하고 있는지 여부를 평가할 수 있다.

업트럭은 미국인의 라이프 스타일과 잘 맞아떨어진다. 크고 힘센 픽업트럭의 이미지는 서부 개척 시기를 떠올리게 한다. 픽업트럭을 가장 미국적인 차라고 부르는 이유다.

미국에서 판매되는 픽업트럭 중 가장 인기 있는 모델은 포드의 F-150 시리즈다. 1977년 이후 미국 베스트셀링 트럭 자리를 지키고 있는 미국의 국민차다. 문제는 다른 픽업트럭과 마찬가지로 F-150도 연비가 좋지 않다는 것이다. 미국은 워낙 기름 값이 저렴해 그동안 연비가 큰 문제가 되지 않았다. 하지만 조 바이든 정부 들어 친환경차 규제를 강화하자 픽업트럭 역시 전기차로의 전환이라는 대세를 따르지 않을 수 없었다.

바이든 대통령은 2021년 5월 포드 공장을 방문해 위장막을 두른 F-150 전기차를 직접 운전하는 깜짝 쇼를 펼쳤다. 미국 국민차 F-150의 전기차 출시는 그만큼 상징적인 의미가 컸다. 포드는 이 자동차에 F-150 라이트닝이라는 이름을 붙여주었다. 포드 F-150 라이트닝은 '기름 먹는 하마'라는 오명을 썼던 픽업트럭의 대변신이었다.

F-150 라이트닝의 출시로 한국 배터리도 함께 주목을 받았다. 이 차량에는 SK온이 개발한 하이니켈 NCM 배터리가 탑재되어 있었기 때문이다. 이 배터리는 SK와 포드가 북미에서 합작 설립한 블루오벌SK에서 생산했다. F-150 라이트닝의 사전 예약 물량은 20만 대에 달했다. SK온은 대박을 기대했다. 포드는 생산 계획을 연간 8만 대에서 15만 대로 늘려 잡았다.

하지만 기대도 잠시 F-150 라이트닝도 전기차 수요 둔화의 영향에서 벗어나지 못했다. F-150 라이트닝은 2023년 약 2만 4000대를 판매하는 데 그쳤다. 전년도에 비해서는 55% 증가한 수치였으나 당초 생산 목표였던 15만 대에는 크게 못 미치는 성과였다. 결국 포드는 2024년 11월 판매 저조를 이유로 F-150 라이트닝의 생산을 일시 중단한다고 발표했다. 그 여파는 고스란히 SK온에 돌아왔다. SK온은 2025년 시작하기로 했던 블루오벌SK 테네시 공장의 가동을 1년 연기했다.

전기차 수요 부진에 따라 SK온은 2024년 매출 6조 2666억 원, 영업 손실 1조 1270억 원을 기록했다. 전년도와 비교해 매출은 51.4% 줄고 영업 손실은 93.7% 증가했다. 배터리 판매가 저조한 상황에서 공장을 돌릴 수는 없는 노릇이었다. SK온은 2024년 첫 흑자를 목표로 했으나 이를 달성하지 못했다.

전 세계적으로 찾아온 전기차 수요 둔화로 고통받은 곳은 SK온뿐만은 아니었다. 국내 모든 배터리 셀 제조사들의 사정은 똑같았다. 배터리 3사 모두 매출액과 영업 이익이 큰 폭으로 감소했다. 전방 산업인 전기차 시장이 힘을 쓰지 못하자 전기차용 배터리 판매가 줄어들고 실적이 곤두박질친 것이다.

특히 전기차 수요 둔화로 배터리 재고가 쌓이면서 공장 가동률이 크게 떨어지자 수익률이 고꾸라졌다. 공장 가동률이 높으면 고정비를 분산할 수 있어 원가율이 낮아지고 영업 이익률은 올라간다. 반대로 공장 가동률이 낮으면 고정비 부담이 커지면서 영업 이익률이 낮아진다. 각 사의 사업 보고서에 따르면 LG에너지솔루션의 공장 가동률은 2022년 73.6%에서 2023년 69.3%, 2024년 57.8%로 감소했다. 같은 기간 삼성SDI의 공장 가동률도 84%→76%→58%로 떨어졌다. SK온의 경우 2023년 87.7%의 가동률을 유지했으나 2024년에는 43.8%까지 낮아졌다.

[26-2] 배터리 3사 공장 가동률 추이

	2022년	2023년	2024년
LG에너지솔루션	73.6%	69.3%	57.8%
삼성SDI	84%	76%	58%
SK온	86.8%	87.8%	43.8%

출처: 각사 사업 보고서

그 영향은 곧바로 재무제표에 반영되었다. 매출액이 줄어든 것에 비해 영업 이익의 감소 폭이 크게 두드러졌다. LG에너지솔루션은 2024년 연간 매출 25조 6196억 원, 영업 이익 5754억 원을 기록했다. 매출은 전년과 비교해 24.1% 줄었는데 영업 이익은 무려 73.4% 감소했다. 특히 2024년 4분기에는 2255억 원의 영업 손실을 기록하며 3년 만에 적자로 돌아섰다. 미국 정부가 주는 일종의 보조금인 첨단제조생산 세액공제를 제외하면 2024년에는 9000억 원의 손실이 발생한 것으로 추정되었다.

삼성SDI는 2024년 매출 16조 5922억 원, 영업 이익 3633억 원을 기록했다. 전년과 비교해 매출은 22.6%, 영업 이익은 76.5% 감소했다. 배터리 사업 부문만 놓고 볼 때 매출은 15조 6912억 원, 영업 이익은 2177억 원으로 전년 대비 각각 23.1%, 83.8% 줄었다.

실적이 악화하자 배터리 셀 기업들은 허리띠를 졸라매기 시작했다. 2024년 설비 투자CAPEX에 약 13조 원을 집행했던 LG에너지솔루션은 2025년에는 전년보다 20~30% 축소할 계획이라고 밝혔다. SK온은 2024년 7조 5000억 원을 설비 투자에 썼으나 2025년에는 3조

5000억 원으로 대폭 줄이겠다고 밝혔다. 삼성SDI도 설비 투자를 소폭 줄이겠다는 뜻을 밝혔다.

2024년까지만 해도 배터리 3사는 설비 투자를 꾸준히 확대했다. 배터리 3사의 설비 투자 규모는 2022년 14조 원, 2023년 22조 원, 2024년 27조 원으로 지속적으로 늘었다. 이 같은 투자는 북미와 유럽의 전기차 시장 확대를 전제로 한 것이었다. 하지만 전기차 시장 수요 둔화가 가시화되자 투자 속도 조절에 나섰다. 배터리 3사는 기존에 예정되었던 투자 이외에 신규 투자는 최대한 보수적으로 접근했다. 2025년에는 투자 규모가 20조 원 이하로 밑돌 것이라는 전망도 나왔다.[4]

배터리 셀 기업들의 실적 악화는 협력사에까지 영향을 미쳤다. 배터리에 들어가는 양극재, 음극재, 전해질(전해액), 분리막 등 소재 기업들이 연쇄적으로 타격을 입었다. 배터리 장비 업체들의 매출도 급락했다. 배터리 셀 기업들의 설비 투자가 지연되자 납품할 데가 사라졌기 때문이다.

소재 기업들의 매출액은 반 토막 났고 대규모 영업 손실을 기록해야 했다. 대표적인 배터리 소재 기업인 에코프로는 2024년 연결 기준 매출액이 3조 1103억 원으로 전년 대비 57% 줄었다. 영업 이익은 3145억 원 손실을 기록하며 적자 전환했다.

엘앤에프는 2024년 매출 1조 9075억 원으로 전년 대비 58.9% 감소했다. 영업 손실은 5102억 원으로 전년 대비 적자 폭이 확대되었다. 양극재와 음극재를 동시에 생산하는 포스코퓨처엠은 2024년 연결 기준 매출 3조 6999억 원, 영업 이익 7억 원을 기록했다. 전년 대비 매출액은 22.3%, 영업 이익은 98.0% 감소했다.

배터리 기업들의 주가도 주르륵 미끄러졌다. 하늘 높은 줄 모르고 오르던 국내 배터리 기업의 주가가 폭락하며 투자자들은 상당한 손실을 입어야 했다. 2022년 11월 62만 4000원까지 올랐던 LG에너지솔루션의 주가는 2024년 8월에는 32만 2000원까지 떨어졌다. 2년도 안 되어 48.3%가 쪼그라든 것이다. 한때 국민들의 배터리 투자 붐을 일으켰던 에코프로비엠의 주가는 2023년 7월 40만 7500원까지 치솟았으나 2025년 4월 현재 8만 원대까지 하락했다. 주가가 폭락하며 기업들의 시가 총액도 녹아내렸다. 포스코홀딩스, LG화학, LG에너지솔루션, 에코프로비엠, 포스코퓨처엠, 삼성SDI, 에코프로, 에코프로머티리얼즈, SK아이이테크놀로지 등 배터리 관련 기업 9개사의 시가 총액은 2024년 한 해 동안 130조 원이나 증발했다.[5]

전기차 캐즘, 왜 나타났나

2000년대 들어 주목받은 제품 중에 전자책e-book과 MP3플레이어가 있다. 전자책은 무거운 종이책을 들고 다니지 않아도 수십 권의 책을 저장한 뒤 언제 어디서든 읽을 수 있다는 점에서 각광받았다. 출판사 입장에서도 종이 출판과 유통 비용을 절감할 수 있다는 이점이 있었다. 시장 조사 기관들은 앞다투어 전자책에 대한 장밋빛 전망을 내놓았다. 아마존, 마이크로소프트MS, 랜덤하우스 등 글로벌 기업들이 전자책 시장에 뛰어들었다. 하지만 전자책은 20여 년이 지난 지금도 출판 시장의 주류로 편입하지 못한 채 니치 마켓으로 남아 있다. 전자책은 '캐즘chasm'에 빠진 대표적인 사례로 거론된다.

2024년을 전후해 전기차나 배터리 시장을 분석할 때 가장 많이 등장한 단어 하나를 꼽자면 바로 '캐즘'일 것이다. 케임브리지 영어사전에서 '캐즘'을 찾아보면 원래는 '바위나 얼음, 땅의 매우 깊고 좁은 틈'이라는 의미임을 알 수 있다. 기업 컨설턴트인 제프리 무어Geoffrey A. Moore는 1991년 저서 《캐즘을 넘어서Crossing the Chasm》에서 이 단어를 처음 마케팅 용어로 사용했다.

첨단 기술 분야에서 캐즘은 '얼리어답터 중심의 초기 시장과 주류 시장 사이에 일시적으로 수요가 정체하거나 후퇴하는 단절 현상'을 말한다. 얼리어답터들은 새로운 기술에 대한 거부감이 적고 가격이 비싸더라도 혁신적인 제품을 사용하고 싶어 한다. 하지만 주류 시장의 소비자들은 실용성과 가격을 따지며 검증된 제품을 구매하기를 원한다. 이러한 차이에서 오는 간극이 캐즘이다. 어떤 제품은 캐즘을 넘지 못한 채 영원히 주류 시장에 편입하지 못하기도 한다. 앞서 예를 든 전자책과 달리 MP3플레이어나 스마트폰은 캐즘을 성공적으로 극복해 대중화에 성공한 제품이다.

전기차 판매 증가세는 2021년 최고점을 찍었다. 하지만 그 후 증가세가 눈에 띄게 감소했다. 시장에서는 캐즘이라는 분석이 나왔다. 전기차 수요가 갑자기 정체된 이유는 무엇이었을까?

필자가 만나본 시장 전문가들이 전기차 캐즘의 원인으로 가장 많이 꼽은 것은 가격이다. 장정훈 삼성증권 이사는 필자와 인터뷰에서 "전기차는 원래 비싼 차였는데 보조금 때문에 값이 저렴해서 잘 팔렸던 것"이라며 "캐즘의 가장 근본적인 원인은 각국이 보조금을 줄인 데 있다"라고 설명했다.[6]

테슬라가 2012년 모델S에 이어 2017년 내놓은 모델3가 선풍적인 인기를 끌자 기존 전통적인 자동차 제조사들도 잇따라 전기차 시장에 뛰어들었다. 마침 전 세계적으로 기후변화에 대한 관심이 고조되면서 친환경차에 대한 소비자들의 관심도 늘었다. 각국 정부는 친환경차에 보조금을 지급했고 전기차가 저렴해졌다. 선택의 폭이 넓어지고 가격이 내려가자 전기차 판매량은 급격히 늘기 시작했다. 이때까지만 해도 전기차의 폭발적인 수요는 계속 이어질 것 같았다.

하지만 2023년 하반기 이후 북미와 유럽 등 각국에서 전기차 보조금 규모를 조금씩 축소하기 시작했다. 고금리와 경기 침체, 내연기관차 퇴출로 일자리 감소를 우려한 자동차 업계의 반발이 거세지자 전기차 전환 시기를 늦추거나 보조금을 축소 또는 폐지하는 사례가 늘어났다.[7] 유럽 최대 전기차 시장이었던 독일은 당초 4만 유로 미만 전기차에 대해 4500유로의 보조금을 2024년 말까지 지급할 계획이었으나 이를 1년 앞당겨 2023년 12월에 보조금 지급을 중단했다. 독일 정부는 2021년 코로나19 팬데믹 대응에 쓰려다 남은 기금 600억 유로를 전기차 보조금으로 사용하려 했으나 연방헌법재판소가 예산 용처 변경은 위헌이라며 제동을 걸었다.

이에 앞서 3만 2000파운드 미만 전기차에 대해 최대 1500파운드의 보조금을 지급하던 영국은 2022년에 이를 폐지했다. 노르웨이는 차량 구매 시 지급하는 부가가치세와 차량 무게 기준으로 세금을 매기는 중량세를 전기차에 한해서는 면제했으나 2024년부터 다시 징수했다. 스웨덴은 전기차 구매 시 최대 5만 크로나(약 632만 원)를 지원하던 정책을 2023년 11월 이후 폐지했다. 프랑스는 고소득층에 대한 전기차 보조금을 2024년부터 5000유로에서 4000유로로 20% 축소했다. 프랑스는 이어 2025년 전기차 보조금 지원 규모를 30% 줄였다.

미국에서는 IRA(인플레이션감축법)에 따라 최대 7500달러의 보조금을 받을 수 있는 전기차 차종이 2023년 43종에서 2024년 19종으로 줄어들었다. 이렇게 보조금 대상 차종이 대폭 감소한 것은 중국을 견제하기 위해 중국산 배터리나 부품을 사용하는 전기차를 보조금 지원 대상에서 제외했기 때문이었다.

보조금이 줄자 소비자들의 태도가 달라졌다. 내연기관차보다 비싼 전기차 구매를 망설인 것이다. 보조금이 중단된 독일의 경우 2024년 신규 등록 전기차는 38만 609대로 2023년 52만 4219대 대비 27.4% 감소했다.

전기차가 실용성을 중시하는 일반 소비자를 만족시키기 위해서는 아직 해결해야 할 점이 많다는 사실도 차츰 드러났다. 소비자들이 자동차를 구매할 때 고려하는 요소 중 하나는 중고차로 되팔 때 과연 제값을 받을 수 있느냐다. 이런 점에서 전기차의 경쟁력은 상당히 뒤떨어졌다. 전기차는 친환경적이고 혁신적이며 내연기관차에 비해 유지 비용이 적게 든다는 장점이 있다. 하지만 전기차는 시간이 지날수록 감가상각률이 급격히 높아지며 중고차 가격이 뚝 떨어졌다. 경제성을 생각하는 소비자 입장에서는 전기차 구매를 고민하지 않을 수 없었다.

테크 전문지 《와이어드Wired》가 2024년 8월 보도한 바에 따르면 아우디 e-트론 GT, 포드 머스탱 마하-E, 폴스타2, 테슬라 모델3, 포르쉐 타이칸, 현대 아이오닉5 등 주요 6개 전기차는 12개월 1만 마일 주행 이후 가격이 절반으로 떨어졌다.[8]

통상 전기차 보증 기간이 10년이라는 점을 고려하면 중고차 가격 하락 속도는 엄청 빠른 편이다. 배터리 업계에서는 전기차 사용 기간이 10년을 경과하면 배터리 상태state of health, SOH가 80% 정도로 떨어진다고 본다. 유럽의 자동차 리스 기업인 아르발Arval이 7만km를 주행한 전기차를 조사한 결과 평균 배터리 상태가 93%로 저하된 것으로 드러났다. 심지어 20만km를 주행한 전기차의 배터리 상태도 90%에 달했다.[9]

그럼에도 중고 전기차 가격이 내연차에 비해 빠르게 떨어지는 것은 전기차의 품질이 지속적으로 개선되고 있기 때문이다. 새로운 전기차가 출시될 때마다 주행 거리, 충전 속도 등 성능이 크게 향상되면서 이전 모델의 가격이 뚝뚝 떨어지는 것이다.

이 말을 뒤집으면 현재 전기차의 성능이 아직 일반 대중을 만족시킬 정도의 수준에 도달하지 못했다는 것을 의미한다. 전기자동차와 배터리 제조사들은 해마다 성능이 개선된 제품을 내놓고 있지만 여전히 대다수 소비자는 내연기관차와 전기차의 가성비를 비교한다. '혁신' 이미지만으로는 일반 소비자의 마음을 움직이지 못한다는 이야기다.

소비자들은 여전히 전기차의 충전 속도, 주행 거리, 안전성에 대해 우려하고 있는 것이 사실이다. 보조금 지급은 전기차에 대한 이런 여러 가지 우려 사항을 어느 정도 누그러뜨렸다. 하지만 보조금이 사라지자 소비자들은 "과연 내가 비싼 돈을 주고 살 만한 가치가 있을까?" 하는 고민을 하게 되었다.

한국에서만 쓰는 말

"전기차 캐즘이란 말은 한국에서만 쓰입니다." 2025년 초 이차전지 스타트업 CEO를 인터뷰하던 중 이런 말을 들었다. 한국에서는 거의 매일같이 전기차 캐즘 관련 뉴스가 쏟아지던 때였다. 그래서 구글 영문 뉴스에서 전기차 캐즘을 검색해봤다. 실제로 최근 1년간 전기차 캐즘과 관련한 기사 출처는 대부분 한국 매체였다.

해외 언론에서 전기차 캐즘이 등장한 최근 사례는 2024년 5월 테슬라의 판매 감소를 분석한 기사였다. 2023년에는 중국 전기차 판매가 둔화하자 이를 두고 캐즘이라는 이야기가 나왔다. 그러나 우리나라만큼 캐즘이란 단어를 즐겨 쓰는 국가는 없었다. 한국에서는 2024년부터 전기차 캐즘의 원인과 대응책을 분석한 세미나, 콘퍼런스가 줄을 이었다. 국내 최대 배터리 관련 행사인 '인터배터리 2025'에서도 가장 많이 들린 단어는 캐즘이었다.

그렇다면 전기차 캐즘은 실체가 없었던 것일까? 그렇지는 않다. 해외에서는 캐즘이라는 말보다는 '둔화slow down'라는 말을 쓸 뿐이다. 한국에서 유독 캐즘이라는 표현을 즐겨 사용하는 것은 전기차 판매 둔화의 충격이 다른 어느 나라보다 강했기 때문이다. '캐즘'과 '둔화'라는 말은 어감부터가 상당한 차이가 난다. 그렇다면 왜 한국이 다른 나라보다 전기차 판매 둔화의 충격이 컸던 것일까.

전기차 성장세가 꺾이기 시작한 것은 2023년 하반기 각국이 전기차 보조금을 줄이면서부터였다. 미국은 보조금을 축소하지 않았으나 IRA(인플레이션감축법)로 중국을 견제하면서 보조금 대상이 되는 차종이 감소했다. 전기차 가격이 오르자 일반 대중이 굳이 전기차를 살 이유가 사라졌다.

전기차 제조사들이 선택한 해결법은 단순했다. 보조금 대신 전기차 가격을 낮추는 것이었다. 이를 위해 찾은 것이 가격이 저렴한 중국의 LFP(리튬인산철) 배터리였다. 테슬라를 비롯해 미국과 유럽의 전기차 제조사들이 잇달아 LFP 배터리를 탑재한 차종을 늘렸다. 그 덕에 CATL을 필두로 중국 배터리 기업들은 위기를 넘길 수 있었다. 하지만 LFP 배터리 제품군이 없던 한국 기업들은 내세울 것이 없었다.

2024년 1분기 기준 LFP 배터리의 가격은 한국 배터리 기업들이 강점을 지닌 삼원계 배터리보다 33% 저렴한 것으로 파악되었다. SNE리서치 분석에 따르면 NCM622 배터리와 LFP 배터리의 가격 차이는 2023년 상반기에 kWh(킬로와트시)당 18달러에서 2024년 상반기에는 36달러까지 벌어졌다. 각국 정부가 보조금을 줄이는 상황에서 전기차 가격을 낮추어야 하는 자동차 제조사들은 선택의 여지가 없었다. 중국을 제외한 시장에서 2020년 1종에 불과했던 LFP 탑재 차량은 2024년 상반기에는 39종까지 급격히 늘어났다. 특히 판매량이 많은 보급형 전기차에서 LFP 배터리 탑재가 크게 늘었다.

2024년 국내 배터리 기업들은 모두 저조한 경영 실적을 기록했다. 그러면서 그 배경을 '전기차 캐즘'에서 찾았다. 그런데 중국 CATL은 2024년 역대 최대인 67억 달러(약 9조 7000억 원)의 영업 이익을 기록했다. LFP 배터리 덕을 본 중국에서는 캐즘이란 말이 나올 리 없었다.

물론 모든 중국 배터리 기업이 잘나간 것은 아니었다. 이차전지 기업들이 난립하자 과잉 공급으로 저가 경쟁이 벌어졌다. 경쟁력을 갖추지 못한 기업들은 구조조정 대상이 되었다. 중국 기업들은 재고로 쌓인 배터리를 글로벌 시장에 밀어내기 하면서 생존을 모색했다. 그 최대 피해자는 한국 배터리 기업이었다.

한국이 글로벌 전기차 판매 둔화의 충격을 가장 많이 받은 것은

[26-3] 배터리 종류별 전기차 모델 수

	2017	2018	2019	2020	2021	2022	2023	2024. 6.
LFP	0	0	0	1	3	13	28	39
NCM/NCA	58	61	66	121	171	206	247	273

출처: SNE리서치 'KABC 2024'(중국 제외 시장)

외부 시장 변화를 예측하지 못하고 오판했기 때문이었다. LFP의 경쟁력을 과소평가하며 삼원계 배터리에 올인했던 것은 뼈아픈 실책이 아닐 수 없었다. 김광주 SNE리서치 대표는 2024년 9월 열린 'KABC 2024$_{Korea\ Advanced\ Battery\ Conferene\ 2024}$'(한국 첨단 배터리 콘퍼런스 2024)에서 "캐즘이란 상황은 국내 산업이 쓰는 용어이고 사실 중국은 캐즘이 아니다"라며 "국내 배터리 업계가 4~5년 전 LFP를 굉장히 과소평가했다"라고 지적했다.

한국 배터리 기업들은 뒤늦게 LFP 배터리 개발에 나섰다. 하지만 당장 LFP 배터리를 시장에 내놓을 수는 없었다. 양산을 위한 공급망을 갖추고 공정을 개발하고 설비를 갖추는 데 수년의 기간이 필요했다. 전기차 제조사에 샘플을 보내고 검증을 받는 데도 시간이 필요했다.

엎친 데 덮쳤다

2024년 8월 1일 오전 6시 8분. 인천 청라국제도시 제일풍경채 2차 아파트 지하 1층 주차장에 세워져 있던 메르세데스-벤츠 EQE

350 차량에서 연기가 피어오르기 시작했다. 그 후 채 1분도 지나지 않아 갑자기 차에서 불꽃이 치솟았다. 화재 발생 5분 만에 지하 주차장 천장은 검은 연기로 가득 찼다. 이를 발견한 한 남성이 소화기로 불을 끄려고 시도했지만 속수무책이었다. 여러 사람이 달려들어 소화기로 초기 진화를 시도했지만 결국 실패했다. 화재 발생 10분 만에 불은 주변으로 빠르게 번졌다. 천장에서 불꽃이 비처럼 쏟아지더니 주차장은 순식간에 불바다로 변했다.[10]

화재는 8시간 만에 겨우 진화되었다. 다행히 인명 피해는 없었지만 아파트 5개동 480세대가 화재로 단전 단수 등 피해를 입었다. 지하 주차장에 있던 차량 140여 대가 그을리거나 전소되었다. 소방관 177명과 장비 62대가 동원되었으나 소방차가 지하 주차장에 진입하지 못해 진화에 애를 먹었다. 주차장에 세워져 있던 차량들은 높은 열에 연쇄 폭발했다. 소방관들은 화재 현장에 쉽사리 접근하지 못했다.

인천 청라 아파트 지하 주차장에서 발생한 전기차 화재는 국내에서 발생한 전기차 화재 사고 중 최대 피해 규모로 기록되었다. 그만큼 사회적 파장도 컸다. 특히 이 사고로 '전기차 포비아(공포)' 현상이 전국적으로 퍼져나갔다. 가뜩이나 움츠러들었던 전기차 소비가 얼어붙었다. 소비자들은 화재에 대한 불안으로 전기차 소비를 더욱 주저했다.

이 사고 두 달 전인 6월 24일 경기도 화성에서도 리튬 일차전지*

---

* 충전해서 반복적으로 사용할 수 있는 이차전지와 달리 한 번 사용 후 재충전해서 쓸 수 없는 전지를 일차전지라고 한다. 리튬 일차전지는 수명이 길어 계량기, 통신 장비, 군용 장비 등에 사용된다.

기업 아리셀의 공장에서 폭발이 있었다. 화재로 23명이 사망하는 끔찍한 일이 벌어졌다. 연이은 사고로 배터리 화재에 대한 불안감은 극에 달했다. 일부 시설에서는 지하 주차장에 전기차를 주차하지 못하도록 하는 극단적인 상황까지 벌어졌다.

인천 청라 아파트 전기차 화재의 정확한 원인은 나오지 않았다. 화재가 발생한 벤츠 EQE 350 차량은 사흘간 주차된 상태였다. 주행 중이거나 충전 중이 아니었다. 전문가들은 차량에 탑재된 배터리에서 불이 발생했을 것으로 추정했지만 정확한 원인을 밝혀내지 못했다.[11] 국립과학수사연구원은 배터리 팩 내부의 절연 파괴 과정에서 발생한 전기적 발열에 의한 발화, 배터리 팩 외부 충격에 따른 손상 가능성 등을 제시했다. 그러나 BMS(배터리 관리 시스템)의 데이터가 화재로 손상되면서 관련 정보를 얻지 못했다.

사고 이후 다양한 대비책이 쏟아져 나왔다. 맨 처음 나온 것이 전기차에 탑재된 배터리의 정보를 공개하라는 것이었다. 화재가 발생한 벤츠 EQE 350은 1억 원에 육박하는 고가에도 불구하고 우리 국민에게 생소한 중국 파라시스의 NCM 배터리가 내장되어 있었다. 이에 전기차를 구매할 때 어떤 배터리를 사용했는지 알 수 있도록 정보를 공개해야 한다는 여론이 빠르게 형성되었다. 전기차 제조사들은 처음에는 주저했으나 여론에 밀려 차종별 배터리 정보를 공개했다.

당시 각사가 공개한 현황에 따르면 국내외 21개 브랜드 69종의 차량 중 43종(62.3%)은 LG에너지솔루션과 삼성SDI, SK온 등 국내 배터리 3사의 제품을 탑재한 것으로 나타났다. 다른 17종(24.6%)은 CATL과 파라시스 등 중국 배터리를 장착했다. 나머지는 한 차종에 한국과 중국, 일본 제조사의 배터리를 함께 사용한 사례였다.

현대자동차 9종은 LG에너지솔루션과 SK온 배터리를, 1종은 중국 CATL 제품을 사용했다. 제네시스 3종은 모두 SK온 배터리를 내장했다. 단종 모델을 포함한 기아의 7종 가운데 5종은 LG에너지솔루션과 SK온 배터리를 사용했으며, 나머지 2종은 생산 기간에 따라 이들 두 회사 또는 CATL 제품을 사용했다.

KG모빌리티는 전기차 2종에서 중국 BYD의 배터리를 장착했다. 국내에 시판되는 테슬라 모델3와 모델Y에는 LG에너지솔루션과 일본 파나소닉, CATL 배터리가 탑재되었다. 모델X와 모델S에는 파나소닉 배터리만 사용되었다.[12]

인천 청라 전기차 화재는 BMS(배터리 관리 시스템)의 중요성을 다시 한 번 각인시켜준 계기가 되기도 했다. BMS는 배터리 팩에 센서를 장착해 배터리의 충전·방전 상태를 모니터링하고 제어하는 장치를 말한다. BMS의 기능을 고도화하면 배터리의 충전 상태뿐 아니라 과충전과 과열을 감지해 화재를 예방할 수 있다. 전압 하락 등의 전조 증상을 미리 감지해 운전자에게 알려준다면 화재로 이어지는 사고를 막을 수 있다.

BMS을 고도화하기 위해서는 사용자의 운행 데이터를 확보하는 것이 필수다. 완성차 업체는 실제 운행 데이터를 확보할 수 있어 BMS 개발에 유리하다. 반면 배터리 기업들은 완성차 업체로부터 관련 데이터를 전달받아야 한다. BMS의 주도권을 잃지 않으려는 완성차 기업들로부터 협조를 구하기는 쉽지 않다. 소비자에게 별도로 '제3자 정보 제공 동의'도 받아야 한다. 배터리 제조사들은 소비자의 안전과 직결된 문제인 만큼 차량 운행 데이터 공유에 대한 규제를 완화해야 한다고 주장하고 있다.

인천 청라 아파트 전기차 화재 이후 시간이 지나면서 전기차 화재에 대한 우려가 지나치다는 인식도 자리 잡기 시작했다. 유독 청라 아파트 전기차 화재 규모가 컸던 것은 스프링클러가 작동하지 않았던 원인이 컸다. 화재 원인을 조사하는 과정에서 사고 발생 한 달 전 관리사무소 근무자가 스프링클러와 연동된 정지 버튼을 눌러 작동을 멈추게 한 사실이 드러났다. 그 결과 스프링클러가 작동하지 않으면서 화재 규모가 커졌다.

실제로 2024년 10월 천안 불당동 지하 주차장에서도 전기차에서 화재가 발생했지만 스프링클러가 정상적으로 작동하면서 다른 자동차로 불이 번지지 않았다. 인천 청라 아파트에서도 스프링클러가 제대로 작동했다면 사고 규모는 훨씬 작았을 것이다. 또한 사고 당시 천장에서 불비가 쏟아져 내린 것은 천장 배관을 감싸고 있던 가연성 물질들이 원인이었다. 이것 역시 전기차와는 무관했다.

사실 전기차가 내연기관차보다 화재 위험이 크다는 인식은 오해에서 비롯되었다는 지적이 많다. 전 세계 주요국의 전기차 화재 건수나 비율은 내연기관차보다 현저히 낮은 것으로 조사되고 있다.

미국 보험 회사 오토인슈어런스이지Auto Insurance EZ가 2022년 국가교통안전위원회NTSB 데이터와 교통통계국BTS이 제공한 차량 판매 정보를 기반으로 연료 유형별 화재 발생률을 계산한 결과 전기차는 1만 대당 2.51건의 화재가 발생한 반면 내연기관차는 153건이 발생했다.

2021년 노르웨이 지역사회안전비상대비국DSB에 보고된 전기차 화재 발생 건수는 29건으로 디젤 및 가솔린 엔진을 장착한 승용차의 화재 발생 보고 건수(689건)보다 현저히 적었다. 노르웨이는 전 세계에서 전기차 판매 비중이 가장 높은 국가로 이미 2021년 신차 판매의 65%가 전기차였다. 스웨덴에서는 2022년 자동차 화재가 3429건 발생했는데 이 중 전기차는 14건으로 전체의 0.041%에 불과했다. 스웨덴 자동차 화재의 90% 이상이 내연기관차에서 발생했다.

한국도 전기차 화재 발생률이 낮은 것으로 나타났다. 2023년 기준 국내에 등록된 전기차 54만 3900대 가운데 72건의 화재가 발생했다. 1만 대당 1.32건이다. 반면 2594만 9201대가 등록된 전기차 외 차종에서는 4724건의 화재가 발생했다. 1만 대당 1.82건이었다.[13]

인천 청라 아파트 사고 당시 퍼졌던 전기차 포비아는 시간이 지나면서 차츰 가라앉는 분위기다. 화재 피해를 키운 것이 전기차 자체보다는 스프링클러 미작동 등 소방 시설 문제가 컸다는 인식도 생겨났다. 사고 이후 지하 주차장 소방 안전 기준을 강화하는 조치도 뒤따랐다. 배터리의 화재 안전성을 강화하기 위한 기술 개발도 이어지고 있다.

27장

그래도 봄은 온다

트럼프 관세 전쟁과 길어지는 바닥

전기차 캐즘의 영향으로 한국 배터리 기업들은 2024년 추운 겨울을 보냈다. 배터리 기업에 투자한 투자자들 역시 마찬가지였다. 이들이 손꼽아 기다리는 소식이 하나 있었다. 바로 '재고 소진'이었다.

재고는 기업이나 상점이 판매를 위해 보유하고 있는 원재료, 제품, 상품 등을 말한다. 자동차 제조사들은 전기차 시장이 활황일 때 상당한 양의 배터리를 구매했다. 그런데 전기차가 팔리지 않으니 창고에 쌓아놓은 배터리 재고가 줄지 않았다. 이런 상황에서 새로운 배터리를 주문할 수는 없었다. 배터리 제조사들은 공장을 돌릴 수 없었고 소재나 장비 공급사들까지 어려워졌다. 이러한 상황은 2023년 하반기부터 시작해 2025년까지 지속되었다.

그사이 배터리 기업들의 주가는 반 토막 났다. 이른바 'K-배터리'를 믿고 투자했던 개인 투자자들은 막대한 손실을 보았다. 2022년 11월 62만 9000원까지 올랐던 LG에너지솔루션의 주가는 급락한 후 한동안 회복하지 못했다. 2025년 상반기 현재 최고가 대비 절반 수준인 30만 원대를 유지했다. 양극재를 생산하는 에코프로비엠은 2023년 7월 이차전지 열풍을 타고 46만 2000원까지 올랐다. 이 회사 주가는 2025년 5월 현재 10만 원 아래까지 떨어졌다.

이러한 상황은 언제까지 이어질까? 여러 가지 변수가 있겠지만 가장 눈여겨보아야 할 것이 완성차 기업들의 배터리 재고 수준이다. 배터리의 재고가 소진되는 시점이 되면 완성차 기업들이 다시 주문을 늘리고 배터리 기업들의 실적이 개선될 것이기 때문이다. 그 온기는 소재 및 장비 기업들에까지 확산된다.

배터리 제조사들은 완성차 기업들과 계속 소통하며 배터리 재고 상황을 확인한다. 주요 상장 기업들은 매 분기 실적을 발표하면서 증권사 애널리스트들과 콘퍼런스콜(전화 회의)을 진행한다. 배터리 기업의 경우 이때 빠지지 않고 맨 먼저 나오는 질문이 고객사의 재고 상황이다.

2024년 4분기 실적을 발표하면서 배터리 기업들은 2025년 1분기를 저점으로 2분기부터 회복될 것으로 전망했다. 완성차 기업들의 재고가 소진되면서 2분기부터는 주문이 확대될 것으로 본 것이다.

이창실 LG에너지솔루션 CFO(최고재무책임자·부사장)는 2025년 1월 24일 진행한 콘퍼런스콜에서 "현시점에서 수요를 정교하게 예측하기는 상당히 어렵지만 전반적인 저희 계획이나 완성차 기업들과의 논의를 종합할 때 1분기를 저점으로 점진적 물량 회복은 가능할 것으로 보고 있다"라고 말했다. 김종성 삼성SDI CFO(경영지원실장·부사장) 역시 같은 날 콘퍼런스콜에서 "주요 고객사들이 재고 조정을 우선 진행하고 있어서 단기간 내에 실적 회복은 쉽지 않아 보이지만 그런 불확실성이 어느 정도 해소되고 재고 조정이 완료되는 하반기 정도에는 [실적이] 개선될 것으로 예상한다"라며 "올해 실적은 1분기를 저점으로 2분기부터 점진적으로 개선될 것으로 보인다"라고 말했다. 두 회사가 말을 맞춘 듯 똑같았다. 이때까지만 해도 속도는 느리겠지만 서서히 배터리 시장이 개선될 것이라는 기대가 높았다.

하지만 상황은 그리 호락호락하게 전개되지 않았다. 도널드 트럼프 대통령이라는 돌발 변수가 등장했기 때문이다. 2024년 1월 20일 트럼프 대통령이 취임 후 얼마 되지 않아 전 세계를 대상으로 관세 전쟁을 벌이자 글로벌 경제는 불확실성의 소용돌이 속으로 빠져들었다. 관세 전쟁은 트럼프 대통령이 2025년 2월 1일 미국의 3대 무역국인 중국, 멕시코, 캐나다에서 수입되는 모든 상품에 대해 새로운 관세를 부과한다고 발표하면서 시작되었다. 이에 따라 4월부터 미국으로 수입되는 물품에 10%의 보편 관세가 부과되었다. 자동차에는 이보다 높은 25%의 관세가 적용되었다. 여기에서 그치지 않았다. 2025년 4월 3일에는 전 세계 183개국을 대상으로 국가별 상호 관세를 확정해 발표했다. 사실상 지구상의 모든 국가를 대상으로 한 것으로 한국(25%), 일본(24%), EU(20%) 등 우방도 예외는 아니었다. 특히 '세계의 공장'이라고 할 수 있는 중국(34%)과 베트남(46%)에 높은 상호 관세가 부과되었다. 이에 중국이 보복 조치를 발표하자 트럼프 대통령은 4월 10일 중국에 대해서만 관세를 145%까지 인상했다. 다시 중국은 미국에 대해 관세를 125%로 높였다. 트럼프 대통령은 이어 6월 시진핑 중국 국가주석과 90분간 통화했지만 관세 전쟁이 완화될지는 미지수로 남았다.

트럼프 대통령이 촉발한 관세 전쟁으로 전 세계에는 경기 침체 우려가 확산되었다. 상호 관세로 물가가 치솟으면서 소비가 위축될 것이라는 전망에서였다. 인플레이션 상승 우려에 미국 연방준비제도Fed는 금리 인하를 주저했다. 이처럼 거시 경제가 불확실해짐에 따라 완성차 제조사들은 전기차 생산 계획을 보수적으로 운영할 수밖에 없었다. 경기가 침체되면 전기차 수요가 움츠러들 수 있기 때문이다. 금리 또한 전기차 수요에 영향을 미쳤다. 대출을 활용해 자동차를 구매하는 소비자는 금리에 민감하게 반응하기 때문이다.

실제로 이창실 LG에너지솔루션 CFO는 2025년 4월 30일에 있었던 1분기 실적 발표 콘퍼런스콜에서 "미국의 급진적인 관세 정책 변화는 자동차 산업 전반에 전방위적인 영향을 미쳐 올해 미국 전기차 수요도 기존 전망치 대비 약 10% 이상 줄어들 것으로 판단한다"라고 전망했다. 전기차 수요 회복 시기가 당초 예상했던 것보다 늦추어질 수 있다는 이야기였다.

트럼프발 관세가 한국 배터리 기업들에 끼치는 부정적인 영향은 또 있었다. 바로 관세로 인해 소재 비용이 상승한다는 점이었다. 배터리 기업들은 단가 상승 압력으로 작용할 것을 우려했다. 김종성 삼성 SDI CFO는 2025년 4월 25일 콘퍼런스콜에서 미국 관세 정책의 영향에 대해 "다수의 배터리 소재와 부품이 역외에서 수입되고 있기 때문에 원가 부담이 증가할 것으로 예상하고 있다"라고 전했다.

이즈음 배터리 업계에 안 좋은 소식이 또 하나 들려왔다. 바로 미국과 함께 한국 배터리의 큰 시장 중 하나인 유럽에서 자동차 기업에 대한 탄소 규제를 완화한 것이다. 탄소 규제를 완화하면 전기차 생산량과 판매량이 줄어 결국 배터리 기업들에 악재가 된다.

EU는 2024년 4월 1일 프랑스 스트라스부르에서 열린 주간 회의에서 '신형 자동차 이산화탄소 표준 규정 개정안'을 채택했다. 이 개정안은 2025~2027년에 신차의 이산화탄소 배출 감축량 목표 달성 여부를 연간 단위가 아닌 3년 평균치로 계산해 평가한다는 내용이 핵심이었다. 자동차 제조사들은 당장 2025년 배출량이 규정을 초과하더라도 2026년이나 2027년에 추가로 감축해 평균을 맞추면 되었다.

당초 EU는 2025년부터 신규 승용차의 이산화탄소 배출 가능 상한선을 2021년 대비 약 15% 낮춘 km당 93.6g으로 정하고, 이 기준을 초과하면 g당 95유로씩 과징금을 부과할 예정이었다. 이에 대해 유럽 자동차 업계에서는 전기차 판매가 부진한 탓에 그대로 시행할 경우 2025년 과징금 폭탄을 맞을 수 있다는 불만을 제기했다. 유럽자동차제조협회Association des Constructeurs Européens d'Automobiles, ACEA는 이 규제가 예정대로 시행된다면 160억 유로(약 25조 원)의 벌금이 부과될 것으로 추산했다. 유럽자동차제조협회는 엄격한 규제가 유럽 내 자동차 산업과 일자리에 부정적인 영향을 미치고 오히려 중국, 미국 등 비유럽 자동차 제조업체에 유리하게 작용할 것이라고 우려했다.[1] 벌금이 부과되는 자동차 제조사는 타사에서 탄소 배출권을 구입하거나 다른 제조업체와 자사의 배출량을 평균화하는 풀링pooling을 활용해 벌금을 회피할 수 있는데, 이는 유럽 내 전기차 판매 대수가 높은 중국 BYD나 미국 테슬라에 유리하다는 지적도 나왔다.

다행히 EU는 2030년까지 신차의 평균 이산화탄소 배출량을 2021년 대비 55% 감축하고, 2035년까지 100% 감축하는 목표는 그대로 유지했다. 2035년부터는 아예 신규 내연기관차 판매가 금지되는 것이다. 이 목표를 달성할 수 있을지에 대해서는 여전히 의문이 제기되었지만 탄소 배출 규제 의지를 꺾은 것은 아니라는 사실을 대내외적으로 강조하는 효과가 있었다.

"small yard, high fence" 전략이 가져다준 기회

"현재의 위기는 일시적이며 더 큰 도약과 성장의 기회가 될 수 있다는 것은 분명합니다." 2025년 1월 김동명 LG에너지솔루션 대표가 신년사에서 강조한 말이다. 2023년부터 시작된 전기차 캐즘, 트럼프 대통령이 촉발한 관세 전쟁, 유럽의 탄소 규제 완화 등 여러 가지 불확실성 속에서도 한국 배터리 기업들은 포기하기보다는 새로운 가능성을 모색했다. 위기는 새로운 기회라는 신념을 잃지 않았다.

그렇다면 한국 배터리 기업들은 어디에서 기회를 엿보았을까? 한국 배터리 기업들은 미국 시장을 겨냥해 현지에 막대한 투자를 단행했다. 조 바이든 대통령 재임 시기 친환경 정책으로 전기차 시장이 급성장했기 때문이다. IRA(인플레이션감축법)에 따라 미국에 배터리 공장을 지으면 첨단제조생산 세액공제 혜택을 받을 수도 있었다. 2024년 12월 기준 한국 배터리 기업들이 미국에 투자하기로 예정한 금액만 540억 달러(약 75조 원)에 달했다.[2]

이 같은 막대한 투자는 한국 기업들에 리스크가 될 수 있지만 기회로도 작용했다. 과잉 투자는 한국 배터리 기업에 부담이 되는 것이 사실이었다. 하지만 미국에 선제적으로 투자함으로써 경쟁자들의 진입을 차단하는 효과를 기대할 수 있었다.

전기차 캐즘과 트럼프 행정부 2기 출범으로 혼란스러운 시기에 전문가들은 K-배터리가 나아가야 할 방향 중 하나로 '미국의 울타리에 들어가라'라는 해법을 제시했다. LG경영연구원에서 자동차와 배터리 분야를 맡고 있는 김세호 수석연구위원은 2024년 12월 SNE리서치가 주최한 제3회 애널리스트데이에서 강연자로 나와 "미국의 울타리에 빨리 들어가야 한다"라며 "미중 무역 분쟁과 공급망 혼란 속에 한국이 할 수 있는 역할이 있다"라고 강조했다. 미국 시장에서 유리한 입지에 오르기 위해서는 중국보다 먼저 미국 시장에 진출한 다음 울타리를 높게 치라는 것이었다.

여기서 '울타리'란 바이든 행정부 시절 대중국 전략 중 하나였던 "small yard, high fence(마당은 작게, 울타리는 높게)"에서 따온 말이다. 바이든 행정부는 대중국 수출 통제 정책을 내세울 때마다 이 말을 강조했다. '작은 마당'은 미국의 국가 안보에 중요하다고 여겨지는 특정 기술을 뜻한다. '높은 울타리'는 이 핵심 기술을 보호하기 위한 엄격한 통제 조치를 말한다. 그 외의 기술들은 중국과 자유롭게 교류하면서 무역 통제의 부작용을 최소화하겠다는 구상이었다.[3] 점점 더 수출 통제 범위가 넓어지면서 바이든 행정부 말기에는 '작은 마당'의 의미는 퇴색되고 '높은 울타리'만 강조되었다.

이 같은 기조는 트럼프 2기 행정부에서도 이어졌다. 트럼프 대통령은 전 세계를 대상으로 관세 전쟁을 벌였지만 핵심 타깃은 역시 중국이었다. 특히 트럼프 대통령의 고율 관세 정책으로 중국산 배터리의 미국 진입이 어려워지면서 미국에 선제적으로 투자한 한국 기업들에 유리한 상황이 전개되었다.

김동명 LG에너지솔루션 대표는 2025년 3월 코엑스에서 열린

'인터배터리 2025' 행사에서 기자들과 만나 "미국 신정부의 정책은 기본적으로 미국 내 생산을 장려하는 것으로 이해한다"라며, "LG에너지솔루션은 미국 내 공장이 많아 상대적으로 선진입 효과가 있을 것"이라고 말했다. 정경환 LG에너지솔루션 경영전략담당 상무도 2025년 1분기 콘퍼런스콜에서 "북미 지역에 선제적으로 현지화를 진행하고 탈중국 공급망을 잘 구축해온 당사와 같은 기업에 우호적인 사업 환경이 조성되고 있는 상황"이라고 진단했다. 일찌감치 미국의 울타리 안에 들어간 효과를 적극 활용하겠다는 전략이었다.

특히 북미 시장에서 기대되는 분야가 ESS(에너지 저장 장치)였다. ESS는 신재생에너지와 AI 데이터센터 확대에 따라 전 세계적으로 급격히 수요가 늘어날 것으로 예상되는 분야였다. 특히 북미는 IRA와 트럼프 대통령의 관세 정책으로 중국의 ESS가 진입하기 어려워 한국 배터리 기업에 기회 요인이 되었다.

오익환 SNE리서치 부사장은 한 행사에서 "대중국 관세로 미국 ESS 시장을 대부분 차지하고 있는 배터리 공급이 막히면 이는 한국 업체들에 기회가 될 것"이라고 말했다. SNE리서치에 따르면 2024년 북미 ESS 배터리 수요는 78GWh로 이 가운데 87%(68GWh)는 중국산이었다. 중국산 배터리에 고율 관세가 매겨지면 중국 배터리에 대한 수요가 줄고 이 공백을 한국 기업들이 채울 수 있었다. 한국 업체들이 북미에서 생산하면 관세를 회피할 수도 있었다.[4]

한국 배터리 기업들은 북미 ESS 시장이 연간 20%의 고속 성장을 할 것으로 내다보고 서둘러 LFP ESS 생산 라인 증설에 나섰다.[5] ESS 분야에서는 삼원계 배터리보다 화재 안전성이 우수한 LFP 배터리에 대한 선호도가 높았다. LG에너지솔루션은 애리조나 ESS 공장 건설을 중단하는 대신 미시간 공장에서 ESS용 LFP 배터리를 생산하는 방향으로 공급망 재배치를 진행했다. 생산 라인 가동 시기도 2024년 2분기로 원래 계획보다 1년가량 앞당겼다.

북미에 ESS 생산 거점이 없는 삼성SDI도 대책 마련에 나섰다. 삼성SDI는 울산 사업장에서 LFP ESS를 생산해 북미에 수출해왔는데 관세 영향을 받아 가격 경쟁력이 떨어졌다. 박종선 삼성SDI 중대형전지 전략마케팅실장은 2025년 1분기 콘퍼런스콜에서 "미국 내 ESS용 배터리 생산 거점 확보에 대해서 다양한 방안을 검토 중에 있으며, 이를 통해 급격히 증가하는 미국 수요에 대해 더욱 효과적으로 대응할 수 있도록 하겠다"라고 말했다.

한국 배터리 제조사들은 새로 ESS용 배터리 공장을 짓는 대신 수요가 정체되어 있는 전기차용 배터리 생산 라인을 ESS용으로 전환하는 전략을 택했다. 이렇게 하면 신속하게 양산에 들어갈 수 있을 뿐 아니라 공장 가동률을 높여 수익성을 개선하는 일석이조 효과를 기대할 수 있었다. SK온은 조지아주에 있는 SK배터리아메리카 공장의 전기차 배터리 생산 라인 일부를 ESS용으로 전환하기로 했다. 이곳에서는 2026년 하반기부터 ESS 전용 LFP 배터리를 생산한다.

미국 정치권에서 이른바 '중국 배터리 금지법'도 추진되고 있었다. 2025년 3월 미국 하원은 '해외 적대적 배터리 의존 분리법Decoupling from Foreign Adversarial Battery Dependence Act'을 초당적으로 통과시켰다. 이 법안은 미 국토안보부와 관계된 미국 내 프로젝트나 국토안보부의 기금이 사용된 경우 중국산 배터리 사용을 금지하는 내용을 담고 있었다. 이 법의 적용 대상은 CATL, BYD, 엔비전, EVE에너지EVE Energy, 고션하이테크, 하이티움에너지 6개 중국 배터리 기업이었다. 미국 상원과 대통령의 서명을 거쳐 2027년 10월부터 시행될 예정이었다. 미국 정부 프로젝트에 해당하지만 민간 사업에도 영향을 미칠 것으로 예상되었다.

프라이스 패리티: 배터리 가격 100달러의 벽

"생각보다 괜찮은데. 디자인도 괜찮고 잘 만들었네."

2025년 4월 경기도 고양시 킨텍스 전시장에서 열린 '2025 서울모빌리티쇼' 행사장에서 관람객들의 눈길을 사로잡은 곳은 중국 BYD 부스였다. 한국 자동차 시장에 출사표를 던진 BYD는 현대자동차 부스 바로 옆에 대형 부스를 마련하고 8대의 신차를 전시했다. BYD 부스는 관람객들로 북적였다. 중국 차를 직접 보고 경험하고 싶어하는 이들로 발길이 끊이지 않았다. 경쟁사 직원들도 BYD 부스를 찾아 차량 내외부를 요모조모 살펴봤다.

BYD는 2024년 4월부터 한국에서 소형 전기차 '아토3'를 판매하기 시작했다. "중국 전기차가 과연 한국에서 잘 팔릴까?" 하던 의구심은 금방 사라졌다. 아토3는 출시 첫 달 543대를 판매하며 수입 전기차 중 1위를 차지했다. 여러 가지 이유가 있겠지만 가성비가 주요 원인으로 분석되었다.

아토3의 국내 출시 가격은 3150만~3330만 원대로 책정되었다. 전기차 국고 보조금(145만 원)과 지방자치단체 보조금을 받으면 2000만 원대 후반 가격으로 구매할 수 있었다. 동급인 기아 EV3나 코나일렉트릭을 비슷한 옵션으로 구성하려면 4000만 원대가 넘었다. 아토3는 LFP 배터리를 탑재해 보조금이 낮게 책정되었지만 기본 판매 가격이 저렴하다보니 실제 판매 가격은 국산보다 1000만 원가량 저렴했다. 결국 가격이 중요한 선택 요인이었던 셈이다.

2023년 하반기부터 시작된 전기차 캐즘의 주요 원인으로 지목된 것이 각국의 보조금 축소였다. 보조금이 없어지니 전기차는 내연기관차보다 비싸졌다. 보통의 소비자들은 아직 주행 거리도 짧고 충전도 불편한 전기차를 내연기관차보다 더 비싼 값을 주고 살 이유가 없었다.

그렇다면 보조금이 없더라도 전기차 가격이 내연기관차와 같거나 저렴하다면 어떨까? 정부 보조금과 무관하게 소비자들은 전기차 구매에 흥미를 가질 것이다. 내연기관차와 같거나 낮은 가격이라면 첨단 기능, 색다른 주행 경험, 다양한 멀티미디어까지 즐길 수 있는 전기차를 선택할 이유는 충분하다.

전기차 원가에서 가장 큰 비중을 차지하는 것이 배터리다. 전기차 값의 약 40%가 배터리 가격이다. 배터리 가격이 낮아진다면 전기차 가격이 내연기관차 수준으로 떨어질 것이다. 주춤했던 전기차 소비가 다시 늘어날 것이라는 예측이 가능하다.

전기차 가격과 내연기관차 가격이 같아지는 지점을 "프라이스 패리티price parity"라고 부른다. 업계에서는 통상 배터리 가격이 kWh당 100달러일 때 프라이스 패리티에 도달할 것으로 본다.

그렇다면 프라이스 패리티는 언제쯤 도달할 수 있을까? 전문가들은 배터리 가격이 떨어지는 속도를 고려하면 이르면 2026년, 늦어도 2027년에는 100달러 벽이 무너질 것으로 전망한다. 프라이스 패리티에 도달한다면 전기차 수요가 회복되고 배터리 기업들의 실적 개선도 기대해볼 수 있다.

블룸버그NEF에 따르면 2024년 기준 kWh당 배터리 팩 가격은 전년보다 20% 하락한 115달러를 기록했다. 343대의 전기차, 전기버스, 전기트럭에 탑재된 배터리를 분석한 결과였다. LFP 배터리까지 포함한 평균 가격이었다. kWh당 115달러로 계산하면 통상 중형 세단 전기차에 탑재되는 75kWh 용량의 배터리 팩 가격은 8625달러(약 1200만 원)가 된다.

2020년 kWh당 배터리 팩 가격이 140달러였다는 점을 고려하면 4년간 약 20% 가격이 하락한 것이다. 그사이 배터리 팩 가격은 급격히 변동했다. 2021년 118달러까지 떨어졌지만 2022년 인플레이션과 니켈 등 광물 가격 급상승으로 다시 151달러까지 올랐다. 블룸버그NEF는 현재 시장 상황을 감안하면 2026년 배터리 팩 가격이 kWh당 100달러 미만으로 하락하고 2030년에는 69달러에 이를 것으로 전망했다.[6]

국내에서도 비슷한 전망이 나왔다. 장정훈 삼성증권 이사는 "2027년에는 배터리 팩 가격이 100달러를 밑돌 것으로 예상한다"라며 "전기차가 보조금 없이도 내연기관차와 경쟁하면 캐즘을 극복할 수 있을 것"이라고 전망했다.[7] 김동명 LG에너지솔루션 대표는 2024년 신년사에서 "전기차 시장은 2026~2027년을 기점으로 프라이스 패리티 달성과 주행 거리, 충전, 안전성 우려 해소로 수요를 조금씩 회복해 중장기 성장은 지속될 것으로 보인다"라고 내다봤다.

프라이스 패리티를 앞당기고 있는 곳은 중국이다. 중국은 리튬 등 원료 공급망부터 최종 제품인 전기차 생산까지 가치사슬을 구축하면서 어떤 나라나 기업도 따라오지 못하는 가격 경쟁력을 갖추었다. 블룸버그NEF는 2024년 기준 중국의 전기차용 배터리 팩 평균 가격이 kWh당 94달러를 기록해 이미 프라이스 패리티를 달성했다고 평가했다. 이는 미국과 유럽의 배터리 팩 가격보다 각각 31%, 40% 낮은 수준이었다.[8]

특히 중국은 가격이 저렴한 LFP 배터리를 통해 전기차 대중화에 기여했다. 한화투자증권에 따르면 중국 LFP 배터리 가격은 2024년 말 기준 kWh당 52달러까지 떨어졌다.[9] 중국은 이처럼 저렴해진 LFP 배터리 가격을 무기로 이미 내연기관차와 동일한 수준으로 전기차를 생산하고 있었다.*

국제에너지기구IEA에 따르면 2024년 중국에서 판매된 모든 전기차 중 3분의 2는 보조금을 고려하지 않더라도 내연기관차보다 가격이 낮았다. 전기차 가격이 독일에서는 20%, 미국에서는 30% 더 높았다는 사실과 비교되었다.[10]

전기차 가격이 하락함에 따라 중국에서 전기차 판매는 급격히 늘었다. 중국자동차공업협회CAAM 데이터에 따르면 2024년 중국 내 신에너지차(전기차, 플러그인하이브리드차) 판매량은 전체 신차 판매량의 40.9%에 달해 전년 대비 9.3%p 증가했다. 이런 상황이니 중국에서 전기차 캐즘이라는 말이 나오지 않는 것은 당연했다.

중국에서 전기차 시장이 견고하게 성장하는 것은 물론 이구환신以旧換新** 등 정부의 지원책이 크게 작용한 덕분도 있었다. 하지만 가격 하락이 뒷받침하지 않았다면 전기차 시장의 고속 성장은 불가능

---

* 다만 중국에서도 삼원계 배터리는 여전히 프라이스 패리티에 도달하지 못한 것으로 보인다. S&P글로벌에 따르면 중국에서 NCM811 배터리의 가격은 103달러를 기록했다.

했을 것이다.[11] 국제에너지기구는 "중국 전기차 가격 하락은 정부의 인센티브가 감소했음에도 불구하고 판매량 확대에 기여했다"라고 설명했다.

중국 전기차는 저렴한 가격을 무기로 전 세계로 빠르게 뻗어나갔다. 2024년 중국 신에너지차 글로벌 판매량은 1286만 6000대로 전년 대비 35.5% 증가하며 전 세계 신에너지차 판매량의 70.4%를 차지했다. 중국 전기차는 특히 동남아시아와 중남미 시장을 공략했다. 국제에너지기구에 따르면 2024년 브라질에서는 전체 전기차 판매에서 중국산 비중이 85%까지 늘었다. 이에 따라 전기차와 일반 차량 간 가격 차이는 2023년 100% 이상에서 2024년 25%까지 줄어들었다.

더 이상 LFP 포비아는 없다

KTX 서대구역에서 내려 자동차로 30분쯤 달리다보면 대구 달성군 구지면의 대구국가산업단지가 모습을 드러낸다. 제조 공장들이 밀집한 이곳에서 유독 눈에 띄는 커다란 건물이 있다. 바로 국내 대표적인 양극재 소재 기업인 엘앤에프의 구지 3공장이다. 약 10만m²(약 3만 평) 규모의 이 공장은 최신 장비와 시설을 갖추고 고성능 NCM 양극재를 생산하고 있다. 3층 구조로 된 공장 건물에서는 전구체와 리튬을 혼합해 소성하고 분쇄, 탈철(전자석을 이용해 철 성분을 제거하는 공

** 중국에서 중고 제품을 새 제품으로 교환할 때 제공되는 혜택을 말한다. 신에너지차, 스마트폰, 컴퓨터 등이 대상이다.

정) 등의 과정을 거쳐 양극재를 생산한다.

이 공장을 안내한 권혁원 엘앤에프 공정개발연구소장은 바로 옆 공터를 보여주며 "NCM 양극재 공장과 동일한 규모인 3만 평 부지 위에 LFP 양극재 공장을 지을 계획"이라고 말해주었다. 파일럿 라인을 통해 프리미엄급 고밀도 LFP 양극재를 개발했던 엘앤에프가 본격적으로 LFP 양극재 양산에 나선다는 것이었다.

엘앤에프는 이미 2023년 대구국가산업단지에 56만 2000m^2(약 17만 평) 규모의 LFP 양극재 및 차세대 음극재 관련 생산 시설을 짓기로 하고 투자협약$_{MoU}$을 체결했다. 총 예상 투자 규모는 무려 2조 5500억 원에 달했다.

앞서 4부에서 삼원계 배터리와 LFP 배터리 간 패권 다툼에 대해 살펴봤다. 한국이 삼원계 배터리에 강점을 지니고 있음에도 전 세계 전기차 시장에서는 LFP 배터리의 비중이 점점 높아져갔다. 특히 전기차 시장의 성장이 둔화하는 캐즘 국면에서 전기차 가격을 낮출 수 있는 LFP 배터리에 대한 완성차 기업들의 수요는 더욱 커졌다. 중국 배터리와 전기차 기업은 저렴한 LFP 배터리를 앞세워 글로벌 시장 점유율을 확대해나갔다. 중국에서는 '전기차 캐즘'이라는 말이 없었다. 결국 한국 배터리 기업들은 삼원계 배터리와 LFP 배터리를 동시에 추진하는 투트랙 전략을 쓸 수밖에 없는 상황이 되었다.

중국 기업들도 마찬가지로 NCM 배터리와 LFP 배터리 투트랙 전략을 구사했다. 한국 배터리 업계의 최대 적수인 CATL은 LFP 배터리뿐 아니라 삼원계 배터리 개발도 소홀하지 않았다. 삼원계보다 에너지 밀도가 낮다는 LFP 배터리의 약점도 차츰 극복했다.

CATL은 LFP 배터리에 망간을 추가해 전압을 높인 LMFP 배터리를 개발했다. LMFP는 LFP 대비 에너지 밀도가 15~20% 높고, kWh당 비용은 5% 이상 낮으며, 구조상 안정성도 높았다.

중국 기업들은 LFP 배터리에 삼원계 배터리 기술을 흡수하며 한계를 극복하고자 했다. CATL이 2023년 공개한 M3P 배터리는 LMFP에 삼원계인 NCM523을 혼합해 에너지 밀도를 210Wh/kg까지 높인 것이었다.[12] 이런 상황에서 한국 배터리 기업들이 삼원계만 고집한다면 글로벌 시장에서 갈수록 입지가 좁아지는 결과만 초래할 뿐이었다.

문제는 한국이 LFP 배터리를 개발해도 중국산보다 가격이 저렴하지 않다는 것이었다. 배터리 업계에서는 한국산 LFP 배터리가 중국산보다 가격이 비싸 수요가 제한적일 것이라는 부정적인 시각도 있었다.

그렇지만 전기차 시장에서 중국의 지배력을 우려하는 북미와 유럽 시장에서는 충분히 한국산 LFP 수요가 존재했다. 필자가 만나본 한 배터리 업계 관계자는 "북미에서는 한국이 각형 LFP 배터리를 양산한다면 사용하겠다는 곳이 많다"라고 전했다. 중국산에 비해 가격이 높다 하더라도 한국이 LFP 배터리를 양산한다면 구매하겠다는 전기차와 ESS 수요처가 많다는 의미였다. 권혁원 엘앤에프 공정개발연구소장은 "중국산에 대한 각국의 관세를 고려하면 한국산 LFP도 충분히 경쟁해볼 만하다"라고 말했다.[13]

배터리 업계에서는 한국 배터리 기업들이 LFP 배터리를 양산하는 시점이 실적 개선의 신호탄이 될 수 있을 것으로 봤다. LFP 배터리를 원하는 자동차 기업에 제품을 공급하면 매출을 확대할 수 있을 뿐 아니라 공장 가동률을 높여 영업 이익을 개선할 수 있다.

이러한 시장 분위기는 한국 배터리 기업들의 LFP 투자 확대로 이어졌다. 전기차 캐즘으로 수요가 둔화하고 있지만 LG에너지솔루션, 삼성SDI 등 국내 배터리 셀 기업들은 LFP에 대한 투자를 강화했다. 국내 배터리 기업들은 삼원계 배터리 생산 시설 일부를 LFP 배터리 생산 시설로 전환하는 방식으로 투자에 나섰다.

삼성SDI는 2025년 3월 2조 원의 유상 증자를 발표했다. 삼성SDI는 전고체 배터리, 46 시리즈 배터리와 함께 LFP 배터리를 주요 투자처로 꼽았다. 이에 앞서 LG에너지솔루션은 2025년 2월 북미 미시간주 홀랜드 공장의 ESS용 LFP 생산 설비에 투자하기 위해 2조 319억 원 규모의 채무 보증을 진행했다.

한국 배터리 기업의 LFP 배터리 양산에서 가장 큰 걸림돌은 공급망이었다. LFP는 중국이 앞서 있는 만큼 양극재, 음극재, 분리막, 전해질 등 주요 공급망 역시 중국 기업이 장악하고 있었다. 한국 배터리 셀 기업들이 LFP 배터리를 양산하기 위해서는 이러한 공급망부터 확보해야 했다.

SNE리서치에 따르면 2024년 LFP 양극재 시장은 중국 후난위넝(30.1%), 다이나노닉(10.8%), 후베이완룬(8.9%)을 비롯해 1위부터 10위까지 모두 중국 기업이 차지했다. LFP의 국산화가 생각보다 늦어지고 있는 것은 기술력보다는 공급망을 확보하는 데 시간이 오래 걸리기 때문이었다. 중국산 소재를 사용할 경우 중국 의존도가 높아지고 미국과 중국 간 관세 전쟁에서 피해를 입을 수 있었다.

소재 기업들도 LFP 시장 대응에 나섰다. LFP에 대한 수요가 확인되자 국내 양극재 기업들은 LFP 양극재 개발에 나섰다. 에코프로비엠은 2024년 4분기 콘퍼런스콜에서 "LFP의 경우 전구체를 사용하는 방법과 무전구체를 사용하는 방법을 동시에 개발 중"이라며 "실험실 수준에서는 에너지 밀도를 높이는 차세대 제품을 개발해 중국 LFP 양극재와 비교해서도 최고 수준을 달성했다"라고 밝혔다. 무전구체 공법은 중국산 전구체 의존도를 낮출 수 있다는 이점이 있었다. 에코프로는 연 3000톤 규모의 파일럿 라인을 구축하고 있다고 밝혔다.

에코프로비엠은 산업통상자원부에서 지원하는 'LFP 전지 개발 사업'에도 참여했다. 에코프로비엠 외에 에코프로에이치엔, 삼성SDI, 동화일렉트로라이트, 씨아이에스, 쉐메카 등 기업이 참여했다. 또한 한국화학연구원, 한국세라믹기술원, 한국기계전기전자시험연구원 등 기관과 경기대, 성균관대, 한양대, 아주대, 서강대, 서울과학기술대, 동아대 교수들도 연구에 동참했다.

엘앤에프는 대구 구지 3공장에 연산 100톤 규모의 LFP 양극재 파일럿 라인을 구축했다. 2026년에는 양산 체계를 갖춘다는 목표다. 이 회사는 2025년 5월 국내 한 제조사와 LFP 양극재 공급을 위한 업무협약_MoU을 체결했다. 엘앤에프가 대구국가산업단지에 약 3만 평 규모의 LFP 양극재 양산 공장을 건설하기로 한 것도 대형 고객사를 확보했기에 가능한 일이었다.

한국 배터리 기업들의 LFP 대응 전략이 구체화하면서 시장의 기대감이 높아졌다. 더 이상 'LFP 포비아'는 없다는 자신감도 생겨났다. 한병화 유진투자증권 이사는 2025년 6월 필자와의 인터뷰에서 "중국 LFP 배터리에 대한 공포는 이제 피크 아웃_peak out[정점을 지나 하락하는 국면] 시점이라고 보고 있다"라고 강조했다.[14]

LFP와 경쟁할 수 있는 제품 라인업도 다양해졌다. 한국 배터리 기업들은 중저가 전기차 시장을 겨냥해 LFP뿐 아니라 고전압 미드니켈 배터리, LMR(리튬망간리치) 배터리 등 기술 개발에 총력을 기울였다.

LG에너지솔루션은 '인터배터리 2025' 전시회에서 충전 속도를 높인 Q라인과 가격에 초점을 맞춘 C라인 2종류의 고전압 미드니켈 제품을 선보였다. 이 회사는 '분무 열분해법'을 통해 전구체 없이(전구체 프리) 양극재를 생산하는 공정을 도입해 기존보다 10% 원가를 절감할 수 있다고 강조했다. 이 전시회에서는 LG화학, 에코프로, 포스코퓨처엠 전시 부스 모두에서 LFP 양극재와 함께 고전압 미드니켈 양극재 견본품을 확인할 수 있었다.

　한국 배터리 기업들이 지닌 비장의 무기는 또 있었다. 한국 배터리 기업들은 중국보다 앞서 있는 LMR(리튬망간리치) 배터리 기술력을 내세웠다. 2025년 6월 LG에너지솔루션과 삼성SDI는 미국 GM과의 합작 공장에서 LMR 배터리를 생산하기로 했다.[15] LMR 배터리는 가격이 비싼 코발트와 니켈의 함량을 최소화하고 가격이 저렴한 망간의 함량을 늘려 가격 경쟁력을 확보한 배터리다. 에너지 밀도는 LFP 배터리보다 약 33% 높다.

　LMR 배터리는 니켈 함량이 적어 하이니켈 배터리보다 열적 안정성이 우수하다. 리튬과 함께 니켈, 코발트가 들어가 있어 재활용 측면에서도 LFP보다 경쟁력 있다. GM이 LMR 배터리의 기술과 시장성을 검증하고 전기차에 탑재하면 다른 제조사들도 뒤따를 것으로 예상된다.

　46 시리즈도 한국 배터리 기업들이 중국산 LFP 배터리에 대항할 카드로 제시되었다. 이안나 유안타증권 리서치센터 연구위원(부센터장)은 필자와 인터뷰에서 "LFP만큼이나 저렴하면서도 안전성이 있고 에너지 밀도가 높은 배터리가 나온다면 자동차 제조사들이 전기차 출시를 확대할 것"이라며 "양극과 음극에 모두 건식 전극 기술을 적

용한다면 46 시리즈의 가격을 절반으로 낮출 수 있다"라고 말했다.[16]

건식 전극 기술은 배터리 제조 공정 중 양극과 음극을 만드는 전극 공정을 기존 습식이 아닌 건식으로 진행하는 방식이다. 용매를 건조, 회수하는 설비가 필요 없기 때문에 투자비를 크게 아낄 수 있다. 또 배터리 밀도를 높일 수 있어 전기차의 주행 거리를 늘릴 수 있다.

LG에너지솔루션은 아예 건식 전극 기술로 LFP 배터리를 구현해 가격 경쟁력을 확보하는 전략을 마련했다. 김제영 LG에너지솔루션 CTO(최고기술책임자)는 '배터리 저팬 2025 BATTERY JAPAN 2025' 행사 기조연설에서 "건식 전극으로 LFP 배터리를 구현하면 비용이 적게 드는 반면 에너지 밀도는 한층 더 높일 수 있다"라며 "배터리 제조의 초격차 기술인 건식 전극 공정을 통해 중국 주도의 LFP 배터리 시장 판도를 바꿔나가겠다"라고 말했다.[17]

28장

⚡

배터리 기업
옥석 가리기

신기루만 띄운 기업들

생활가전 업체 자이글Zaigle은 한때 촉망받는 유망 기업이었다. 적외선 그릴 '자이글'을 출시해 TV 홈쇼핑에서 대박을 터트린 후 2016년 코스닥에 입성했다. 고기를 구워 먹기 위한 필수품으로 자이글 그릴을 들이는 집이 많았다. 하지만 자이글 이후 히트작이 나오지 않자 회사 규모는 더 이상 커지지 않았다. 이런저런 새로운 사업을 벌였으나 신통치 않았다. 2015년 1020억 원을 기록했던 매출은 6년 만인 2022년에 150억 원까지 쪼그라들었다.

그렇게 사람들의 기억 속에 잊히는 듯했던 자이글은 2022년 말 다시 스포트라이트를 받았다. 돌연 또 다른 제조사인 CM파트너의 전지 사업 부문 공장과 생산 설비, 개발 등 유무형 자산을 74억 원에 인수하면서 배터리 시장에 출사표를 던진 것이다.

이듬해인 2023년 정기 주총에서 자이글은 사업 목적에 이차전지 관련 내용을 추가했다. 이어 7월에는 이차전지 시장 진출을 위해 미국 투자사와 합작 법인 자이셀을 설립하고 미국 버지니아주에 LFP 배터리 전문 공장을 설립하겠다는 계획을 세웠다. 이를 위해 300억 원 규모의 제3자 유상 증자 계획을 밝혔다.

자이글이 배터리 사업 진출 계획을 밝히자 주가는 순식간에 뛰어올랐다. 5000원을 밑돌던 주가가 한때 3만 8900원까지 치솟으며 이차전지 테마주로 떠올랐다. 이렇게 생활가전 기업 자이글은 배터리 기업으로 화려하게 부활하는 듯했다.

그러나 투자자들이 기다리던 공장 설립 소식은 들리지 않았다. 유상 증자 결정은 6개월 만에 철회되었고, 이차전지 사업 진출도 사실상 무산되며 주가는 급락했다. 자이글은 미국 현지 투자사 엑스티 스팩펀드XT SPAC Fund와 합작사 자이셀을 설립하고 해당 법인의 지분 30%를 확보하는 '주식 및 출자 증권 취득 계약'을 체결했다. 그 대가로 이차전지 관련 기계 장치 151대에 대한 유형 자산을 양도한다고 발표했지만 2024년 12월 이를 돌연 취소했다.[1]

자이글의 이차전지 사업 진출 계획은 초기부터 많은 의구심을 낳았다. 자이글은 CM파트너 전지 사업 부문을 인수하면서 이 회사가 10년 이상 LFP 관련 분야 연구와 제조 경험이 있다고 강조했다. 하지만 인수 금액 중 대부분이 토지(54억 원), 건물(13억 원) 등 부동산이나 기계 설비(7억 원) 비용이었다. 기술 기업 인수라면 당연히 있어야 할 무형의 자산은 찾기 어려웠다. 74억 원의 인수금 중 63억 원은 기업은행 대출로 마련했다. 이렇게 인수한 공장의 가치를 7개월 만에 74

억 원에서 191억 원으로 재평가해 미국 합작 법인 자이셀에 현물 출자한다고 발표하며 뻥튀기 논란을 빚었다.[2]

이 과정에서 자이글의 발표만 믿고 주식을 샀던 수많은 투자자들은 막대한 손실을 입어야 했다. 이득을 본 곳도 있기는 했다. 사모펀드 회사 KIB프라이빗에쿼티(KIB PE)는 주가 급등 후 1만~3만 원대에 주식을 매도해 수백억 원의 차익을 거두었다. 하지만 대부분의 투자자들은 손실을 봐야 했다. 결국 금융위원회 산하 증권선물위원회는 2025년 3월 제5차 정례회의에서 자이글 법인과 대표이사, 전 고문을 자본시장법상 부정 거래 및 신고·공시 의무 위반 혐의로 검찰에 고발하기로 의결했다. 자이글은 부정 거래 의도가 없었다고 해명했지만 이미 발생한 투자자들의 손실은 회복할 방법이 없었다.[3]

이차전지 기업에 투자했다가 개인 투자자들이 막대한 손실을 본 사례는 또 있었다. 부산의 대표적인 향토 기업인 금양은 원래 발포제를 생산하는 회사였다. 1955년 설립된 이 회사는 발포제 분야 국내 1위, 글로벌(중국 제외) 점유율 30%를 자랑했다.[4] 발포제는 운동화 밑창, 자동차 내장재, 완구, 벽지 등에 두루 쓰이는 화학 제품이다. 나이키, 아디다스가 금양의 주요 고객사였다. 발포제 사업은 안정적인 매출은 가능했지만 기업이 더 성장하는 데는 한계가 있었다.

신규 사업을 고민하던 류광지 금양 회장은 수소 연료전지 사업에 뛰어든 데 이어 2170 원통형 배터리 개발에 진출했다. 이차전지 시장이 한참 활황이던 2023년 1월 류광지 회장은 대규모 투자 계획을 발표했다. 부산 기장군 기장대우일반산업단지 18만m^2(약 5만 4500평)에 8000억 원을 투자해 2026년까지 3억 셀(16.2GWh) 규모의 이차전지 생산 공장을 조성하겠다는 내용이었다. 류 회장은 당시 부산 시장과 이차전지 생산 시설 건립 투자 양해각서까지 체결했다. 금양은 "2024년까지 1억 셀 규모로 생산 라인을 만든 뒤 추후 2년간 3억 셀까지 증설하면서 4680 등 전기차용 배터리 생산을 검토하겠다"라는 비전을 밝혔다.[5]

이때부터 금양의 주가는 배터리 투자 붐과 맞물려 급등하기 시작했다. 2023년 7월 26일 금양 주가는 19만 4000원으로 역대 최고가를 기록했다. 시가 총액은 10조 원에 육박하며 대한항공과 SK텔레콤을 제쳤다. 2023년 1월 초 1조 3000억 원이던 시총이 8배나 급증한 것이다.

하지만 불과 2년 만인 2025년 3월 21일 금양의 외부 감사인은 "기업이 계속 존속할 수 있을지 불확실하다"라며 감사 의견을 거절했다. 의견 거절은 외부 감사인이 감사 의견을 내기 어려울 정도로 재무제표에 문제가 있다는 의미로 상장 폐지 사유에 해당한다.

금양의 주가는 고점 대비 94% 폭락했고 시가 총액은 6000억 원대로 주저앉았다. 주식 매매가 정지되었고 20만 명이 넘는 금양의 소액 주주들은 큰 손실을 봐야만 했다. 한국거래소는 금양의 이의 신청을 받아들여 1년간 개선 기간을 부여했지만 한번 깨진 금양에 대한 신뢰는 쉽게 회복되지 못했다.

이차전지의 테마주로 각광받던 금양이 몰락한 것은 무리한 사업 확대와 실체가 불분명한 신규 사업 때문이었다. 배터리 산업은 이미 한국과 중국, 일본의 대기업들이 경쟁을 벌이는 성숙한 산업으로 진입 장벽이 높다. 전기차 기업들은 수년간의 테스트와 검증을 거친 뒤에야 배터리 탑재 여부를 신중하게 검토한다. 새로운 기업이 이차전지 시장에 진출하기는 결코 쉬운 일이 아니다. 기존 글로벌 기업들도 수많은 인력을 동원해 연구개발에 몰두하며 생존 경쟁을 벌이고 있다. 시설 투자비만 해도 수조 원이 들어간다.

반면에 2024년 말 기준 금양의 이차전지 연구 인력은 43명, 이차전지 관련 특허는 5건에 그쳤다.[6] 이런 상황에서 금양의 배터리 사업이 순조롭게 진행되기는 처음부터 어려웠다. 금양은 2170 원통형 배터리 양산과 차세대 4680 배터리 개발을 위해 2024년 7월 4500억 원 규모의 유상 증자 계획을 밝혔으나 실패로 돌아갔다. 가뜩이나 전기차 캐즘 상황에서 위험을 무릅쓰고 금양에 막대한 돈을 쏟아부을 투자자는 많지 않았다. 결국 금양은 2025년 1월 유상 증자를 철회했다. 한국거래소는 공시 번복을 이유로 이 회사를 불성실 공시 법인으로 지정했다.

금양은 또 2023년 5월 몽골 현지 광산 개발 기업의 지분 60%를 6000만 달러에 인수하는 업무협약(MoU)을 맺었다. 당시 금양은 몽골 광물 탐사 기업 자료를 인용해 "해당 광산에 리튬(70조 원), 텅스텐(22조 원) 등 118조 원 가치의 광물이 매장되어 있다"라고 밝혔다. 하지만 금양은 2024년 9월 정정 공시를 통해 그해 몽골 광산 매출 전망치를 종전 4024억 원에서 66억 원으로, 영업 이익 전망을 1610억 원에서 13억 원으로 대폭 하향 조정했다. 기존 발표 대비 각각 1.6%, 0.8% 수준으로 낮춘 것이다. 몽골 광산의 실체에 대한 의구심이 커질 수밖에 없었다. 금양은 투자자들과 함께 몽골 광산을 다녀오기도 했으나 회사에 대한 신뢰는 쉽게 회복되지 않았다.

자이글과 금양은 이차전지 사업이 얼마나 어려운지 여실히 보여주는 사례다. K-배터리 기업들의 경쟁력이 우수한 것은 맞지만 치열한 글로벌 경쟁에서 살아남아 성과를 내기 위해서는 수많은 난관을 헤쳐나가야 한다. 배터리 산업은 대규모 투자를 수반해야 하는 장치 산업이면서 대외 정책 변수에 따른 불확실성도 크다. 이렇게 리스크가 많은 사업임에도 한때 국내에서는 이차전지 투자 광풍이 불면서 묻지마식 투자가 성행했다. 사업 목적에 이차전지만 들어 있으면 주가가 폭등했다. 이에 편승해 일부 기업들은 주가를 띄우기 위해 이차전지 사업 진출을 연달아 발표했다. 이 중 실체가 있거나 실적으로 이어진 경우는 많지 않았다.

이차전지 소재나 장비 기업들도 실제 기업 가치에 비해 지나치게 부풀려지면서 거품 논란이 일었다. 결국 전기차 캐즘과 함께 거품이 꺼지면서 진실의 순간을 맞이했다. 기업이 개인 투자자들에게 과도하게 장밋빛 환상을 심어준 것도 문제지만 기업의 말만 믿고 제대로 검증조차 하지 않고 투자에 나선 개인들도 반성할 필요가 있다.

피해를 입지 않기 위해서는 옥석을 가릴 수 있는 기본 지식을 갖추고 있어야 한다. 무엇보다 첨단 제조업인 배터리 산업의 기본 체계부터 이해할 필요가 있다.

파일럿, 샘플, 양산 이해하기

"파일럿 라인을 가동해 양산을 앞두고 있다." "고객사에 샘플을 제공했다." 배터리 관련 기사를 읽다보면 흔히 접하는 말이다. 이 말만 들으면 곧 실적으로 연결되어 매출이 올라갈 것만 같다. 하지만 파일럿 라인을 가동했거나 샘플을 제공했다고 해서 실제로 고객사와 계약을 체결하는 사례는 많지 않다. 샘플을 제공해도 고객사가 원하는 성능이 나오지 않아 계약이 불발되는 경우가 부지기수다. 파일럿 라인, 샘플 제공 소식만 듣고 섣불리 투자했다가 낭패를 보기 십상이다. 제품 개발부터 실제 고객사에 납품하기까지는 수많은 벽을 넘어야 한다.

이차전지 개발 역시 여느 다른 첨단 기술처럼 실험실에서 시작한다. 실험실에서 연구원들이 연구개발을 거쳐 어느 정도 상용화 가능성이 입증되면 파일럿 라인에서 실제 생산 테스트에 들어간다. 파일럿 라인은 신기술을 소량 생산해보는 시범 생산 라인이라고 할 수 있다. 그 규모는 회사에 따라 천차만별이다. 소규모로 시작해 점점 생산량을 늘려나간다. 파일럿 라인이 곧 양산을 의미하지 않는다.

연구소 종류도 다양하다. 가장 기초적인 단계는 대학 연구소다. 배터리 기업들이 대학과 산학 협력으로 연구 성과를 발표하는 경우를 종종 볼 수 있다. 또는 정부 산하 연구소에서 차세대 배터리나 소재를 개발하는 데 성공했다는 발표를 접하기도 한다. 이는 아주 초기 단계의 연구 성과로 실제로 상용화하기까지는 오랜 시간이 걸린다. 이러한 연구소의 연구 결과만 듣고 곧 제품이 세상에 나올 것이라고 여기면 안 된다.

기업 부설 연구소는 대학 연구소보다는 좀 더 상용화에 근접한 기술을 연구한다. 그렇지만 이 또한 상용화에 앞서 수년간 선행 연구를 하는 곳이다. 기업 연구소라고 해서 모두 같지도 않다. 대학 연구소처럼 기초 연구에 집중하는 곳이 있는가 하면, 실제 상용화를 얼마 안 남긴 기술을 연구하는 곳도 있다.

국내에서 배터리 양극재, 음극재 등을 생산하는 대표적인 기업인 포스코그룹의 예를 들어보자. 포스코그룹은 이차전지 분야에서 '포스텍, 포스코미래기술연구원 POSCO N.EX.T Hub, 에너지소재연구소'라는 3

가지 형태의 연구소를 두고 있다. 포스텍은 대학 연구소인 만큼 새로운 소재에 대한 기초 연구를 진행한다. 이곳의 연구 결과는 상용화하기까지 10년 이상 걸릴 수도 있다. 포스코홀딩스 산하 포스코미래기술연구원에서는 이보다 근접한 5년 이내에 상용화 성과를 낼 수 있는 아이템을 연구한다. 에너지소재연구소는 실제 배터리 소재를 생산하는 포스코퓨처엠이 운영한다. 이곳에서는 통상 3년 이내에 양산할 수 있는 소재를 연구한다.

연구소에서 원하는 성능을 구현하는 소재를 개발했다고 해서 곧바로 상용화할 수 있는 것은 아니다. 연구소에서는 실험실 환경에서 소량만 생산하기 때문에 실제 양산이 가능한지는 알 수 없다. 연구소에서 개발한 기술을 상용화하려면 공장에서 대량으로 생산할 수 있어야 한다. 그리고 대량 생산을 위해서는 특별히 맞춤 설계된 설비를 개발해야 한다. 수천억 원에서 수조 원의 대규모 투자가 수반되기에 어떤 기술을 양산할지 말지는 쉽지 않은 결정이다. 대량 생산했는데 고객사가 없다면 투자비를 모두 날릴 수 있다.

그렇기 때문에 연구소에서 개발한 기술을 실제로 대량 생산할 수 있는지 테스트해보고 고객사의 반응을 살펴보는 단계가 필요하다. 이 과정이 파일럿 라인을 구축하는 단계다. 파일럿 라인에서는 다양한 설비를 활용해 실험실에서의 성능이 실제로 구현되는지, 경제성은 있는지 등을 따져본다. 파일럿 라인에서 제대로 성능을 구현한 제품을 생산했다면 고객사에 샘플을 보내 납품 여부를 논의하게 된다.

차세대 배터리라고 불리는 전고체 배터리는 파일럿 라인 단계에 있는 대표적인 사례다. 삼성SDI는 2022년 3월 수원시 영통구의 연구소 내에 전고체 전지 파일럿 라인을 착공했다. 라인 규모는 약

6500m²(약 2000평)로 1년 만인 2023년 상반기에 준공되어 시험 생산을 시작했다. 고주영 삼성SDI 부사장은 2024년 3월 열린 '인터배터리 2024'의 부대 행사인 '더 배터리 콘퍼런스'에 참가해 "전고체 배터리 샘플을 완성차 업체 3군데에 제출해 평가를 진행하고 있다"라고 밝혔다.

샘플을 보냈다고 곧바로 양산으로 이어지는 것도 아니다. 고객사가 원하는 품질, 가격대와 맞지 않는다면 공급 계약까지 이어지지 않는다. 이러면 양산까지 가지 못하고 파일럿 라인에서 멈추게 된다.

전기차는 A샘플, B샘플, C샘플 등 샘플을 여러 단계에 걸쳐 고객사에 보내 품질을 검증받는다. C샘플로 갈수록 완성도는 높아진다. 한 단계마다 1~2년씩 소요되기도 한다. 최종 공급 계약까지는 길고 험난한 과정을 거쳐야 한다. 자동차 산업은 다른 산업보다 새로운 기술을 채택하는 데 보수적이다. 고객의 생명과 직결되기 때문에 검증에 검증을 되풀이한다.

또 아무리 성능이 우수해도 가격이 비싸면 자동차 제조사들은 채택하지 않는다. 애써 출시해봤자 고객한테 외면받기 때문이다. 따라서 배터리 제조사들은 파일럿 라인을 통해 성능과 함께 고객사가 원하는 수준까지 가격을 낮출 수 있는 방안을 연구하게 된다. '차세대 배터리'라고 불리는 것들이 아직 시장에서 빛을 못 보고 있는 것은 이런 이유들 때문이다.

파일럿 라인을 준공하고도 양산까지 다시 수년이 걸릴 수 있다. 전고체 배터리처럼 기존에 없던 새로운 제품일수록 그 기간은 길어진다. 2023년 전고체 배터리 파일럿 라인을 준공한 삼성SDI가 실제 양산 목표로 제시한 시점은 2027년이다.

배터리 셀 기업에 장비나 소재를 공급하는 기업도 비슷한 단계를 거친다. 파일럿 라인 자체가 불확실성이 높다. 따라서 파일럿 라인에 장비나 소재를 공급했다고 해서 향후 양산 라인에도 장비나 소재를 공급할 것이라고 생각하면 오산이다.

실제로 삼성SDI는 전고체 배터리 파일럿 라인에서 물을 이용한 WIP(온간 정수압 프레스), 롤프레싱 등 다양한 방식으로 양산 가능성을 테스트했다. 이 과정에서 여러 기업이 삼성SDI에 파일럿 라인 장비를 공급했다고 자랑했다. 하지만 삼성SDI가 실제 양산 라인에 어떤 장비를 쓸지는 확실치 않았다.

앞서 예로 든 자이글과 금양은 양산까지 이르지 못한 경우다. 자이글은 파일럿 라인조차 갖추지 못했다. 금양은 공급 계약을 체결했다고 발표했지만 그 계약의 신빙성에 의문이 제기되었다. 금양은 2024년 9월 미국의 나노테크에너지와 6년간 2170 배터리를 17억 2000만 달러가량 공급하는 계약을 체결했다고 공시했다. 그러나 곧 정정 공시를 통해 공급 계약이 아닌 총판 계약이라고 수정했다. 실제 공급 계약이 아니라 앞으로 미국에 배터리를 수출할 경우 나노테크에너지에 독점적인 판매권을 준다는 계약이었다.[7]

어느 전기차에 어떤 배터리가?

미국의 전기차 스타트업 리비안Rivian은 "제2의 테슬라"라는 수식어가 따라붙는 기업이다. MIT 기계공학 박사 출신인 로버트 J. 스캐린지Robert Joseph Scaringe가 2009년 창업한 이 회사는 사업 초기 아마존과 포드로부터 각각 7억 달러, 5억 달러의 투자를 받아내 전 세계적으로 주목받았다. 2021년 11월 단 150대의 전기차 출고 실적에도 불구하고 나스닥 상장에 성공해 다시 한 번 세계를 놀라게 했다. 상장 이후 주가가 급등하며 한때 포드와 GM의 시가 총액을 뛰어넘기도 했다.

이러한 리비안의 초기 성공 뒤에는 한국 배터리 기업의 역할이 컸다. 이 회사가 선보인 전기 픽업트럭 R1T와 SUV R1S에는 삼성SDI가 개발한 2170 원통형 배터리가 탑재되었기 때문이다. 리비안이 스포트라이트를 받을 때마다 삼성SDI도 함께 주목받았다.

그러나 리비안과 삼성SDI의 밀월 관계는 오래가지 않았다. 리비안은 2025년형 R1 시리즈에 삼원계 배터리 대신 LFP 배터리를 탑재한다고 발표했다. 새롭게 리비안에 LFP 배터리를 공급하는 곳은 중국의 고션하이테크였다. 삼성SDI는 "영향이 제한적일 것"이라고 밝혔지만 실제 결과는 그렇지 않았다. 시장 조사 기관 SNE리서치가 공개한 2025년 1분기 중국을 제외한 전 세계 전기차 배터리 탑재량을 보면 삼성SDI의 사용량은 전년 동기 대비 무려 16.9% 감소했다. 점유율도 11.3%에서 7.4%로 주저앉았다. SNE리서치는 "리비안에 타사 LFP 배터리를 탑재한 스탠다드 레인지* 트림 출시가 삼성SDI 배터리 사용량에 부정적 영향을 끼쳤다"라고 분석했다.[8]

삼성SDI의 악재는 여기서 그치지 않았다. LG에너지솔루션은 2024년 11월 리비안에 차세대 원통형 4695 배터리를 대규모 공급한다고 발표했다. LG에너지솔루션은 2026년부터 5년간 미국 애리조나

---

* 스탠다드 레인지Standard Range와 롱 레인지Long Range는 완전 충전 시 주행 거리에 따라 전기차를 구분하는 용어다. 롱 레인지 모델이 스탠다드 레인지보다 많은 용량의 배터리를 탑재해 1회 충전 시 주행 거리가 더 길다.

공장에서 리비안에 67GWh 규모의 배터리를 공급할 계획이다. 이 배터리는 리비안이 새롭게 출시하는 SUV R2에 탑재되며 공급 규모는 8조 원에 달할 것으로 예상되었다. 삼성SDI는 이래저래 주력 고객사 중 한 곳을 경쟁사에 빼앗길 처지에 놓였다.

전기차는 배터리 산업의 전방 산업*이다. 배터리와 전기차 산업의 관계는 밀접하게 연결되어 있다. 어느 전기차에 어떤 배터리를 탑재하느냐는 배터리 기업의 실적과 직결된다. 예를 들어 SK온의 배터리를 탑재한 현대자동차의 전기차가 전 세계적으로 판매량이 증가하면 SK온의 실적도 좋아진다. SK온 배터리에 소재를 공급하는 협력사 실적도 함께 향상된다. 반대로 자사 배터리를 탑재하기로 한 전기차의 출시가 연기되면 기업 실적이 큰 타격을 입는다.

과거에는 특정 전기차 브랜드에는 특정 배터리가 탑재되었다. 그러나 최근에는 전기차도 멀티 밴더 전략을 사용한다. 같은 차종이라도 출시 지역이나 트림(동일 차종 내에서 옵션 및 사양 구성에 따라 나뉜 등급)에 따라 서로 다른 배터리를 사용하는 것이다. 특정 배터리에 대한 의존도를 낮추고 협상력을 높이기 위해서다. 다양한 배터리 제조사에서 공급받으면 리콜 등의 위험을 분산하는 효과도 있다. 또 배터리의 발전 방향에 따라 새로운 배터리 제조사를 추가하기도 한다. 최근 전기차 제조사들은 가격과 화재 안전성을 위해 LFP 배터리나 각형 배터리를 선호하는 경향이 뚜렷이 나타나고 있다.

---

* 원자재나 중간 제품을 이용해 최종 소비자에게 판매되는 제품을 생산하는 산업. 원자재나 소재를 생산하는 산업을 후방 산업이라고 한다. 즉 최종 소비자와 가까울수록 전방 산업이다.

자동차 제조사들은 자사 전기차에 어떤 배터리를 탑재하는지 공개하기를 꺼린다. 전기차에서 배터리가 차지하는 비중이 워낙 크기 때문이다. 내연기관차는 자동차 제조사가 엔진도 제조하지만 전기차는 그렇지 않은 경우가 대부분이다. 소비자가 탑재한 배터리를 기준으로 전기차를 구매한다면 자동차 제조사의 장악력과 파워는 약화될 것이다. 자동차 제조사들이 우려하는 지점이다.

우리나라에서는 2024년 8월 발생한 인천 청라 아파트 전기차 화재 사고 이후 소비자의 알 권리 차원에서 어떤 전기차가 어떤 배터리를 탑재하는지 공개하고 있다. 덕분에 국내에서는 조금만 손품을 팔면 전기차마다 어떤 배터리를 쓰는지 알 수 있다. 표 [28-1]은 2024년 8월 기준 국내 출시 전기차의 배터리 탑재 현황이다.

표에서 확인할 수 있듯이 제조사마다 주로 쓰는 배터리가 있다. 예를 들어 현대자동차·기아는 SK온 배터리가 많이 탑재되어 있다. 테슬라는 파나소닉과 LG에너지솔루션, CATL의 배터리를 많이 쓴다. BMW는 초기부터 삼성SDI와 밀접한 관계를 유지하고 있다. 아우디는 삼성SDI 배터리를, 벤츠는 중국산 배터리를 많이 쓴다는 것을 알 수 있다.

배터리 셀 기업마다 전기차 탑재 비중도 다르다. 자동차 시장 조사 업체인 마크라인스에 따르면 2023년 3분기 기준 출하 용량 기준으로 LG에너지솔루션에서 가장 높은 비중을 차지한 전기차 제조사는 테슬라로 36%였다. 테슬라의 전기차 판매량이 LG에너지솔루션의 실적과 밀접할 수밖에 없다. 이어 폭스바겐이 24%, 포드가 8%, GM이 7%를 차지하는 것으로 나타났다.

삼성SDI는 BMW가 31%로 가장 높고 폭스바겐(아우디) 23%, 리

[28-1] 브랜드별 전기차 탑재 배터리 현황

	모델명	배터리 제조사
현대자동차	아이오닉5	SK온
	아이오닉5PE	SK온
	아이오닉5N	SK온
	아이오닉6(2022. 7~2022. 12)	SK온
	아이오닉6(2023. 1~2023. 5)	SK온/LG에너지솔루션
	아이오닉6(2023. 6~)	LG에너지솔루션
	코나 SX2 EV	CATL
	코나 OS EV	SK온/LG에너지솔루션
	캐스퍼 EV	LG에너지솔루션
제네시스	GV60	SK온
	G80 EV	SK온
	GV70 EV	SK온
기아	레이 EV(2011. 12~2017. 12)	SK온
	레이 EV(2023. 4~)	CATL
	니로 EV(2018. 7~2021. 12)	SK온/LG에너지솔루션
	니로 EV SG2	CATL
	니로 플러스	SK온
	EV3	LG에너지솔루션
	EV6	SK온
	EV9	SK온
KG모빌리티	토레스EVX	BYD
	코란도 e모션	LG에너지솔루션

테슬라	모델3	파나소닉/LG에너지솔루션/CATL
	모델Y	파나소닉/LG에너지솔루션/CATL
	모델X	파나소닉
	모델S	파나소닉
BMW	iX1	CATL
	iX3	CATL
	i4 eDrive40	삼성SDI
	i4 M50	삼성SDI
	i5 eDrive40	삼성SDI
	i7 XDrive60	삼성SDI
벤츠	EQA 250	CATL(2021~2022)/SK온(2023~2025)
	EQB 300 4Matic	SK온
	EQE 300	CATL
	EQE 350+	파라시스
	EQE 350 4Matic	파라시스
	EQS 450 4Matic	CATL
아우디	e-tron S	삼성SDI
	e-tron Sportback55 quattro	삼성SDI
	e-tron GT quattro	LG에너지솔루션
	Q8 55 e-tron quattro	삼성SDI
	A7 55 TFSI e quattro	삼성SDI

비안 20%, 스텔란티스 17% 순이었다. SK온은 현대자동차가 63%로 비중이 압도적으로 높았으며 다임러가 19%, 폭스바겐이 11%, 포드

가 6%의 비중을 차지했다.

하지만 전기차 제조사와 배터리 셀 기업의 관계가 영원한 것은 아니다. 앞서 이야기했듯 자동차 제조사들이 멀티 밴더 전략 차원에서 점차 배터리 제조사를 다양화하고 있기 때문이다. 예를 들어 GM은 LG에너지솔루션과 합작 공장인 얼티엄셀즈를 세워 NCM 파우치 배터리를 공급받고 있지만 삼성SDI와도 합작 공장을 설립해 NCA 각형 배터리를 생산하기로 했다. 파우치형 배터리 외에 각형 배터리를 원했던 GM이 삼성SDI와 손잡은 것이다. 삼성SDI는 현대자동차의 제네시스 차량에도 각형 배터리를 공급할 계획이다.

전기차 제조사들의 요구가 다양해지면서 배터리 제조사들도 이에 대응할 수밖에 없게 되었다. 필자가 현장에서 만난 배터리 업계 관계자들은 "전기차 제조사들은 각형이 파우치형에 비해 화재 안전성이 우수하다고 보고 각형을 선호하고 있다"라고 전했다. 결국 원통형과 파우치형 배터리만 생산하던 LG에너지솔루션도 더 이상 고객을 빼앗기지 않기 위해 각형 배터리 개발에 나섰다.

배터리 제조 시설을 어디에 둘지는 배터리 공급에 절대적인 영향을 미친다. 이는 대륙별 전기차 시장에 따른 배터리 기업의 실적과도 직결된다. 미국 전기차와 ESS 시장을 공략하기 위해서는 미국에, 유럽 시장을 공략하기 위해서는 유럽에 배터리 제조 시설을 건립하게 된다. 처음부터 GM 등 미국 전기차 시장을 공략했던 LG에너지솔루션은 상대적으로 미국에 많은 제조 시설을 두고 있다. BMW 등 유럽 자동차 기업과 긴밀히 공조했던 삼성SDI는 유럽에 제조 시설이 많다. 국내 배터리 기업들은 전기차 시장의 팽창에 대응해 글로벌화를 추진하면서 서로 다른 전략을 취했다.

[28-2] 국내 배터리 셀 업체별 고객사 출하량 비중

배터리 업체	주요 고객사		
	북미	유럽	기타
LG에너지솔루션	• 테슬라 36% • 포드 8% • GM 7% • 스텔란티스 2%	• 폭스바겐 24% • 르노-닛산 5% • 다임러 2%	• 현대자동차 6% • 지리자동차 8% • 기타 2% • 공급 예정: 토요타, 혼다
삼성SDI	• 스텔란티스 17% • 포드 3% • 공급 예정: GM	• BMW 31% • 폭스바겐 23%(이중 아우디 80%)	• 리비안 20% • 기타 6% • 공급 예정: 현대자동차
SK온	• 포드 6%	• 다임러 19% • 폭스바겐 11%	• 현대자동차 63% • 기타 1% • 공급 예정: 폴스타

출처: 마크라인스, 하이투자증권(현 IM증권) 리서치본부(2023년 3분기 누적 기준)

K-배터리가 태어나는 곳
: LG에너지솔루션, 삼성SDI, SK온

자동차로 중부고속도로를 달리다 오창 톨게이트에서 빠져나와 시내로 향하다보면 여기저기서 '과학산업단지'라는 이정표를 자주 만나게 된다. 충북 청주 오창읍은 위치상 우리나라의 한가운데에 있어 전국 어디든 빠르게 갈 수 있는 곳이다. 인구 약 6만 8000명의 비교적 소도시인 이곳에 대규모 과학산업단지가 조성된 것은 이러한 지리적 이점 때문만은 아니었다. 이곳에 바로 LG에너지솔루션의 이차전지 공장이 자리하고 있는 영향이 컸다.

오창에는 2002년 LG화학(현 LG에너지솔루션)이 이차전지 공장을 건립한 이래 현재 40여 개의 배터리 관련 기업이 입주해 있다. 대표적인 소재 기업인 에코프로비엠의 양극재 공장도 이곳에 있다. 충북 전체로는 130여 개의 배터리 관련 기업이 둥지를 틀고 있다. 이차전지 지원 시설도 들어서고 있다. 2025년 4월에는 국내 최대 규모의 이차전지 종합 시험·연구·지원 시설인 '충북특화단지 배터리산업지원센터'가 오창읍에 문을 열었다. 모두 LG에너지솔루션의 이차전지 공장을 배후에 두고 있기에 가능한 일이었다.

LG에너지솔루션은 오창읍에 2곳의 생산 시설을 두고 있다. LG에너지솔루션은 오창 이차전지 공장을 '오창 에너지플랜트'라고 부른다. 먼저 지어진 오창 에너지플랜트1은 33만 309m^2(약 9만 9918평) 규모의 대지 위에 건립된 5개동에서 원통형 2170 배터리와 파우치형 배터리를 생산하고 있다. 이곳에서 테슬라 전기차에 들어가는 2170 원통형 배터리도 만들어진다. 공장은 3교대로 24시간 운영된다.

오창 에너지플랜트는 겉으로 보면 전혀 공장 같지 않다. 깔끔한 외관을 지닌 오피스빌딩처럼 보인다. 본관 1층에 들어서면 직원들의 휴식 공간인 '엔트럴파크'가 가장 먼저 눈에 들어온다. 이곳에서는 가끔 외부인을 초청해 공연이나 콘서트를 열기도 한다. 이 밖에 게임기, 노래방, 카페, 편의점, 푸드코트, 헬스장 등 각종 편의 시설이 들어서 있다.

오창 에너지플랜트1에서 약 6km 떨어진 오창 에너지플랜트2는 2010년부터 조성하기 시작했다. 총 35만 6201m^2(약 10만 751평) 규모로 1공장보다 크다. 2개 공장을 합치면 LG에너지솔루션 오창 공장은 20만 7669평에 이른다. 에너지플랜트2에서는 차세대 4680 원통형 배터리를 생산한다.

오창 에너지플랜트는 LG에너지솔루션이 유일하게 국내에서 운영하는 대규모 생산 시설이다. 새로운 배터리 기술이나 설비를 도입할 때 가장 먼저 오창 공장에 적용하고 검증이 끝난 후 해외 생산 시설에 그대로 이식한다. 일종의 테스트베드testbed인 셈이다. 4680 원통형 배터리도 이곳에서 안정화 과정을 거친 후 미국 공장에서 양산하게 된다.

LG에너지솔루션은 그런 의미에서 오창 에너지플랜트를 '마더 팩토리'라고 부른다. 이곳에서 미국, 중국, 폴란드 등 해외 생산 시설과 원격으로 의사소통하거나 제어할 수 있다. 새로운 기술과 공정이 오창 공장에 처음 적용되다보니 고객사들과의 주요 미팅도 이곳에서 이루어진다. 필자가 찾은 날에도 여러 명의 해외 바이어를 목격할 수 있었다.

오창 공장의 생산 규모는 작지 않다. 연간 생산 능력은 18GWh이며 증설을 거쳐 33GWh까지 확대될 예정이다. 오창 에너지플랜트 생산액은 2021년 8조 3875억 원에서 2022년 10조 5818억 원, 2023년 12조 2884억 원으로 매년 큰 폭으로 늘었다. 이 중 약 절반은 자동차용 배터리에서 나왔다.

한국 충북 오창에 '마더 팩토리'가 있다면 LG에너지솔루션의 매출에서 가장 큰 비중을 차지하는 곳은 북미 생산 시설이다. LG에너지솔루션은 미시간주 홀랜드, 미시간주 랜싱, 애리조나주 퀸크릭 3곳에 자체 생산 법인을 두고 있다.

이 중 2012년 준공된 미시간주 홀랜드 공장은 LG에너지솔루션

[28-3] LG에너지솔루션 오창 에너지플랜트 전경.

의 북미 지역 핵심 생산 거점이다. 2공장까지 증설이 완료되면 생산 규모는 최대 26GWh까지 늘어난다. 전기차용 배터리뿐 아니라 ESS용 LFP 배터리도 홀랜드 공장에서 생산한다.

미시간주 랜싱 공장은 당초 미국 GM과 합작 법인으로 추진되었으나 전기차 캐즘 영향으로 GM이 손을 떼면서 LG에너지솔루션이 지분을 전량 인수했다. 랜싱 공장은 토요타에 공급하는 배터리를 생산할 계획이다. 애리조나주 퀸크릭 공장에서는 테슬라와 리비안에 공급하는 원통형 46 시리즈 배터리를 생산하게 된다.

LG에너지솔루션과 GM의 합작 법인 얼티엄셀즈는 오하이오주에 1공장(연간 생산 능력 40GWh), 테네시주에 2공장(연간 생산 능력 50GWh)이 있다. 스텔란티스와의 합작 공장(연간 생산 능력 49GWh)은 캐나다 온타리오주에, 혼다와의 합작 공장(연간 생산 능력 40GWh)은 오하이오주에 있다. 온타리오주 합작 공장은 20024년 양산을 시작했다. 스텔란티스는 2021년 피아트크라이슬러와 PSA그룹이 합병해 설립한 다국적 자동차 회사다. 닷지, 지프, 마세라티, 푸조, 시트로엥 등 14개 자동차 브랜드를 보유하고 있다.

LG에너지솔루션은 또한 조지아주에 연간 생산 능력 30GWh 규모로 현대자동차와의 합작 공장을 운영하고 있다.

LG에너지솔루션의 유럽 시장 생산 기지는 폴란드 브로츠와프에 있다. 연간 86GWh를 생산할 수 있는 능력을 갖추고 있다. LG에너지솔루션 폴란드 공장은 유럽 전기차용 배터리를 생산했으나 전기차 수요가 둔화함에 따라 일부 생산 라인을 ESS용 LFP 배터리로 전환했다.[9]

LG에너지솔루션은 중국 난징에 2개 공장을 운영하고 있다. 회사는 난징 1, 2공장의 생산 능력을 62GWh에서 110GWh로 늘리는 작업을 진행하고 있다. 난징 공장은 오창 에너지플랜트와 함께 아시아 시장 공략을 위한 핵심 생산 기지 역할을 하고 있다. 중국이 광물, 소재 등 전 세계 공급망을 장악하고 있는 만큼 현지 기업과의 협력도 이곳에서 활발히 이루어진다.[10] 이곳에서 생산한 배터리는 테슬라의 상하이 기가팩토리에 공급된다. 난징 공장에서는 ESS용 LFP 배터리도 생산한다.

이 밖에 LG에너지솔루션은 2024년 현대자동차그룹과 함께 인도네시아에 배터리 셀 공장인 HLI그린파워를 설립했다. 이 공장에서 생산한 배터리는 현대자동차 인도네시아 공장에서 만드는 코나 전기차에 탑재된다. HLI그린파워를 설립한 것은 인구 7억 명의 아세안 전기차 시장을 공략하는 동시에 니켈 최대 생산지인 인도네시아와 긴밀한 신뢰 관계를 구축하기 위한 포석이다.

[28-4] LG에너지솔루션 배터리 생산 시설 현황

	생산 시설	생산 규모	가동(예정) 시기	비고
한국	오창 에너지플랜트	18GWh (33GWh로 확대)	2004년	단독
미국	미시간주 홀랜드 공장	26GWh	2012년	단독
	미시간주 랜싱 공장	50GWh	2025년 이후	단독
	애리조나주 퀸크릭 공장	43GWh	2026년 상반기	단독
	오하이오주 얼티엄셀즈1	40GWh	2022년	GM 합작
	테네시주 얼티엄셀즈2	50GWh	2024년	GM 합작
	오하이오주 제퍼슨빌 공장	40GWh	2025년 목표	혼다 합작
	조지아주 서배너 공장	30GWh	2025년 목표	현대자동차 합작
캐나다	온타리오주 윈저 공장	45GWh	2024년	스텔란티스 합작
폴란드	브로츠와프 공장	86GWh	2018년	단독
중국	난징 1공장	62GWh (110GWh로 증설)	2015년	단독
	난징 2공장		2021년	단독
인도네시아	HLI그린파워	10GWh	2024년	현대자동차 합작

삼성SDI는 국내에는 천안과 울산에 배터리 생산 시설을 운영하고 있다. 천안 공장은 IT 기기, 전동 공구, 전동 바이크 등에 탑재되는 소형 배터리를 생산하며, 울산 공장은 전기차에 들어가는 중대형 배터리를 만든다.

천안 공장은 삼성SDI에 역사적인 공간이다. 삼성SDI는 2000년 천안 공장을 준공하면서 리튬이온 배터리의 대량 양산 체계를 갖추고 이차전지 시장에 본격적으로 뛰어들었다. 삼성SDI는 2003년에는 천안에 6개 라인을 갖춘 2공장까지 준공했다. 월 1410만 개의 셀을 생산할 수 있는 능력으로 당시 산요, 소니에 이어 세계 3위 규모였다. 천안 공장은 삼성SDI가 소형 이차전지 시장에서 선두를 차지할 수 있었던 전초 기지 역할을 했다. 46 시리즈 파일럿 라인도 천안 공장에 있다.[11]

삼성SDI 울산 공장은 독일 보쉬와의 합작사였던 SB리모티브가 2010년 울산에 전기차용 이차전지 공장을 준공한 것이 시작이었다. 삼성SDI는 2년 뒤에 SB리모티브의 보쉬 지분을 전량 인수했다. 이후 전기차 시장이 확대됨에 따라 삼성SDI는 계속해서 울산 공장의 규모를 키워나갔다. 울산 공장의 생산 능력은 약 10GWh로 알려졌다. 삼성SDI는 약 1조 원을 투자해 생산 능력을 2배로 확대할 계획이다.

삼성SDI의 해외 핵심 생산 거점은 헝가리 괴드다. 2001년 설립된 괴드 공장은 원래 TV용 브라운관과 PDP(플라즈마디스플레이패널)을 생산하던 곳이었다. 삼성SDI는 PDP 시장이 움츠러들자 이 공장을 전기차용 배터리 생산 시설로 전환했다. 벤츠, BMW, 아우디 등 유럽 자동차 제조 공장이 몰려 있는 헝가리는 배터리 공장으로는 최적의 입지이기도 했다.

삼성SDI는 2017년부터 투자를 진행해 괴드 1공장을 건설했다. 이어 추가 증설을 통해 2023년부터 괴드 2공장 가동을 시작했다. 회사 측은 구체적인 생산 규모는 공개하고 있지 않지만 배터리 업계에서는 괴드 공장 생산 능력을 약 40GWh로 추정한다. 괴드 공장에서는 BMW, 아우디, 폭스바겐 등 유럽 프리미엄 전기차에 들어가는 삼원계 각형 배터리를 생산한다. 또한 2026년부터 현대자동차가 유럽에 출시하는 전기차에 들어가는 배터리도 생산한다. 2023년에 삼성

SDI는 현대자동차와 차세대 유럽형 전기차에 배터리를 공급하는 계약을 체결했다.

삼성SDI는 국내 배터리 3사 중 유일하게 북미에 자체 공장을 운영하지 않는 기업이다. 북미 지역에는 합작 공장만 두고 있다. 단독 공장 설립도 추진했으나 전기차 캐즘 상황에 보수적인 입장으로 선회했다.[12] 미국은 국내 배터리 기업의 핵심 시장인 만큼 향후 전기차 시장이 개선된다면 다시 단독 공장 설립을 추진할 수 있다.

삼성SDI는 인디애나주 코코모에 스텔란티스와 합작 법인 스타플러스를 설립했다. 코코모 공장은 연산 33GWh 규모로 2024년 가동을 시작했다. 양사는 코코모에 34GWh 규모의 2공장도 건설 중이며 2027년 가동을 목표로 하고 있다. 코코모 공장에서는 각형 배터리를 생산해 스텔란티스 산하 브랜드의 전기차에 공급한다.

삼성SDI는 GM과 2027년 완공을 목표로 미국 인디애나주 뉴칼라일에 합작 공장도 짓고 있다. 부지는 277만m^2(약 84만 평)에 달한다. 초기 생산 능력은 27GWh 규모이며 향후 36GWh로 확대할 계획이다. 이 외에 삼성SDI는 중국 톈진에서 소형 배터리, 시안에서 중대형 배터리 공장을 운영하고 있다.

LG에너지솔루션, SK온 등 국내에서 경쟁하는 다른 배터리 셀 기업과 달리 삼성SDI는 이차전지 시장이 활황일 때도 보수적으로 투자해왔다. 덕분에 전기차 수요 둔화에 비교적 충격을 덜 받을 수 있었다. 반대로 전기차 캐즘의 영향으로 다른 기업들이 투자 속도 조절에 나선 것과 달리 삼성SDI는 지속적으로 투자를 확대했다.[13] 삼성SDI는 2025년 3월 글로벌 생산 시설 개조와 증설을 위해 2조 원가량의 유상 증자를 실시했다.

[28-5] 삼성SDI 배터리 생산 시설 현황

	생산 시설	생산 규모	가동(예정) 시기	비고
한국	천안 공장	– (소형 배터리)	2000년	단독
	울산 공장	10GWh (20GWh로 증설)	2010년	단독
미국	인디애나주 코코모 1공장	33GWh	2024년	스텔란티스 합작
	인디애나주 코코모 2공장	34GWh	2027년 예정	스텔란티스 합작
	인디애나주 뉴칼라일 공장	27GWh (36GWh로 확장)	2027년 예정	GM 합작
중국	톈진 공장	– (소형 배터리)	2006년	단독
	시안 공장	– (중대형 배터리)	2015년	단독
헝가리	괴드 1공장	40GWh	2017년	단독
	괴드 2공장		2023년	단독

    헝가리 페예르주 이반차에 자리 잡은 이반차산업단지에는 'SKút'(SK로)라는 이름이 붙은 도로가 있다. 이반차시는 산업단지 초입부터 단지 내 SK온 이반차 공장까지 약 1.8km에 'SK로'라는 이름을 붙였다. 이 도로는 헝가리 수도 부다페스트와 남부를 잇는 M6 고속도로와 연결된다. 이반차시가 SK 이름을 딴 도로를 만든 것은 그만큼 SK온의 투자로 일자리 창출 등 지역 경제에 도움을 받았기 때문이다.

    이반차 공장은 SK온이 코마롬 1공장(7.5GWh)과 2공장(10GWh)에 이어 헝가리 내에 3번째로 건설한 배터리 생산 시설이다. 2024년 2분기에 상업 가동을 시작한 이 공장은 향후 연간 30GWh의 생산 능력을 갖출 예정이다. 이럴 경우 SK온의 유럽 내 생산 능력은 카마롬

1, 2공장과 이반차 공장을 합쳐 47.5GWh로 늘어나게 된다.

'SK로'는 미국에도 있다. 미국 조지아주 잭슨카운티는 SKBA(SK배터리아메리카) 부지 인근 도로인 '스티브 레이놀즈 인더스트리얼 파크웨이'를 'SK블러바드'로 이름을 변경했다. SKBA가 들어선 산업단지 이름도 '커머스 85 인더스트리얼 파크웨이'에서 'SK 배터리 파크'로 바꾸었다. SKBA는 2018년 SK온이 출범하기 전부터 모회사인 SK이노베이션이 미국 시장에 생산 거점을 확보하기 위해 현지에 설립한 법인이다.

조지아주가 도로명과 산업단지 이름을 바꿀 정도로 SK온은 이 지역에 대대적인 투자를 진행했다. SK온은 2022년부터 조지아주 커머스에 2개의 자체 공장을 가동하고 있다. 연간 생간 능력은 각각 10GWh, 12GWh에 달한다.

SK온은 포드와 폭스바겐 전기차에 공급할 배터리를 생산하기 위해 조지아 공장을 지었지만 전기차 수요가 둔화하면서 가동률이 뚝 떨어졌다. 조지아주 공장 일부는 현대자동차 전기차용으로 전환해 사용하고 있다. 현대자동차·기아의 미국 전기차 전용 공장인 현대자동차그룹 메타플랜트 아메리카$_{HMGMA}$가 2024년 10월 가동에 들어가면서 북미 배터리 수요가 증가한 데 따른 것이다. SK온은 또한 2028년부터 2033년까지 닛산에 99.4GWh 규모의 배터리를 공급하기로 한 상태다. 이에 따라 SK온 조지아 공장의 가동률은 점차 회복될 것으로 기대된다.

SK온은 현대자동차와 조지아주 애틀랜타 바토카운티 인근에 합작 공장도 짓고 있다. 총 투자 규모는 50억 달러에 달한다. 조지아주 합작 공장은 2026년 초 가동을 목표로 하고 있으며 35GWh의 연간

생산 능력을 갖추고 있다

SK온과 포드가 합작 설립한 블루오벌SK는 미국 켄터키주와 테네시주에 각각 배터리 공장을 건설하고 있다. 양사는 총 10조 2000억 원을 투자해 두 지역에 연간 129GWh 규모의 배터리 생산 기지 3개를 구축하기로 했다. 이는 포드의 F-150 라이트닝 전기차 120만 대를 매년 생산할 수 있는 규모다.

켄터키주에는 총 628만m^2(190만 평) 부지에 각각 43GWh 규모의 배터리 1, 2공장을 건설한다. 테네시주에는 1553만m^2(470만 평) 대지에 역시 43GWh 규모의 배터리 공장이 들어서게 된다. 다만 전기차 수요 둔화에 따라 양사가 투자 속도 조절에 나서면서 가동 시기는 유동적이다.

SK온은 중국에도 대규모 생산 시설을 갖추고 있다. 중국 옌청에 1공장(27GWh)과 2공장(33GWh)을 합쳐 60GWh의 생산 능력을 보유하고 있다. 창저우(9GWh), 후이저우(10GWh)에도 공장이 있다. 이 중 창저우 공장은 베이징자동차와 합작했으며 옌청 1공장과 후이저우 공장은 중국 배터리 제조사인 EVE에너지와 합작 형태로 운영하고 있다. 옌청 2공장은 SK온의 첫 번째 중국 독자 공장이다.

SK온의 국내 배터리 생산 거점은 충남 서산이다. SK온은 2011년 서산 1공장을 착공하며 본격적으로 이차전지 시장에 뛰어들었다. 서산 공장은 2018년 2공장까지 증설을 완료했으며 연간 생산 능력은 5GWh다. SK온은 서산시 오토밸리 내 약 4만 4125m^2(1만 3348평) 부지에 3공장을 증설할 계획이다.

서산 3공장은 2028년까지 최대 14GWh 생간 규모를 갖추게 된다. 이럴 경우 SK온의 국내 총 생산 능력은 연간 전기차 28만 대에

[28-6] SK온 배터리 생산 시설 현황

	생산 시설	생산 규모	가동(예정) 시기	비고
한국	서산 1, 2공장	5GWh	2018년	단독
	서산 3공장	14GWh	2028년 예정	단독
미국	조지아주 1공장	10GWh	2022년	단독
	조지아주 2공장	12GWh	2023년	단독
	조지아주 합작 공장	35GWh	2026년 예정	현대자동차 합작
	블루오벌SK 켄터키주 1공장	43GWh	2025년	포드 합작
	블루오벌SK 켄터키주 2공장	43GWh	2026년 이후	포드 합작
	블루오벌SK 테네시주 공장	43GWh	2026년 이후	포드 합작
헝가리	코마콤 1공장	7.5GWh	2020년	단독
	코마콤 2공장	10GWh	2022년	단독
	이반차 공장	30GWh	2024년	단독
중국	옌청 1공장	27GWh	2021년	EVE에너지 합작
	옌청 2공장	33GWh	2024년	단독
	창저우 공장	9GWh	2020년	베이징자동차 합작
	후이저우 공장	10GWh	2020년	EVE에너지 합작

탑재할 수 있는 수준인 약 20GWh에 달한다. 서산 3공장 증설에는 총 1조 7000억 원 이상이 소요될 것으로 예상되었다. 전기차 시장 수요 둔화로 인해 공장 증설에 차질이 발생할 수 있다는 시각도 있었지만 SK온은 계획대로 투자를 진행하고 있다. 서산 3공장은 SK온의 주요 고객사인 현대자동차·기아의 전기차 수요에 대응하기 위한 것으

로 분석된다.[14]

SK온은 경쟁사들보다 이차전지 시장에 늦게 진출했다. 2020년대 들어 전기차 시장이 급성장하자 SK온은 대규모 투자에 나섰다. 하지만 갑자기 찾아온 전기차 수요 둔화로 가동률이 급락하며 회사 실적에 큰 타격을 입었다. SK온은 투자 속도 조절에 나서는 한편, 전기차 외에 ESS 등 다양한 고객사 확보에 나서고 있다.

배터리 공급망 톺아보기
: 에코프로, 포스코퓨처엠, 엘앤에프

포항 영일만일반산업단지에 들어서서 한적한 산업도로를 달리다보면 웅장한 건물들이 한데 모여 있는 대규모 단지를 만나게 된다. 에코프로가 2016년부터 조성하기 시작한 포항 1, 2, 3캠퍼스다. 이곳에는 에코프로비엠(양극재), 에코프로이엠(삼성SDI용 양극재), 에코프로이노베이션(수산화리튬), 에코프로머티리얼즈(전구체), 에코프로CNG(재활용), 에코프로AP(산소, 질소 생산) 등 에코프로의 소재 계열사들이 연접해 있다.

이 계열사들은 그냥 몰려 있는 것이 아니다. 알고 보면 서로 유기적으로 연결되어 있다. 에코프로 포항 캠퍼스를 방문해 계열사들이 어떻게 상호 연관되어 있는지 설명을 듣다보면 감탄사가 절로 나온다. 에코프로의 각 계열사는 서로 꼬리에 꼬리를 물 듯 연결되어 있다.

배터리 재활용 계열사인 에코프로CNG가 폐배터리에서 리튬을 추출하면 옆 건물의 에코프로이노베이션에서 이를 양극재 원료인 수산화리튬으로 가공한다. 또 폐배터리에서 뽑아낸 니켈, 코발트, 망간은 에코프로미티리얼즈로 옮겨져 전구체를 생산하는 데 쓰인다. 에코프로비엠과 에코프로이엠은 에코프로머티리얼즈로부터 전구체를, 에크포로이노베이션으로부터 수산화리튬을 각각 공급받아 양극재를 생산한다. 생산 공정에 필요한 산소와 질소 가스는 에코프로AP에서 공급한다. 에코프로는 이를 '클로즈드 루프 에코 시스템Closed Loop Eco System'이라고 부른다. 에코프로는 2023년까지 2조 9000억 원을 투자해 포항 영일만산업단지에 원료, 전구체, 양극재, 재활용까지 포함한 소재 전 분야에 걸친 가치사슬을 구축했다.

에코프로그룹 계열사가 함께 들어선 영일만산업단지는 원래 조선 기자재 생산 허브로 조성될 계획이었다. 그러나 2008년 금융 위기 이후 불어 닥친 조선업 불황의 여파로 산업단지는 오랫동안 방치되어 있었다. 포항에서 태어난 이동채 에코프로 창업주 겸 상임고문은 이 지역을 차기 투자처로 낙점했다. 당시 포항 시장도 적극적인 지원을 약속했다.

대규모 투자를 우려하는 임원들에게 이동채 창업주는 "앞으로 양극 소재만 생산해서는 부가 가치를 창출하는 데 한계가 있을 수밖에 없다"라며 "배터리 소재에 들어가는 비용이 100이라면 우리가 적어도 60~70은 컨트롤해야 한다"라고 설득했다고 한다. 이동채 창업주의 결단 덕분에 에코프로그룹은 국내 소재 기업 중 가장 강력하게 상호 연계된 생태계를 구축할 수 있었다. 해외 소재 기업들도 벤치마킹을 위해 에코프로 포항 캠퍼스를 자주 방문한다. '클로즈드 루프 에코 시스템' 방식은 1, 2, 3캠퍼스 바로 옆에 약 5만 평 규모로 조성하고 있는 4캠퍼스에도 그대로 적용할 계획이다.

에코프로는 포항 캠퍼스에서 2023년 기준 연간 15만 톤의 양극재를 생산했다. 오창 공장의 3만 톤을 포함하면 연간 생산 능력은 18만 톤에 이른다. 향후 4캠퍼스가 준공되면 생산 능력은 더욱 늘어날 전망이다. 에코프로는 포항 블루밸리산업단지에도 21만 평의 부지를 확보해둔 상태다. 에코프로는 블루밸리 캠퍼스까지 포함해 2030년까지 양극재 생산 능력을 71만 톤으로 확대하겠다는 계획이다.*

에코프로 포항 캠퍼스에서 생산하는 양극재는 주로 SK온과 삼성SDI에 공급된다. 에코프로는 2020년(2조 7000억 원)과 2021년(10조 원)에 두 차례에 걸쳐 SK이노베이션(현 SK온)과 하이니켈 NCM 양극재 공급 계약을 체결했다. 에코프로비엠은 또한 2023년 12월 삼성SDI와 43조 8700억 원 규모의 NCA 양극재 공급 계약을 체결했다. 계약 기간은 2024년부터 2028년까지다. 이 물량은 포항 캠퍼스와 헝가리 공장에서 공급할 계획이다.

'클로즈드 루프 시스템'을 표방하는 소재 기업은 또 있다. 바로 포스코그룹이다. 포스코그룹은 전남 광양 율촌산업단지에 이차전지 소재 사업 콤플렉스를 구축하고 있다. 율촌산단에는 포스코퓨처엠의 광양 양극재 공장, 포스코필바라리튬솔루션의 수산화리튬 공장, 포스코HY클린메탈의 폐배터리 재활용 공장이 걸어서 이동할 수 있을 정도로 가까운 거리에 있다. 추가로 포스코퓨처엠은 2025년 6월 광양에 연산 5만 톤가량의 전구체 공장을 준공했다.

포스코퓨처엠은 자체 생산한 전구체와 포스코필바라리튬솔루션

---

* 에코프로는 애초 양극재 생산 능력 71만 톤 달성 시기를 2027년으로 제시했으나 2024년 11월 열린 기업 설명회 '에코프렌들리데이' 행사에서 2030년으로 3년 연기했다. 2030년까지 전구체 생산 능력 목표는 25만 5000톤이다.

에서 공급한 수산화리튬을 이용해 양극재를 생산한다. 포스코HY클린메탈에서는 폐배터리에서 추출한 광물을 전구체 공장에 보낸다.

포스코퓨처엠의 광양 양극재 공장은 단일 공장 기준으로는 세계 최대 규모인 연간 9만 톤의 생산 능력을 보유하고 있다. 2025년 준공 예정인 5단계 공장(하이니켈 NCA 양극재 공장)까지 더해지면 생산 능력은 14만 2500톤으로 늘어나게 된다. 광양 양극재 공장은 2018년 8월 연산 5000톤 규모의 1단계 생산 공장을 착공한 이후 4단계에 걸쳐 증설해왔으며 2022년에 종합 준공했다. 광양 공장에서 생산하는 하이니켈 NCMA 양극재는 LG에너지솔루션과 GM의 합작사인 얼티엄셀즈에, NCA 양극재는 삼성SDI에 공급한다.

에코프로, 포스코퓨처엠, 엘앤에프 등 소재 기업들은 LG에너지솔루션, 삼성SDI, SK온 등 국내 배터리 셀 기업과 협업하며 성장해온 기업이다. 소재 기업들은 배터리 산업의 후방 산업에 속한다. 이차전지 시장이 활황일 때 소재 기업들 역시 계약 물량을 공급하기 위해 공격적인 투자에 나섰다. 하지만 2023년 하반기 이후 전방 산업인 전기차 시장의 성장세가 꺾이며 함께 어려움을 겪었다. 이 기업들은 추운 겨울을 보내고 있지만 미래에 대한 투자는 멈추지 않았다.

배터리 산업을 이해하기 위해서는 배터리 셀 기업들이 어떤 기업들로부터 소재나 장비를 공급받고 있는지를 파악하는 것이 중요하다. 배터리 셀 기업들은 제품 전략이 노출될 수 있다는 우려에 협력사를 외부에 밝히기를 꺼린다. 협력사들도 공급 실적을 발표하면서 고객사 정보를 쏙 빼놓는 경우가 다반사다. 평소에 언론 기사나 증권사 보고서 등을 통해 배터리 공급망을 파악해놓는 것이 좋다. 다만 배터리 셀 기업과 소재 기업 간 협력 관계가 영원하지는 않다. 성능이 떨어지거나 가격 경쟁에서 밀리면 경쟁사에 고객사를 빼앗기기 일쑤다. 시장 상황이 어렵다고 제품 개발에 소홀할 수 없는 이유다.

LG에너지솔루션은 NCM 양극재를 주로 LG화학과 엘앤에프, 포스코퓨처엠으로부터 공급받는다. 이 중 그룹사인 LG화학의 비중이 가장 높은 것으로 알려졌다. 해외 NCM 양극재 공급 기업으로는 일본 니치아Nichia와 벨기에 유미코아가 있지만 규모는 크지 않다.

2025년 6월 현재 국내에서 LFP 양극재를 대량 양산하는 기업은 없다. 국내 배터리 셀 기업들은 중국으로부터 양극재를 공급받아 LFP 배터리 상용화를 추진했다. LG에너지솔루션이 2024년 중국의 상주리원과 LFP 양극재 장기 공급 계약을 체결한 것이 대표적이다. 에코프로, 엘앤에프, 포스코퓨처엠 모두 LFP 양극재의 양산을 앞두고 있어 앞으로 국내 공급이 가능할 전망이다.

흑연 음극재의 경우 LG에너지솔루션은 주로 중국의 BTR(베이터뤼), 샨샨ShanShan, 즈천Zichen, XFH 등으로부터 조달하는 것으로 알려졌다. BTR은 중국 최대 음극재 기업이다. 국내 업체인 포스코퓨처엠으로부터도 음극재를 공급받고 있지만 그 비중은 많지 않다. 중국 기업들은 흑연 공급망을 장악하고 있으며 인건비와 전기료가 저렴해 포스코포처엠보다 싼 가격으로 흑연 음극재를 공급하고 있다.

포스코퓨처엠이 국내 배터리 3사에 제안하는 가격은 중국 기업보다 40~50% 비싼 kg당 4달러 수준인 것으로 알려져 있다. 포스코퓨처엠은 중국으로부터 흑연 원재료를 수입해 음극재로 가공한 뒤 국내에 공급하고 있다. 국내 배터리 셀 제조사들 역시 세계 시장에서 중국 기업들과 가격 경쟁을 벌이다보니 값싼 중국산 음극재를 구입하지 않을 수 없는 상황이다. 앞으로 중국 흑연 음극재에 대한 의존도

[28-7] 주요 배터리 소재 공급망

	양극재	음극재	분리막	전해액
LG에너지 솔루션	LG화학 엘앤에프 포스코퓨처엠 유미코아 니치아 상주리원	BTR 샨샨 즈천 포스코퓨처엠	SK아이이테크놀로지 상해은첩 도레이	엔켐 캡켐 틴치 센트럴글라스 우베
삼성SDI	에코프로 포스코퓨처엠 유미코아 샨샨	BTR 샨샨 히타치 포스코퓨처엠	더블유씨피 SK아이이테크놀로지 아사히카세이 도레이	동화일렉 솔브레인 센트럴글라스 미쓰비시
SK온	에코프로 유미코아	BTR 샨샨 즈천 포스코퓨처엠	SK아이이테크놀로지	엔켐 솔브레인 동화일렉

를 계속 줄여나가야 하는 숙제를 안고 있다.[15]

이 외에 분리막의 경우 LG에너지솔루션은 SK아이이테크놀로지SKIET와 중국 상해은첩SEMCORP, 일본 도레이 등 다양한 기업으로부터 공급받고 있다. 전해액은 엔켐과 중국 캡켐Capchem, 틴치Tinci, 일본 센트럴글라스, 우베Ube 등으로부터 공급받는다.

삼성SDI는 NCM, NCA 양극재를 에코프로와 포스코퓨처엠으로부터 주로 공급받는다. 해외의 경우 벨기에 유미코아, 중국 샨샨이 일부 공급하는 것으로 알려져 있다. 흑연은 다른 기업들과 마찬가지로 주로 중국 BTR, 샨샨, 즈천으로터 공급받고 있다. 포스코퓨처엠과 일본 미쓰비시케미칼, 히타치케미칼의 음극재도 일부 사용한다. 전해액은 동화일렉트로라이트, 솔브레인 등으로터, 분리막은 더블유씨피 WCP, SK아이이테크놀로지, 일본 아사히카세이, 도레이 등으로부터 조달한다.

SK온은 양극재를 주로 에코프로비엠과 벨기에 유미코아에서 공급받고 있다. 흑연 음극재는 포스코퓨처엠과 중국의 BTR, 샨샨, 즈천으로부터 조달한다. 분리막은 계열사인 SK아이이테크놀로지의 제품을, 전해액은 엔켐의 제품을 주로 사용한다.

이 외에 양극에 사용하는 알루미늄박, 음극에 사용하는 동박, 바인더와 도전재, 전해액 첨가제 기업들이 있다. 국내 기업 중에는 테슬라 배터리에 직접 소재를 공급하는 곳도 있다. 엘앤에프는 테슬라에 양극재를, 엔켐은 전해액을 납품한다.

증권가에서 향후 시장이 확대될 것으로 보는 분야는 실리콘 음극재와 탄소나노튜브 CNT 도전재다.

실리콘 음극재는 기존 흑연 음극재에 혼합해 충전 속도를 높이고 에너지 밀도를 향상할 수 있다. 실리콘 음극재는 과거 고급 전기차용 배터리에 탑재되었지만 기아 EV3에 적용된 이후 보급형 전기차로도 확대되기 시작했다. 국내에서는 대주전자재료가 국내 배터리 3사와 테슬라, 일본 파나소닉에 실리콘 음극재를 공급하고 있다. 정원석 IM증권 연구원은 필자와 인터뷰하면서 "실리콘 음극재도 우리가 주목할 분야"라며 "실리콘 음극재 비중을 30%까지 확대할 수 있다면 전기차 충전 시간을 3분 이내로 단축할 수 있을 것"이라고 말했다.[16]

나노신소재는 건식 전극 공정에 활용하는 탄소나노튜브 도전재를 공급하는 기업으로 주목받고 있다.

부록 1

—

배터리는 어떻게 만들어지나

1단계

전극 공정

국산화율 90% K-배터리 장비

리튬이온 배터리 제조 공정은 크게 전극 공정, 조립 공정, 화성 공정, 팩 공정으로 구분된다. 원통형, 각형, 파우치형 등 폼팩터에 따라 공정마다 다른 방식도 있고 동일한 방식도 있다.

전극 공정은 배터리의 외형과 무관하게 거의 모든 배터리가 동일하다. 다만 최근 4680, 4695 등 이른바 46 시리즈 원통형 배터리가 등장하면서 기존과 달리 건식 전극, 탭리스$_{tabless}$ 등의 새로운 기술들이 도입되고 있다.

폼팩터별로 가장 큰 차이를 보이는 공정이 조립 공정이다. 원통형, 각형, 파우치형에 따라 조립 공정이 상이하고 각 배터리 제조사별로 고유의 기술을 도입하고 있다. 화성 공정은 배터리가 제대로 성능을 구현할 수 있도록 숙성하는 과정이다. 이렇게 만들어진 배터리는 검사와 팩 공정을 거쳐 출하하게 된다.

　일본 등 외산 장비에 상당 부분 의존하는 반도체, 디스플레이와 달리 배터리 장비는 국산화가 상당히 이루어졌다. 배터리 장비 국산화율은 90% 내외로 파악된다. 국내 장비 업체들은 이미 국내 배터리 셀 기업들과 협업으로 기술력을 검증받은 덕에 상당수 해외 기업들에도 제품을 공급하고 있다.* 또 배터리 셀 기업이 해외에 공장을 건설할 때 국내 장비 기업도 동반 진출하고 있다. 미국과 유럽에서 나타나는 중국 견제 정서도 국내 장비 기업들에 호재로 작용하고 있다.

　배터리 장비 기업들은 그동안 배터리 셀 기업들이 국내외에서 대규모 증설 계획을 발표할 때마다 수혜를 입어왔다. 배터리 셀 3사의 수주 잔고는 2023년 말 기준 1000조 원을 넘어선 것으로 분석된다.[1] 2023년 기준 배터리 3사의 설비 투자비 $_{CAPEX}$는 약 20조 원이다. 이 자금의 약 절반이 관련 장비 기업으로 돌아간 것으로 추정된다.

　하지만 최근 전기차 시장 성장 정체에 따라 배터리 기업들이 투자 속도를 조절하면서 배터리 장비 기업들도 영향이 불가피해졌다. 당분간은 배터리 장비 기업들도 보릿고개를 넘어야 하는 상황이다. 다른 한편으로는 자동차 제조사들이 직접 배터리 생산을 내재화하고 있는 점과 46 시리즈 원통형 배터리, 전고체 배터리 등 차세대 배터리들이 양산을 준비하고 있는 점은 배터리 장비 기업들에 새로운 기

---

*　특히 유럽 최대 배터리 기업으로 주목받았던 노스볼트에 한국 장비들이 많이 공급되었다. 하지만 노스볼트가 2024년 11월 미국 법원에 파산을 신청하면서 이곳에 납품했던 국내 장비 기업들도 타격을 입었다.

[부록-1] 이차전지 공정별 투자 비중

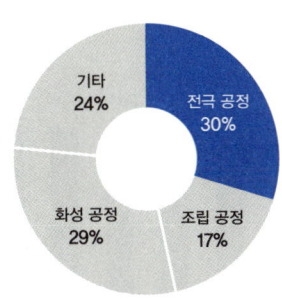

출처: 키움증권 리서치센터

회 요인이 되고 있다.

반도체, 디스플레이와 마찬가지로 배터리는 대규모 장치 산업이기 때문에 설비 투자에서 장비가 차지하는 비중이 높다. 배터리 업계에 따르면 단위당 설비 투자비는 국내 기준으로 통상 1GWh(기가와트시)당 700억 원 수준이다. 해외(북미)는 이보다 많은 1000억 원 이상으로 추정된다. 최근에는 물류비, 인건비 등의 상승으로 설비 투자에 들어가는 비용이 더 상승해 1200억~1500억 원 수준까지 오르고 있다.[2] 2024년 4월 LG에너지솔루션이 착공한 53GWh 규모의 미국 애리조나 공장의 투자금은 7조 2000억 원이다. 단순 계산했을 때 1GWh당 1358억 원의 투자비가 들어간다고 볼 수 있다.

공사 현장마다 차이가 있겠으나 배터리 셀 기업의 설비 투자비에서 장비가 차지하는 비중은 통상 40~50%로 파악된다. 공장 규모가 크면 클수록 설비 투자에서 장비가 차지하는 비중이 높아진다. 시

[부록-2] 배터리 장비 시장 전망

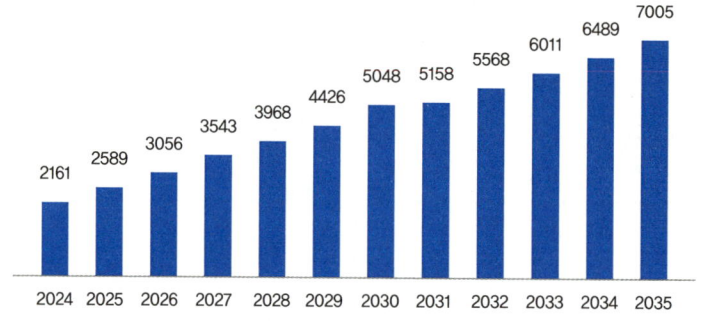

단위: 1000만 달러

2024	2025	2026	2027	2028	2029	2030	2031	2032	2033	2034	2035
2161	2589	3056	3543	3968	4426	5048	5158	5568	6011	6489	7005

출처: SNE리서치(2024년 3월 기준)

장 조사 기관이나 증권사 리서치센터에서는 1GWh당 500억~600억 원으로 장비 시장을 추산하고 있다. 장비 투자 금액을 공정별로 살펴보면 전극 공정이 30%로 가장 높은 비중을 차지하며 조립 공정 17%, 화성 공정 29%, 기타 24%다.

　배터리 기업들은 최근에는 스마트팩토리Smart Factory와 공장 자동화에 대한 투자를 확대하고 있다. 스마트팩토리란 제품의 기획, 설계, 생산, 유통 등 전 과정을 IT로 통합해 비용을 절감하고 생산성을 향상하는 것을 말한다. 이를 실현하기 위한 중요한 도구 중 하나가 로봇을 활용한 공장 자동화다. 배터리 소재 기업들은 제조 시설 내에 AGVautomated guided vehicle(무인 운반차)* 나 AMRautonomous mobile robot(자율 이동 로봇)** 등을 도입해 생산 효율을 높이고 있다.

　비록 배터리 기업들이 속도 조절에 나섰다고는 하지만 설비 투자를 아예 중단하는 것은 아니다. 투자 시점이 지연되었을 뿐 장비 시장은 계속 성장할 것으로 전망된다. 또한 미국, 유럽에서 새로 시장에 진입한 배터리 스타트업들의 설비 투자 수요가 존재한다. 해외 배터리 기업들은 초기에 가격이 저렴한 중국 장비를 많이 검토했으나 수율 문제 등이 불거지면서 한국 장비에 관심을 보이고 있는 것으로 알려졌다.

SNE리서치는 배터리 장비 시장이 2024년 216억 달러(약 29조 원)에서 2035년 700억 달러(약 95조 원)로 확대될 것으로 전망했다. 지역별로는 2035년 기준 중국이 전체 배터리 장비 시장의 38%를 차지하고 유럽이 31%, 미국이 28%로 그 뒤를 이을 것으로 예상했다.

빵에 딸기잼 바르듯
: 믹싱과 코팅

이차전지는 우선 전극을 만드는 것부터 시작한다. 전극 공정은 배터리의 양극과 음극을 제조하는 과정으로 극판 공정이라고도 한다. 전극은 배터리의 성능에 가장 큰 영향을 미치는 부분이며 원가 비중도 높다. 전극 공정은 다시 믹싱mixing과 코팅coating, 롤프레싱roll pressing(압연), 슬리팅slitting/노칭notching 공정으로 나뉜다. 전극 공정은 원통형, 각형, 파우치형 등 배터리의 형태와 관계없이 유사한 방식으로

---

* 생산 라인 내 레이아웃에 따라 물류를 이송하는 로봇. 고정된 경로를 따라 이동하기 때문에 안정적으로 운반할 수 있으나 초기 투자 비용이 수반된다.
** 소프트웨어가 로딩한 시설 도면을 통해 직접 경로를 찾으며 물류를 이송하는 로봇. 정교한 센서, AI(인공지능)와 컴퓨팅 기술이 필요하며 충돌 회피, 속도 조절이 가능하다.

[부록-3] 리튬이온 배터리 전극 공정

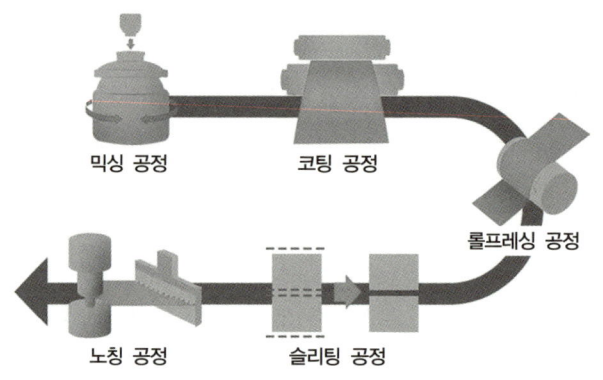

출처: LG에너지솔루션

진행된다.

우선 믹싱은 양극 활물질active material, 음극 활물질과 용매solvent를 섞어 슬러리slurry를 만드는 과정이다. 이 과정에서 각 소재의 함량을 정확히 계량하는 것이 중요하다. 슬러리는 밀가루 반죽처럼 끈적끈적한 점성이 있는 물질이다. 이때 활물질 입자 간 접착력을 높여주는 물질인 바인더binder와 전자의 이동을 도와주는 물질인 도전재conductive additive를 함께 넣는다.

바인더는 양극과 음극에 따라 각기 다른 소재를 사용한다. 양극에는 선 접촉형인 PVDFpoly-vinylidene fluoride(폴리비닐리덴플루오라이드), 음극에는 점 접촉형인 SBRstyrene butadiene rubber(스티렌부타디엔고무)과 CMCcarboxymethyl cellulose(카르복시메틸셀룰로스)를 주로 사용한다. 점 접촉형이 선 접촉형보다 고정력이 우수하다. 음극에는 부피 변화가 큰 흑연을 사용하기 때문에 점착력이 우수한 SBR, CMC 등 점 접촉형 바인더를 주로 사용한다. 용매로는 NMP n-methyl-2-pyrrolidone(노말메틸피롤리돈)를 함께 사용한다.

코팅 공정은 만들어진 양극 슬러리와 음극 슬러리를 각각 집전체 current collector인 알루미늄 포일과 구리 포일에 얇게 도포하는 과정을 말한다. 집전체는 머리카락보다 얇은 약 $10\mu m$(마이크로미터) 두께의 막이다. 마치 빵에 잼을 바르는 것을 연상하면 된다. 알루미늄 집전체나 구리 집전체가 롤투롤 roll-to_roll 장비를 통해 일정한 속도로 지나가면 장비에 부착된 헤드가 슬러리를 균일하게 코팅하는 방식으로 이루어진다. 이때 슬러리를 균일한 두께로 일정하게 코팅하는 기술이 관건이다. 슬러리를 집전체에 자동으로 코팅하는 장비를 슬롯 다이 코터 slot die coater라고 한다.

굽고 누르고 자르고
: 롤프레싱, 슬리팅, 노칭

코팅이 끝난 전극은 바로 이어진 건조 장비(오븐)로 옮겨져 섭씨 100도 이상에서 용매를 제거하는 과정을 거친다. 이처럼 용매를 사용해 슬러리를 만든 후 코팅하는 전극 공정을 습식 공정 wet process이라고 한다. 반면에 현재 배터리 기업들은 습식 공정 대신 용매를 사용하지 않는 건식 공정 dry process을 적용하기 위해 연구하고 있다. 건식 전극에서는 PTFE polytetrafluorethylene(폴리테트라플루오르에틸렌) 바인더를 사용한다.

테슬라는 4680 배터리에서 습식 공정 대신 용매를 사용하지 않

[부록-4] 리튬이온 배터리 전극 공정

세부 공정	특징
믹싱	활물질에 도전재, 바인더, 용매를 넣고 섞어 슬러리를 제조하는 공정
코팅	슬러리(양극, 음극 고팅액)를 정해진 패턴과 일정한 두께로 기재 위에 도포하는 공정
롤프레싱(압연)	롤투롤 장비를 이용해 기재와 활물질이 잘 붙도록 압력을 가해 전극 두께를 줄이고 에너지 밀도를 높이는 공정
슬리팅	규격에 맞추어 전극 폭을 자르는 공정
노칭	양극 탭과 음극 탭을 제조하기 위해 배터리 모양에 맞추어 극판을 알맞은 크기로 자르는 공정

는 건식 공정을 적용한다고 발표했으나 아직 양산 단계에는 이르지 못한 것으로 파악된다. 테슬라와 LG에너지솔루션은 46 시리즈 원통형 배터리를 만들 때 현재까지는 음극에만 건식 공정을 적용하고 있다.

건조된 전극은 두 개의 롤 사이로 통과시켜 얇고 평평하게 펴주는 롤프레싱(압연) 공정을 거친다. 롤프레싱 공정을 통해 전극 두께가 얇아지고 집전체와 양극 활물질의 결합력이 더 좋아져 배터리의 에너지 밀도가 증가한다. 결합력이 강해지면 리튬이온이 원활하게 이동하면서 전지의 출력과 성능이 좋아진다.

롤프레싱을 마친 양극과 음극은 배터리 규격에 맞게 절단하는 슬리딩 공정으로 들어긴다. 슬리팅이란 전극을 셀의 규격에 맞게 재단하는 공정을 말한다. 이 과정에서는 슬리터slitter라는 장비로 배터리 셀의 크기에 따라 전극 폭을 자른다.

절단된 전극은 노칭 공정에 들어간다. 노칭 공정은 전극의 무지

[부록-5] 기존 원통형 배터리의 탭과 4680 배터리의 탭리스 디자인 비교

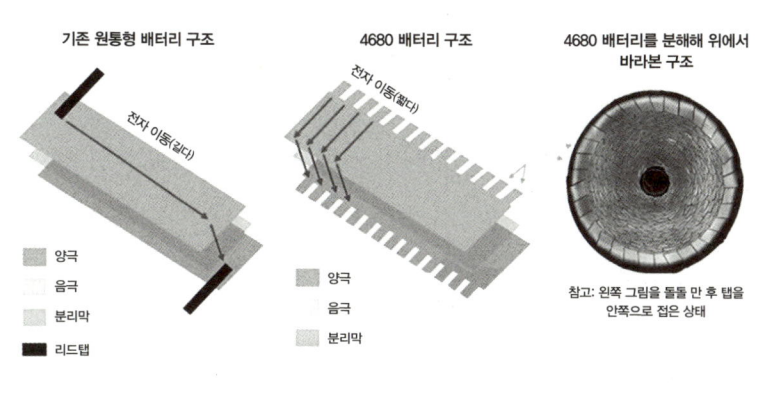

출처: https://www.evlithiumcharger.com/News/tesla-4680-full-tab-structure.html

부(활물질이 코팅되지 않은 빈 공간)에서 리드탭lead tab*을 용접하기 위한 부분만 남기고 나머지 부분은 잘라내는 과정을 말한다. 기존에는 노칭 공정에 날카로운 칼날로 찍어 누르는 프레스 장비를 사용했으나 최근에는 더 정교한 절단을 위해 레이저 장비로 전환하는 추세다.

원통형 배터리에서는 기존 1865, 2170 배터리와 46 시리즈 배터리 공정에서 가장 큰 차이를 보이는 부분 중 하나가 노칭 공정이다. 테슬라의 4680 배터리에서는 리드탭을 없앤 탭리스tabless 방식으로 배터리를 제조하고 있기 때문이다. 크기가 다른 46 시리즈 배터리 역시 탭리스 디자인을 적용하는 것으로 파악된다.

* 배터리 셀 내부의 전극(양극, 음극)과 외부(캔, 파우치 등)를 전기적으로 연결해주는 금속 단자.

테슬라가 공개한 디자인을 보면 탭이 아예 없는 탭리스보다는 멀티탭multi tab 형태에 가까운 것을 확인할 수 있다.* 종전처럼 리드탭을 붙이는 것이 아니라 전지 끝부분을 여러 개의 탭 형태로 가공하는 방식이다. 이 방식을 적용하면 전류와 열을 분산시킬 수 있는 이점이 있다. 전통적인 원통형 배터리에서는 하나의 양극 탭과 음극 탭으로 전류가 집중되다보니 열에 취약할 수밖에 없는데 이를 개선한 것이다. 탭리스 디자인의 배터리에서는 더 정교한 레이저 노칭 장비가 필요할 것으로 보인다.

노칭 공정이 끝나면 배터리의 양극과 음극을 만드는 전극 공정이 마무리된다. 완성된 양극과 음극은 이어 조립 라인으로 옮겨진다.

국내외 전극 장비 기업들

제조 공정 중 가장 난이도가 높고 투자비가 많이 드는 공정이 전극 공정이다. 전극 공정은 믹싱, 코팅, 건조, 롤프레싱(압연), 슬리팅, 노칭 공정으로 세분화되어 있으며 이에 따라 믹서mixer, 코터coater, 슬리터slitter 등의 장비가 필요하다.

믹서는 다양한 혼합물을 정확한 용량으로 균일하게 섞어서 슬러리를 만드는 것이 기술력이다. 생산성을 높이기 위해 단위 시간당 더 많은 믹싱 용량을 갖추어야 한다. 최근에는 연속식 믹서로 전환하는 추세다. 믹싱 장비 기업으로는 국내의 티에스아이, 윤성에프앤씨T&C, 제일엠엔에스, 일본의 이노우에INOUE, 프라이믹스Primix, 중국의 선도

---

* 일부에서는 탭리스 방식을 풀탭full tab이라고 표현하기도 한다.

지능(리드차이나) 등이 있다.

코터는 집전체에 양극 활물질과 음극 활물질을 빠르고 균일하게 도포할 수 있는 성능이 요구된다. 생산성 향상을 위해 광폭이면서 분당 70~80m를 코팅할 수 있는 코터가 도입되고 있다. 통상 코팅과 건조 공정은 하나의 장비로 연결되어 있다.

코팅, 건조 장비 분야 국내 기업으로는 씨아이에스, 피엔티, 한화모멘텀, 하나기술 등이 있다. 중국 기업으로는 선도지능, 잉허과기(잉허커지), 일본 기업으로는 도레이Toray, 히라노테크시드Hirano Tecseed가 잘 알려져 있다.

압연기는 롤투롤 장비를 이용해 전극의 두께를 줄여주는 장비로 $1.3\mu m$(마이크로미터) 이하의 두께로 균일하게 압력을 가해주어야 한다. 국내 기업으로는 씨아이에스와 피엔티가 있다. 일본 기업으로는 도레이, 히타치, 캐논, 중국 기업으로는 잉허과기, 선도지능 등이 있다.

노칭 장비는 극판의 무지부에서 탭을 붙일 부분만 남기고 잘라내는 기계 장치를 말한다. 종전에는 프레스 방식을 많이 사용했으나 레이저 장비로 전환하고 있다. 노칭 장비 관련 국내 기업으로는 필옵틱스(필에너지), 디이엔티, 유일에너테크 등이 있다.

2단계

조립 공정

돌돌 말아 캔 안에 쏙
: 와인딩 방식

조립 공정은 양극판과 음극판, 분리막을 합쳐 배터리의 외형을 갖추는 공정이다. 원통형, 각형, 파우치형 등 폼팩터에 따라 가장 큰 차이를 보이는 것이 이 조립 공정이다. 배터리 외형에 따라 조립 방식이 완전히 달라진다. 우선 원통형이나 사각형의 캔$_{can}$* 또는 파우치에 양극판, 음극판, 분리막을 넣기 위해서는 그 모양에 맞는 일정한 형태를 만들어야 한다. 원통형에는 와인딩$_{winding}$(권취) 방식을 사용하며, 각형이나 파우치형에는 스태킹$_{stacking}$ 방식이 주류를 이룬다.

* 원통형 배터리와 각형 배터리의 금속 케이스.

[부록-6] 리튬이온 배터리 조립 공정

세부 공정	특징
와인딩	셀의 에너지 밀도를 높이기 위해 양극판과 음극판 사이에 분리막을 넣고 돌돌 말아 젤리롤을 만들어주는 공정. 젤리롤을 원통에 넣으면 원통형 배터리, 각진 통에 넣으면 각형 배터리가 됨
스태킹	여러 개의 단일 극판을 분리막을 사이에 두고 층층이 번갈아 쌓아 올리는 공정. 각형과 파우치형에 적용
탭 용접	양극과 음극에 탭을 접착해 단일 극판으로부터 흘러나오는 전류를 한 곳으로 모으는 공정. 4680 배터리에서는 생략
패키징	전해액을 주입한 후 최종 전지 형태로 모양을 형성하고 밀봉

　우선 원통형 리튬이온 배터리를 분해해보면 둥근 금속 캔 안에 여러 층의 얇은 시트들이 마치 두루마리 화장지처럼 돌돌 말려 있는 것을 볼 수 있다. 둥글게 말려 있는 시트는 양극-분리막-음극이 서로 겹겹이 쌓여 있는 것으로 이를 젤리롤jelly roll이라고 한다. 생긴 모양이 마치 젤리롤 케이크와 닮았다 하여 붙여진 이름이다. 원통형 배터리는 이 젤리롤을 만들어 둥근 금속 캔 안에 넣은 후 전해액을 주입하고 밀봉하는 방식으로 제조한다고 이해하면 된다.

　원통형 배터리에서는 와인더winder(권취기)라는 장비를 사용한다. 양극 롤과 음극 롤, 분리막 롤 2개를 각각 장착한 후 두루마리 화장지를 감듯 돌돌 말고 적당한 크기로 자르는 장치다. 이렇게 해서 만들어지는 것이 젤리롤이다. 46 시리즈 배터리는 기존보다 좀 더 정교한 장비가 필요하다. 지름이 46mm로 종전보다 굵어지다보니 틀어지지 않게 와인딩하는 것이 기술력이다.

　이후 양극과 음극의 무지부에 각각 알루미늄과 구리로 된 탭을

[부록-7] 원통형 배터리의 구조

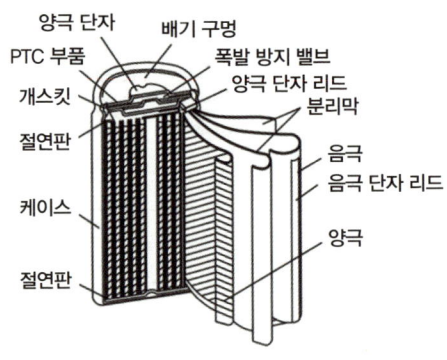

접합하는 탭 용접$_{tab\ welding}$* 과정을 거친다. 초기에는 초음파를 사용했으나 최근에는 레이저로 용접하고 있다. 탭을 붙인 젤리롤은 금속 캔에 넣는데 이때 음극 탭은 캔 하단에, 양극 탭은 캡(캔 뚜껑)에 각각 용접한다. 그런 다음 캔을 진공으로 만든 후 전해액을 주입한다. 이어서 크림핑$_{crimping}$** 과정을 거쳐 캔을 완전히 밀봉한다.

테슬라 4680 배터리에서는 리드탭이 존재하지 않기 때문에 탭용접 공정이 생략된다. 대신 양극과 음극에 각각 알루미늄과 구리로 된 둥근 디스크$_{disk}$를 덧댄 후 용접하는 방식을 채택하는 것으로 알려져 있다.

조립 공정에서는 배터리 안전을 강화하기 위해 다양한 안전장치

---

* 외부와 전자 흐름의 통로가 되는 양극·음극 단자의 탭을 부착하는 공정.

** 원통형 전지의 캔 위에 뚜껑에 해당하는 캡을 올려놓고 밀봉하는 공정.

[부록-8] 테슬라 4680 배터리의 구조

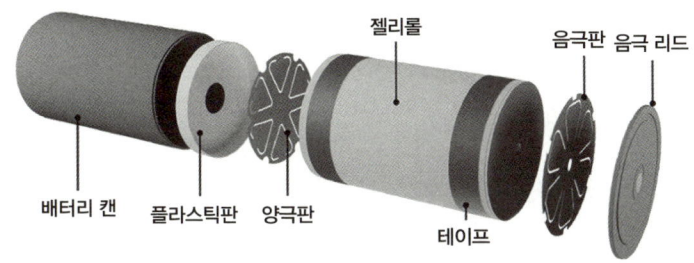

출처: 〈Lithium-Ion Cells in Automotive Applications: Tesla 4680 Cylindrical Cell Teardown and Characterization〉, 《Journal of The Electrochemical Society》, 2023. 12. 29.

를 내부에 함께 부착하기도 한다. 제조사의 원통형 배터리를 분해해 보면 $PTC_{positive\ temperature\ coefficient}$, $CID_{current\ interrupt\ device}$, 벤트$_{vent}$ 등의 장치를 발견할 수 있다. PTC는 과전류가 발생해 저항이 높아지면 전류량을 줄이는 장치다. CID는 배터리 내부에 가스가 발생해 압력이 올라가면 전류를 차단한다. 그래도 계속 압력이 증가하면 벤트가 열리며 가스를 외부로 방출해 폭발을 방지하게 된다.

대세로 굳어진 Z폴딩/Z스태킹 공법

각형이나 파우치형 배터리도 초기에는 원통형 배터리의 젤리롤과 같이 양극판과 음극판, 분리막을 플랫 와인딩$_{flat\ winding}$ 공법을 적용해 납작한 모양으로 돌돌 만 후 케이스에 담는 방식을 사용했다. 와

[부록-9] Z폴딩 방식의 스태킹 공법

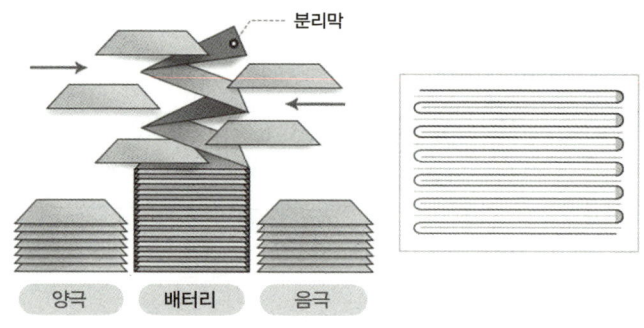

출처: SK온

인딩 방식은 제조 공정이 단순하고 빠르게 제작할 수 있다는 장점이 있다. 하지만 원통형과 마찬가지로 케이스 안에 어느 정도 빈 공간이 생길 수밖에 없다.

배터리의 공간 활용성을 높이기 위해서는 양극판, 분리막, 음극판을 낱장으로 자른 후 한 장씩 차곡차곡 쌓는 방법이 가장 좋겠지만 생산성이 떨어진다는 단점이 있었다. 양극판-분리막-음극판을 한 장씩 쌓는 스태킹 방식은 대량 양산에서는 불리했다.

그런데 최근 생산성을 유지하면서 전극과 분리막을 차례로 쌓는 이른바 'Z폴딩Z-folding' 또는 'Z스태킹Z-stacking' 공법이 개발되면서 널리 채택되고 있다. Z폴딩 공법은 SK온이 2019년부터 국내에서 처음으로 본격 적용하기 시작했다. 삼성SDI는 각형 배터리를 제조할 때 기존에는 플랫 와인딩 공법을 적용했으나 2021년 5세대 각형 배터리를 생산할 때부터 Z스태킹 방식을 도입했다.

Z폴딩 또는 Z스태킹 공법은 양극판과 음극판을 각각 낱장으로 재단한 후 분리막을 지그재그로 쌓으면서 그사이에 양극판과 음극판을 번갈아 가며 끼워 넣는 방식이다. 이 기술을 적용하기 위해서는 전 단계인 노칭 공정에서 양극판과 음극판을 먼저 절단한 후 양극 탭과 음극 탭을 용접하는 작업을 해야 한다. 공법은 거의 유사하나 제조사마다 붙이는 이름은 각기 다르다. SK온(파우치형)과 삼성SDI(각형)는 분리막을 중심으로 양극판과 음극판을 지그재그로 쌓는 방식을 적용한다. SK온은 이를 Z폴딩, 삼성SDI는 Z스태킹이라고 이름 붙였다.

Z폴딩(Z스태킹) 방식은 분리막이 양극과 음극 사이를 지그재그 방식으로 포개듯이 감싸게 되어 양극과 음극이 완전히 분리된다. 이에 따라 모서리 부분에서 양극과 음극이 직접 접촉할 가능성이 줄어들어 화재 안전성이 높아진다. 케이스 공간 효율성도 기존 와인딩 방식에 비해 개선되어 에너지 밀도를 올릴 수 있다. 다만 생산 속도는 와이딩 방식에 비해 느린 것으로 알려져 있다.

LG에너지솔루션은 자체 특허 기술인 라미네이션&스태킹Lamination & Stacking, L&S 공법으로 파우치 셀을 제조해왔는데 최근에는 Z스태킹 방식도 도입하고 있다. LG에너지솔루션은 이를 어드밴스드 Z스태킹Advanced Z-Stacking, AZS이라 부른다.

LG에너지솔루션의 라미네이션&스태킹 방식은 전극과 분리막을 결합한 바이셀bi-cell을 만드는 것에서 시작한다. 바이셀이란 전극과 분리막 여러 개를 결합한 일종의 배터리 반제품이다. 양극-분리막-음극-분리막-양극, 또는 음극-분리막-양극-분리막-음극과 같이 양 끝쪽이 같은 전극인 적층 구조다. 이후 바이셀에 분리막과 음극으로 구

[부록-10] LG에너지솔루션 라미네이션&스태킹 공법

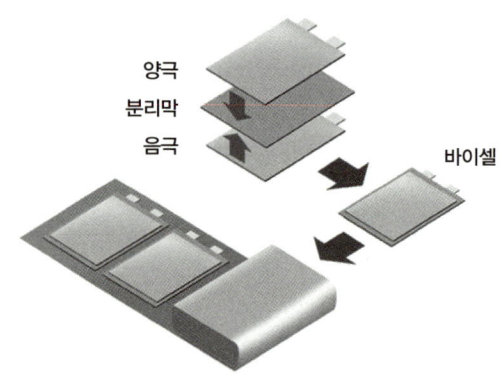

출처: LG에너지솔루션

성된 하프셀half cell을 붙여 정렬하는 라미네이션 작업을 진행한다. 마지막으로 분리막을 기준으로 음극과 양극을 차례로 쌓으면 배터리 소재가 완성된다.

라미네이션&스태킹 방식은 생산성이 높고 배터리 내부 공간을 효율화할 수 있다는 장점이 있다. 다만 라미네이션 과정에서 분리막과 전극의 정렬이 어긋날 수 있어 공정 난도가 높고 관리가 까다로운 것으로 알려져 있다. LG에너지솔루션은 라미네이션에 Z스태킹 기술을 더한 AZS 방식도 병행하고 있다. LG에너지솔루션이 2022년 현대자동차와 인도네시아에 세운 합작 법인에 AZS 방식을 처음 적용했다.

캔이냐 주머니냐

각형과 파우치형 배터리는 양극과 음극을 만드는 전극 공정까지는 원통형 배터리와 크게 다르지 않으나 조립 과정에서부터 상이하다. 기본적으로 와인딩이나 스태킹한 배터리 소재를 각진 금속 캔에 넣으면 각형 배터리가 되고, 얇은 필름 주머니에 넣으면 파우치형 배터리가 된다. 어디에 넣을지는 고객사의 요구와 각 기업의 전략에 달렸다. 최근에는 자동차 제조사들이 다양한 폼팩터를 원하는 추세에 따라 배터리 제조사들은 한두 가지 폼팩터를 고집하지 않고 3가지 유형의 폼팩터를 모두 개발, 생산하고 있다.

각형은 배터리 소재에 탭을 용접하고 캡(뚜껑)과 연결한 후 알루미늄이나 철로 된 금속 캔에 넣는다. 이후 캡에 있는 작은 구멍으로 전해액을 주입한 후 밀봉하는 방식으로 제작된다.

각형 배터리도 원통형과 마찬가지로 벤트$_{vent}$(가스 배출 장치), OSD$_{over\ charging\ safety\ device}$(과충전 방지 장치), 퓨즈$_{fuse}$(단락 차단 장치) 등 화재를 방지할 수 있는 안전장치를 부착할 수 있다. 각형은 단단한 금속 외장이기 때문에 내구성과 신뢰성이 우수하다. 반면에 무게가 무겁고 다양한 형태로 변형하기 어렵다는 것이 단점이다. 화재가 옆 셀로 전이되지 않도록 캔 외부에 특수 소재나 장치를 적용하기도 한다.

삼성SDI와 SK온은 외장 케이스에서 양극과 음극의 위치를 위가 아닌 양옆에 두는 양방향 각형 배터리$_{side\text{-}terminal\ battery}$도 선보이고 있다. 양방향 각형 배터리는 양면(상하)에서 냉각이 가능하고 팩 안에 셀을 2단으로 쌓을 수 있다는 장점이 있다.

파우치형 배터리의 케이스는 알루미늄박과 나일론, 폴리프로필

[부록-11] 각형 배터리의 구조

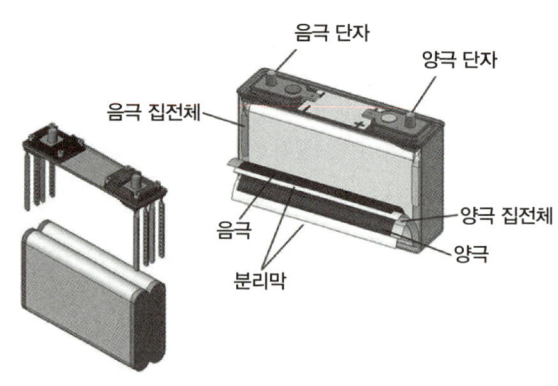

렌 등으로 구성된 얇은 필름이다. 파우치 케이스는 배터리 소재를 넣는 전극 포켓 부분, 전해액을 주입하고 가스를 보관하는 가스 포켓 부분으로 구분되어 있다. 전극 포켓에 배터리 소재를 넣은 후 가스 포켓을 통해 전해액을 주입하고 밀봉한다. 이후 화성 공정에서 발생한 가스가 가스 포켓에 모이면 디개싱degassing 과정에서 가스 포켓을 잘라낸다.

파우치형 배터리는 가볍기 때문에 중량당 에너지 밀도를 높일 수 있고 다양한 형태로 제작할 수 있다는 점이 장점이다. 다만 케이스가 단단하지 않아 모듈이나 팩 제작 시 이를 보완할 수 있는 기술이 필요하다.

와인딩 및 스태킹 관련 국내 기업으로는 하나기술, 필에너지, 디에이테크놀로지, 엠플러스, 나인테크 등이 있다. LG에너지솔루션에 특화된 라미네이션lamination 장비는 나인테크, 디에스케이, 신진엠텍

[부록-12] 파우치형 배터리의 구조

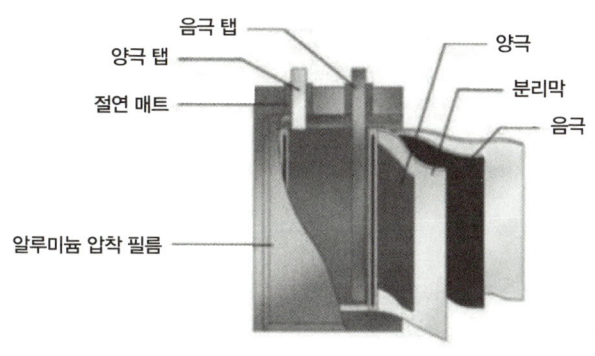

이 공급하고 있다.

    전극판을 완성한 후에는 탭을 용접하고 캔이나 파우치 케이스에 넣는 패키징 과정을 거친다. 이와 관련한 국내 기업으로는 엠플러스, 하나기술, 시스템알앤디, 엔에스 등이 있다.

[부록-13] 원통형 배터리 조립 공정

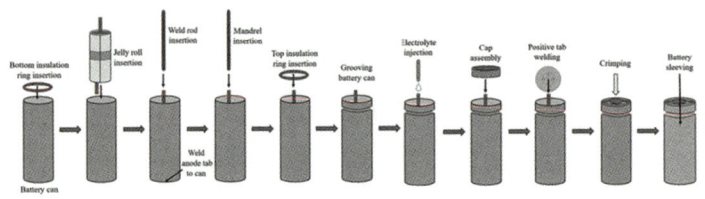

[부록-14] 각형 배터리 조립 공정

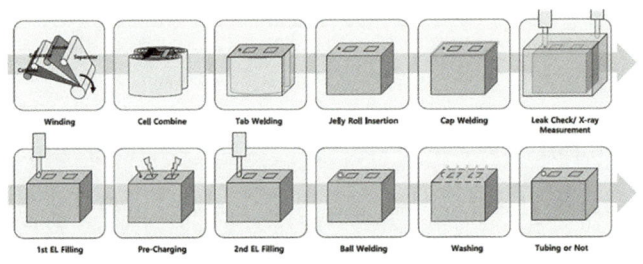

[부록-15] 파우치형 배터리 조립 공정

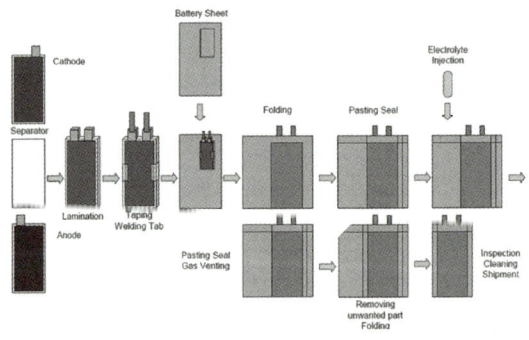

3단계

화성 공정

배터리도 숙성이 필요해

전극 공정, 조립 공정을 마친 배터리는 아직 전기적 특성이 없어 배터리로서 제 기능을 수행하지 못한다. 배터리에 마지막 숨을 불어넣어 생명을 갖게 해주는 것이 화성 공정이다. 화성 공정에서는 크게 에이징aging,* 충전·방전, 품질 검사와 선별을 실시한다. 이 중 에이징, 충전·방전 과정을 활성화formation 공정이라고 하는데, 좁은 의미로 활성화 공정을 화성 공정이라고 부르기도 한다.

---

* 　배터리를 정해진 온도와 습도로 일정한 시간 동안 보관, 방치하는 공정. 전지 내부에 전해액을 충분히 분산시켜줌으로써 방전 시 이온의 이동성을 최적화해주기 위한 공정이다.

[부록-16] 리튬이온 배터리 화성 공정

세부 공정	특징
활성화	셀에 충전과 방전을 통해 SEI 층 형성
디개싱	셀 내부에 발생한 가스 제거. 파우치형에만 적용
선별	IR/OCV 등 검사를 통해 배터리 품질 확인과 불량품 선별

화성 공정에서는 우선 정해진 온도와 습도에서 일정한 시간 동안 보관하는 에이징과 충전·방전을 반복한다. 이를 통해 양극과 음극에 전해액이 충분히 스며들고 배터리를 구조적으로 안정화한다. 에이징에는 약 3시간이 소요된다.

화성 공정에서는 최초 충전·방전을 통해 음극 표면에 얇은 보호막인 SEI$_{\text{solid electrolyte interphase}}$가 형성된다. 배터리를 충전하면 리튬이온이 음극으로 이동하면서 전해액에 있던 물질들이 전기 분해하면서 생기는 화학 반응으로 음극 표면에 얇은 고체 막이 생성되는 데 이를 SEI라고 한다. SEI는 전해액의 추가 분해를 방지할 뿐 아니라 전자의 이동을 막고 리튬이온만 통과시키는 역할을 한다. SEI는 배터리의 성능과 수명에 매우 중요한 요소라고 할 수 있다.

파우치형 배터리에서는 에이징 과정을 거치며 발생한 가스를 제거해주는 디개싱$_{\text{degassing}}$ 공정이 추가된다. 디개싱은 전지 본체에 붙어 있는 가스 포켓을 잘라내는 방식으로 이루어진다.

[부록-17] 디개싱 공정

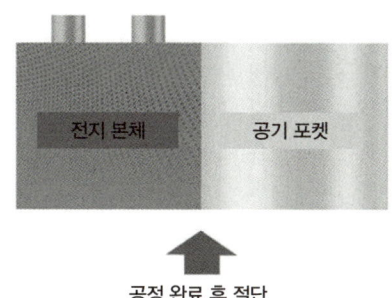

출처: LG에너지솔루션

[부록-18] 이차전지 화성 공정 조감도

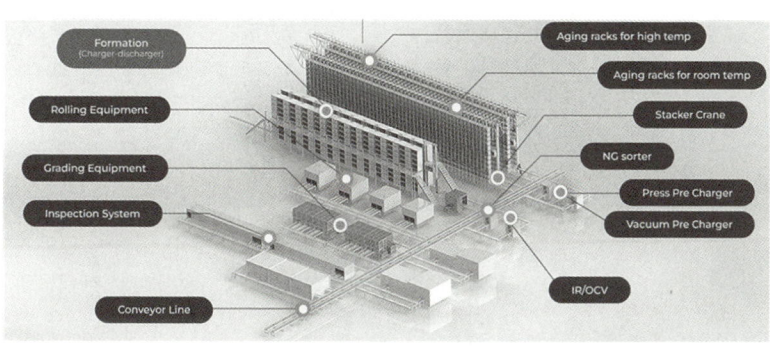

출처: 원익피앤이

[부록-19] 배터리 장비 가치사슬

	LG에너지솔루션	삼성SDI	SK온
전극 공정	• 믹싱: 티에스아이, 윤성F&C • 코팅: 씨아이에스, 피엔티, 하라노 • 압연: 씨아이에스, 피엔티 • 슬리팅: 씨아이에스, 피엔티	• 믹싱: 티에스아이, 제일엠엔에스 • 코팅: 한화포멘텀, 씨아이에스 • 압연: 한화기계, 씨아이에스, 피엔티 • 슬리팅: 한화기계, 씨아이에스, 피엔티	• 믹싱: 윤성F&C, 제일엠엔에스 • 코팅: 피엔티 • 압연: 피엔티 • 슬리팅: 피엔티
조립 공정	• 노칭: 디에이엔티, 디에이테크놀로지, 신진엠텍 • 라미네이션: 나인테크, 신진엠텍 • 와인딩: 코엠, 웅허커지 • 스태킹: 디에이테크놀로지, 나인테크, 디에스케이 • 탭웰딩/패키징: 탑이테스, 시스템앰앤디, 하나기술	• 노칭: 피엔티 • 와인딩: 코엠, 웅허커지 • 스태킹: 필에너지 • 탭웰딩/패키징: MOT, 하나기술	• 노칭: 우원기술, 유일에네테크 • 스태킹: 우원기술, 유일에네테크 • 탭웰딩/패키징: 엠플러스, 하나기술, 톱텍
화성 공정	• 활성화: 이에프로, 향카(중국) • 디개싱: 엔에스 • 사이클러: 원익피엔이	• 활성화: 갑진, 삼지전자 • 디개싱: 원익피엔이	• 활성화: 원익피엔이, 향카(중국) • 디개싱: 엔에스 • IR/OCV: 원익피엔이 • 사이클러: 원익피엔이
자동화/검사	• 자동화: 코윈테크, 아바코 • 비전: 엔시스, 브이원텍, 뷰온, 신룡, 인텍플러스 • X-레이: 이노메트리	• 자동화: 코윈테크, SFA • 비전: 넥스틴, 엔시스 • X-레이: 이노메트리	• 자동화: SFA, 에스엠코어, 현대무벡스, 티로보틱스 • 비전: 디아이티, 인텍플러스 • X-레이: 이노메트리 • 탈철기: 대보마그네틱

출처: 업계 자료 종합

불량 배터리 어떻게 걸러내나

화성 공정에서는 충전·방전을 반복하면서 배터리의 저항, 전압, 용량 측정 등을 통해 불량 배터리를 선별하는 과정이 포함된다. 이러한 과정을 통해 불량 배터리가 외부로 유통되지 않도록 걸러내는 것이다. 대표적으로 X-레이를 통해 셀 내부의 결함을 조사한다. 아울러 IR$_{\text{internal resistance}}$(내부 저항)과 OCV$_{\text{open circuit voltage}}$(개방 회로 전압) 등의 검사를 실시해 배터리의 품질을 평가한다. 내부 저항은 적을수록 좋다. OCV 검사에서는 배터리 내부의 미세 단락 여부를 확인한다. 화성 공정은 제조사마다 진행 순서가 다를 수 있다. 최근 전기차 화재가 이슈가 되면서 품질 검사와 선별 과정의 중요성이 커지고 있다. 배터리 셀 기업들도 첨단 장비를 도입해 검사를 강화하는 추세에 있다.

화성 공정 관련 장비 기업으로는 원익피앤이, 에이프로, 갑진, 디에이치, 엔에스(디개싱) 등이 있다. 중국 기업으로는 항커가 있다. 검사 장비 기업으로는 엔시스, 브이원텍, 이노메트리, 코윈테크놀로지, 에스에프에이$_{\text{SFA}}$ 등이 있다.

검사가 끝난 배터리는 등급별로 분류해 팩 공정을 거치게 된다.

전고체 배터리, 공정도 다르다

2027년 상용화를 앞두고 있는 전고체 배터리에는 기존과 또 다른 공정이 적용될 예정이다. 이에 따라 새로운 장비가 도입될 전망이다. 2027년 전고체 배터리 상용화를 목표로 제시한 삼성SDI를 비롯해 LG에너지솔루션, SK온 배터리 3사와 현대자동차, 토요타 등 자동

[부록-20] WIP의 원리

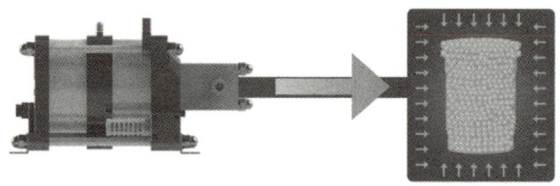

출처: 일신오토클레이브

차 제조사가 현재 양산을 위해 다양한 테스트를 진행하고 있다.

액체 전해액 대신 고체 전해질을 사용하는 전고체 배터리는 조립 공정에서 전해액을 주입하는 과정이 필요 없다. 또한 액체 전해액을 쓰지 않기 때문에 SEI를 형성해 전기적 특성을 부여하는 활성화 과정도 단순화할 것으로 예상된다.

전고체 배터리에서 가장 난해한 공정은 조립 공정이 될 전망이다. 고체 전해질을 양극재, 음극재와 잘 밀착시켜 계면(접촉면) 저항을 줄이기 위해서는 고온에서 초고압으로 압착하는 공정이 필요하다. 배터리 업계에서는 기존과 마찬가지로 롤프레싱(압연) 장비를 이용하는 공정과 초고온 WIP(warm isostatic press, 온간 정수압 프레스) 장비를 이용하는 공정 2가지로 테스트를 진행하고 있다. 롤프레스 장비는 속도가 빠르지만 균일하게 압력을 가하기 어렵다는 단점이 있다. WIP는 모든 방향에서 균일하게 압력을 전달할 수 있지만 양산 속도가 느리다

[부록-21] WIP 장비

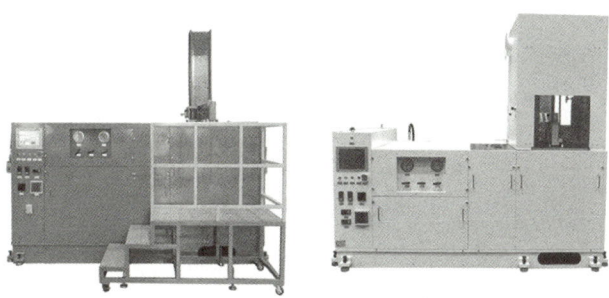

출처: 일신오토클레이브

는 점이 한계로 지적된다. 현재 장비 업계에서는 이 같은 단점을 극복하기 위한 연구개발이 한창이다.

WIP는 용기$_{vessel}$에 액체 물질을 채워 넣은 후 파우치로 진공 포장한 배터리 전극을 넣고 5000~7000바$_{bar}$의 고압을 가해주는 방식이다. 국내에서는 일신오토클레이브와 하나기술이 장비를 개발해 파일럿 공정에 공급했다. 롤프레스 방식의 전고체 배터리 장비는 엠플러스가 개발해 파일럿 공정에 납품했다.

4단계

⚡

팩 공정

배터리에 가치를 더하다

완성된 배터리를 그냥 셀 단위로 판매할 수도 있다. 하지만 배터리 기업들은 응용 분야application(애플리케이션)에 맞게 배터리를 구성하는 팩 공정을 거쳐 공급하기도 한다. 일반적으로 배터리 셀은 2.5~4.6V의 전압을 나타낸다. 이에 따라 고용량, 고출력이 필요한 전기차나 ESS(에너지 저장 장치)에 공급하기 위해서는 여러 개의 배터리 셀을 직렬 또는 병렬로 연결해 응용 분야에 맞는 용량과 출력을 갖추어야 한다. 이를 위해 각각의 셀을 묶어 모듈화하고 여러 개의 모듈을 연결해 팩을 만든다.

팩 공정은 단순히 배터리 셀을 연결하는 것 이상의 의미가 있다. 배터리 셀을 어떻게 효율적으로 구성하느냐에 따라 동일한 셀이라도

[부록-22] 배터리 셀-모듈-팩

출처: 삼성SDI

최종 배터리 팩의 성능이 달라질 수 있기 때문이다. 배터리의 에너지 밀도를 나타낼 때 셀 기준이냐 팩 기준이냐로 구분하기도 한다. 팩 공정은 배터리에 상품성과 가치를 더하는 과정이라 할 수 있다.

배터리 제조사에서 셀을 공급받아 전기자동차, 전기오토바이, 전기퀵보드 등 응용 분야에 맞게 팩 작업만 전문적으로 하는 기업도 있다. 자동차와 같은 대형 고객사의 경우 배터리 제조사가 직접 팩까지 제작해 공급하지만 중소 규모 고객사의 경우에는 전문 기업이 셀을 납품받아 팩으로 제작하는 것이 일반적이다.

팩 공정은 여러 개의 셀을 연결하는 셀투셀cell-to-cell 공정과 셀을 모듈에 조립하는 모듈투모듈module-to-module 공정으로 나뉜다. 셀투셀은 여러 개의 셀을 와이어링 하네스wiring harness나 버스 바bus bar를 이용해 연결하는 것을 말한다. 이렇게 연결된 셀들을 모듈화하고 이 모듈들을 다시 연결하는 과정이 모듈투모듈이다.

이때 셀과 모듈뿐 아니라 BMSbattery management system(배터리 관리

시스템)를 함께 연결하기도 한다. BMS는 배터리 셀, 모듈, 팩에 각종 센서를 부착해 배터리의 용량, 전압, 온도 등을 실시간으로 모니터링하고 성능과 안정성을 유지하는 시스템이다. 최근에는 전기차 화재를 방지하기 위해 BMS의 기능이 매우 중요해졌다. 배터리에 부착한 센서를 통해 이상 징후를 사전에 감지해 운전자나 제조사 또는 소방 당국에 알려주는 기능까지 개발되고 있다. 자동차 제조사들이나 배터리 기업들은 BMS 기능을 고도화하기 위해 빅데이터big date 등 소프트웨어 역량을 강화하고 있다. 또 팩과 모듈에 화재를 막을 수 있는 다양한 소재나 장치를 적용하기도 한다. 하나의 셀에서 폭발이 발생해도 옆 셀로 번지지 않도록 하는 조치다.

셀투팩을 넘어 셀투섀시까지

각형 배터리의 경우 모듈화 과정을 생략한 셀투팩cell-to-pack, CTP 또는 셀을 직접 차체에 부착하는 셀투섀시cell-to-chassis, CTC 기술을 도입하고 있다.

셀투팩은 배터리 셀을 모듈화하지 않고 바로 팩을 만드는 기술이다. 전기차용 배터리는 모듈과 팩 단계를 거치며 여러 장치가 덧붙여지면서 부피와 무게가 늘어나고 에너지 밀도가 감소하게 된다. 이러한 과정들을 단순화하면 더 많은 배터리를 탑재할 수 있어 에너지 밀도를 올리고 주행 거리를 늘릴 수 있을 것이라는 아이디어에서 셀투팩 기술이 나왔다.

실제로 셀투팩 기술을 이용하면 모듈이 차지하던 공간까지 배터리 셀을 채울 수 있어 에너지 밀도와 용량을 높일 수 있다. 또 모듈 제

[부록-23] 셀투모듈과 셀투팩 비교

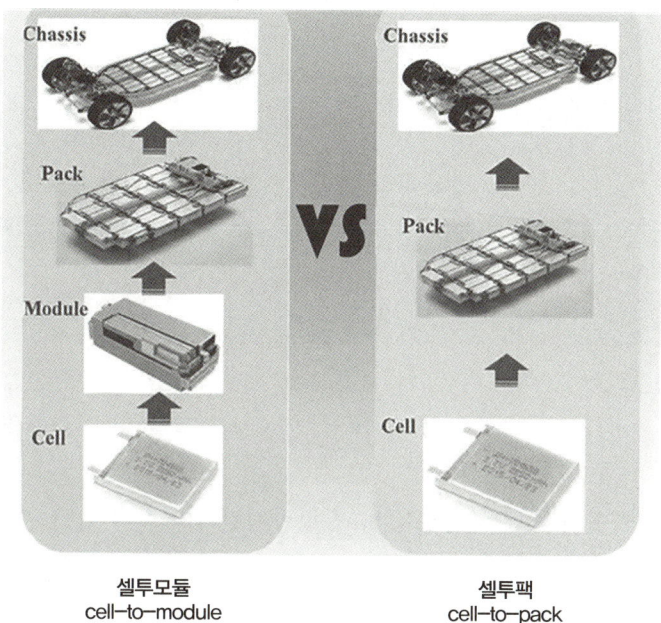

셀투모듈
cell-to-module

셀투팩
cell-to-pack

출처: Tycorun Energy

작에 필요한 부품 수를 줄일 수 있으므로 시간과 비용을 절감할 수 있다. 다만 모듈을 생략하기 때문에 셀을 안정적으로 보호할 수 있는 보완 장치나 열전이를 막을 수 있는 냉각 기술을 추가로 적용해야 한다.

셀투팩 기술은 에너지 밀도가 낮은 LFP(리튬인산철) 배터리의 단점을 극복하기 위해 CATL, BYD 등 중국 기업들이 각형 배터리에 적용하기 시작했다. 2019년 처음 셀투팩 기술 CTP1.0을 선보인 CATL은 2023년 CTP3.0까지 공개했다. CATL은 CTP1.0에서 CTP3.0으로

[부록-24] CATL의 셀투팩 기술

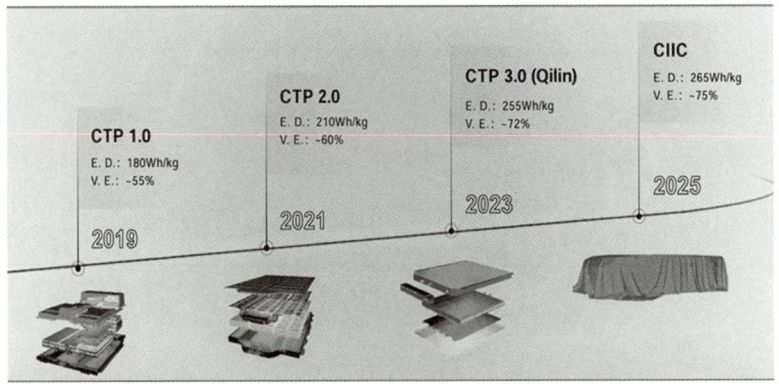

출처: CATL

발전시키면서 에너지 밀도를 60% 향상시켰다고 한다. BYD는 '블레이드 배터리Blade Battery'에 셀투팩 기술을 접목하고 있다. 최근에는 국내 기업들도 셀투팩 기술을 도입 중이다. LG에너지솔루션은 파우치형 배터리에 셀투팩 기술을 적용해 2025년 상용화하겠다고 밝혔다.

    셀투섀시는 셀투팩에서 확장한 개념이다. 모듈과 팩을 생략하고 배터리 셀을 차량 섀시에 부착하는 방식이다. 셀투섀시는 부품 수를 크게 줄이고 차량 무게를 대폭 낮춰 주행 거리를 더욱 늘릴 수 있다는 장점이 있다. 셀투섀시는 기술적인 문제 외에 전기차의 주도권을 누가 잡느냐 하는 복잡한 문제도 걸려 있다. 원래 섀시는 자동차 제조사 고유의 영역이기 때문이다. 셀투섀시는 배터리 셀 기업이 초기 연구개발 단계부터 자동차 제조사와 긴밀히 협업해야만 완성할 수 있는 기술이다.

부록 2

일차전지와 이차전지 이야기

: 볼타 전지부터 에디슨 전지까지

셀과 배터리는 같은 말, 다른 말?

우리말 '전지電池'는 영어로 '배터리battery'와 '셀cell' 2가지로 모두 번역된다. 셀은 양극, 음극, 전해질(전해액), 분리막 등으로 이루어진 배터리를 구성하는 최소 단위를 말한다. 배터리는 하나의 셀로 구성될 수도 있고 여러 개의 셀이 모인 집합체일 수도 있다.

전지는 크게 화학전지와 물리전지로 나눌 수 있다. 이 중 우리가 일상에서 이야기하는 전지는 좁은 의미의 화학전지다. 화학전지는 화학 반응을 일으켜 전기를 만드는 장치를 말한다. 물리전지는 빛, 열, 원자력 등의 에너지를 전기 에너지로 바꾸는 장치로 태양전지, 열전소자전지, 원자력전지 등이 있다.

화학전지는 다시 그 방식에 따라 일차전지primary battery, primary cell,

[부록-25] 볼타 전지의 실제 모습과 구조

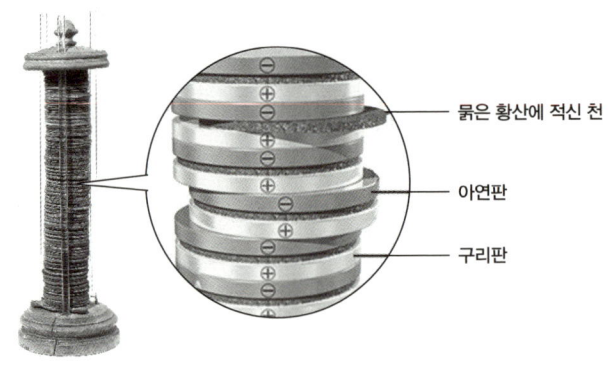

출처: Wellcome Images

이차전지rechargeable battery, storage battery, secondary cell, 연료전지fuel cell로 나눈다. 일차전지는 일정 수명 기간 한 차례만 사용할 수 있는 전지를 뜻하며, 이차전지는 충전과 방전을 반복하며 계속 사용할 수 있는 전지를 의미한다. 스마트폰이나 전기차에 들어가는 리튬이온 배터리가 대표적인 이차전지다.

최초로 전지를 발명한 사람은 이탈리아 물리학자 알레산드로 볼타Alessandro Giuseppe Antonio Anastasio Volta(1745~1827)다. 볼타는 1794년 소금물에 적신 판지나 천을 사이에 끼운 두 금속을 회로로 연결하면 전류가 흐른다는 사실을 발견했다.

볼타는 1800년 전극으로 양극에 구리$_{Cu}$판 또는 은$_{Ag}$판, 음극에 아연$_{Zn}$판을 사용하고, 소금물 대신 묽은 황산(H_2SO_4)을 이용한 볼타 전지voltaic pile, voltaic cell를 발명했다. 이것이 세계 최초의 화학전지다.

[부록-26] 볼타 전지 개념

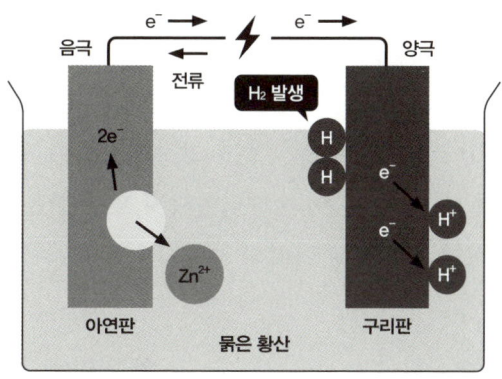

볼타는 전기 연구에 크게 공헌한 공로로 나폴레옹으로부터 작위 훈장을 받았으며, 그의 이름을 따 전압의 단위를 볼트(V)로 사용하는 영광을 누리게 되었다.

볼타 전지는 과학적 업적에도 불구하고 수소 가스가 양극의 구리판에 달라붙는 '분극 현상'이 발생해 실제 사용하기에는 어려웠다. 볼타 전지를 개량해 세계 최초로 실용적인 화학전지를 만든 사람은 영국의 화학자 존 프레더릭 다니엘John Frederic Daniell(1790~1845)이다.

1836년 다니엘은 황산 용액이 담긴 다공성 토기 그릇에 아연 전극을 넣은 뒤, 다시 이 토기 그릇을 황산구리 용액이 채워진 구리 냄비에 띄우는 방식으로 전지를 만들었다. 토기 그릇에는 미세한 구멍이 나 있어 각각 용기에서 발생한 이온이 서로 오갈 수 있다. 다니엘 전지Daniell cell는 볼타 전지보다 안정적으로 오래 사용할 수 있었으며, 현대 일차전지의 기본이 되었다. 다니엘 전지의 기전력은 1.1V였다.

전자 이동과 전류는 왜 반대일까

배터리의 기본 원리는 화학 에너지를 전기 에너지로 바꾸는 것이다. 에너지 또는 전기를 저장한다고 생각하기 쉽지만 실제로는 전지 안에서 일어나는 화학 작용을 통해 전기 에너지가 생기는 것이다. 볼타 전지부터 현대의 리튬이온 배터리까지 모두 같은 원리다. 다만 어떤 물질을 어떻게 조합해 전지에 사용하느냐에 따라 성능이 다를 뿐이다.

화학전지는 산화$_{oxidation}$와 환원$_{reduction}$의 원리에 기반을 두고 있다. 물질을 쪼개고 쪼개면 원자가 된다. 원자는 핵과 그 주위를 도는 전자로 이루어져 있다. 이 전자는 어느 조건을 만족하면 원자에서 나와 자유롭게 이동할 수 있는데 이를 자유 전자라고 한다. 전지에서 전기가 흐른다(전류가 발생한다)는 것은 양극과 음극을 이루는 물질 사이에서 전자가 자유롭게 이동하는 현상이다. 이 전자의 이동을 설명하는 것이 산화와 환원 과정이다.

산화와 환원의 고전적인 의미는 어떤 물질이 산소를 얻거나(산화) 잃는 것(환원)이다. 여기서 더 발전해 수소를 잃는 것(산화)과 얻는 것(환원)으로 개념이 확장했다. 더 광범위하게는 전자를 잃는 것을 산화, 얻는 것을 환원이라고 부르게 된다. 화학 결합에서 산화와 환원은 동시에 일어난다. 산화와 환원을 동시에 일컬어 산화-환원$_{redox}$이라고 한다.

전지는 크게 양극$_{cathode}$과 음극$_{anode}$으로 구성되어 있다. 양극과 음극을 통틀어 전극$_{electrode}$이라고 부른다.

전지에서 환원 반응이 일어나는 곳을 양극, 산화 반응이 일어나는 곳을 음극이라고 정의한다. 방전할 때 전자는 산화 반응이 일어나는 음극(전자를 잃으므로)에서 나와 도선을 거쳐 환원 반응이 일어나는 양극(전자를 얻으므로)으로 이동한다.

전류는 그 반대로 양극에서 음극으로 이동하는 것으로 정의한다. 전자의 이동과 전류의 이동 방향이 거꾸로 인 것은 전자의 이동을 늦게 발견했기 때문이다. 과학자들은 전기 현상을 발견하고 전류는 양극에서 음극으로 흐른다고 정의했는데, 후대에 전자가 음극에서 양극으로 이동한다는 사실이 밝혀진 것이다. 그럼에도 양극에서 음극으로 전류가 흐른다는 정의를 바꾸지 않고 그대로 사용하고 있다.

그럼 어떤 물질은 환원되고 어떤 물질은 산화되는 걸까. 산화와 환원을 결정하는 것은 이온화 경향이다. 즉 이온화 경향에 따라 전지에서 음극이 될 수도, 양극이 될 수도 있다. 산화하는 경향이 크다면 음극, 환원하는 경향이 크다면 양극 물질로 사용된다.

이온화 경향은 금속 물질이 전자를 잃고 양이온이 되려는 성질(산화되려는 성질)을 말한다. 과학자들은 어떤 물질의 반응성에 따라 이온화 경향을 계산해 표로 만들었다.

중고등학교 화학 시간에 외웠던 '칼칼나마알아철니주납수구수은백금'이 바로 그것이다. 칼륨(K)〉칼슘(Ca)〉나트륨(Na)〉마그네슘(Mg)〉알루미늄(Al)〉아연(Zn)〉철(Fe)〉니켈(Ni)〉주석(Sn)〉납(Pb)〉수소(H)〉구리(Cu)〉수은(Hg)〉은(Ag)〉백금(Pt)〉금(Au) 순서로 산화되려는 성질이 크다는 뜻이다. 수소를 중심으로 왼쪽으로 갈수록 산화되려는 성질이 강하고 오른쪽으로 갈수록 환원되려는 성질이 강하다.

이온은 전자를 얻거나 잃어 전하電荷, electric charge(전기적 성질)를 띠는 원자나 분자를 말한다. 전자를 잃으면 양이온, 얻으면 음이온이 된

[부록-27] 이온화 경향 순서

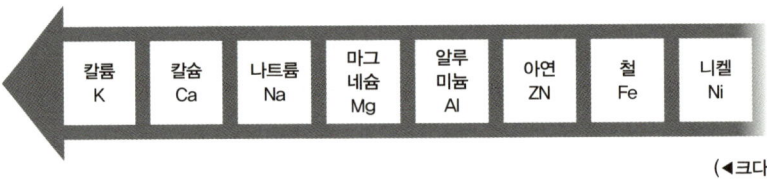

(◀크다)

다. 우리가 리튬이온 배터리를 리튬 배터리와 구분하는 이유는 전지 속에 리튬이 리튬금속이 아닌 리튬이온 형태로 들어 있기 때문이다.

전압은 어떻게 생길까

양극이나 음극에서 전자가 이동할 때 전하의 위치 에너지가 생기는데 이를 전위電位, electric potential라고 한다. 물이 높은 곳에 있을수록 떨어지는 힘이 커지듯 전위가 높다는 것은 전자가 다른 방향으로 이동하는 힘이 크다는 뜻이다. 전위는 금속의 반응성, 즉 이온화 경향에 따라 다르다.

과학자들은 표준 상태에서 수소와 수소이온 사이에 생기는 전위값을 기준으로 다른 금속의 상대적 전위값을 구했다. 이를 표준환원전위standard reduction potential 또는 표준전극전위standard electrode potential라

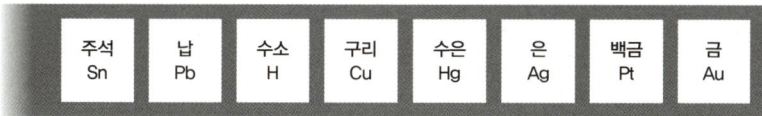

작다 ▶

고 한다. 표준 상태란 온도가 섭씨 25도, 압력이 1기압(atm), 이온 농도가 1몰(M)을 의미한다. 전위의 단위는 볼트(V)로 표시한다. 예를 들어 아연의 표준환원전위는 -0.763V인데 이는 수소와 수소이온 사이에서 생기는 전위(0V)보다 0.763V 낮다는 의미이다.

표준환원전위의 값이 양(+)의 값이면 표준 상태에서 수소이온보다 환원이 잘되고, 음(-)의 값이면 환원이 잘되지 않는다. 표준환원전위는 환원되는 성질을 기준으로 표시했기 때문에 산화의 성질은 그 반대로 이해하면 된다. 음(-)의 값이 클수록 잘 산화된다(전자를 잘 잃는다)는 뜻이다.

리튬의 표준환원전위는 -3.045로 산화가 아주 잘되는 금속이다. 리튬의 이런 성질 때문에 처음에는 리튬금속을 음극으로 활용하려는 전지 연구가 활발히 진행되었다.

표준환원전위는 전극의 반쪽만을 측정한 것이어서 '반쪽 전위(반

[부록-28] 표준환원전위

이온화 서열	표준환원전위(V)	반반응식
리튬(Li)	−3.045	$Li^+ + e^- \rightarrow Li$
칼륨(K)	−2.925	$K^+ + e^- \rightarrow K(s)$
칼슘(Ca)	−2.840	$Ca^{2+} + 2e^- \rightarrow Ca$
나트륨(Na)	−2.714	$Na^+ + e^- \rightarrow Na$
마그네슘(Mg)	−2.356	$Mg^{2+} + 2e^- \rightarrow Mg$
알루미늄(Al)	−1.676	$Al^{3+} + 3e^- \rightarrow Al$
아연(Zn)	−0.763	$Zn^{2+} + 2e^- \rightarrow Zn$
철(Fe)	−0.440	$Fe^{2+} + 2e^- \rightarrow Fe$
니켈(Ni)	−0.257	$Ni^{2+} + 2e^- \rightarrow Ni$
주석(Sn)	−0.138	$Sn^{2+} + 2e^- \rightarrow Sn$
납(Pb)	−0.126	$Pb^{2+} + 2e^- \rightarrow Pb$
수소(H)	0.000	$2H^+ + 2e^- \rightarrow H_2$
구리(Cu)	+0.337	$Cu^{2+} + 2e^- \rightarrow Cu$
수은(Hg)	+0.789	$Hg_2^{2+} + 2e^- \rightarrow 2Hg$
은(Ag)	+0.799	$Ag^+ + e^- \rightarrow Ag$
백금(Pt)	+1.188	$Pt^{2+} + 2e^- \rightarrow Pt$
금(Au)	+1.520	$Au^{3+} + 3e^- \rightarrow Au$

전위)'라고 한다. 전위가 서로 다른 물질이 만나면 전위차가 발생하는데 이것을 기전력起電力, electromotive force이라고 부른다. 기전력을 한자로 풀이하면 '전기를 일으키는 힘'이다. 물이 높은 곳에서 낮은 곳으

로 흐르는 원리와 같다. 기전력의 단위도 볼트(V)로 표시한다. 전지에서는 양극과 음극의 전위차에서 기전력(전압)이 발생한다.

전지의 기전력 크기는 '양극의 표준환원전위 – 음극의 표준환원전위'로 구한다. 건물에서 꼭대기 층과 지하층까지 총 층수를 구하는 공식과 같다.

'마른 전지'의 등장

현대 들어 대중에게 배터리가 보급된 것은 망간 전지가 등장하고 나서부터다. 망간 전지는 아직도 시계나 리모컨, 장난감 등에 많이 쓰인다. 망간 전지의 기본 원리를 발견한 사람은 프랑스의 엔지니어 조르주 르클랑셰Georges Leclanché(1839~1882)다.

1877년 르클랑셰가 고안한 이 전지는 밀봉한 유리병 속에 다공성 도자기가 들어 있는 모습을 하고 있다. 유리병 안에는 아연판을 꽂고 염화암모늄 용액으로 채웠다. 다공성 도자기는 이산화망간과 탄소 분말로 채웠으며 중앙에 탄소 막대가 꽂혀 있다.

아연판과 염화암모늄이 각각 음극과 음극 전해질 역할을 하며 탄소 막대가 양극, 이산화망간이 양극 활물질이 된다. 이렇게 만들어진 르클랑셰 전지는 다니엘 전지보다 0.4V 높은 1.5V의 기전력을 나타냈다. 전해질 액체가 흐르지 않아 이동해서 사용할 수 있다는 장점이 있었다. 하지만 르클랑셰 전지는 여전히 액체를 사용했기에 습식 전지wet cell로 분류된다.

르클랑셰 전지를 개량한 사람이 독일의 의사이자 발명가인 카를 가스너Carl Gassner(1855~1942)다. 가스너는 전해액을 석고와 섞어 풀처

[부록-29] 망간 전지 구조

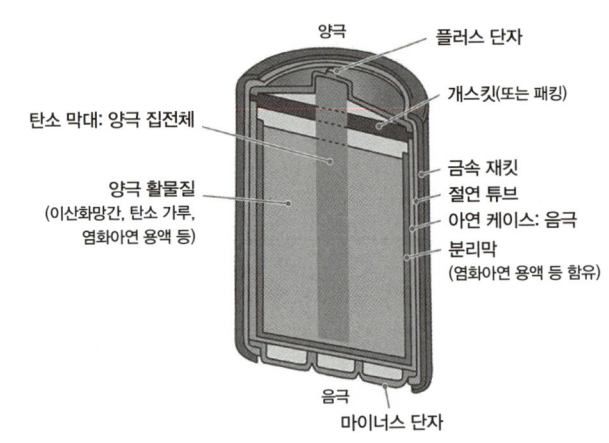

럼 만들었다. 이것이 마른 전지, 즉 건전지dry cell의 효시다.

가스너는 1888년 이와 관련한 특허를 출원하고 1896년 대량 생산에 들어갔다. 가스너의 건전지는 가격이 싸고 제조도 쉬우면서 휴대성이 뛰어나 상업적으로 크게 성공했다. 가스너 건전지 이후 여러 종류의 망간 건전지가 등장했다.

이후 망간 건전지는 음극 역할을 하는 아연 금속이 원통을 둘러싸는 형태로 개선되었다. 망간 건전지의 가장 바깥쪽 금속 외장을 뜯어보면 절연체가 둘러싸고 있으며 그 안에 원통형의 아연 케이스와 분리막, 양극 활물질이 차례로 들어 있다. 중심에는 탄소 막대기 자리하고 있다.

[부록-30] 알칼리 전지 구조

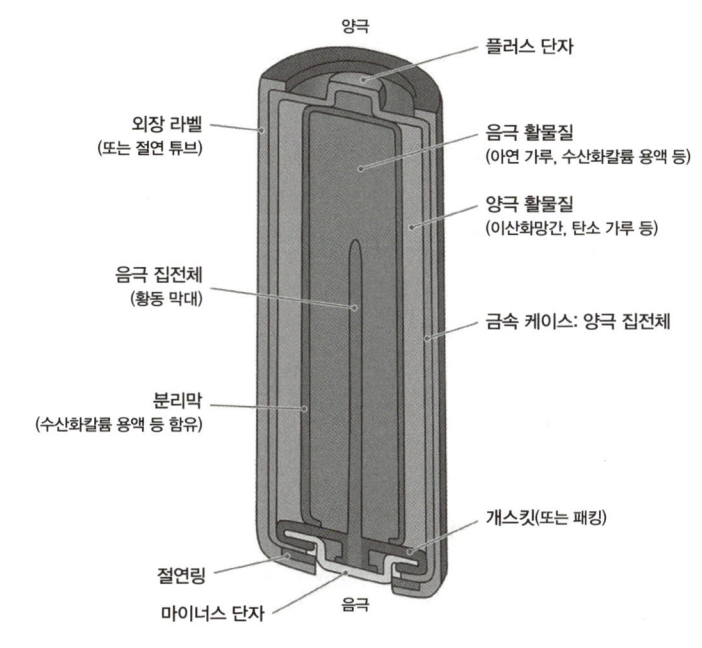

"힘세고 오래가는 건전지"

망간 건전지는 1959년 알칼리(알카라인) 건전지 alkaline battery가 등장하기 전까지 수십 년간 배터리 시장을 평정했다. 알칼리 건전지는 알칼리(염기) 성분의 전해질을 사용해 기존 망간 건전지에 비해 수명과 사용 기간을 3배 이상 늘릴 수 있었다.

최초의 알칼리 건전지는 1959년 미국 배터리 회사인 에버레디전지회사 Eveready Battery Company의 루이스 어리 Lewis Frederick Urry(1927~2004)

가 발명했다. 에버레디는 "힘세고 오래가는 건전지"라는 광고 문구로 잘 알려진 에너자이저의 전신이다.

알칼리 건전지는 음극에 아연, 양극에 이산화망간을 사용한다는 점에서 기존 망간 전지와 유사하다. 기전압도 똑같이 1.5V다. 대신 전해질을 염화암모늄(산성)에서 알칼리성인 수산화칼륨으로 대체했다. 수산화칼륨이 이온화하면서 생기는 수산화이온은 이동 속도가 빨라 더 강한 전류가 발생할 수 있다.

알칼리 전지도 망간을 사용하기 때문에 넓게 보면 망간 전지의 일종이라고 할 수 있다. 하지만 알칼리 전지의 구조는 기존 망간 전지와 정반대다. 금속 케이스가 양극 집전체 역할을 하며 그 안에 양극 활물질, 음극 활물질이 차례로 들어 있다. 중심에는 음극 집전체 역할을 하는 황동 막대가 들어 있다. 음극 활물질에 포함된 아연의 양이 망간 전지에 비해 많아 화학 반응이 오랫동안 지속된다. 알칼리 건전지는 원통형뿐 아니라 단추형으로도 많이 판매된다.

최초의 이차전지

충전·방전을 하며 계속 사용할 수 있는 이차전지는 현재 리튬이온 배터리의 등장으로 전성기를 맞이하고 있지만 그 역사는 꽤 오래되었다. 세계 최초의 이차전지는 1859년 프랑스의 과학자 가스통 플랑테Gaston Planté(1834~1889)가 고안한 납축전지lead-acid battery다. 일차전지의 효시 격인 망간 전지가 아직 사용되고 있듯 납축전지도 160년 이상 사랑받고 있으며 자동차용 배터리로 현재까지 확실히 자리를 지키고 있다.

[부록-31] 납축전지 기본 구조

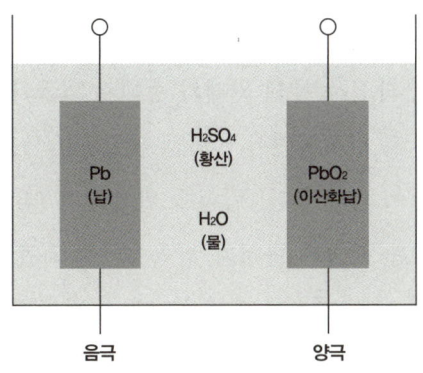

　납축전지는 음극으로 쓰이는 납판과 양극으로 쓰이는 이산화납 판이 전해액인 묽은 황산에 담겨 있는 구조를 하고 있다. 납축전지의 기전압은 약 2V다. 일반적으로 자동차에 쓰이는 납축전지는 셀 6~7 개를 직렬로 연결해 12~13V의 전압을 만들 수 있다.

　납축전지의 두 전극을 회로로 연결하면 음극의 납판에서 전자 2 개가 빠져나와 도선을 따라 양극으로 이동하면서 전류가 흐른다. 전자를 잃은 납이온은 전해액 내의 황산이온과 결합해 황산납이 된다. 양극에서는 이산화납이 황산 용액과 화학 반응을 일으켜 황산납과 물이 만들어진다. 이러한 과정이 반복되면 물과 섞인 황산 용액은 점점 묽어져 더 이상 화학 반응이 일어나지 않게 된다.

　일차전지라면 이 상태에서 더 이상 사용할 수 없게 되지만 납축전지는 양극에 전압을 가함으로써 역방향의 화학 반응을 만들 수 있다. 납축전지에 외부 전압을 연결해 충전하면 음극에서는 석출(액체 속에서 고체가 생기는 현상)되었던 황산납이 전자를 얻어 납이 되고 황산이온이 다시 전해액으로 방출된다. 양극에서는 황산납이 물과 반응해 이산화납이 되고 수소이온과 황산이온이 떨어져 나온다. 방전되었던 납축전지가 충전 과정을 통해 원래의 상태로 되돌아가는 것이다. 이렇게 방전과 충전을 반복하면서 납축전지를 계속 사용할 수 있다.

납축전지는 이론상 충전·방전을 반복하며 영구적으로 사용할 수 있지만 실제로는 그렇지 못하다. 납축전지를 과충전하거나 과방전하면 수소 가스나 산소 가스가 발생하는데 이 경우 폭발 위험이 있다. 또 오랫동안 사용하지 않으면 석출되었던 황산납이 극판에 달라붙는 황산화 현상이 발생하며 배터리 성능이 떨어진다.

납축전지가 오랜 역사에도 불구하고 여전히 건재한 것은 안정적이면서 저렴하기 때문이다. 납축전지는 구조가 단순해 구현이 쉽고 과열에 의한 화재 위험성도 낮다.

납축전지는 1890년대에 등장한 초기 전기차에도 사용되었다. 그러나 납축전지는 여러 장점에도 불구하고 전기차의 주동력으로 이용하기에는 한계가 많았다. 자동차를 움직일 정도의 고용량을 만들려면 너무 무거웠으며 충전 시간도 길었다. 값싼 내연기관차가 대거 등장하면서 납축전지가 탑재된 전기차는 서서히 자취를 감추었다.

이차전지, 에디슨도 만들었다

플랑테가 납축전지를 개발한 후 얼마 안 있어 1899년 스웨덴 과학자 발데마르 융그너 Waldemar Jungner(1869~1924)가 니켈카드뮴 배터리 nickel-cadmium battery, Ni-Cd battery를 발명했다. 일명 '융그너 전지 Jungner battery'라고 불리는 이 이차전지는 양극에 수산화니켈을, 음극에 카드뮴을 사용했으며 전해액으로 수산화칼륨을 이용했다.

니켈카드뮴 배터리는 납축전지에 비해 충전·방전 시간이 짧고 진동과 충격에 강하며 강한 전류를 발생시킬 수 있다는 장점이 있다. 하지만 독성 물질인 카드뮴을 사용하기 때문에 항상 유해성 이슈가 뒤따랐다. 니켈카드뮴 배터리는 1990년대 리튬이온 배터리가 대중화되기 전까지 이차전지의 대명사였다.

납축전지를 탑재한 전기자동차의 등장은 발명왕 토머스 에디슨 Thomas Edison(1847~1931)에게도 큰 영향을 끼쳤다. 1901년 에디슨은 전기자동차에 사용하기 위해 니켈철 배터리nickel-iron battery, NiFe battery를 발명했다. 니켈철 배터리는 음극으로 철, 양극으로 산화수산화니켈, 전해액으로 수산화칼륨 용액을 사용한다. 에너지 밀도가 높고 충전 시간이 짧지만 제조 비용이 비싸 당시 널리 보급되지 못했다. 에디슨은 자신이 발명한 니켈철 배터리를 탑재한 전기차를 생산하기도 했다. 이 자동차는 1회 충전에 1000마일(약 1609km)을 주행할 수 있었다.

에디슨이 발명한 니켈철 배터리는 내구성이 뛰어나고 수명이 길어 현재도 산업 현장에서 사용되고 있다. 이 밖에 니켈수소 배터리 nickel-hydrogen battery, 니켈아연 배터리nickel-zinc battery, NiZn battery 등 다양한 니켈계 이차전지가 등장했다.

감사의 말

책을 쓰기로 마음먹은 2023년 초부터 실제로 책이 나온 2025년 말까지 3년이라는 시간이 지났다. 그동안 수많은 일들이 있었다. 배터리 산업도 시시각각 변화를 겪고 있다. 주위의 많은 분들의 도움이 없었더라면 이 책은 세상에 나오지 못했을 것이다. 책 한 권이 세상에 빛을 보기까지 너무나 많은 분의 노고가 필요함을 절실히 느꼈다.

우선 사내 저술 지원 프로그램에 선정해주시고 지원을 아끼지 않으신 《아시아경제》 현상순 회장님과 우병현 전 대표님께 감사드린다. 에너지 분야 스페셜리스트로 활동할 수 있게 성원해주고 계신 장범식, 마영민 현 《아시아경제》 대표님께도 감사의 말씀을 전한다.

저자가 포기하지 않고 끝까지 원고를 집필할 수 있도록 격려해주신 부키 출판사 박윤우 대표님께도 깊이 감사드린다. 박 대표님의 조언 덕분에 책의 완성도를 높일 수 있었다. 부키의 편집, 디자인팀에도 감사의 말씀을 드리고 싶다. 아름다운 편집과 디자인으로 책다운 책이 만들어졌다. 다리 역할을 해준 부키의 박서연 팀장에게도 감사드린다.

　이차전지는 국가 첨단 전략 산업으로 지정되어 있어 현장에 접근하기 쉽지 않고 기업들도 전략 노출을 꺼린다. 배터리 관련 정책은 수시로 변했고 기업의 부침도 심했다. 이러한 흐름을 따라잡기 위해서는 각계 전문가 인터뷰와 현장 방문이 필요했고 세미나와 전시회에도 수시로 참석해야 했다. 이 과정에서 많은 분들의 도움이 있었다.

　박태성 한국배터리산업협회 상근 부회장님, 김승태 본부장님, 김기태 팀장님은 인터배터리 등 협회에서 주관하는 각종 행사에 참석할 수 있도록 배려해주셨고 현안이 있을 때마다 통찰력 있는 말씀을 전해주셨다. 에너지 전문 리서치 기업인 SNE리서치의 김광주 대표님과 관계자 분들은 회사가 주최하는 다양한 행사에 참여할 수 있도록 도와주셨다. SNE리서치의 풍부한 자료는 시장을 정확히 이해하는 데 큰 도움이 되었다.

　LG에너지솔루션의 송충섭 상무님과 임영민 부문담당님, SK온 고창국 부사장님과 최기봉 팀장님, 삼성SDI의 지현철 그룹장님, 에코프로의 김성홍 전무님과 송충현 이사님, 엘앤에프의 배유진 파트장님, 포스코퓨처엠의 이요한 팀장님은 인터뷰와 현장 방문, 자료 제공에 많은 도움을 주셨다. 이분들의 도움과 협조가 없었다면 이차전지 산업을 이해하는 데 상당히 애를 먹었을 것이다.

　학계와 산업계를 두루 거치며 큰 연구 실적을 남기신 이상영 연세대학교 화공생명공학과 교수님은 이차전지 기술 동향과 우리 기업이 나아가야 할 방향에 대해 많은 조언을 해주셨다.

　삼성증권의 장정훈 이사님, 유진투자증권의 한병화 이사님, 유안타증권의 이안나 부센터장님, IM증권의 정원석 연구원님은 투자자

관점에서 이차전지 시장을 바라보고 이해하는 데 큰 도움을 주셨다.

    책을 쓰는 동안 응원해준 가족들에게도 감사의 말을 전한다. 아내는 직장과 가정을 챙기느라 하루하루 바쁜 나날을 보내면서도 내가 집필에 집중할 수 있도록 배려를 아끼지 않았다. 책을 쓰는 동안 많은 시간을 함께하지 못했는데도 힘든 청소년 시기를 잘 지나고 있는 두 아들도 고맙다.

주

1장

1 〈EU's von der Leyen: China must be stopped from flooding EV market〉, 《Reuters》, 2024. 5. 8.

2 Luca Ciferri, Burkhard Riering, 〈BYD exec outlines ambitious plans for Europe〉, 《Automotive News Europe》, 2024. 3. 11.

3 한산용, 〈매년 전기버스 판매 '쑥'…중국산 비중, 올해 1분기도 40% 넘어〉, 《연합뉴스》, 2024. 4. 30.

4 Laura He, 〈China's automakers take the world by storm with electric vehicle push〉, 《CNN》, 2023. 9. 8.

5 〈New registrations of electric vehicles in Europe〉, European Environment Agency, 2024. 10. 31.

6 Jorge Liboreiro, 〈EU will launch anti-subsidy inquiry into China-made electric cars, von der Leyen says〉, 《Euro News》, 2023. 9. 13.

7 Barbara Moens, Douglas Busvine, 〈Von der Leyen hits China with electric vehicle subsidy probe〉, 《Politico》, 2023. 9. 13.

8 Ava Abbott, 〈Who owns Mercedes-Benz?〉, Business Strategy Hub, 2024. 3. 18.

9 Agathe Demarais, 〈Divided we stand: The EU votes on Chinese electric

vehicle tariffs〉, European Council on Foreign Relations, 2024. 10. 9.

10 김단비, 〈청정에너지 공급망에서 중국의 과잉생산과 주요국 대응 동향〉, 《해외경제정보드림》, 대한무역투자진흥공사KOTRA, 2024. 5. 30.

11 최용호, 박지연, 〈중국의 과잉생산 문제 대응 관련 전문가 시각 소개〉, 《경제안보 Review》, 외교부 경제안보외교센터, 2024. 10. 11.

12 김재현, 〈"중국 전기차는 보조금 덕"이라는 서방…얼마나 되길래〉, 《머니투데이》, 2024. 7. 4.

13 Richard Milne, 〈Battery start-up Northvolt files for bankruptcy protection in US〉, 《Financial Times》, 2024. 11. 22.

14 Jon Henley, 〈'We're going all in': how France raced ahead of UK on electric car batteries〉, 《The Guardian》, 2023. 5. 19.

15 강정화, 이재우, 〈2024년 1분기 글로벌 태양광 시장 및 투자 동향〉, 한국수출입은행 해외경제연구소, 2024. 5.

16 Matt McFarland, 〈How a battery shortage could threaten US national security〉, 《CNN》, 2022. 2. 23.

17 Arjun Kharpal, 〈Elon Musk says Chinese EV makers will 'pretty much demolish' most competitors without trade barriers〉, 《CNBC》, 2024. 1. 25.

2장

1 윤홍우, 〈디테일의 악마 조 맨친…美 전기차 뒷목 잡았다[윤홍우의 워싱턴24시]〉, 《서울경제》, 2022. 8. 24.

2 김경훈, 고성은, 〈미국 IRA 시행 지침이 우리나라 배터리 공급망에 미칠 영향〉, 《KITA 통상 리포트》 Vol.9, 2023. 9. 6.

3 황경인, 〈미국 대선 결과에 따른 한국 배터리 산업 리스크 분석〉, 산업연구원, 2024. 5. 31.

4 정재환, 〈북미 전진 韓 배터리 3사… 내년 세액공제 5兆 넘을 듯〉, 《조선비즈》, 2024. 9. 9.

5 주민우, 〈IRA FEOC(우려집단) 가이드라인 발표〉, NH투자증권, 2023. 12. 4.

6 조성대, 고성은, 〈美 IRA '해외우려기관'(FEOC) 해석 지침(안) 내용과 시사점〉, 한국무역협회 통상이슈브리프, 2023. 12. 4.

7 이은영, 〈인플레이션 감축법(IRA) 해외우려기관(FEOC) 지침 발표에 따른 영향 점

검〉, 삼일PwC 경영연구원, 2023. 3.
8 유지영, 〈핵심광물안보파트너십(MSP) 지난 2년간 성과와 과제〉, 《경제안보 Review》, 외교부 경제안보외교센터, 2024. 6. 28.

3장

1 《EU 배터리 규정 Q&A》, 대한무역투자진흥공사, 2023. 6.
2 민창욱, 강보원, 〈EU 배터리 규정의 주요내용 및 시행시기 정리〉, 《법률신문》, 2023. 12. 29.
3 조은정, 오일석, 《코로나19 시대 EU의 원자재 확보 전략 동향과 전망》, INSS 전략보고, 국가안보전략연구원, 2020. 12.
4 임현진, 〈EU CRMA의 주요내용 및 대응방향〉, 《산업분석》, 한국자동차연구원, 2024. 5. 20.
5 조성훈, 〈유럽 핵심원자재법(CRMA)의 입법동향과 시사점〉, 《KIEP 세계경제 포커스》, 대외경제정책연구원, 2023. 1. 18.
6 정의길, 〈유엔 "중국 신장위구르에서 심각한 인권 침해" 보고서 발표〉, 《한겨레》, 2022. 9. 1.
7 이용석, 〈'신장 위구르 강제노동' 국제 규제 갈수록 촘촘해진다〉, 《한국무역신문》, 2024. 8. 13.
8 Nichola Groom, 〈EV battery imports face scrutiny under US law on Chinese forced labor〉, 《Reuters》, 2023. 8. 20.

4장

1 Alexandra Ulmer, David Shepardson, 〈Trump says no state would be allowed to ban gasoline-powered cars if he is elected〉, 《Reuters》, 2024. 10. 5.
2 이용우 외, 〈美 트럼프 2기 행정부의 첫 행보: 대통령 행정조치로 본 새로운 대외전략〉, 법무법인 세종, 2025. 2. 3.
3 황경인, 〈미국 대선 결과에 따른 한국 배터리 산업 리스크 분석〉, 산업연구원, 2024. 5. 31.
4 Maggie Eastland, 〈US Electric Vehicle Demand Seen Plunging 27% Without Tax Credit〉, 《Bloomberg》, 2024. 11. 20.

5 　강구상, 이천기, 김혁중, 〈트럼프 2기 행정조치의 주요 내용과 시사점〉, 《KIEP 세계경제 포커스》, 대외경제정책연구원, 2025. 2. 13.

6 　Timothy Cama, Emma Dumain, 〈Republicans grapple with messaging on Biden climate law〉, 《Politico》, 2024. 11. 4.

7 　이유섭, 〈트럼프 2기 행정부의 산업정책: 대미 투자기업을 중심으로〉, 《나보포커스》, 국회예산정책처, 2024. 11. 26.

8 　Jarrett Renshaw, Chris Kirkham, Nora Eckert, 〈Trump's transition team aims to kill Biden EV tax credit〉, 《Reuters》, 2024. 11. 15.

9 　Coral Davenport, 〈Burgum Will Be Trump's Energy Czar〉, 《The New York Times》, 2024. 11. 15.

10 　〈Statement on nomination of Gov. Doug Burgum for secretary of the interior〉, The Wilderness Society Press Release. 2024. 11. 15.

11 　Alayna Treene, Kit Maher, Ella Nilsen, 〈Trump picks GOP former congressman Lee Zeldin to lead the EPA〉, 《CNN》, 2024. 11. 11.

12 　Simon Shuster, 〈How Elon Musk Became a Kingmaker〉, 《Time》, 2024. 11. 21.

13 　Lisa Friedman, 〈Between Attacks on Electric Cars, Trump Says They're 'Incredible'〉, 《The New York Times》, 2024. 7. 25.

14 　〈Elon Musk on EV Subsidies, Corporate Titles and China: The Full Transcript〉, 《The Wall Street Journal》, 2021. 12. 8.

15 　Brad Plumer, 〈Musk Believes in Global Warming. Trump Doesn't. Will That Change?〉, 《The New York Times》, 2024. 11. 8.

16 　Marc Caputo, 〈Musk vs. Bessent dispute erupted into West Wing shouting match〉, 《Axios》, 2025. 4. 23.

17 　박국희, 〈트럼프 "머스크, 대통령직 모욕… 그와의 관계는 끝났다"〉, 《조선일보》, 2025. 6. 9.

5장

1 　〈"美 대선 누가 되든, AI 반도체 패권 경쟁 심화"〉, 대한상공회의소 보도자료, 2024. 9. 23.

2 　강구상, 김혁중, 김종혁 박은빈, 민보람, 〈미국 트럼프 2.0 행정부의 경제정책 전

망과 시사점〉,《KIEP 오늘의 세계경제》, 대외경제정책연구원, 2024. 11. 7.

3 황경인, 〈미국 대선 결과에 따른 한국 배터리 산업 리스크 분석〉, 산업연구원, 2024. 5. 31.

4 정동훈, 〈"K-배터리는 탈중국 공급망의 핵심…지나친 우려는 毒"〉,《아시아경제》, 2024. 11. 14.

5 Jason Fargo, 〈Industry advocate sees path for Trump's second term to aid US EV battery sector〉, S&P Global, 2024. 11. 13.

6 안회수, 〈트럼프 2.0 시대, 이차전지 섹터 기회는?〉, DB금융투자, 2024. 11. 11.

7 Philip Blenkinsop, 〈France, Germany, Sweden urge EU battery sector push to avoid China reliance〉,《Reuters》, 2024. 11. 28.

8 David Dodwell, 〈Europe's battery crisis a humiliating reminder of China's EV dominance〉,《South China Morning Post》, 2024. 11. 29.

9 Simon Kuper, 〈Will China win the clean-energy era?〉,《Financial Times》, 2024. 11. 21.

10 Michelle Lewis, 〈BMW cancels $2 billion battery cell order from Northvolt〉,《Electrek》, 2024. 6. 20.

11 한병화, 〈EU, 중국산 배터리 견제 의견 공론화〉, 유진투자증권, 2024. 12. 2.

12 박진수, 〈2025년 이차전지 전망〉, 신영증권, 2024. 11. 20.

13 김희영, 〈전기차 배터리 스왑핑(Swapping)의 우리나라 도입 검토와 시사점〉,《TRADE FOCUS》 2022년호, 한국무역협회.

14 박민, 〈"5분이면 충전 끝" 전기차 배터리 충전 NO, 이젠 갈아 끼운다〉,《이데일리》, 2024. 10. 17.

15 이서현, 〈배터리 교환식 전기차의 가능성과 필요성〉,《산업분석》, 한국자동차연구원, 2023. 7. 25.

16 안회수, 〈트럼프 2.0시대 이차전지 섹터 기회는?〉, DB금융투자, 2024. 11. 11.

17 Akash Sriram, 〈Tesla gains on report Trump's team planning federal self-driving vehicle regulations〉,《Reuters》, 2024. 11. 18.

18 David Welch, Allyson Versprille, 〈Trump Team Is Seeking to Ease US Rules for Self-Driving Cars〉,《Bloomberg》, 2024. 11. 18.

19 손정우, 〈자율주행 산업과 배터리 산업의 성장의 관계〉,《전기신문》, 2024. 9. 10.

20 김재후, 〈아이오닉 5, 구글 웨이모에 공급…현대차 '자율주행 파운드리' 시동〉, 《한국경제》, 2024. 10. 4.

6장

1 https://www.nobelprize.org/prizes/chemistry/2019/press-release/.
2 Charles J. Murray, 《Long Hard Road: The Lithium-Ion Battery》, 2022.
3 M. 스탠리 위팅엄, 거브랜드 시더, 강기석, 최장욱, 《배터리의 미래》, 이음, 2021.
4 Steve Levine, 〈The man who brought us the lithium-ion battery at the age of 57 has an idea for a new one at 92〉, 《QUARTZ》, 2015. 2. 5.
5 정경윤, 이상민, 이영기, 정훈기, 《이차전지 승자의 조건》, 길벗, 2023.
6 요시노 아키라, 한원철 옮김, 《노벨화학상 요시노 박사의 리튬이온전지 발명 이야기》, 성안당, 2020.

7장

1 Emma Jarratt, 〈New lessons from the epic story of Moli Energy, the Canadian pioneer of rechargeable lithium battery technology〉, 《Electric Autonomy》, 2020. 9. 18.
2 요시노 아키라, 한원철 옮김, 《노벨화학상 요시노 박사의 리튬이온전지 발명 이야기》, 성안당, 2020.
3 Gerald Ondrey, 〈Asahi Kasei Honorary Fellow Akira Yoshino receives the European Inventor Award 2019〉, 《Chemical Engineering》, 2019. 6. 21.
4 Charles J, Murray, 〈Who Really Invented the Rechargeable Lithium-Ion Battery?〉, 《IEEE Spectrum》, 2023. 7. 30.
5 https://www.sony.com/en/SonyInfo/CorporateInfo/History/SonyHistory/2-13.html.
6 信田真由美, 〈リチウムイオン電池「旭化成よりも早くやりました」ノーベル賞逃した元ソニー技術者は訴える〉, 《毎日新聞》, 2019. 12. 28.
7 이윤철, 이재환, 임영이, 조성선, 〈2차전지 최신기술 및 시장동향〉, 《전자통신동향분석》, 제14권 제6호, 한국전자통신연구원, 1999.
8 장이화, 〈에너지 기업으로 거듭난 산요의 변신 전략〉, 《LG주간경제》, LG경제연구원, 2005. 3. 30.

9   김영우, 〈[브랜드 흥망사] 가족경영 고집하던 '산요'의 멸망〉, 《IT동아》, 2018. 8. 21.
10   다케우치 가즈마사, 이수형 옮김, 《엘론 머스크, 대담한 도전》, 비즈니스북스, 2014.
11   〈Sony pulls plug on pioneering battery business, eyes Murata deal〉, 《Nikkei Asia》, 2016. 7. 29.
12   권유정, 〈에코프로, 日 소니 · 무라타와 배터리 10년 동맹〉, 《조선비즈》, 2023. 8. 30.

8장

1   조철희, 〈日 배터리업체 '한국 반도체 악몽' 재현 우려에 몸서리〉, 《머니투데이》, 2010. 7. 28.
2   이천종, 김동진, 〈한국 리튬전지 세계시장 1위 '우뚝'…전지대국 日 추월〉, 《세계일보》, 2011. 9. 3.
3   김국헌, 〈LG화학, GM에 6년간 전기車 배터리 단독 공급〉, 《이데일리》, 2009. 1. 13.
4   박일근, 〈K배터리 신화, 구본무의 뚝심 없었다면〉, 《한국일보》, 2021. 3. 1.
5   이천종, 〈눈물겨운 '전지투쟁 10년'…이젠 세계 시장으로〉, 《세계일보》, 2011. 4. 6.
6   LG화학 디지털역사관. https://www.lgchem.com/kr/lg-chem-history/challenge-innovation.
7   구본권, 〈'디스플레이 50년 역사' 진공관→PDP→LCD→OLED 이어 배터리〉, 《한겨레》, 2020. 7. 1.
8   〈삼성SDI 50년 역사 톺아보기〉, 삼성SDI 공식 블로그, 2020. 7. 6.
9   윤진식, 〈1982년부터 시작된 Total Energy Solution Provider로의 꿈 ― '전기차 배터리' 개발 40년의 기억〉, 《SK이노베이션 뉴스룸》, 2020. 9. 15.
10   SK온 사사 전자책. https://history.skinnovation.com/ebook.html.
11   권승혁, 김아현, 〈일본 제조업 경쟁력 평가와 시사점〉, 《해외경제정보》 제2010-36, 한국은행, 2010. 9. 28.

9장

1   Trefor Moss, 〈The key to elecric cars is batteries. One Chinese Firm

Dominates the industry〉, 《The Wall Street Journal》, 2019. 11. 3.

2 이정훈, 〈왕촨푸 BYD 회장, 배터리 이어 전기차도 세계 정복〉, 《한경비즈니스》, 2016. 9. 7.

3 리따치엔, 이호철 옮김, 《비야디(자동차) 왕촨푸, 혁신의 지혜》, 린, 2021.

4 주예성, 장링, 김서, 〈중국 전기차 1위 BYD 성공요인과 미래전략〉, KDB미래전략연구소 중국리서치팀, 2019. 4. 18.

5 최유식, 〈무섭게 크는 中 전기차 배터리…CATL, 곧 파나소닉 제친다〉, 《조선일보》, 2018. 3. 24.

6 AKITO TANAKA, TAKASHI KAWAKAMI, YUKIHIRO OMOTO, 〈Battery wars: Japan and South Korea battle China for future of EVs〉, 《Nikkei Asia》, 2018. 11. 14.

7 김성곤, 〈'연봉 3배 파격조건' 中, 국내 배터리 · 반도체 인재 빼가기 심각〉, 《이데일리》, 2019. 12. 3.

10장

1 〈下午察: 从 "996" 到 "896"〉, 《联合早报》, 2024. 6. 18.

2 www.gm-volt.com/threads/obama-attends-lg-chem-battery-plant-groundbreaking-and-gets-first-seat-time-in-the-chevy-volt.336371/page-4?nested_view=1.

3 https://history.skinnovation.com/ebook/book3/#page=82.

4 선양무역관, 〈중국, 2023년부터 전기차 구매보조금 전면 폐지〉, 대한무역투자진흥공사 해외시장뉴스, 2022. 12. 29.

5 최우리, 〈주요국 전기차 보조금 축소 · 폐지에…업체들 가격인하 '가속'〉, 《한겨레》, 2023. 9. 7.

6 최재희, 《중국 전기차 배터리 기업의 해외 진출 사례 연구 및 시사점》, 대외경제정책연구원, 2024.

7 Daniel Leussink, 〈Japan to give up to $2.4 bln in new support for domestic EV battery production〉, 《Reuters》, 2024. 9. 6.

11장

1 www.greencarcongress.com/2024/06/20240621-bmw.html.

2   심나리, 이훈, 공소연, 유지윤, 김진희, 장석범, 최동규,《유럽 자동차 배터리 시장 동향과 진출방안》, Global Market Report 23-043, 대한무역투자진흥공사, 2023. 12.

3   Amrith Ramkumar, 〈Global Battery Race Heats Up With Billions for Europe's Northvolt〉,《The Wall Street Jounal》, 2024. 1. 16.

4   Richard Milne, 〈Northvolt considers cutting back aggressive expansion plans〉,《Financial Times》, 2024. 7. 2.

5   Albertina Torsoli, 〈Battery Startup Verkor Secures Another €1.3 Billion for Plant in France〉,《Bloomberg》, 2024. 5. 25.

6   심나리, 이훈, 공소연, 유지윤, 김진희, 장석범, 최동규,《유럽 자동차 배터리 시장 동향과 진출방안》, Global Market Report 23-043, 대한무역투자진흥공사, 2023. 12.

7   Rebecca Bellan, 〈Tracking the EV battery factory construction boom across North America〉,《Tech Crunch》, 2024. 6. 20.

8   김재현, 〈中고션, 美에 또다른 '배터리 공장' 짓는다…폭스바겐 효과?〉,《머니투데이》, 2023. 9. 11.

9   최재희,《중국 전기차 배터리 기업의 해외 진출 사례 연구 및 시사점》, 대외경제정책연구원, 2024.

10 이근호, 〈미국 공화당 고션하이테크 공장 조사 요구, 중국서 보조금 수령 의혹 관련〉,《비즈니스포스트》, 2024. 8. 14.

12장

1   Agnes Chang, Keith Bradsher, 〈Can the World Make an Electric Car Battery Without China?〉,《The New York Times》, 2023. 5. 16.

2   이슬기, 〈무협 "'배터리·원료' 中 수입 의존도 높아… 무역적자 확대"〉,《연합뉴스》, 2023. 6. 28.

3   박관규, 〈"한국, 이차전지 공급망 위기 생기면 취약"… 핵심광물 8개 중 6개 중국 의존〉,《한국일보》, 2022. 12. 16.

4   이현진, 〈글로벌 이차전지 공급망 현황과 국내 리스크 분석〉, 한국수출입은행, 2023. 11. 20.

5   임지훈, 〈배터리 핵심 원자재 공급망 분석: 리튬〉,《TRADE FOCUS》2022년 21

호, 한국무역협회 국제무역통상연구원, 2022.

6 김경훈, 〈핵심 원자재의 글로벌 공급망 분석: 니켈〉, 《TRADE FOCUS》 2022년 15호, 한국무역협회 국제무역통상연구원, 2022.

7 Jon Emont, 〈How China Came to Dominate the World's Largest Nickel Source for Electric Cars〉, 《The Wall Street Journal》, 2023. 7. 5.

8 Rick Mills, 〈Indonesia and China killed the nickel market〉, 《Mining.com》, 2024. 3. 4.

9 Cecilia Jamasmie, 〈First Quantum to shut down Ravensthorpe nickel mine〉, 《Mining.com》, 2024. 4. 29.

10 도원빈, 〈중국 흑연 수출 통제의 영향 및 대응 방안〉, 《TRADE BRIEF》, 2023.10.31

11 이슬기, 〈값싼 중국산에 밀려…포스코퓨처엠 올해 음극재공장 40%대 가동〉, 《연합뉴스》, 2024. 9. 9.

13장

1 박한샘, 류혁진, 《양극재 전구체 내재화의 가치》, SK리서치센터, SK증권, 2021. 10. 8.

2 〈K-배터리 산업 발전을 위해 전구체 내재화가 필수인 이유〉, 포스코퓨처엠 뉴스룸, 2023. 6. 19.

3 〈양극재 제조의 핵심, 전구체〉, 《배터리인사이드》, LG에너지솔루션, 2022. 3. 30.

4 정현정, 〈에코프로머티리얼즈 "2025년 세계 5위 전구체 생산 능력 갖출 것"〉, 《전자신문》, 2023. 11. 3.

5 이진경, 〈이차전지 양극재 핵심 '전구체' 국산화 활발〉, 《세계일보》, 2023. 8. 6.

6 고종민, 〈새만금 2차전지 사업 '먹구름'…LG-화유코발트, SK온-GEM 합작사 추진 '사실상 중단'〉, 《아이뉴스24》, 2024. 5. 16.

7 〈리튬이온을 위한 베스트드라이버 '전해액'〉, 삼성SDI 블로그, 2020. 11. 4.

8 김경훈, 고성은, 〈미국 IRA 시행지침이 우리나라 배터리 공급망에 미칠 영향〉, 《KITA통상리포트》 2023 Vol.09, 한국무역협회 통상지원센터, 2023.

9 정재훤, 〈엔켐, 북미 전해액 시장 선점… 내년까지 CAPA 5배로 확장〉, 《조선비즈》, 2024. 1. 25.

10 이호길, 〈솔브레인, 美 인디애나 전해액 공장 완공…하반기 삼성SDI 공급 전망〉,

《전자신문》, 2024. 6. 3.

11   이수환, 〈동화일렉트로라이트, 미국에 배터리 전해질 공장 착공〉,《디일렉》, 2023. 6. 7.

12   베이징무역관, 〈중국 육불화인산리튬 시장동향〉, 대한무역투자진흥공사 해외시장뉴스, 2023. 5. 2.

13   김주형, 이재모, 〈후성, 전해액 첨가제의 꽃은 2026년 활짝 필 것〉, 그로쓰리서치, 2024. 9. 12.

14   정원석, 〈천보, 전해질도 IRA 핵심광물이다〉, 하이투자증권, 2023. 8. 29.

15   최보영, 심종민, 〈잠재력이 기대되는 분리막〉, 교보증권, 2024. 1. 2.

16   이윤재, 〈'이차전지 분리막' 다시 뛰어든 LG화학〉,《매일경제》, 2021. 10. 27.

14장

1   최보영, 〈알루미늄박 알고보니 핵인싸〉, 교보증권, 2021. 8. 27.

2   이원재, 〈삼아알미늄, 전기차 2차전지 알루미늄박 소재업체로 리레이팅〉, 한국IR협의회, 2023. 2. 8.

3   한병화, 〈DI동일, 전기차용 알루미늄박 1위 업체〉, 유진투자증권, 2021. 1. 28.

15장

1   심원용, 정용진, 〈다음은 Si+CNT〉, 신한투자증권, 2023. 3. 15.

2   고석중, 〈OCI, 넥세온과 실리콘·음극재 소재 장기공급 계약…700억 규모〉,《뉴시스》, 2023. 7. 26.

3   소미연, 〈흑연 대신 실리콘으로…차세대 음극재 현주소〉,《뉴스워치》, 2023. 1. 25.

4   《리튬이온 2차전지 도전재 개발 현황 및 중장기 전망(~2030)》, SNE리서치, 2023. 11.

5   〈ECHA publishes PFAS restriction proposal〉, ECHA, 2023. 2. 7.

6   신승국 외, 〈EU·미국 PFAS 사용 규제〉,《법률신문》, 2023. 8. 9.

7   〈과불화화합물에 대한 Q&A〉, 식품의약품안전처, 2017. 3. 23.

16장

1   Megan Quinn. 〈DOE's $3B funding round includes battery recycling

projects〉,《WASTEDIVE》, 2024. 9. 24.
2   이준섭, 〈미국 리튬 배터리 재활용 정부 정책 동향〉, 대한무역투자진흥공사, 2024. 1. 12.
3   최보영, 〈요즘 2차전지 뭐봄? 폐배터리〉, 교보증권, 2023. 7. 18.

17장

1   Harry Dempsey, Peter Campbell, Christian Davies, 〈Rival battery technologies race to dominate electric car market〉,《Financail Times》, 2023. 8. 13.
2   Steve Levien, 〈Two industrial titans are duking it out over a technology that could make electric cars mainstream〉,《Quartz》, 2015. 3. 30.
3   Joseph E. Harmon, 〈Argonne's debt to 2019 Nobel Prize for lithium-ion battery〉, Argonne National Laboratory, 2019. 12. 9.
4   〈Argonne battery technology confirmed by U.S. Patent Office〉, Argonne National Laboratory Press Release, 2014. 1. 29.
5   〈3M and L&F complete nickel, manganese and cobalt patent license agreement〉, Electronic Products, 2012. 1. 5.
6   〈3M licenses Nickel-Manganese-Cobalt (NMC) cathode patents to Ecopro〉, Geen Car Congress, 2013. 12. 13.
7   〈3M and LG Chem enter into NMC patent license agreements: cathode materials for Li-ion batteries〉, 3M Press Release, 2015. 8. 4.
8   〈Umicore and 3M Form NMC Cathode Materials Relationship〉, Green Car Congress, 2010. 9. 9.
9   Todd Ostomel, 〈BASF Wins Big in Battery Battle〉, Global IP & Technology Law Blog, 2016. 12. 19.
10 〈Umicore and BASF enter into a patent cross-license agreement〉, Umicore Newsroom, 2021. 5. 4.
11 정희영, 〈엘앤에프, 세계 최초 니켈 비중 90% NCMA 양극재 개발〉,《머니투데이》, 2020. 7. 2.
12 장정훈, 〈2차전지 시대 (OVERWEIGH) 7 ― LFP 공성 2차전〉, 삼성증권, 2023. 9. 4.
13 Charles J. Murray, 〈Remembering Lithium-Ion Battery Pioneer John

Goodenough〉,《IEEE Spectrum》, 2023. 7. 13.

14 〈Hydro-Québec, Université de Montréal, Centre National de la Recherche Scientifique (CNRS) and Süd-Chemie create entity for sublicensing of lithium iron phosphate battery materials; 4 new sublicensees〉, Geen Car Congress, 2011. 7. 4.

15 Matt Blois, 〈Lithium iron phosphate comes to America〉,《Chemical & Engineering News》, 2023. 1. 29.

16 현문학, 〈[현문학의 돈되는 중국경제] 배터리 기술확보 음모와 '한한령'〉,《매일경제》, 2021. 8. 9.

19장

1 이용욱, 〈전고체전지: 어느덧 가까이〉, 한화투자증권, 2024. 3. 7.
2 박재범, 〈알기 쉬운 이차전지소재 이야기: 꿈의 배터리라 불리는 전고체전지의 미래〉, 포스코그룹 뉴스룸, 2024. 9. 6.
3 〈반고체 전지는 우리 일상을 어떻게 바꿀까?〉, LG에너지솔루션 Battery Inside, 2023. 9. 22.
4 〈China to invest more than $830 mln in solid-state battery research – source〉,《Reuters》, 2024. 5. 29.

20장

1 황성현, 〈나트륨이온배터리, 게임체인저가 될 것인가?〉, 유진투자증권, 2023. 2. 24.
2 Max Reid, 〈Sodium-ion batteries: disrupt and conquer?〉, Wood Mackenzie, 2023. 2. 21.
3 〈Cheaper and Safer Sodium-Ion Batteries on the Horizon, Reports IDTechEx〉, PR Newswire, 2023. 7. 14.
4 〈Alternative Battery Technologies Roadmap 2030+〉, Fraunhofer ISI, 2023. 9.
5 〈CATL Unveils Its Latest Breakthrough Technology by Releasing Its First Generation of Sodium-ion Batteries〉, CATL Homepage, 2021. 7. 29.
6 Carrie Hampel, 〈Reliance takes over Faradion for £100 million〉,

《electrive》, 2024. 2. 29.

7   범현주, 〈차세대 나트륨이온전지 개발 논의 '활발'〉, 《내일신문》, 2024. 7. 15.

8   Suvrat Kothari, 〈Are Sodium-Ion Batteries Dead On Arrival? An Expert Weighs In〉, 《InsideEVs》, 2023. 12. 3.

9   Marija Maisch, 〈Sodium-ion battery fleet to grow to 10 GWh by 2025〉, 《PV Magazine》, 2023. 7. 17.

21장

1   〈Are lithium-sulphur batteries becoming a reality?〉, Rho Motion, 2024. 4. 22.

23장

1   Heejin Kim, Gabrielle Coppola, 〈LG Sees Battery Breakthrough By 2028 That Has Eluded Tesla〉, 《Bloomberg》, 2024. 7. 4.

2   성상훈, 김지원, 하지은, 〈삼성SDI "건식공정 파일럿 라인 가동 시작"〉, 《한국경제》, 2024. 9. 9.

3   〈탄소배출 없는 전극 반죽으로 친환경 배터리 만든다〉, 한국에너지기술연구원 보도자료, 2021. 10. 7.

4   〈이차전지 건식공정 기술 및 장비업체 개발 동향〉, SNE리서치, 2024. 10. 23.

5   Norihiko Shirouzu, Paul Lienert, 〈Tesla Cybertruck deliveries hostage to battery production hell〉, 《Reuters》, 2023. 12. 22.

6   김진수, 〈Dry Electrode Technologies for Carbon-Neutralized High-Energy Density Batteries〉, 한국에너지기술연구원, 2024. 3. 7.

24장

1   이인아, 〈요즘 전기차 업체 신통찮은데, 충전 업체는 2년만에 몸값 4배 되었다고?〉, 《조선비즈》, 2024. 7. 29.

2   이서현, 〈전기차 급속충전 규격 표준화 동향과 시사점〉, 한국자동차연구원, 2023. 3. 27.

3   Bill Visnic, 〈SAE to standardize Tesla NACS charging connector〉, SAE International, 2023. 6. 27.

4   Umar Shakir, 〈All the news about EV charging in the US〉, 《The Verge》, 2024. 5. 22.

5   〈High-Powered EV Charging Network, IONNA, Begins Operations in North America〉, Hyundai Newsroom, 2024. 2. 9.

25장

1   박장욱, 〈ESS, 에너지 전환의 퍼즐을 채우다〉, 대신증권, 2023. 8. 17.

2   〈에너지스토리지(ESS) 산업 발전전략〉, 산업통상자원부, 2023. 10. 31.

3   김종성, 〈K-배터리, ESS로 전기차 '캐즘' 돌파…"ESS 시장 연평균 20% 성장"〉, 《아이뉴스24》, 2024. 11. 5.

4   Darrell Proctor, 〈IHI Terrasun Will Integrate SK On BESS Systems in U.S.〉, 《Power Magazine》, 2024. 9. 12.

26장

1   Michael Wayland, 〈GM's 2025 EV production capacity target in doubt after Barra comments〉, CNBC. 2024. 7. 15.

2   임선우, 〈전기차 '보릿고개'…토요타도 생산 목표 축소〉. SBS Biz, 2024. 9. 9.

3   이지형, 〈BEV 수요 둔화 속 완성차사별 대응 전략〉, 한국자동차연구원, 2024. 11. 4.

4   정현정, 〈배터리 3사, 올해 설비투자 20조 원 전망…'규모 줄어도 미국은 지속'〉, 《전자신문》, 2025. 2. 2.

5   박대한, 〈K-배터리, 전기차 '캐즘한파'에 시총 130조 증발…"밸류업 전략 속도낸다"〉, 《CEO스코어데일리》, 2025. 1. 10.

6   강희종, 〈"전기차 캐즘, 2027년에 끝난다…보조금없이 경쟁할 수 있어야" 장정훈 삼성증권 이사〉, 《아시아경제》, 2025. 2. 10.

7   이은영, 김승철, 〈전기차 '캐즘', K-배터리 위기와 대응전략〉, 삼일PwC경영연구원, 2024. 9.

8   Alistair Charlton, 〈EVs Are Losing Up to 50 Percent of Their Value in One Year〉, 《Wired》. 2024. 8. 16.

9   Frank Jacobs, 〈EV battery health still at 93% after 70,000 km, Arval study shows〉, 《Fleet Europe》, 2025. 2. 17.

10 〈블랙박스에 담긴 그날의 진실〉,《PD수첩》, MBC, 2024. 9. 10.
11 이승욱,〈'청라 전기차 화재' 경찰 수사 4개월…화재 원인 규명 실패〉,《한겨레》, 2024. 11. 28.
12 임성호, 한산용,〈국내 판매 전기차 브랜드 21곳 69종 배터리 제조사 공개〉,《연합뉴스》, 2024. 8. 16.
13 강희종,〈美·中·노르웨이 등 전기차 화재 확률, 내연기관차보다 낮다〉,《아시아경제》, 2024. 9. 4.

27장

1 〈Penalty relief for 2025 for cars and vans: why it matters and what's at stake〉. ACEA, 2025. 2. 24.
2 Heejin Kim,〈Trump EV Skepticism Threatens $54 Billion in Korea Plans〉,《Bloomberg》, 2024. 12. 8.
3 Geoffrey Gertz,〈Goodbye to Small Yard, High Fence〉,《The New York Times》, 2024. 12. 31.
4 강희종,〈"트럼프發 관세전쟁, 韓 배터리엔 위기이자 기회"〉,《아시아경제》, 2025. 4. 10.
5 최경민,〈LG엔솔 "美 ESS 시장, 매년 20% 이상 성장 예상…유리한 환경"〉,《머니투데이》, 2025. 4. 30.
6 Linda Lew,〈Electric Vehicle Battery Packs See Biggest Price Drop Since 2017〉,《Bloomberg》, 2024. 12. 10.
7 강희종,〈"전기차 캐즘, 2027년에 끝난다…보조금없이 경쟁할 수 있어야" 장정훈 삼성증권 이사〉,《아시아경제》, 2025. 2. 20.
8 Oktavia Catsaros,〈Lithium-Ion Battery Pack Prices See Largest Drop Since 2017, Falling to $115 per Kilowatt-Hour〉, BloombergNEF, 2024. 12. 10.
9 이용욱,〈[2차전지] 양극재 11월 수출액 코멘트 고객사 연말 재고조정으로 양극재 수출량은 최저치 기록〉, 한화투자증권, 2024. 12. 18.
10 《Global EV Outlook 2025》Executive summary, IEA.
11 상하이무역관,〈중국 자동차 산업: ①이구환신 정책 이후, 중국 자동차 산업 변화는?〉, 대한무역투자진흥공사, 2025. 3. 11.

12 이안나, 〈파고들다: I. LFP Battery〉, 유안타증권, 2024. 2. 21.

13 강희종, 심성아, 〈"LFP 양극재·전구체 국산화로 탈중국 완성" 권혁원 엘앤에프 공정개발연구소장〉, 《아시아경제》, 2025. 5. 29.

14 강희종, 〈[인터뷰] "中 LFP 포비아 정점 지나고 있다" 22개월만에 '매수의견' 낸 이유는…〉, 《아시아경제》, 2025. 6. 17.

15 김재성, 〈美 GM "앞으로 'NCM'-'LMR' 배터리로 전기차 생산"…삼성SDI도 참여〉, 《지디넷코리아》, 2025. 6. 12.

16 강희종, 〈[인터뷰] "K배터리 승부처는 46시리즈…반값배터리 가능" 이안나 유안타증권 부센터장〉, 《아시아경제》, 2025. 6. 9.

17 추동훈, 〈LG에너지솔루션 김제영 CTO, "건식전극 기술로 LFP 시장 판도 바꿀 것"〉, 《매일경제》, 2025. 2. 20.

28장

1 민승기, 〈자이글, '마지막 보루' 2차전지사업 진출 무산〉, 《딜사이트》, 2024. 12. 19.

2 장효원, 〈74억에 매입한 설비 191억으로 뻥튀기 의혹〉, 《아시아경제》, 2024. 7. 31.

3 박승희, 박동해, 〈'2차전지 신기루' 주가 7배 띄운 자이글…증선위, 검찰 고발〉, 《뉴스1》, 2025. 5. 13.

4 김두현, 김성호, 〈금양: 탄탄한 본업과 성장하는 2차전지 소재 장착〉, 하나증권, 2021. 1. 19.

5 유정환, 〈발포제 세계 1위 금양, 기장에 이차전지 공장 세운다(종합)〉, 《국제신문》, 2023. 1. 3.

6 이정구, 〈한때 발포제 세계 1위 금양, 이차전지 진출했다 상폐 위기〉, 《조선일보》, 2025. 4. 1.

7 김승현, 〈공급계약→총판계약… 금양의 수상한 공시〉, 《조선일보》, 2024. 9. 23.

8 강태우, 〈中 빠진 전기차 배터리 사용량 26.5%↑…"CATL 1위 수성"〉, 《연합뉴스》, 2025. 5. 9.

9 이건율, 〈LG엔솔, ESS 영토 확대…폴란드에 1GWh 규모 공급〉, 《서울경제》, 2025. 3. 25.

10 오경진, 〈LG에너지솔루션, 난징 1·2공장서 전기차 130만 대 분량 배터리 생

산〉,《서울신문》, 2022. 8. 23.

11 김도현, 〈삼성SDI, 차세대 원통형 배터리 4680 '승부수'…테슬라 · BMW 겨냥〉, 《디지털데일리》. 2022. 6. 28.

12 김윤희, 〈최주선 삼성SDI "북미 공장 설립 보수적"…입장 선회〉,《지대넷코리아》, 2025. 3. 5.

13 이민조, 〈삼성SDI "캐즘에도 배터리 공장 계획대로 투자"〉,《디일렉》, 2024. 7. 30.

14 이호길, 〈'현대차 대응' SK온, 서산 3공장 장비 구축 시작〉,《전자신문》, 2024. 6. 6.

15 강희종, 〈역대 최저가 찍은 흑연…'中 저가공세'에 포스코퓨처엠 살려라〉,《아시아경제》, 2024. 12. 11.

16 강희종, 〈[인터뷰] "올해 북미 배터리 시장 역성장할 수도…테슬라 공급망은 성장 여력"〉,《아시아경제》, 2025. 1. 23.

부록

1 신수용, 〈K배터리 3사, 연간 영업익 5배 '설비투자'…양 · 질 다 잡는다〉,《뉴스핌》, 2024. 1. 8.

2 권준소, 오현진, 김학준, 이한결, 〈투자 Cycle 본격화: 장비주에 주목할 때〉, 키움증권 리서치센터, 2023. 9. 13.